AF290636

Springer, Alois: … und Olkowitz liegt doch am Meer. Schönheit ist des Teufels. Die Autobiografie eines Dirigenten. Hamburg, Fehnland Verlag 2021

1. überarbeitete Neuauflage
ISBN: 978-3-96971-032-6

Dieses Buch ist auch als eBook erhältlich und kann über den Handel oder den Verlag bezogen werden.
ePub-eBook: ISBN 978-3-86282-106-8

Lektorat: Maike Roskamp, acabus Verlag
Umschlaggestaltung: Maike Roskamp, acabus Verlag
Fotos: Alois Springer

Bibliografische Information der Deutschen Nationalbibliothek: Die Deutsche Nationalbibliothek verzeichnet diese Publikation in der Deutschen Nationalbibliografie; detaillierte bibliografische Daten sind im Internet über https://dnb.d-nb.de abrufbar.

Der Fehnland Verlag ist ein Imprint der Bedey & Thoms Media GmbH, Hermannstal 119k, 22119 Hamburg.

Alois Springer

… und Olkowitz liegt doch am Meer

Schönheit ist des Teufels

Die Autobiografie eines Dirigenten

Werde, was du bist

Es ist schon seltsam, meinem Namen auf dem Grab meines Vaters Alois zu begegnen, so, als würde er, der da unten liegt, mir die Möglichkeit geben, in meine Zukunft zu schauen und ich in seine Vergangenheit. Als würde er sagen: „Damit hast du im Augenblick die Schwierigkeit, mich zu verlieren."

Ich erinnere mich: Immer hatte ich die Hoffnung, dass nichts verloren gehen möge durch den Alltag und ich irgendwann die Kraft aufbringen werde, die mündliche Überlieferung in Stein zu hauen, wenigstens in Buchstaben. Das tue ich jetzt und möchte mich im Augenblick verlieren.

1

1968

Von einem Empfang im Blair-House, dem Gästehaus des Weißen Hauses anlässlich meiner Preisverleihung zurückgekommen, war ich bereits wieder in der Philharmonic Hall New York bei der Probe zu Mahlers 5. Sinfonie, als am Times Square die Panzer auffuhren. Eine gespenstische Szene. Von den Amüsierclubs der 42th Street herab spiegelten sich im Stahl der bedrohlich aufgefahrenen Panzer die Silhouetten der animierend tanzenden Go-Go-Girls. Alles war überflutet vom grell leuchtenden Neonlicht und Reklamegewitter Manhattans.

Welch ein Kontrast! Noch vor wenigen Stunden hatte ich an der Seite von Jacqueline Kennedy, der Gattin des Präsidenten, der in Dallas ermordet worden war, gestanden und aus ihrer Hand die Ehrung empfangen: Den 1. Preis mit Goldmedaille im Dimitri-Mitropoulos International Music Competition Award New York. Tage zuvor hatten Journalisten in der Carnegie Hall meine aufregende Preisnominierung und das darauffolgende Gala-Konzert miterlebt. Danach begleiteten sie mich nach Washington, da sie hofften, im besonderen Rahmen des Weißen Hauses ein Exklusivinterview zu erhalten.

Auf dem Rückflug nach New York unterhielt ich mich angeregt mit meinem Begleiter Claudio Abbado, einem jungen Dirigenten, dem ich zuvor kaum Beachtung geschenkt hatte. Er hatte vom 2. bis 6. November 1967 in Washington Konzerte gegeben und war ebenfalls auf dem Weg nach New York. Dabei stellte ich fest, dass Claudio Abbado als Preisträger mein Vorgänger war und bereits vor mir, nämlich 1958 den Koussewitzky-Preis am Berkshire Music Center in Tanglewood und 1963 den Dimitri-Mitropoulos-Preis in New York gewonnen hatte. Damals ahnte ich nicht, dass Claudio Abbado später Chefdirigent der Berliner Philharmoniker werden sollte.

Neben unserer gemeinsamen preisgekrönten Erfahrung sprachen wir über aktuell brisante Themen: Über kommende Entsorgungsprobleme und die in den Staaten gerade anlaufende Schulbus-Aktion von weißen und schwarzen Kindern. Dies war ein Versuch zur Aufhebung der Rassentrennung in öffentlichen Verkehrsmitteln. Wir diskutierten über das *Civil Rights Movement*, vor allem über die Black Power Bewegung unter Malcolm X. Wir waren uns einig über die gefährliche Militanz der radikalen Black Panther, die Überwindung des Rassismus durch Gewalt zu erreichen. Ein Gewaltpotential, das Martin Luther King veranlasste, seine Vision der Gewaltlosigkeit und Hoffnung im Sinne Mahatma Gandhis laut in die Welt hinauszuschreien: „Ich habe das gelobte Land gesehen. Ich habe einen Traum ...“ Dabei ahnten wir nicht, welche Folgen diese Polarisierung für Martin Luther King haben sollte.

In New York und überall im Lande begann es zu brodeln. Die Demonstrationen gegen den Vietnamkrieg waren im vollen Gang, die Beatles hatten mit ihrer Musik die Staaten erobert und waren wichtiger als Beethoven. Robert Kennedy, Justizminister und Senator von New York, geriet gefährlich nahe ins Visier radikaler Strömungen wie dem des Ku Klux Klan. Der Flug von Apollo 11 zum Mond und das Rock-Festival Woodstock, Höhepunkt der Hippie-Bewegung mit seinen Veränderungen der amerikanischen Gesellschaft bahnten sich an.

Ich hatte gerade die letzten Takte des ersten Satzes Mahlers 5. Sinfonie mit dem *pp* Trompetensignal, dem dreifachen *ppp* der Flöte und dem letzten Streicher-*Pizzikato* C beendet, da ertönte in diese Pause hinein eine tiefe Männerstimme und füllte die Music-Hall.

„Martin Luther King ist ermordet worden", kam es durch irgendeinen Lautsprecher, ohne Schnörkel, doch mit spürbar zurückgehaltener Wut.

„Soeben erhalten wir die Nachricht: Der King ist tot! Sie haben Martin Luther King ermordet." Die Worte schienen sich ständig zu wiederholen. Augenblicke, die niemand vergisst.

In diesem Moment fühlte ich mich, der sonst am Pult so Mächtige, am nutzlosesten Platz. Ich unterbrach die Probe, legte den Taktstock aus der Hand, sagte, zweifelnd am Sinn meines Tuns: „Draußen ist das Leben – und was machen wir hier?" In der Philharmonic Hall war es totenstill. Nach einer Weile der hilflosen Betroffenheit hob ich wieder den Taktstock.

„Bitte das Adagietto."

Sehr langsam begann die Harfe, dann folgten die Geigen *espressivo*, also ausdrucksvoll mit ihrem Auftakt das so bewegende Adagietto für Streicher und Harfe zu intonieren.

Zwei Monate vergingen. Die Betroffenheit über den brutalen Mord an Martin Luther King war allen noch gegenwärtig, als in den Morgenstunden des 6. Juni 1968 die Stimme wieder in der Philharmonic Hall ertönte. Diesmal während einer Probe zu „Tod und Verklärung" von Richard Strauss.

„Robert Kennedy ist in Los Angeles ermordet worden, Robert Kennedy ist in Los Angeles ermordet worden", wiederholte die Stimme.

Fassungslos unterbrach ich die Probe und eilte hinauf ins Künstlerzimmer der Philharmonie. Dort saß Leonard Bernstein zusammengesunken vor einem Whiskyglas. Ich ergriff seine Hand.

„Ali", sagte Lennie leise (so nannte er mich liebevoll seit unserer ersten Begegnung), „King, der König ist tot. Sie haben ihn ermordet. Was wird noch alles passieren? Nun haben sie auch Kennedy umgebracht. In Vancouver habe ich dich gefragt: ‚Glaubst du?' Warum hast du mit Nein geantwortet? Ich bin beunruhigt und bestätigt in meinem Pessimismus über die Zukunft der kultivierten Welt."

Die Zeit mit und neben Leonard Bernstein und seinen New Yorkern ging für mich langsam zu Ende. Europa lockte. Am 27. Januar 1968 dirigierte ich noch einmal „Tod und Verklärung" von Richard Strauss in der Philharmonic Hall, noch einmal ein Konzert in der Reihe *Young People's Concerts*, mit dem erst 14 Jahre jungen genialen Cellisten Lawrence Foster als Solisten. Das ergreifende Erlebnis eines musikalischen Wunders am Cello. Nachdem Leonard Bernstein mich als begleitender Dirigent dieses Wunders vorgestellt hatte, sagte er zum jungen Publikum: „Heute könnt ihr ein authentisches Genie am Cello erleben. Er spielt das Cellokonzert Nr. 1 a-moll op. 33 von Camille Saint-Saens. Macht die Ohren und Augen auf. Sein Instrument, das Cello, ist so groß wie er selbst. Ihr werdet es nicht glauben, was ihr heute zu hören und zu sehen bekommt! Lawrence Foster, erst 14 Jahre alt, spielt seine musikalische Botschaft für uns alle so, als würde der Himmel die Erde still küssen. Hört auf ihn, lasst euch bewegen von dem Geist, dem Feuer, der Poesie und der Liebe seines Spiels. Seht, ein Stern geht auf!" Bei seiner Musik und diesen Worten fiel mir unwillkürlich der Satz ein: „Wen Gott liebt, den holt er früh zu sich."

Im Gleichgültigen des Alltäglichen, das die Welt zusammenhält, sind die unvergesslichen Momente in der Kunst wie im Leben selten – das Wesentliche geschieht nur in den wenigen seltenen Augenblicke der Inspiration – es sind die Augenblicke der Geburt eines Sterns.

Nie wieder sollte ich das Cellokonzert von Camille Saint-Saens so authentisch interpretiert hören wie damals von diesem jungen Genie. Der tragische Grund des unverständlichen Schweigens: Erst 40 Jahre später erfuhr ich das Schreckliche durch eine Feuilleton-Pressenotiz anlässlich meiner damaligen Preisverleihung in der Carnegie Hall New York als Gewinner des 1. Preises mit Goldmedaille bei der Dimitri-Mitropoulos Competition:

„Heute vor 40 Jahren – am 27.01.1968 spielte Lawrence Foster, das junge Genie am Violoncello in der TV-Serie *Young People's Concerts*, unter der Leitung von Alois Springer das Konzert für Violoncello und Orchester a-moll, op.33 …" Lawrence Foster verlor, gerade 20 Jahre jung, auf tragische Weise sein Leben durch die Hände eines Autodiebs in Atlanta.

Die DVD-Aufnahme des *Young People's Concerts* mit Lawrence Foster ist für mich eine Kostbarkeit, die ich zitternd bewahre, um sie in einer anderen Form allen Interessierten weitergeben zu können.

Bald nach diesen Ereignissen verließ ich New York, um als Chefdirigent die Leitung eines der bedeutendsten Sinfonieorchester, die Philharmonia Hungarica, zu übernehmen. Auf meine Frage, wo das Orchester beheimatet sei, erhielt ich die für mich schockierende Antwort: „In nowhere!" Ich ahnte nicht, welche Katastrophe über mich selbst hereinbrechen würde.

An einem trüben Novembermorgen begleiteten mich Freunde und Journalisten zum J. F. Kennedy Airport. Alle hofften, bald wieder von mir zu hören.

„Auf Wiedersehen und viva la musica."

Young People's Concerts: Die New York Philharmoniker, Alois Springer und Lawrence Foster am Cello

1969

Mein Aufstieg zum Gipfel des Olymps schien unaufhaltsam zu sein.
Im Feuilletonteil der Zeitungen konnte ich es lesen:

„Bernstein ist von ihm begeistert." (Welt am Sonntag, 12.11.1967),
„Sensation am Pult! Ein Dirigent, der mit seinen kontrollierten Ekstasen dem Abend ein Fluidum von Sensation einhauchte!" (Berliner Morgenpost, 14.11.1968), „Seine Schlagtechnik ist verblüffend. Er übte mit seiner phänomenalen Technik eine magische Wirkung aus!" (Die Welt, 15.11.1968), „Eine deutsche Dirigentenhoffnung." (Fuldaer Zeitung, 01.12.1970), „Nachhaltige Ovationen für Alois Springer." (Westdeutsche Allgemeine Zeitung, 26.05.1970)

Drei Jahre später, 1972, am Ende meiner dritten anscheinend erfolgreichen Konzertsaison hörte mein Publikum von einem Eklat, den ich mit meinem neuen Orchester im Saal der Festhalle Gürzenich in Köln verursacht haben sollte.

Der Eklat passierte, wie man lesen konnte, unverhofft, kam, so schien es, wie der Blitz aus heiterem Himmel. Es war mein letzter öffentlicher Auftritt. Dieser Auftritt endete mit einer wütenden Konfrontation mit dem Publikum. Danach verschwand ich für alle, als wäre ich gestorben.

Ich hatte keinen Abschiedsbrief geschrieben. Eine Musikzeitschrift fragte in einer Rezension über meine Interpretation der Tschaikowsky-Sinfonien, den Dialog mit mir suchend:

„Nachtigall, warum singst du nicht mehr?"

„Weil die Frösche so laut quaken", war meine knappe Antwort. Nach langer Zeit meines Verschwindens wurde Interpol eingeschaltet. Von mir keine Spur. Ich blieb verschwunden.

Hatte ich mit diesem unglaublichen Abgang meiner Karriere, meinem privaten Glück, ein abruptes Ende gesetzt, Vergangenheit und Zukunft ausgelöscht? Wie konnte es auf der Welle des Erfolges nur zu diesem Eklat kommen? Auf dem Höhepunkt meiner ungewöhnlich steilen Karriere?

War es die Bürde meines frühen Schwurs mit 20 Jahren „… bis dass der Tod euch scheidet"? War es die frühe Liebe und Bindung zu Julia, eine Leidenschaft, die mich in eine gefährliche Abhängigkeit führte bis hin zu der nun eingetretenen Katastrophe?

War es die Not des Dürstenden, dem das Erotische versagt bleibt, der Zuflucht sucht in einer Gegenwelt, die ihn beruhigt und ihm schlussendlich zum Verhängnis wird? Oder ist es gar die Musik, der Liebe Nahrung, die mein Verhängnis ist?

„… denn es bestehen geheime Beziehungen zwischen dem Schönen und dem Schrecklichen, an einer bestimmten Stelle ergänzen sich beide wie das lachende Leben und der nahe tägliche Tod!"

(„Der Drachentöter", Rainer Maria Rilke)

2000

28 Jahre später

Es war die Stunde zwischen Hund und Wolf, Dämmerung, in der sich die große Stadt ihr prächtigstes Kleid anzieht, einer alten Dame gleich, in Erwartung des nächtlichen Tangos mit ihrem letzten Jüngling, als der Anruf kam.

Ich hatte ins Leere gestarrt wie an jenem späten Vormittag des Jahres 1979 vor mehr als zwei Jahrzehnten, damals, als es an meiner Tür klopfte und ich ebenso aufgeschreckt war wie in diesem Augenblick.

Jetzt, beim aufdringlichen Läuten des Telefons erinnerte ich mich an das Klopfen jenes denkwürdigen Vormittags vor 21 Jahren an meiner Tür, als ich in meinem eigenen Blut hilflos am Boden lag.

Damals, in jenem armseligen Zustand schien es mir, als sei das Pochen an der Tür das rhythmische Motiv der Schicksalssinfonie von Beethoven.

Ich erinnere mich: Ja, ich hatte mich nicht gerührt, aus Sorge darüber, doch noch mein Leben auf diese erbärmlichste Weise zu verlieren und zu verbluten. Gott weiß, wie lange ich schon so da gelegen haben mag. In meinem kranken Hirn jagten wirre Bilder von Mohnblumen in wogenden gelben Weizenfeldern, Mordgedanken, Themenfetzen aus Beethovens 9. und Nietzsches *Zarathustra*: „Kleine Leute haben kleine Türen." Und immer wieder das „Adagio molto e cantabile", aus der Neunten von Beethoven.

„Ist es doch jemandem gelungen, mich zu finden?", hatte ich in diesem Moment gedacht. „Ein Hausierer, Bettler? Noch ein Armseliger? Sicher nicht einer meinesgleichen!"

Es hatte nicht aufgehört, in ruhigen, gleichmäßigen, hartnäckigen Abständen an meiner Tür zu pochen. Blut, weiß Gott, woher es kam, rann meine Beine hinunter. Ich hatte die Hosenbeine mit Gummibändern abgeschnürt. So, dachte ich, konnte es nicht herausfließen und als Fährte meines jetzigen Daseins sichtbar werden. War ich etwa beim Bemalen der Wände mit meinen Phantasien zu Boden gestürzt? Wie lange hatte ich schon so gelegen? Ja, ich hatte meine wilden Phantasien in rasender Lust an die Wände gemalt, wähnte mich dabei in der Hochzeit meiner Kreativität. In dieser Verrücktheit war ich wohl von meinem wackligen Gerüst aus übereinandergestellten Stühlen in eine Whiskyflasche, die am Boden lag, gefallen, hatte mich an ihrem Flaschenhals regelrecht aufgespießt. Lange scharfe Glassplitter steckten wie Geschosse in meinem Gesäß. Um mich herum lagen verschmierte Blätter des Manuskripts eines in meinem Kopf schon weit fortgeschrittenen Romans. Über dem schäbigen Klavier hingen beschriebene Notenblätter.

Es hörte nicht auf, in hartnäckigen Abständen an meiner Tür zu pochen.

„Gegen kleine Leute hat man's leichter", dachte ich, während ich mich zur Türe zog.

„Wäre da ein Großer, der da klopft, oh Gott! Das Alleinsein ist doch Gift. Argwohn taucht da auf im Alleinsein und der Verdacht, dass es niedere Menschen geben könnte mit niederen Türen. Orpheus, das Feuer auf der Erde und die Wünschelrute: Irgendwo für meine Seele muss doch ein Leuchten und Klingen sein, ein wundersames Klingen", redete ich zu mir selbst und wunderte mich über die blutige Spur, die ich trotz meiner Vorsichtsmaßnahme hinter mir her zog. „Wenn ich zu mir rede, rede ich zum lieben Gott", tröstete ich mich, wiederholte es immer wieder. „Wenn ich zu mir rede, rede ich zum lieben Gott. Klarheit wird es geben müssen."

Der Weg zur Tür im dunklen, fensterlosen Flur, der Main Street in der Unterwelt meiner Schrecken wurde immer länger. „Verflucht sei diese Mansarde, in der ich endlich Geborgenheit und junge Liebe zu finden glaubte, ja lange Zeit auch fand", murmelte ich. War es nicht vor Jahrzehnten in lauen Mainächten, als ich, der junge Musikstudent, unterm duftenden Magnolienbaum stand und an diesem

Haus hier hinaufpfiff. „Leise flehen meine Lieder, durch die Nacht zu dir", als endlich hoch oben just in der verdammten Mansarde, die jetzt der Tempel meiner wirren Phantasien ist, still ein Licht aufleuchtete, ein Licht, als wäre es das Ewige Licht. Als sich dann zögernd neugierig ein gar wunderschöner blonder Mädchenschopf am Fenster zeigte. Die Silhouette bewegte sich kaum, aber sie bewegte sich. War diese leichte Neigung des Kopfes zur Seite eine Ablehnung oder eine Aufforderung? Mutig und vorsichtig pfiff ich ins nicht Erreichbare hinauf: „Leise flehen meine Lieder."

War es etwa diese Macht, die mich den Satz vergessen ließ: „Du gehörst der Welt, sonst niemandem. Vergiss das nie!"

Damals rund um den Magnolien-Blütenduft, ich erinnere mich, begann die Erde zu wackeln. Und jetzt, wo es in diesem Augenblick so hartnäckig an meine Tür klopft, liege ich in derselben Mansarde in meinem eigenen Blut? War es die Absicht des Schicksals, mich an diesen Ort zurückzubringen, nach einer glanzvollen Karriere? Nicht meine war's.

„Der Zufall ist der liebe Gott. Der Zufall hat mich damals an diesen Ort geführt" oder „Unser Leben ist vom Zufall bestimmt, ja, der Zufall."

Jetzt, beim aufdringlichen Läuten des Telefons, erinnerte ich mich an das Klopfen jenes denkwürdigen Vormittags.

Damals hatte ich endlich mühsam die Tür erreicht, mich an ihr aufgerichtet und ärgerlich geöffnet. Vor mir hatte ein hochgewachsener, schlanker, breitschultriger junger Mann gestanden und mich angeschaut.

„Was wollen Sie? Ich nehme nichts von Bettlern, bin selber einer. Gehen Sie!"

Der junge Mann rührte sich nicht, schaute mich nur unentwegt an.

„Ja, was wollen Sie denn noch? Sie sehen es doch: Ich nehme nichts, ich habe nichts, ich gebe nichts für Bettler und Hausierer. Verschwinden Sie! Scheren Sie sich zum Teufel!"

Der Mann rührte sich nicht, schaute mich nur an.

„Ja, um Gottes willen, nun sagen Sie schon etwas!"

In meinem Ärger nahm ich zunächst nicht wahr, dass der Blick des Mannes sowohl Intelligenz als auch innere Kraft verriet. Nach einer unendlichen Weile ohne Worte sagte der schlanke, blonde, hochgewachsene Mann ruhig, als müsste er die lange ohne Erwiderung gebliebenen Worte aus den Tiefen des Meeres holen wie ein Perlenfischer die einzige Perle:

„Ich bin dein Sohn!"

In diesem Moment blieb alles stehen, rührte sich nichts. Schweigen. Aus der Nachbarwohnung drang undefinierbarer säuerlicher Geruch herüber, vielleicht das Ergebnis eines Streits, als hätte es böses Blut gegeben. Nur das Eichenholz des elegant gewundenen Treppenaufgangs mit seinem dunklen Glanz schien sich in den morgendlichen Sonnenstrahlen gähnend zu recken und ächzend zu stöhnen. Irgendwo in der Ferne zwitscherte ein Vogel. Aus dem obersten Stockwerk, noch eins über meinem, begann der hoffnungslos sehnsüchtige Versuch einer gequälten Frauenstimme die Arie „O mein Väterchen, teures …" aus Puccinis Oper „Gianni Schicci" zu probieren. Immer wieder die ersten Takte: „O mio babbino caro." Es war früh. Halb zehn.

Endlich, nach langem Schweigen, nachdem aus dem Dämmerlicht des Treppenhauses die klaren, scharfen, kantigen Gesichtszüge mit dem blonden kurz geschnittenen Haar meines Gegenübers näherkamen und ich mich nur schwer lösen konnte von dem bohrenden, stechenden Blick dieser Augen, die mich seltsam berührten und bekannt vorkamen, sagte ich fast tonlos: „Rafael?"

War es Mangel an Emotion oder das Gegenteil? Floh ich vor dem Schmerz, konnte mich nichts mehr bewegen?

„Ja!", antwortete der junge Mann und schaute mich unentwegt an.

Pause! Mein Gott, mein Sohn! Zwölf Jahre alt war er, als ich ihn zum letzten Mal gesehen hatte. Und jetzt? Mein Gott.

„Dann komm herein!"

„Dann komm herein", hatte ich damals nach 20 Jahren des Verlorenseins nur gesagt, nichts weiter. In diesem Augenblick hatte ich mich nur gewundert, dass die Fluten des Meeres mich nicht verschlangen. Genauso hätte ich sagen können: „Wir haben uns schon lange nicht gesehen", und der Himmel wäre nicht eingestürzt. Es war wie beim Tod meiner Mutter. Damals hatte ich ihr nur die Augen zugedrückt, als es soweit war, bin dann ruhig ins andere Zimmer hinübergegangen und hatte in ausdruckslosem Tonfall zu meinem Vater gesagt: „Deine Frau ist tot." Es war dieselbe für mich selbst erschreckende Sachlichkeit wie bei der ersten Begegnung mit meinem Sohn nach 20 Jahren.

2

Jetzt, in der Stunde zwischen Hund und Wolf, beim hartnäckigen Läuten des Telefons, war ich tatsächlich über das bewegende Ereignis jenes Vormittags ins Sinnieren gekommen, musste ich an die erschütternden Worte Rafaels denken – „Ich bin dein Sohn" – und daran, dass es an der Zeit wäre, auf den Grund zu gehen, auf den Grund des Meeres, wo alles begann.

Seitdem wissen wir beide voneinander, Rafael und ich. Wir stellen keine Fragen. Es sind die seltenen Begegnungen, wortlosen Umarmungen, meist beim Billard oder bei Rafaels Gemälde-Ausstellungen in Luxemburg, Brüssel, Paris oder Frankfurt am Main, die uns immer enger zusammenführen. Rafael ist ein Besessener, gleichzeitig ein Philosoph – er malt und malt, schreibt Gedichte, wirre Prosa, entwirft mit einem Achselzucken provokanten Schmuck, dreht Filme, agiert als männliches Mannequin, lässt sich anheuern als Taxifahrer in ganz Europa, ist Tankwart, Türvorsteher, Innenausstatter, Zeitungsausträger, Vorstandsmitglied, freischaffender Künstler.

Irgendwann hatte ich erfahren, dass der Philosoph Rafael sich das Leben nehmen wollte. Ursache war die Liebe. Er wurde gerettet. Die Wunden an seinem Körper blieben sichtbar. Seitdem sehe ich Rafael noch fokussierter, mit anderen Augen. Ich stelle immer noch keine Fragen, sollte es tun. Warum tue ich es nicht? Sicher hätte ich gerne gewusst, wie es damals passieren konnte und warum. War es die Folge meiner Katastrophe, das Mitgerissenwerden im Fallen eines mächtigen, großen Baumes. Warum frage ich nicht Rafael: „Wie konnte es dazu kommen? Sag es mir, damit ich besser leben kann."

Rafael würde antworten: „Was gräbst du in der Vergangenheit? Ich male jetzt!"

Vielleicht wird es der Zufall an den Tag bringen.

Nun war Rafael, mein Sohn, am Apparat und redete ohne Umschweife.

„Ich habe einige Tage Zeit. Lass uns gemeinsam wegfahren, nur wir beide, endlich einmal wir beide alleine."

„Wo willst du denn mit mir hinfahren? An die Côte d'Azur? An die Riviera?", tat ich erstaunt, um meine Bewegung zu verbergen.

„Ja, lass uns doch ans Meer fahren!"

„Ans Meer? Wo bist du?", versuchte ich, Zeit zu gewinnen. „Von wo rufst du an? Aus Brüssel?"

„Nein, aus meinem Atelier in Luxemburg. Ich male ununterbrochen, leiste mir dabei den Luxus, Menschen zu meiden, die mir den Tag verderben könnten. Deshalb … es wäre wunderbar, mit dir ans Meer zu fahren, mit dir irgendwo am Strand Billard zu spielen, dich dabei endlich zu besiegen, mit dir zu reden, über dies und das!"

„Du bist in Luxemburg? Seltsame Fügung. Ja, Rafael, das wäre wunderbar. Wenn das so ist, dann lass uns nach Olkowitz fahren!"

„Liegt Olkowitz denn am Meer?"

„Ja, ich zeige es dir."

„Ich zweifle an deinen geografischen Kenntnissen! Du bist dort zwar geboren, in Böhmen-Mähren, aber …"

„Zweifle nur! Du wirst es sehen: Olkowitz liegt doch am Meer! Vielleicht liegt am Grunde dieses Meeres mein Geheimnis."

Ich wusste, dass es an der Zeit wäre, auf den Grund zu gehen, auf den Grund des Meeres, wo alles begann.

Drei Tage später saß ich mit Rafael in einem klapprigen 89er Japaner und war guten Mutes, von Frankfurt aus ans Meer zu fahren. Mir wurde erst jetzt bewusst, dass diese Fahrt in ein Labyrinth führen würde, außerdem wäre es die erste gemeinsame lange Zeit miteinander seit der dramatischen Katastrophe vor mehr als einem Vierteljahrhundert.

Die ersten Kilometer fuhren wir mit den Ohren, jedes Geräusch abtastend, sei es das merkwürdig nagelnde, hämmernde, trockene vom Motor oder die möglicherweise eintretende erste Gefühlsäußerung des Nachbarn. Eine wirklich ungewohnte Situation. Nach einer Weile, bis zur Geburt des ersten Satzes, begannen die Augen, ohne Worte, mitzufahren. Die Nadel des Temperaturmessers stieg ebenso bedrohlich wie ein *Crescendo* in Beethovens „Eroica" zum Höhepunkt.

„Das ist nur die heiße Außentemperatur", schauten wir beide uns aufmunternd an.

Die drohende Gefahr ignorierend, fuhren wir solange weiter, bis unsere Nasen einen beunruhigenden Geruch aufnahmen, alle Sinne koordinierten, alarmierten und die erste treffsichere Äußerung Rafaels veranlassten: „Es qualmt!"

„Ja, es qualmt, sogar zunehmend!"

Schweigen.

„Wie weit ist es noch ans Meer?"

„1200 km hin, 1200 km zurück, siehst du das Schild nicht?"

„Ach ja! Wir sind schon weit gekommen, bravo!"

„Ja! Die ersten 25 km! Und es ist Samstagnachmittag!"

„An deiner Stelle würde ich zurückfahren …"

„Aber ich fahre doch schon zurück."

„Du fährst schon zurück? Ich könnte meinen Freund in Luxemburg, der auch ans Meer …"

„Vor fast genau 55 Jahren bin ich die gleiche Strecke in umgekehrter Richtung gefahren."

„Ich verstehe dich nicht! Wie meinst du das?"

„Damals schaute ich aus der kleinen Luke eines Viehwaggons, das Symbol jeder Vertreibung, zusammengepfercht mit verängstigten Menschen, der uns vom Meer wegbrachte und staunte über all die unverständlichen Ereignisse, die um mich herum geschahen. Jetzt, nach 55 Jahren, fahre ich mit dir zurück. Auf den Spuren meiner Vergangenheit. Der Viehtransport mit nach Schweiß und Urin riechenden Menschen hielt damals schlussendlich an einem grauen frühen Morgen in STERBFRITZ. Die knappe Äußerung deiner Großmutter dazu war: ,Das ist der Anfang vom Ende.' Großvater sagte nur, das hätte er sich nicht träumen lassen, von Sibirien bis Sterbfritz. Und wahrhaftig: was für ein Weg!"

„Wieso Sibirien? Großvater hat mir von Sibirien nie etwas erzählt."

„Das ist auch eine lange Geschichte, die sich lohnen würde, sie in Stein zu hauen. Er erzählte sie manchmal, aber immer wieder, bei guter Laune und in seinem lebensfrohen Humor: Er erzählte dann von seinem heldenhaften Einsatz in den ersten Tagen des Krieges 1914 als österreichischer Gebirgsjäger. Sein Pech war: an der russischen Front gab es halt kein Gebirge. So wurde er bei der ersten Feindberührung als Spähtrupp prompt gefangen genommen und nach Sibirien gebracht. Da erlebte er das blutige Hin und Her zwischen den Roten und den Weißen, eine zufällige Begegnung mit Trotzki, das Abschlachten der Grundbesitzer, den Mord an der Zarenfamilie, schließlich die Oktoberrevolution 1917-18. Er wurde verschleppt nach Nowosibirsk – Semipalatinsk – Omsk – Tomsk. Hier beginnen seine Geschichten von ganz hinten in Sibirien, die uns Kinder in Staunen versetzten. Mit seinen leuchtend verschmitzt-blauen Augen erzählte er dann von Balalaika-Klängen, der russischen Seele und seinen Liebesabenteuern mit der Müllerstochter auf dem warmen Samowar und davon, wie er erfuhr, dass er zu Hause für tot erklärt worden ist – nach zehnjähriger Gefangenschaft."

„Eine seltsame Parallele zu deiner Geschichte. Auch für uns warst du verschwunden, als wärest du gestorben …"

Rafael hielt erschrocken inne, als hätte er sich bei etwas Ungeheuerlichem ertappt. Nach einer Weile des Schweigens fragte er weiter.

„Und wie ist er wieder auferstanden?"

„Meinst du, wie ich wieder auferstanden bin?"

„Auch. Aber dein Vater …"

„Es war für ihn ein langer Marsch von Tomsk nach Hause, nicht zuletzt mit Elsa von Lindströms Hilfe, einer schwedischen Diplomatin, die sich für die vergessenen deutschen Kriegsgefangenen in Sibirien einsetzte. Endlich zu Hause angekommen, war er von den Seinen nicht mehr gewünscht und um sein rechtmäßiges Erbe betrogen. So schnürte er sein Bündel, zog die Bachläufe entlang bis Olkowitz. Und jetzt …"

„Bis Sterbfritz."

„Ja. Bis Sterbfritz. Sein nahes Ende – für mich der Anfang einer großen Karriere."

„Wie konnte das zugehen, aus dem Nichts?"

„Wir werden genug Zeit haben, darüber zu reden." Der Qualm aus der Motorhaube wurde immer dichter.

„Also fahren wir zurück, aber an deiner Stelle würde ich umkehren!"

„Hier, diese Ausfahrt nehmen wir!"

Es war Samstagnachmittag. Kaum dass wir unsere Fahrt begonnen hatten, hielten wir an einer gottverlassenen Reparaturwerkstatt nahe der Autobahn mit dampfendem Motor. Mit Mühe fanden wir durch polizeiliche Absperrungen und Barrikaden hindurch den Eingang.

„Sterbfritz, trostlos! Weit und breit kein Mensch zu sehen. Wochenende! Es sieht nach einer Polizeiaktion aus, fast nach Kriegszustand."

„Du meinst, wie damals?"

„Ja, nur damals war Kriegsende, jetzt ist Wochenende!"

„Sterbfritz? Was hat der Name zu bedeuten?"

Der Thermostat, dieses kleine Ding, machte der Superwerkstatt an einem Samstagnachmittag mitten in Europa nahe einer Weltstadt die größten Schwierigkeiten.

„Nicht zuständig – nicht zuständig, nur der Chef ist zuständig, aber der ist nicht mehr im Haus."

„Sterbfritz – der Name passt zu unserer Situation. Man sagt, das Pferd vom Friedrich dem Großen, dem ‚Alten Fritz‘, hieß auch Fritz. An dem Ort, wo wir ankamen, musste er seinen müden Gaul erschießen lassen. So sagte er zu diesem treuen Tier: ‚Sterb, Fritz.‘ Von da an heißt nun dieser Ort Sterbfritz."

„Das fängt ja gut an. Was für eine Fahrt!"

Aus einer der Hallen kam schlurfenden Ganges über den sauber gefegten Hof ein buckliger, irgendwie vergessener Alter auf uns zu. Er schien aus einer anderen Zeit zu kommen, aus einer, in der Improvisation und Nachbarschaftshilfe noch geschätzt wurden. War das unser Fährmann, der uns ans andere Ufer bringen konnte?

„Was haben diese Absperrungen zu bedeuten, guter Mann?", fragte Rafael den Alten.

Ohne ein Wort zu sagen, geschweige denn, uns beide eines Blickes zu würdigen – möglicherweise, um sein vernarbtes Gesicht zu verbergen – öffnete er die Motorhaube und begann, als gebe es für ihn nichts anderes auf der Welt als diese Arbeit, unter ihr zu hantieren. So, wie er sich völlig konzentriert dem Motor widmete, alle Geräusche um sich herum vergessend, nach dem Motto: wenn ich sitze, sitze ich, wenn ich gehe, gehe ich, wenn ich trinke, trinke ich und wenn ich repariere, repariere ich, erinnerten seine Bewegungen an Qi Gong-Übungen.

In regelmäßigen Abständen tauchte sein verquollenes, großporiges Gesicht mit der auffallenden Nase wieder auf, als müsste er nach bestimmter Art frische Luft schnappen.

„Was glauben Sie, guter Mann, wird es wieder werden?"

Keine Antwort. Immerhin, der Qualm hatte nachgelassen. So überließen wir ihn seiner Bestimmung.

Nach beruhigend langer Zeit kroch der Mann mit der vernarbten Nase unter der Motorhaube wieder hervor.

„Sie wollen wissen, was diese Absperrungen bedeuten, junger Mann?"

„Ja!"

„Sie werden es nicht glauben: Morgen wird hier eine Fliegerbombe, ein Blindgänger aus dem Zweiten Weltkrieg entschärft. Alle in der Umgebung sind evakuiert."

„Nach über 50 Jahren gibt es noch gefährliche Bomben aus dem Zweiten Weltkrieg? Ich kann es nicht glauben."

„Wo wollen Sie hin? Habe ich richtig gehört?", wechselte der Alte das Thema.

„Ans Meer!"

„Mit dem hier? Und ohne Lotsen?" Er zeigte ungläubig auf den Wagen. Dabei fingerte er ein kleines Fläschchen aus einer seiner Taschen hervor, als würde das seine Situation verbessern.

„Ja! Ans Meer!"

Diese Auskunft traf ihn.

„Wollen Sie etwa auch etwas entschärfen?", murmelte ich mit einem Anflug von hämischen Lachen in mich hinein. Seine Qi Gong-Bewegungen gerieten für einen Moment ins Stocken.

„Na dann", sagte er und verschwand wieder in seiner sicheren, schützenden Höhle unter der Motorhaube.

„Der Wagen ist, wie mir scheint, in erfahrenen Händen", meinte Rafael.

Nach einer Weile tauchte der Unheimliche unter der Motorhaube wieder hervor.

„So, das wär's." Er schaute uns beiden so merkwürdig in die Augen, als wüsste er bereits von dem Geheimnis und von dem was auf uns zukommen würde. War das ein Blick in unsere Zukunft?

„Es ist gefährlich, nach mehr als 50 Jahren eine Bombe zu entschärfen, die vergessen tief in der Erde lag. Sie hat darauf gewartet, vergessen zu werden, nur umso heftiger explodieren zu können", kicherte der Alte. „Blindgänger werden mit den Jahren noch gefährlicher. Je vergessener, desto gefährlicher! Man hat ja alles schon vergessen. Aber die Bombe hat nichts verloren von ihrer Gefährlichkeit."

Er wischte sich das Motoröl von den Händen.

„Bis zur nächsten Stadt werdet ihr wohl kommen. Ja, ja, bis zur nächsten Stadt, diese paar Kilometer, werdet ihr wohl kommen. Na dann, gute Fahrt!"

Er sagte es so, als wäre er tatsächlich der Fährmann, der uns ans geheimnisvolle, verbotene andere Ufer bringen würde.

„Ja, ja, es ist gefährlich, eine vergessene Bombe ...", hörten wir ihn noch vor sich hin murmeln. „Tretminen als Gruß aus der Vergangenheit", wandte er sich noch einmal kichernd um und verschwand.

Wir machten uns auf den Weg, froh und ungläubig staunend zugleich über jeden zurückgelegten Kilometer ohne Komplikationen. Die letzten Sätze des Alten blieben zäh in unseren Köpfen haften: „Bis zur nächsten Stadt werdet ihr wohl kommen ..."

Es war, als würden wir ins nebelumhangene dunkle Niemandsland fahren, ohne Lotsen und Leuchtturm, als würde der geheimnisvolle Alte uns nachschauen. Dieser lange, stumme Blick, der wohl sagen sollte: „Fahrt nur, was geschehen soll, geschieht!" Wir konnten ihn nicht abschütteln.

Der Motor nagelte immer noch, aber beruhigend beständig. Die Temperatur blieb konstant. All unsere Sinne waren aufs Äußerste angespannt, wir nahmen jedes kleinste Geräusch, ja sogar die nicht vorhandene Unregelmäßigkeit wahr, aber wir waren merkwürdig zuversichtlich.

Und doch: Wann würden wir abstürzen, der Motor aufhören zu nageln, der Qualm wieder aufsteigen?

Wir fuhren zum größten Teil schweigend, Rafael jetzt am Steuer. Nur hin und wieder wies ich ihn auf bestimmte Orte hin, die sich mir so oder so eingeprägt hatten.

Rafaels empfindsame Art und Weise, liebevoll den Wagen durch das Abenteuer der Ungewissheit zu steuern, war wohltuend, ähnlich dem ruhigen Fließen eines breiten Stroms, der ohne Ehrgeiz und unbeirrbar in seinem Bett dahinzieht, sich geduldig allen Hindernissen anpassend und sicher, dass er sein Meer erreichen wird.

„Es ist merkwürdig", sinnierte Rafael nach den ersten 150 Kilometern vor sich hin. „Ich weiß sehr wenig über dich! Dass du ein großer Spieler bist zum Beispiel."

„Was weißt du über mich?"

„Das meiste aus Zeitungen, von Überschriften über einen großen Mann."

Er schwieg, wie es seine Art war, lange zu schweigen. Die Straße rollte unter uns weg. Landschaften kamen uns entgegen, blieben kaum wahrgenommen zurück.

„Nicht, dass ich dich nicht mochte", nahm er das Gespräch behutsam wieder auf. „Im Gegenteil. Ich muss dich sehr geliebt haben, damals, als ich noch jung war und dich noch kannte."

Wieder machte er eine Pause, deren Länge genau auf die darauffolgende Selbstbefragung bemessen war, ihr ein besonderes Gewicht gebend.

„Wieso hätte ich dich denn nicht mögen sollen?"

Ich schwieg und war betroffen. Welches Abenteuer kam da auf mich zu? In welchen Strudel geriet ich da?

„Nicht, dass ich dich nicht mochte? Aber …?"

„Was konnte diese Frage bedeuten?", grübelte ich. Da schwang doch ein beunruhigendes „aber" nach, blieb zwischen uns hängen!

Rafael ließ für einen Moment die Straße aus den Augen, blickte mich an, schmunzelte verlegen.

„Aber komisch war das schon mit dir!"

Ich, der so plötzlich und unerwartet mit sich selbst Konfrontierte, der Betroffene hatte keine Wahl. Vielleicht gab es ein Bild von mir, das ich noch nie gesehen hatte. Längst vergessen geglaubte Ereignisse, von der Zeit und dem Alltag verschüttet, die jetzt an die Oberfläche stiegen. In die eigene Vergangenheit zurückgehen, ist gefährlich, dachte ich. Wer war der Betroffene, ich oder Rafael, der sich endlich äußerte?

„Es war nicht leicht mit mir, Rafael, sagst du? Erzähl!", drängte ich.

Fern am Horizont tauchte zu unserer Linken, in zartes rötlich-silbermattes Dämmerlicht gehüllt, die grandiose Silhouette des Stift Melk auf, eine dramatische Etappe in meinem damals noch jungem Leben.

Ohne Rafael darauf hinzuweisen, tastete ich mich behutsam weiter.

„Was war nicht leicht mit mir?"

„Also gut, wie du willst! Einmal nahmst du mich auf eine Reise mit, eine Tournee", begann Rafael langsam zu erzählen und legte dabei wieder eine dieser spannungsgeladenen höchst wirkungsvollen Pausen ein.

„Ich war mächtig stolz auf dich, bestimmt! Als wir im Auto auf der Autobahn fuhren und ich allmählich anfing, zu gähnen, drehtest du mir den Sitz runter, damit ich etwas schlafen konnte. Dann stellte ich mich auch schlafend, aber ich konnte um nichts in der Welt auch nur ein Auge schließen. In Gedanken, unter meiner Jacke, glaubte ich, zu sehen, wie du mich mit einem Schlachtermesser wecktest und mir den Kopf langsam abhacktest. Oft ließest du dir einen Bart wachsen, und wenn dieser schön voll war, rasiertest du ihn wieder ab. Ich muss dich einfach geliebt haben, wie ein Sohn seinen Vater nun einmal liebt. Und außerdem war ich noch zu jung, um dich zu verachten!"

In diesem Augenblick war es gut, sich den Windungen der Donau, die sich durch das romantische Waldviertel ihren Weg bahnte, hingeben zu können, scheinbar schweigend den Schiffen nachzusehen, betroffen und ratlos aus dem Fenster zu schauen in das allmähliche Dunkelwerden hinein. Ja nicht aus der Fassung kommen nach den letzten Worten Rafaels!

„Jetzt, da wir alle getrennt sind, denke ich oft daran, wie es gewesen wäre, wenn ich einen Vater gehabt hätte!", sinnierte Rafael weiter.

Der Motor nagelte immer noch, nur aufdringlicher, die Nadel des Thermostats war fast bis ins verbotene Rot gestiegen. Oder schien es mir nur so?

„Bis zur nächsten Stadt werdet ihr wohl kommen ..." Da war er wieder, der Fährmann, der irgendwie vergessene Alte, und schaute uns nach.

„Ist das alles, was du über mich weißt, Rafael?"

Orte und Menschen begannen plötzlich wie in einer Geisterbahn an uns vorbei zu huschen. Die Dämmerung saugte sich bereits in Bäumen, Sträuchern, Fensterhöhlen und Nischen fest, machte Worte und Landschaften noch unwirklicher. In dieses Zwielicht hinein hörte ich Rafael sagen:

„Du warst für uns tot." Endlich war es heraus. Nach einer dieser langen Pausen fügte er in wirkungsvoller Agogik hinzu: „Inzwischen weiß ich mehr über dich, aber nicht alles! Was ist dein Geheimnis?"

Es hatte mich schon lange gedrängt, alles aufzuschreiben, festzuhalten, nach 55 Jahren Schweigen. Jetzt aber glaubte ich, dass im Erzählen der Ereignisse die größere Chance läge, meinem Sohn das Geschehene mit all den Schrecken und tödlichen Augenblicken, aber auch großartigen Höhepunkten zu erzählen und dadurch von Generation zu Generation lebendig zu erhalten.

„Sag mir: Was war das für ein Dorf, in dem du geboren bist? Und was glaubst du, da zu finden?", begann Rafael wieder, als hätte er meine Gedanken erraten.

„Ich will nicht, dass die Vergangenheit Macht über mich gewinnt. Aber ich werde dir vom Ort meiner Anfänge, der ersten Stille, des ersten Geräusches, der ersten Freude, der ersten Tränen erzählen:

Es war ein stilles Dorf. Das Lauteste waren die Flüche der Bauern. Ein Auto im Jahr konnte bereits große Unruhe verursachen. Flugzeuge gab es überhaupt nicht am Himmel, dafür später um so mehr mit todbringender Fracht. Die Menschen säten, ließen es wachsen, ernteten und lebten davon. Sonntags stritten sie sich aus Langeweile. Es war ein Dorf so nach deinem Geschmack, glaube ich, das war ein echtes Dorf mit ..."

„Mit echten deutschen Schweinen ...?"

„Ja, mit deutschen Schweinen. Und alle katholisch, also die Einwohner, alle deutschstämmig! Ja, das war noch ein bäuerliches Leben! Jeder hatte Kühe, Schweine, Pferde. Wir selber hatten Schweine, Gänse, Hühner, Ziegen ..."

„Das muss schön gewesen sein für dich als Kind!"

„Einen Garten mit Äpfeln, Birnen, Maulbeerbäumen, einen Weinkeller. Jeden Morgen wurden die Gänse zusammengetrieben am Skalitz-Bach – da haben sich 5000, vielleicht auch mehr Gänse versammelt – das war ein weißes Meer."

„Ein malerisches Bild! Hast du die Gänse gehütet?"

„Nein", lachte ich. „Abends sind die Gänse von alleine heim gelaufen oder heim geflogen. Die wussten immer, wohin sie gehörten. Nur eines Abends, ich erinnere mich genau – es gab eine furchtbare

Aufregung – waren alle unsere Gänse weg. Sie hatten einfach einen Ausflug gemacht so zehn Kilometer weit weg. Nach acht oder zehn Tagen sind sie wiedergekommen, reumütig, mit hängenden Hälsen, angeführt vom Gänserich – nur, um gestopft, im Herbst geschlachtet und gerupft zu werden. Karriere einer Gans. Aus den Federn wurden Daunen gemacht und dabei Geschichten erzählt."

„Hattet ihr auch Pferde?"

„Ja. Es gab noch den Hufschmied mit der Esse, dem offenen Feuer, mit dem Blasebalg. Noch heute habe ich den Geruch in der Nase, wie er seine Hufeisen, die feurigen, glühenden, den Pferden anpasste."

Rafael staunte.

„Für Kinder muss es ideal gewesen sein! Was habt ihr denn gespielt?"

„Im großen Flur, am Eingang, wo wir oft spielten, haben wir uns beispielsweise Papier in die Nase gesteckt, woraufhin ich in Wien ins Spital kam. Dort wurde mir das Trommelfell durchstochen. Die Älteren haben viel Schlagball am Binderplatz gespielt, dem größten Platz der Welt. Er wird wohl jetzt zusammengeschrumpft sein. Bei Gewitter haben wir schön das Wasser gestaut, sonst haben wir im Sand Murmeln gespielt, Eisenreifen geschoben. Es war ja ein sandiges Weingebiet mit vielen Akazienwäldern, das sonnigste Gebiet im Windschatten der Sudeten. Alles, was aus der Gegend von Luxemburg herüberkam, hatte sich vorher ausgeregnet."

„Es war wohl ein fruchtbares Land?"

„Es war die Kornkammer Böhmen-Mährens. Zu Ostern ratschten wir den himmlischen Gruß und im Sommer haben wir auf dem Feld die Neuner, die Zehner, die Garben gestellt. Im Herbst wurde gedroschen."

„Habt ihr auch Weinfelder gehabt?"

„Ja, auch die. Wir waren überall und immer dabei. Im Herbst mit dem Kartoffelfeuer, dem Federn-Schleißen. Da wurde der Mais gerebelt, der Kukuruz und die Kürbisse geerntet. Anstatt Fernsehen gab es beim Federlesen Geschichten zu erzählen."

„Das klingt ja wie in einem Heimatfilm. Eine heile Welt. Wo aber liegt die Ursache des späteren Geschehens? Kannst du mir das sagen?"

Ich tat so, als hätte ich die Frage nicht gehört und fuhr in meiner nostalgischen Erzählung fort.

„Es war aber die Wirklichkeit. Oft denke ich, dass ich mir diesen Platz ausgesucht habe, dieses Stück Erde im Einklang und Rhythmus mit der Natur, in vollkommener Harmonie. Diese Landschaft, übersät mit Sonnenblumen, Akazienwäldern, im Wind klingenden Weizenfelder soweit das Auge reicht. Diese Landschaft, ich und meine Musik, glaube ich, gehören zusammen. Im Grunde bin ich überall fremd geblieben seit der Vertreibung aus diesem Land."

„Ich kann mir das alles gut vorstellen. Seid ihr barfuß über die Felder gelaufen?"

„Ja, vom Frühling bis zum Spätherbst. Von meinen Großeltern will ich dir auch erzählen. Jeden Tag ging mein Großvater zu seinem Weinkeller, setzte sich unter die Akazien, schnitt das Brot, bestreute es mit Salz und trank seinen Wein. „Dich haben wir noch gebraucht", schimpfte er damals und versuchte mich, mit seinen Stöcken einzufangen. Und wenn es ihm gelungen war, begann er kopfnickend von Kaiser Franz-Joseph zu erzählen, von '66, oder von '70/71, Österreich gegen Preußen, von einem Münchner Abkommen und '38, dem ,schlimmen 38er Jahr', dem Einmarsch der Deutschen, der ihn überhaupt nicht begeistern konnte. Von alledem verstand ich so gar nichts, sondern fing lieber mit einer Glasscherbe die Sonne ein. Nein, er war auch darum nicht begeistert vom ‚Reich‘, weil für Hitler das Sudetenland ein Vorspiel zum 2. Weltkrieg war", beharrte ich auf dem Thema.

Rafael schwieg. Dachte er etwa, wie merkwürdig das alles sei?

„Was du mir da alles erzählst von euch und deinem Dorf! Und ich dachte, du seiest in New York oder Luxemburg oder Zürich groß geworden. Jetzt bin ich neugierig. Hattet ihr denn elektrisches Licht?", fragte er aufgregt.

„Wir hatten sogar Radio, das einzige im Dorf. Das haben wir ins Fenster gestellt und die Bauern haben es draußen gehört. Sie wollten wissen, was um sie herum im Gange ist. Mein Vater hörte Beromünster, den Landessender in der Schweiz oder London mit Beethovens dumpfem Schicksalsmotiv aus seiner 5. Sinfonie. Ich bedaure es jetzt, damals nicht mehr gesehen und wahrgenommen zu haben, ich war noch zu unbeteiligt an allem. Dieses dumpfe ‚Bum-Bum-Bum-Bumm‘ kam mir vor, als würde Rübezahl mit Macht an die Tür klopfen, Einlass begehrend. Wie du weißt, später habe ich dieses Klopfen, dieses Schicksalsmotiv, noch oft in meinen Konzerten mit großen Orchestern wiedergegeben."

„War das die Stimme der Freiheit in der Katastrophe des Zweiten Weltkriegs?"

„Ja, sozusagen. Es gab Krieg und dadurch wurden auch unsere Spiele anders. Die Größeren rotteten sich zusammen, bekämpften sich und sammelten ‚Ritterkreuz-Träger‘. Ein ‚Rommel‘ gegen zwei ‚Galland‘ oder drei ‚Mölders‘."

„Wann hast du denn angefangen, Geige zu lernen?"

„Die ersten Bomberpulks kamen bereits zu Hunderten aus Italien, von Nordafrika und luden ihre Fracht ab, dazu donnerten die Tiefflieger über unsere Felder. Das letzte Aufgebot der alten Männer wurde zum ‚Volkssturm‘ und den Übungen an den Panzerfäusten zusammengezogen, als wehrhafte Verteidigung gegen die Untermenschen. Auch Vater. Während alle anderen Schutz in den Kellern suchten, fuhr ich mit dem Fahrrad übers Land zu meinem ersten Geigenunterricht bei einer Nonne. Ich war noch sehr klein und habe fast nichts verstanden, aber die Spannung des ersten Halbtonschritts von der leeren E-Saite zum F bewegte mich und die Dur-Terz, die ich beim Spiel mit der Nonne zum ersten Mal bewusst hörte.“

„Warum bewegte dich das so sehr?“

„Ich weiß es nicht. Es war ein Staunen wie beim ersten Anblick des Meeres, es war die Welt für mich.“

Inzwischen hatten wir uns Wien genähert. Es war Nacht geworden und höchste Zeit, Quartier zu machen. Der Motor hatte standgehalten und wir waren inzwischen an sein Nageln gewöhnt.

„‚Mayerling‘, dies ist der Ort, wo der Thronfolger Österreichs, Kronprinz Rudolf seine Geliebte Mary Vetsera tötete und dann selbst sein Leben beendete. Lass uns hier nächtigen.“

„Wie bist du geworden, was du bist? Warum wolltest du Geige spielen?“, war Rafaels letzte Frage an diesem Tag.

„Ich weiß es nicht. Warum malst du und schreibst?“

Pastellfarben-silbrig lag die tiefe Ebene vor uns und dehnte sich in sanfter Melancholie in den erwachenden frischen Morgen hinein. Ein flageolettartiger Klang zwischen Dur und Moll lag in einem südlich milden Sonnenlicht über der Weite. Wer es wollte, konnte mit dem Intervall der fallenden Quarten das hohe langgezogene Flageollet der Geigen am Anfang von Gustav Mahlers 1. Symphonie und die fernen Trompeten aus den Kasernen von Leitmeritz hören – als seien es Signale einer unheilvollen Zukunft. Eine seltsam still-klingende Farbe vibrierte unerklärlich erotisierend in der Luft.

„Es ist, als wären wir bei van Gogh in Arles, bei den Sonnenblumen“, meinte Rafael. „Dieses verrückt gelb mild strahlende Licht, mein Gott, ein Zustand, keine Aktion, was für eine Landschaft! Was für eine Sonne! Hier würde ich gerne meine Bilder malen.“

„Du sprichst als Maler – ich höre den Klang der Gräser, den Gesang der Blumen, Halme, den Sound des Lichts in dieser Landschaft. Es ist für mich eine Vielfalt von Stimmen, die in einer gewaltigen Polyphonie zusammen erklingen. Aber spürst du nicht? Wir nähern uns dem Meer!“

„Ja, es wird immer flacher, heller, gelber. Es verschwimmt alles in nicht messbarem Licht. Meinst du das mit dem Meer?“

„Es ist die Heimkehr, Rafael! Wir alle liegen am Meer! Irgendwann kehrt jeder zurück zum Holunderbaum seiner Kindheit, zu seinem Klang.“

Nach einer Weile fügte ich hinzu: „Willst du mit mir auf den Grund des Meeres gehen, Rafael? Muscheln suchen und Perlen fischen?

„Ja, Vater!“

Langsam fuhren wir die weizengelbe Ebene hinab in die Unendlichkeit der mährischen Tiefebene, in das Labyrinth meiner Vergangenheit. Lag hier die Ursache der späteren Katastrophe?

„Die Akazien, Rafael, schau doch nur, die Akazien!“

Dabei hätten wir es beinahe übersehen, das verwitterte, vermoderte Holzschild auf einem maroden Pfahl. Es wies von der schottrigen Hauptstraße altersschwach, verschämt verlassen in einen kleinen Feldweg hinein, hinunter in den Grund. Da stand es, kaum leserlich, unfassbar: OLKOWITZ. Es war in fremder Sprache geschrieben.

Es gibt wenige solcher Augenblicke im Leben, in denen alles still zu stehen scheint.

55 Jahre einmal Olkowitz – New York – und zurück! Ein Weg mit tausend Namen, Blumen und Blut.

Da begannen für mich die Lerchen zu singen, hoch über den Feldern. In das Singen mischte sich der Klang der böhmischen Musikanten, der Schmelz der Zigeunergeigen und Zimbals, der wundersam klagende Wechsel von Dur und Moll der Kindertotenlieder von Gustav Mahler, die klirrenden, quietschenden Klarinetten und betrunkenen Trompeten der Bauernhochzeiten, das Lied vom fahrenden Gesellen und der „Winterreise“: „Fremd bin ich ausgezogen, fremd zieh ich wieder ein.“

„Die Akazien, siehst du, hörst du die Akazien mit ihren weißen Blütenkerzen, wie sie heute Nacht aufgegangen sind, Rafael? Du wirst mein Geheimnis erfahren. Es ist Zeit!“

„Nein! Es ist gut, ein Geheimnis zu haben. Aber ich möchte mehr wissen, damit ich besser sehen kann!“

Von diesem Zeitpunkt an schwieg Rafael.

3

Behutsam, als würden wir absinken in lang Vergessenes, näherten wir uns dem Dorf unten auf dem Grund. Der Motor schnurrte nur noch wie eine zufriedene Katze, aber die Sandkörner auf dem Weg schienen einzeln zu explodieren. Allmählich, im Diminuendo wichen die Akazien mit ihren weißen Blütenkerzen links und rechts respektvoll zurück, als hätten sie sich auf diesen Empfang lange vorbereitet. Vorsichtig wie Archäologen, die gerade im Begriff sind, einen jahrtausendealten, unberührten Schatz zu heben, glitten wir den Sandweg hinab auf den Grund. Erste Häuser tauchten auf, grau, leblos, tot.

Die lange Brunnsuttenstraße hinunter zum Glockenturm an der Kreuzung lag wie eine Schlange vor uns, eingerahmt von Häusern nach Art der Straßendörfer, dicht aneinandergedrängt nebeneinander, ihre Fronten der einzigen Straße zugewandt, mit dahinterliegenden Wirtschaftsgebäuden, Scheuern, Gärten und Feldern.

Sollte ich mich an diese trostlose Straße erinnern, auf der damals Panzer siegessicher nach Osten zogen und einige Zeit später ganz andere Panzer siegreich heranrollten? Wie viele Völkerschaften mochten bereits diesen Weg gegangen sein, hin und zurück? Um 1250 herum, das hatte ich gelernt, sollen sie von Westen hergekommen sein, um in dieser Gegend sesshaft zu werden, denn es ist belegt, dass dieser Ort schon im Jahre 1192 eine Pfarre war. Die frühe Besiedlung ging der späteren Katastrophe von Unrecht und Vertreibung voraus.

Immer wieder rücksichtslose Wechsel nationaler Machtansprüche, plündernde, brandstiftende Hunnen, Kelten, römische Legionen, Slawen, kaiserliche Truppen und ungarisches Kriegsvolk prägten diesen Landstrich, zerstörten und befruchteten es gleichzeitig.

Mit diesen Gedanken beschäftigt erreichten wir den Glockenturm, bogen scharf links in die Moßkowitzer Straße ein, gelangten zum Markplatz, dem Binderplatz, und ließen die Räder ausrollen. Der Wagen blieb mitten auf dem größten Platz der Welt einfach stehen. Aus. Stille.

„Bis zur nächsten Stadt werdet ihr wohl kommen", hatte der Unheimliche von der Tankstelle gesagt. Wir aber waren am Ziel angekommen.

Es war später Vormittag und strahlender Sonnenschein. Nichts bewegte sich um uns herum, das Dorf schien verlassen worden zu sein, wirkte wie ausgestorben. Aber wir hatten das beklemmende Gefühl, beobachtet zu werden, misstrauisch, ängstlich, hinter zugezogenen Gardinen und mit gespitzten Ohren.

Mein „größter Platz der Welt", in der Form eines unregelmäßigen Vierecks, als Marktplatz das lebhafteste Zentrum meiner Kindheit, Ursprung all meiner grundlegenden, prägenden Kindheitserlebnisse, war geschrumpft auf 15 mal 15 m und lag ohne Leben vor uns.

Erinnerungen an langhalsige Gänse und zweispännige Leiterwagen mit starken Rössern, an das Hüh und Hott von pfeifenrauchenden Bauern auf dem Kutschbock, ihr Peitschen in der Luft, an Kühe und Ochsenfuhrwerke mit ihrer Last, an das Aroma der Maulbeerbäume und an hochfliegende Schwalben wurden in mir lebendig.

Nichts davon regte sich jetzt.

Nur aus dem Schulgebäude kam, als wäre ich es selbst, ein etwa siebenjähriger Knabe, schaute kurz zum Lindenbaum hinauf – was suchte er da wohl? – lief dann verträumt, verspielt über die Straße zum Feuerwehrdepot hinüber, dann zur Milchgenossenschaft daneben, hinauf zum Kirchberg, dem abenteuerlichsten Hügel der Welt von mindestens zehn Meter Höhe, auf dem sich die altgotische Kirche von anno 1220, das massive, schlossähnliche Pfarrhaus von 1776 und der schon annähernd 700 Jahre alte, ummauerte Friedhof mit romanischem Beinhaus befanden. Hier, auf dem höchsten Berg der ganzen Gegend, setzten wir uns nieder und schauten auf den uns gegenüberliegenden Akazienhügel mit der darunterliegenden Mühle, dem letzten Gebäude vor den beginnenden Weinkellern, auf das Haus Nr. 94.

Ich hatte den Weg des Knaben mit heftigster Anteilnahme verfolgt, und auch meine Blicke blieben an der Mühle haften. Mir war, als sei ich es selbst, der gerade aus der Schule käme, hätte sehnsüchtig zum Lindenbaum hinaufgeschaut nach meiner ersten Uhr, die Frau Lehrerin vor Zorn aus dem Fenster geworfen hatte mit den Worten: „Du träumst schon wieder, Alois. Damit ist jetzt Schluss!" Die Uhr, mein kostbarster Besitz, war für ewig im Duft des Lindenbaums hängen geblieben. Eine solche Uhr hatte ich nie wieder bekommen!

„Lass uns zur Mühle hinübergehen", unterbrach ich das Schweigen.

Der Weg über den Platz war im Zeitraffer von 55 Jahren die Überquerung bis zu jener Tür, durch die ich zuletzt als Neunjähriger gegangen war, ehe wir vertrieben wurden.

Hatte ich mir diesen geschichtsträchtigen, von vielen Völkern und Kulturen befruchteten Ort zwischen Ost und West ausgesucht, um hier geboren zu werden, um mich zu dem, was ich geworden war, entfalten zu können? War der sich verströmende Geruch dieser Erde in mein Musizieren eingeflossen und so die Faszination der Menschen zu erklären? Zu lange hatte ich gebraucht, um zum Grund des Meeres, von dem ich aufgetaucht war, zurückzufinden! In diesem Haus war ich geboren, hier erlebte ich meine Kindheit zwischen Mehlsäcken, dem Geräusch der mahlenden Mühlsteine, Akazienblüten und meinen drei Ziegen, die ich auf dem Kirchberg täglich hütete, zusammen mit einem Freund, den ich nie mehr wieder sah und dennoch nicht vergessen konnte.

Wir waren vor dem Haus stehengeblieben. Ich zögerte, an diese Tür zu klopfen. Sollte ich es überhaupt tun? Wer war hinter dieser Tür? Die Gardinen hatten sich schon länger bewegt.

Ich klopfte an. Das ganze Dorf schien es zu hören. Welche Ungeheuerlichkeit war da im Gange? Es tat sich nichts. Dann hörte ich schlurfende Schritte. Die Tür öffnete sich. Eine missmutige Alte mit ängstlichem Ausdruck und geduckter Haltung stand vor uns.

„Einen schönen guten Tag, ich komme aus …", sagte ich. Weiter kam ich nicht. Die Alte schaute mich ungläubig an. Das auch für sie Unfassbare und doch zu lang Erwartete, Befürchtete, Unvermeidliche war nach 55 Jahren eingetreten. Als käme sie aus einem langen quälenden Alptraum, zeigte sie fassungslos mit ihrer Rechten auf den Boden, hielt inne, schaute mich an und deutete zweifelnd die Größe eines etwa neunjährigen Knaben an. Dann fragte sie zögernd: „Bist du der kleine Alois?"

Ich aber schaute über sie hinweg in den gekachelten, langen Flur und sah mich auf dem Flurboden spielen, draußen im geräumigen Hof herumtollen, hinübergehen zum Schweinestall mit meinen drei Schweinen und erinnerte mich an den beißenden Geruch. Nichts hatte sich verändert: der geschlossene Innenhof, vorne das Wohnhaus, auf der Rückseite die Ställe, mitten im Hof der Brunnen und hinten in die Ecke gedrückt, das Plumpsklo, und der Weg zur Küche und direkt in die Mühle.

Hier, in diese Küche trat ich nun ein. Die Alte machte mir fast untertänig, heuchlerisch Platz.

„Alles ist geblieben, wie es früher war …", beeilte sich Maria, die Alte, ohne Aufforderung zu erklären. „Alles! Sogar dieselben Möbel stehen noch am gleichen Platz – wie damals! Hier, siehst du, die Kredenz, den Ofen mit den Ringen!"

Wie in Trance streiften meine Blicke durch den Raum. Meine Kindheit kam langsam auf mich zu, wurde gegenwärtig. Die dramatischen Ereignisse kurz vor der Vertreibung.

„Wir mussten alles bezahlen, alles hier", redete die Alte auf mich ein. „An den Staat, an diesen Staat!" Sie meinte damit wohl, dass sie die Mühle, den Garten, die Felder nicht geraubt hätten, sondern erworben durch harte Arbeit und eigenes Geld.

Ein weißhaariger Alter, Marias Mann, kam vom Hof her in den Flur. Wir sahen uns an, abtastend. Dieses hasserfüllte Gesicht, jetzt faltig und zermürbt, hatte ich schon einmal über mir gesehen, ja, die Mordlust und der stumme Schrei in diesen Augen – „Kreuzigt sie!"

Je länger ich die beiden Ergrauten ansah, desto deutlicher trat die Erinnerung hervor. Waren es nicht dieselben Menschen, inzwischen voller Angst gealtert, von denen meine Familie aus der Mühle in den hintersten Schweinestall zu den Schweinen gesperrt wurde, in den Kot der Schweine, während sie vorne als Herren lachend einzogen?

„Wir sind bettelarm, Alois, schau dich um! So ist es uns ergangen. Inzwischen sind wir alt und schwach", jammerte der Weißhaarige.

„Unsere Rente reicht nicht einmal für das Grab." Und er fügte hinzu: „Wir mussten dem Staat alles bezahlen. Und ihr – ihr seid reich!"

Maria, die Alte, seine Frau, nickte. Sie stand an demselben Herd wie meine Mutter damals, schob ein Holzscheit in die Glut und rückte die Ringe auf der Herdplatte zurecht. Betroffen bemerkte ich, wie sich ihr Bild in mir veränderte und das besorgte Gesicht meiner Mutter auftauchte. Sie bot mir den Platz an, auf dem ich mit meinem größeren Bruder Hubert um die besten Happen auf dem Tisch gekämpft hatte – wie so oft in den glücklichen ahnungslosen Tagen meiner Kindheit zwischen dem Beginn des Zweiten Weltkriegs 1939 und dem daraus folgenden lang anhaltenden Trauma der Vertreibung aus Olkowitz und Südmähren am 18. August 1945.

„Setz dich, Alois. Und wie du wieder ausschaust. Warst wieder auf den Feldern mit deinem Freund Ludwig. Und immer barfuß. Weißt du überhaupt, wie Schuhe aussehen? Vater wird bald aus der Mühle kommen. Vorher gehst du dich aber waschen."

„Mutter, ich habe keinen Hunger."

„Weil du immer Germ isst und Akazienblüten mit all dem Ungeziefer drin!"

Ja, ich schaute mich um und erinnerte mich an den Duft der Mehlsäcke, spürte die Wärme des frisch gemahlenen Mehls, hörte das Geräusch der mahlenden Mühlsteine und jenes aus den Schwalbennestern in den Dachrinnen, lauschte dem Gurren der Tauben im Hof, schmeckte auf der Zunge die süßen weißen Blüten der Akazienbäume, die ich beim Ziegenhüten vom Stengel saugte und als Köstlichkeit genossen hatte. Ich erinnerte mich der Marillenbäume, an Ribisel und Erdäpfel im Garten, an die Kopftücher der Frauen und das sonntägliche Vor-dem-Haus-Sitzen und das Nachbarn-Grüßen, denn man zog den Hut vor allem, was sich vorbei bewegte. Ja, ich schaute aufmerksam um mich.

Hier, in der Küche, der Keimzelle meiner Träumereien, Phantasien und Sehnsüchte, saß ich, als wäre keine Zeit vergangen, am

Tisch meiner Kindheit, sah, wie mein Vater aus der Mühle kam, die mit bunten Bändern geschmückte geheimnisvolle Geige von der Wand nahm und mit klobigen Fingern und verklärten Augen anfing, darauf zu spielen: Josef Lanner, Johann Strauß, den Schlittschuhläufer. Damals ergriff mich dasselbe Staunen, das ich zum ersten Mal spürte, als ich vierjährig an der Hand meiner Mutter hinüber zum Kirchberg ging und die betäubenden, alles bewegenden Klänge in der Kirche hörte. Verwirrt und hingerissen von dem überwältigenden Klang hatte ich mich nach diesem Brausen umgedreht. Es war mein erster Rausch! Meine Seele hatte begonnen, zu schwingen.

Prompt hatte ich die Quittung dafür bekommen: eine Ohrfeige vom Herrn Pfarrer, dem Dechanten des Dorfes.

„Schönheit ist des Teufels, mein Junge!", hatte der Pfarrer mit gerunzelter Stirn und erhobenem Zeigefinger gesagt. „Da vorne spielt sich die Hauptsache ab, nicht da oben. Schreibe dir das hinter die Ohren, Amen!"

War das der Anstoß alles Kommenden, der Katastrophe, die mich ereilen sollte?

„Da vorne spielt sich die Hauptsache ab, nicht da oben!"

Die geheimnisvolle Geige

„Schönheit ist des Teufels. Siehe den für uns Gekreuzigten da vorne. Schreibe dir das hinter die Ohren – Amen – Amen – Amen!"

Der männliche tiefe Klang der Bassstimme des Dechanten hatte Ähnlichkeit mit dem mächtigen Brausen der Orgel. Das von allen Seiten darauf antwortende, weich reagierende Echo dieser Worte füllte in versöhnender Wiederholung den Kirchenraum, türmte und wölbte sich für mich wie eine anschmiegsame Welle über das Kirchengestühl an Bildern und Statuen entlang hinauf zur Orgel, senkte sich wieder herab hin zum Altar, da, wo es in Stille im Tabernakel zu verschwinden angekommen schien, da, wo die eigentliche Musik spielt.

Nicht nur meine Seele, mein ganzer Körper hatte zu schwingen begonnen und, als ich längst schon mit meiner Mutter über den Kirchhof gegangen war, schwang es in mir weiter.

Es war jener Urklang, der mich nicht mehr los ließ.

Von diesem Augenblick an machte ich mich auf den Weg nach dem Ursprung des Klangs und der Schönheit, ins Labyrinth der Sehnsucht und des Unfassbaren.

Die Musik hatte begonnen, mich zu machen, bevor ich Musik machte.

Jahrzehnte sollten vergehen, bis ein leibhaftiger Engel und Bote der Schönheit mir die einfache Frage stellte: „Glaubst du?“, und ich darauf die falsche Antwort gab.

Einige Zeit später wurde die alte Orgel mit Manual, Pedal und zehn Registern aus dem Jahre 1780 von einem Blitz getroffen und völlig zerstört. Zur Anschaffung einer neuen Orgel war es nicht mehr gekommen. Hatte sie zu schön geklungen?

Nach diesem einschneidenden Erlebnis der rauschenden Orgel und der strafenden Worte des Dechanten hatte sich mein Alltag verändert. Der sorgenvolle Dialog zwischen Vater und Mutter wird sich daraufhin öfter sicher so angehört haben:

„Es wird schon dunkel und Alois ist noch nicht da. Wo steckt er bloß?"

„Frau, du weißt, wo er sich herumtreibt. In den Akazien bei den Ziegen oder bei den Musikanten. Die Zigeuner mit ihren verführerischen Klängen haben es ihm angetan. Er hat nur Augen und Ohren für sie."

„So, so. Aber die Zigeuner sind schon weg, sind weitergezogen heute Abend!"

„Dann wird er wohl mitgezogen sein."

„Wenn das nur gut geht!"

„Frau, was sagst du da? Unsere Gänse waren schon einmal drei Tage und drei Nächte unterwegs. Sie kamen aber alle zurück. Sie wussten, wo sie zu Hause sind!"

„Wenn du meinst, Mann! Aber was soll nur aus ihm werden? Wir werden ihn suchen gehen!"

Drei Tage später fanden sie mich im Böhmischen, schon außerhalb Mährens, wie Jesus im Tempel, allerdings umgeben von böhmischen Musikanten, mit der Geige in der Hand, nicht der Bibel.

„Kind, hast du nicht gehört, was der Herr Pfarrer gesagt hat: Das ist des Teufels!", sagte Mutter.

„Warum spielen nur Zigeuner Geige, Mutter?", war meine erste Frage.

„Aber Kind! Weil sie damit immer herumziehen und davon leben können."

Vorläufig zufrieden mit der Antwort, nahmen sie mich mit nach Hause, gaben mir statt einer Ohrfeige eine Geige, ein Fahrrad und eine Nonne im benachbarten Kloster als Lehrerin. War es hierfür nicht schon zu spät?

Die schweren englischen oder russischen Bomber luden bereits wahllos ihre tödliche Last ab auf Bewegliches und Unbewegliches, machten keinen Unterschied zwischen einem hoffnungsvoll dahin radelnden jungen Talent auf einem Feldweg und einem feindlichen Panzer.

Alois und sein Fahrrad

Ungeachtet dessen nahm ich mein großes Fahrrad, schob, da ich noch zu klein war, um das Pedal zu erreichen, virtuos mein rechtes Bein samt Unterkörper unter die Fahrradstange, griff mit dem linken Arm an die Lenkstange und klemmte die nackte Geige unter meinen rechten Arm. So fuhr ich in halsbrecherischer Schräglage so oft ich konnte übers Land zu meiner Nonne ins Kloster.

Aber eines Tages, als der Binderplatz belagert war von betrogenen, geschlagenen, flüchtenden Soldaten, die nichts Besseres mehr wussten, als alles stehen und liegen zu lassen, Panzer, Granaten, Uniformen, Medaillen, sagte Mutter zu mir: „So kannst du nicht fahren, Alois, nicht mit der roten Hose, schon gar nicht mit diesem bunt gefleckten Hemd! Hier, nimm das!"

Sie hielt mir einen grüngrauen, sackähnlichen Kittel hin.

„Hier, so werden sie dich nicht sehen, die Flieger, wenn sie kommen! Und es ist bequem!"

Nachdenklich fügte sie hinzu. „Du musst wohl fahren?"

48

Sie hatte nicht an die Geige gedacht, die nicht einmal ein Kasten schützte.

Und sie kamen, die Tiefflieger. Über meinen Kopf hinweg, als hätten sie es nur auf mich abgesehen, diese Riesenraubvögel, und feuerten wie besessen aus ihren Bordwaffen, als müssten sie ihre Seligkeit verteidigen.

Es konnte wohl nur ihr Neid auf die Schönheit und den Glanz der Geige sein, der sie in ihren kalten Maschinen so wild machte, sie so unbeherrscht und machtbesessen auf das kleine geheimnisvoll funkelnde Ding im Sonnenlicht da unten feuern ließ. Kein Wunder!

Das Sonnenlicht badete sich im Lack der Geige und gab verschwenderisch die geheimnisvollsten Farben frei.

„Was, wenn die Geige noch klingen würde?", dachte ich, als ich ein lautes Krachen hörte, Granatsplitter um mich herum einschlugen, eine gelbe Flamme irgendwo aufloderte, Bomben detonierten und es anfing, verbrannt zu riechen. Diesen Geruch konnte ich erst später als Menschenfleisch identifizieren. Um mich herum ragten die in Panik verlassenen Panzer verloren wie Reptilien der Urzeit oder wie Felsbrocken einer Vulkaneruption aus den sonst so fruchtbaren Feldern.

Ich sprang vom Fahrrad, hechtete in den mit Büschen umgebenen Straßengraben, warf im Fallen die Geige in weitem Bogen ins weiche, hohe Gras des Straßengrabens und presste mich auf den Boden. Im Heulen der Tiefflieger und dumpfen Plopp der Einschläge um mich herum hörte ich plötzlich einen seltsam stillen Knall, der alles Laute übertönte. Aus den schwächer werdenden Schwingungen, die ich am ganzen Körper verspürte, wusste ich: es war die Geige. Die Geige war getroffen! Die Bordschützen hatten sie wirklich getroffen und auf ihre Art zum Klingen gebracht. Regungslos hatte ich mich in den schwarzen Ackerboden gekrallt und meine Tränen in die Erde sickern lassen. Ich dachte an die Ohrfeige des Pfarrers und seine Worte: „Schönheit ist des Teufels." Verstand ich sie jetzt?

Nach einer Zeit der unheimlichen Ruhe über Tage hinweg rasselten bald darauf die Panzerketten der Sieger die Brunsuttenstraße hinunter zum Glockenturm, bogen links ab zum Binderplatz, dem größten Platz der Welt, und blieben vor der Schule gegenüber der Mühle stehen.

Die Reste der geschlagenen Armee hatten längst schon diesen Ort geräumt, ihre Gerätschaften, Panzer, Geschütze, Granaten, Funkanlagen und verendeten Pferde einfach liegen lassen. Kadavergeruch breitete sich aus.

Für nichts und wieder nichts wurde der letzte zurückgebliebene junge Soldat, der keine Kraft mehr gehabt hatte, sich wie die drei anderen Nachzügler und Versprengten in die rettenden nahen Weinkeller zu flüchten, erschossen. Er war ihnen einfach im Wege.

„Ist dem Todesschützen denn nicht klar gewesen, dass nur die Gefangenen gezählt werden?", entsetzte sich Vater. „Oder musste einer sein Soll erfüllen, weil er einen anderen hatte laufen lassen?"

Der Zufall, nicht Schuld oder Verdienst, bestimmte in jenen Tagen das Schicksal des Einzelnen.

Dem jungen Soldaten, zu müde, um zu glauben, dass sie ihn erschießen würden, hatte ich noch drei frische Eier mit auf den Weg gegeben.

„Hier, mach schnell, sie sind schon da, die Panzer haben dich schon entdeckt, die Panzer. Schnell, in die Weinkeller. Vor den dunklen tiefen Kellern haben sie Angst." Aber der Soldat war wohl zu geschwächt gewesen. Die Eier waren dem Toten später aus der rechten Hosentasche gekullert neben die eingebrochene Friedhofsmauer.

Der Führungsstab nahm Quartier in der Mühle dem Kirchplatz gegenüber, da, wo früher die böhmischen Musikanten zum Tanz aufgespielt hatten, und feierte den Sieg mit viel Wodka, Kasatchok und Gesang.

Jetzt machten sich die zehn Jahre russischer Gefangenschaft des Vaters in Sibirien bezahlt. In perfektem Russisch erzählte er den Offizieren und Soldaten, wie er die große Oktoberrevolution und die Kämpfe zwischen den Roten und Weißen als Gefangener erlebt hatte, erzählte ihnen vom Baikal-See und den bitterkalten Nächten in Nowosibirsk, dass sie ihn Iwan nannten, wie er sich allmählich assimilierte und mit der Zeit Russe wurde. Und als Gefangener weit hinten in Sibirien hätte er die Freiheit kennengelernt, die er daheim nie hatte. Da war er einer unter Gleichen, eins mit den Unbilden und den Schönheiten der Natur und wollte nicht mehr zurück!

Das alles erzählte er ihnen. Daraufhin nannten sie ihn auch Iwan.

„Iwan, hol deine Geige von der Wand. Spiel uns auf mit unseren Balalaikas. Erzähl von Sibirien, Väterchen. Du bist doch einer von uns. Du sprichst unsere Sprache und kannst mit uns fluchen. Du liebst Russland, wie wir dich lieben, deine Familie, deine Kinder."

Dabei warfen sie mich bis zur Decke hoch wie einen Ball, von einem zum anderen, sangen betrunken ihre Lieder vom Don, vom Baikal, von der Wolga und der Liebe.

Ich erinnerte mich an meine unerklärliche Angst, wenn sie mich liebevoll auf ihre Knie nahmen, mich mit erbeuteten Sahnebonbons fütterten und dazu russische Kinderlieder sangen. Einer ihrer Ältesten intonierte mit stolzer Geste: „Ich weiß nicht, was soll das bedeuten, es geht mir nicht aus dem Sinn ...!" Als wären sie alle meine

Väter, versuchten sie, mit mir und meinem Bruder „Hoppe-Hoppe-Reiter" und allerlei andere Spiele zu spielen, sich dabei noch zu übertreffen. In ihrer selbstverständlichen Herzlichkeit nahmen sie meine und die Angst der anderen nicht wahr. Aber meine Angst blieb und hielt lange an. Um sich vor ihr zu schützen, steckte ich, so oft ich konnte, meinen Kopf zwischen die wärmenden Mühlsäcke und summte in sie hinein: „Schlaf, Alois, schlaf, dein Vater hüt' die Schaf."

Nicht nur ich hatte Angst. Die Frauen im Dorf verkrochen sich tief in die Heuschober der Felder, versteckten sich auf Heuböden, verkleideten sich als Geisteskranke, als Verrückte, denn nur das fürchteten die Soldaten.

Die Soldateska begann zu wüten. Das Nebeneinander von brüderlicher Herzlichkeit, menschlichen Mitgefühls und grausamer Vergewaltigung war unfassbar.

Draußen bliesen die Jäger das Signal zur Jagd auf alles Weibliche – dem biologischen und kulturellen Keim des Volkes. Aber das Halali zur Beendigung der Treibjagd blieb in diesen Nächten aus, die Schreie der Vergewaltigten in den Feldern nahmen zu.

Drinnen in der Mühle aßen die Offiziere die geschlachteten Hühner und Gänse, ließen den kostbaren Wein wie Wasser durch ihre rohen Wodka-Kehlen fließen und tanzten nach den mit einem accelerando ins furioso steigernden Balalaika-Klängen auf Stühlen und Tischen.

„Wenn du je wieder solche Musik hören solltest, Kleiner", packte mich einer, der aussah wie ein Mongole, mit wild blitzenden schwarzen Augen und wirbelte mich um sich herum, „solltest du je Lust haben, solche Musik zu hören, dann lass die Weiber dabei weg, ich rate es dir!", und warf mich in die Arme eines anderen. Im Fliegen dachte ich an die Ohrfeige und die merkwürdigen Worte des Pfarrers: „Alles Schöne ist wohl des Teufels."

In diese schwül erotisierende Atmosphäre hinein brüllte plötzlich ein Offizier: „Stoi! Wo ist Iwan?"

Als würde der schwere Vorhang einer Bühne fallen, verstummten die Balalaikas. Die Blicke fielen unwillkürlich auf die Geige an der Wand. Für Augenblicke hörte das Stampfen der Militärstiefel auf. ‚Iwan' hatte sie unbemerkt wieder dahin gehängt, war still und heimlich verschwunden. Die Gesellschaft stob aufgeregt auseinander, hinaus in den Hof, hinauf in den weiten Garten, hinunter in den langen, tiefen verschlungenen Weinkeller.

„Iwan?"

„Iwan ist verschwunden, sucht ihn, schafft ihn herbei, Iwan muss her, wir brauchen ihn!", peitschte der Befehlende seine Offiziere an.

Kein Wunder! Der Einzige, der nicht nur russisch fluchen konnte, sibirische Geschichten über Machtkämpfe zwischen den Roten und den Weißen erzählen konnte, über die große Revolution und Trotzki, sondern auch derjenige war, der genaue und für die Betroffenen verhängnisvolle, sogar tödliche Angaben über die jetzigen Parteifunktionäre des Dorfes machen konnte, war verschwunden. Es war ihm wohl bewusst, dass zwar viel gefragt werden würde, aber wenig geprüft oder sogar abgewogen. Dazu würden sie sich keine Zeit nehmen. Der Zufall war jetzt der liebe Gott, oder das Versehen, oder der Übereifer.

In diesem aufgeregten Durcheinander stand Mutter.

„Mutter, wo ist er? Um Gottes willen, wo ist er? Haben sie ihn erschossen? Was haben sie mit Vater gemacht?" Sie schaute mich merkwürdig starr an, ohne die geringste Regung zu zeigen.

„Mutter, du weißt, was mit ihm geschehen ist, warum sagst du nichts?" Ich war mir sicher, sie wusste es. Ohne zu antworten, sagte sie nur: „Geh schnell, Alois, dort steht ein Mann in der Tür, geh zu ihm, er winkt dir zu. Er will was von dir!"

Am Ende des Flurs stand unbeweglich ein schwarzhaariger dunkelhäutiger Mann in der Eingangstür, als wäre er ein Geist, einem Engel gleich, umhüllt von einem langen, wallenden Mantel.

„Komm, Alois, komm!"

Wie von magischen Händen gezogen, folgte ich dem Winkenden durch den leeren Flur. Das hektische Treiben um mich herum nahm ich nicht mehr wahr.

„Hab' keine Angst, Alois. Endlich habe ich dich gefunden. Erinnerst du dich? Du bist mit uns Musikanten übers Land gezogen, da haben deine Eltern dich gesucht." Er flüsterte, aus Angst entdeckt zu werden.

„Lange kann ich hier nicht bleiben. Ich weiß, was dir zugestoßen ist mit deiner Geige. Hier …!" Er griff tief unter seinen bodenlangen, verschlissenen Persianermantel, der alle Geheimnisse der Welt zu verbergen schien, holte zärtlich eine Geige hervor und reichte sie mir.

„Hier, nimm sie! Sie wird deine Geliebte werden. Du wirst mit ihr ein Leben lang verbunden sein, ich weiß es. Du brauchst sie und sie braucht deine Seele, damit sie klingen kann. Sieh doch ihren goldbraunen, zarten Leib, ihre schlanke Taille. Es ist eine *Nicolas Aine*, eine Französin und sehr alt, 1760 von einem französischen Meister gebaut, von D. Nicolas Aine. Wie schön sie ist!" Er hielt sie hoch wie ein Neugeborenes und streichelte sie.

„Einst gehörte sie einem Konzertmeister der Pariser Oper, später meinem Großvater, dann meinem Vater. Jetzt gehört sie dir. Nimm sie! Die Nicolas Aine aus Cremona wird dir ein Leben lang treu sein und deine Musik wird der Welt gehören."

Und eindringlich flüsternd fügte er hinzu: „Wenn sie dir die Nicolas wegnehmen wollen, sag ihnen, sie sei sehr, sehr alt und daher wertlos. Sollten sie dir trotzdem die Nicolas nehmen, sorge dich nicht! Ich werde sie für dich beschützen. Und wenn es nicht mehr die Nicolas geben sollte, werde ich Sorge tragen, dir die beste Geige der Welt in deine Hände zu legen, eine *Amati*, *Guarneri* oder *Stradivari*! Denn wem nützt es, wenn sie nicht von Meisterhand gespielt werden."

Mit vorgehaltener Hand sagte er leise: „Dein Vater hält sich eine Zeitlang verborgen. Er will niemanden verraten, auch diejenigen nicht, die vielleicht schuldig sind. Alle, die es betrifft, sollten zuerst mit sich selbst ins Reine kommen."

„Wie heißt du, fremder Mann?", fragte ich hastig.

„Ich heiße Micha, wie Michael, der Erzengel. Und jetzt Adieu, Alois!" Damit verschwand er im Akazienwald.

„Adieu, Zigeuner, ich werde dich wiedersehen!", rief ich ihm nach, glaubte, einen Engel gesehen zu haben, ging zu meinen Mehlsäcken in der Mühle, dorthin, wo es still war, wo die Stille zu Musik wurde und machte mich vertraut mit meiner Nicolas.

4

In den letzten drei Wochen des Zweiten Weltkrieges wurde der Bezirk um Olkowitz zum Kampfgebiet. Die siegreichen Frontsoldaten der sowjetischen Armee waren inzwischen weitergezogen. Sie hatten es eilig zum nächsten Siegesfest zu kommen. Ihnen folgte weit hinter der Front die nicht kämpfende, undisziplinierte wilde Etappentruppe des Nachschubs, die zwar nicht mordete, aber das besiegte Land mit hemmungslosen Vergewaltigungen in Angst und Schrecken versetzte.

Jene, die den Willen und die brutale Fähigkeit hatten, vorsätzlich und mit unerschöpflichem, sadistischem Einfallsreichtum lustvoll zu morden, kamen erst danach. Am 8. Mai 1945 kapitulierte Deutschland bedingungslos. Ende Mai tauchten in Olkowitz „Partisanen" auf. Es waren Angehörige des Volkes, das mit uns, bereits 1199 und 1201 urkundlich erwähnt, gut nachbarlich zusammengelebt hatte, nämlich Tschechen. Als erstes verhafteten sie die Männer unseres Dorfes. Einige von ihnen wurden nach Znaim, die Perle Südmährens, gebracht und dort schwer misshandelt. Die anderen sperrten sie in die Keller des nahen Klosters Mariahilf, um sie dort zu verprügeln, zu schlagen und schwer zu foltern. Wenige dieser Männer überlebten diese Folter. Es war der Anfang der Drangsalierung der deutschen Bevölkerung Südmährens. Trotzdem dachte noch niemand an das scheinbar Unmögliche, das möglich werden könnte, obwohl Edvard Beneš, der Präsident der tschechischen Republik, schon am 27.10.1943 verkündet hatte: „In unserem Land wird das Kriegsende mit Blut geschrieben werden. Den Deutschen wird mitleidlos und vervielfacht alles heimgezahlt werden ..." Niemand dachte an eine Vertreibung. Aber am 18. August 1945 sollte es soweit sein.

Für „Iwan“, meinen Vater Alois, war die unmittelbare Gefahr zunächst vorüber. Um niemanden verraten oder ausliefern zu müssen, hatte er sich in den schwer zugänglichen Weinkellern versteckt. Sie führten tief in die Erde hinein, mit verwirrenden Verbindungsgängen unter den Kirchberg hindurch zum Friedhof und der Kirche, verästelten sich aber auch ins Dorf hinein. Für Flüchtende ein ideales Versteck. Hierher hätte sich der erschossene Soldat retten sollen.

Im Dorf breitete sich eine angstvoll lähmende Stille aus, eine Leere, in der jede Bewegung versickerte. Selbst die Luft schien still zu stehen. Ein bedrückender Schleier hatte sich über dieses sonst so sonnige Land gelegt. Ein Vakuum der Macht hatte sich gebildet, und wo ein solches ist, entstehen leicht Stürme, und Stürme fragen nicht, welchen Baum sie entwurzeln dürfen. Tausend Jahre Zusammenleben zweier Völker waren im Begriff, brutal und mit Absicht von einer Seite beendet zu werden. Die ethnische Säuberung begann mit Greueltaten.

Ich begriff noch nicht die Ursache meiner Angst. Jeden Morgen schlenderte ich barfüßig an den Weinkellern entlang, durch das Akazienwäldchen, wo ich auch meine drei Ziegen hütete, hinüber zu den wenigen Häusern, in denen, getrennt vom eigentlichen Dorf, die Ärmeren lebten, so auch mein Freund.

An diesem Morgen aber pochte ich vergebens an seine Tür. Niemand öffnete. Der Hund wedelte weder wie sonst an mir hoch, noch hörte ich von drinnen rufen: „Bist du’s, Alois?“

Ein noch nie erlebtes Gefühl des Zuspät-Gekommenseins und eines endgültigen Verlustes ergriff mich wie ein Naturereignis. Voller

Ahnung, mit einem würgenden Weinen in der Kehle kletterte ich über die hohe Gartenmauer, sah mit Entsetzen die Kadaver von Hund, Katzen, Federvieh und Ziegen im Hof liegen. Beklommen schlich ich mich ins Haus. Keine Menschenseele! Das Haus ausgeräumt und leer! Für mich stürzte der Himmel ein.

Was war passiert? War meinem Freund Leid zugefügt worden? Oder hatte mich mein Freund ohne Abschied verlassen. Ohne Worte? Ohne ein „Adieu – dein Freund."? Nicht einmal so tröstliche wie: „Sorge dich nicht um mich! Mir geht es gut, ich komme bald wieder!" Grausame Hinweise auf ein schreckliches Geschehen, kein Zeichen von ihm, kein abgebrochener Zweig als ein Hinweis für mich, keine Spur im Sand! Musste der Freund fliehen? Wurde er vertrieben? Und wenn, warum? Was jetzt tun?

Ich würde ihn suchen gehen, aber wo? Die Weinkeller kamen mir in den Sinn. Ja, natürlich, wo sonst sollte er sein? Sie waren das sicherste Versteck.

Ich erinnerte mich an die drei versprengten russischen Soldaten, die ihr Leben durch das Verschwinden in die Weinkeller anscheinend hatten retten können. Aber es waren nicht wenige Weinkeller. Auf der Seite des Friedhofs und unter den Friedhof hindurch waren es vier, unter dem Akazienhügel der anderen Seite reihten sich zwölf, in die Felder auslaufend, aneinander. Sie verteilten sich unsichtbar unter dem ganzen Dorf wie ausgehöhlte Adern. Die Bauern hatten sie alle wegen der letzten dramatischen Ereignisse nicht mehr benutzt. Bei dieser Aussicht verließ mich der Mut.

Lange rührte ich mich nicht, überwältigt von unbegreiflichen Gefühlen. Dann begann ich einfach zu gehen, ging zu den weit vor mir liegenden Feldern in die Ebene hinein. Vor einer steinernen Martersäule im „Rustenfeld" blieb ich stehen und begann die verwitterte

Inschrift zu lesen: „Si pro te proprium peccator fundo cruorem, te saltem lachrimas fundere ne pigeat MDXCV." Erst viel später konnte ich das Lateinische übersetzen: „Der Heiland spricht: Wenn ich für dich, o Sünder, mein eigenes Blut vergieße, soll es dich nicht gereuen, wenigstens Tränen zu vergießen."

Unter der Martersäule sitzend, begann ich, still und bitterlich zu weinen.

„Weine nicht! Sing dem Herrn ein einfaches Lied, zu seinem Lob, auf all deinen Wegen, spiel auf deiner Geige ein einfaches Lied zu seinem Lob." Ich glaubte, eine himmlische Stimme zu hören, aber niemand war auf dem Felde.

Die Sonnenstrahlen überfluteten die Ebene, Lerchen über den Feldern jubilierten in der immer hartnäckiger werdenden Hitze und das frische Grün des scheidenden Frühlings wich allmählich den Farben des erwachenden Sommers.

Von jetzt an ging ich jeden Tag mit meiner Nicolas Aine zum verlassenen Haus meines Freundes und zur Martersäule ins Feld, lehnte mich an sie und spielte nach Art der Zigeuner auf der höchsten Saite der Geige, der E-Saite, immer wieder das gleiche klagende Lied. Verwirrende Halb- und Vierteltöne im Wechsel von Moll und Dur vermischten sich mit denen der Lerchen hoch oben in den Lüften und dem Zizipe der Waldmeise.

Hatte ich nicht schon einmal dieses würgende, hilflose Gefühl des Verlassen-Werdens und des Wartens auf den, der gegangen ist, erlebt, das mir das Weinen aus der Seele in die Augen trieb? Gab es denn kein Mittel gegen diese Sehnsucht?

Ich erinnere mich: Ja, damals lag ich in einem Wiener Spital, kaum vier Jahre alt. Es war in der Zeit meines ersten Orgelklangrausches. Gerade hatte ich eine schwere Mittelohroperation überstanden. Die Trommelfelle waren mir durchstochen worden, die Ohren, mit denen ich bisher die Welt wahrnahm, aufgemeißelt. Mit verbundenem Kopf, aus dem nur noch die Augen herausschauten, lag ich unter Schmerzen im Krankenbett. Wie Puppen bewegten sich die Gestalten vor mir stumm hin und her, sie brauchten mich nicht, um sich zu bewegen. Ich begann, auf jede Bewegung zu lauschen.

Die Mutter war in großer Sorge, dass ich mein Gehör verlieren würde, denn die Ärzte hatten diese Gefahr angedeutet.

Jetzt hieß es: „Die Operation ist gut verlaufen, liebe Frau. Sie können Alois bald mitnehmen. Nur, etwas müssen wir Ihnen sagen: Er wird nicht mehr gut hören können, wenn es später überhaupt noch einmal möglich sein wird.“

„Er wird später nicht mehr hören können? Mein Gott, soll das ein Zeichen sein?“, rief Mutter verzweifelt aus.

In ihrer Sorge verließ sie das Krankenbett, ging zurück in das Dorf zu dem Erdloch, in dem der alte Jakob, Sohn eines Pfarrers, als Sonderling und Wahrsager lebte, der mit Zahlen in die Unendlichkeit schauen und aus der Hand lesen konnte.

„Es ist etwas Besonderes mit deinem Sohn, er wird ein außergewöhnliches, schweres Schicksal haben, berühmt werden, vom Bettler zum König, dieser euer Sohn, aber dann?“

„Was, und dann?“ Darauf hatte Jakob nur in seine Zahlen geschaut und keine Antwort gegeben. Kein Wunder, er rechnete nur in Billionenreihen von Zahlen und sagte das Ende der Welt voraus. Murmelnd sagte er immer wieder vor sich hin: „Lazarus, Lazarus, der reiche Mann und der arme Lazarus. Lazarus von Bethanien ... vier Tage wird er im Grabe liegen, vier Tage. Die Furcht vor dem Herrn ist der Beginn der Weisheit. Gesegnet der Mann, der den Herrn lobt, lobet ihn mit Posaunen, mit Psalter und Harfe, mit Trommeln und

Tänzen, mit allen Pfeifen, mit hellen Zimbeln und wohlklingenden Zimbals. So hat schon vor fast 3000 Jahren der Psalmist in seinen letzten vier Gesängen seiner Psalmen 147-150 dem Herrn ein Lied gesungen." Darauf schaute der alte Jakob wieder in seine Zahlenreihen.

Dies geschah auch gerade in der Zeit, als ich zu sprechen begann. Bis dahin hatte ich alles nur mit den Ohren aufgenommen, hörte, was ich mit den Augen sah und hatte in mich hineingelauscht.

Die Mutter, von mir sehnlichst erwartet, kehrte, von Jakob, dem Geheimnisvollen kommend, endlich zu meinem Bett zurück, erzählte mir alles Geschehene wie ein Märchen, faltete ihre Hände und dankte dem Herrn mit den Worten des Psalmisten, die sie vom alten Jakob gehört hatte. Die sonst so Wortkarge beugte sich dann über mich, nahm meine Hände und begann leise, ein einfaches böhmisches Wiegenlied zu summen. Hatte ich mir das nicht schon immer gewünscht? Später wusste ich, es war kein böhmisches, sondern das Wiegenlied von Franz Schubert, op. 18 Nr. 2, und bestand nur aus acht Takten, die sie immer wiederholte, erst leise, dann lauter, wieder leise, schließlich im *Diminuendo* kaum mehr hörbar.

Danach stand sie auf und, wohl um mir und sich nicht weh zu tun, flüsterte sie: „Schlaf, mein liebster kleiner Alois, schlaf, ich muss dich für eine Weile verlassen, aber ich komme wieder", küsste mich zärtlich und ging, sich noch einmal umdrehend, durch die Tür, auf die ich noch lange schaute, erwartend, dass sie endlich wieder aufginge. Aber es geschah nicht, nicht an diesem Tag und auch nicht am nächsten. Ich weinte still in meine Kissen hinein und wartete, horchte auf etwas, das kommen würde. Habe ich nicht mein junges Leben lang darauf gewartet?

Inzwischen war ich neun Jahre alt geworden.

Nachdem ich mich in dieser Erinnerung fast verloren hätte, fand ich mich immer noch an die Martersäule gelehnt. Mein Weinen hörte auf. Dürstend legte ich die Geige weg und stieg, um meinen Freund zu suchen, in den ersten Weinkeller, dem von der elterlichen Mühle entferntesten. Ich wagte mich hinein ins unbekannte verbotene Labyrinth. Niemand wusste davon.

Alle meine Sinne waren in diesem Augenblick der großen Angst vor dem Unbekannten aufs Äußerste angespannt. Als ich die erste schwere eisenbeschlagene Eichentür aufzog und sich vor mir die Unterwelt öffnete, ich nichts mehr sah, schlug mir ein säuerlicher Geruch von Schwefel und Moder entgegen. Ich zitterte leicht vor Erregung. Das grelle Sonnenlicht reichte nur noch wenige Meter in das Dunkel hinein. Dann tauchte alles in tiefes Schwarz. Behutsam tastend wagte ich mich Schritt für Schritt in diese unentdeckte Welt hinein. Zunächst konnte ich nur riechen, tasten, fühlen, in die Stille hinein lauschen. Erst allmählich kamen mir aus der Schwärze Umrisse einzelner Gegenstände entgegen, nahmen Formen an, zwangen mich, mich mit ihnen abtastend zu beschäftigen. Der Gegensatz von hellstem Sonnenlicht und Dunkelheit wurde weicher. Die Augen begannen, sich den Ohren anzupassen, sogar meine Art, zu sehen und wahrzunehmen, veränderte sich. Ein Hörbild entstand in mir.

Was würde mich im Inneren des düsteren Labyrinths erwarten? Ein menschenfressendes Ungeheuer? Vielleicht eine verwunschene Prinzessin? Eine Riesenschlange oder die lustige Gesellschaft von Kobolden?

Je tiefer ich, nur mit einer Kerze ausgerüstet, in das Dunkel eindrang, desto verschlungener und rätselhafter wurden die Gänge. Ab und zu sprang hinter einer Biegung im unruhigen Flackern meines Lichts eine Inschrift aus der Wand. Eine Zahl, ein Gekritzel. Kleinste Gegenstände wurden zu gespenstisch großen Gemälden, das leiseste Geräusch eines Wassertropfens geriet zur erschreckenden Explosion, jedes dieser Geräusche hatte eine eigene Richtung. Meine Sinne wurden geschärft und erfüllten allmählich wieder ihre Aufgaben: das Tasten, Riechen, Fühlen. Ich konnte das Atmen der Höhle hören und es drang in mich ein, sehen aber konnte ich weder einen Anfang noch ein Ende, und das empfand ich nicht als großen Verlust. Die Dunkelheit brauchte meine Ohren, nicht meine Augen.

„Ich kann in der Stille hören", flüsterte ich vor mich hin. „Ich kann hören, ich, ich, ich bin …!" Hatten die Ärzte in Wien nicht gesagt: „Er wird nicht mehr gut hören können, wenn es später überhaupt noch einmal möglich sein wird."

Gleichzeitig überkam mich dumpfe Ausweglosigkeit. Der Schwefel- und Modergeruch machten mich benommen. Ich bildete mir ein, das schmerzhafte Stöhnen der schwitzenden Höhle zu hören. War hier je ein Mensch gewesen?

Nein, hier konnte mein Freund nicht sein!

Ich hatte eine andere, eine neue Welt entdeckt. Mich an den kalten nassen Sandwänden entlang tastend, wurde mir plötzlich erschreckend bewusst, dass ich den Weg zurück nicht mehr finden würde, wenn ich weiter ginge. Panik überfiel mich. Hilfesuchend drehte ich mich im Kreis. In diesem Moment erlosch die Kerze. Um mich herum stockfinstere Nacht, keine Orientierung mehr. Das Kellergewölbe wurde zur totenstillen, grausam schwarzen Gruft – vielleicht zu meinem Grab 20 Meter im Berg unter dem Friedhof? Die plötzliche, erstickende Enge und feucht-salzige Luft pressten mich zu Boden. Ich schmeckte den Geruch von Sand und Stein, den Erdgeruch. So lag ich reglos in totaler Verlassenheit, ohne den wärmenden Hauch einer Menschenseele, ohne Freund. Allein!

Es dauerte lange, bis ich begann, nach dem Licht des Ausgangs zu suchen, aber ich konnte es nicht entdecken, fühlte nur, dass ich mich bewegen müsse, und zwar aufwärts, nicht mehr abwärts in den Berg hinein, wenn ich zurück zu den Lebenden kommen wollte.

So begann ich, auf allen Vieren hinauf zu kriechen, und wirklich, irgendwann blinzelte mir der erste Lichtstrahl zu: „Komm, Alois, folge mir!", schien er mir sagen zu wollen.

Nach der feuchten Dunkelheit, vom gleißenden stechenden Sonnenlicht und der schneidenden Luft erschlagen, ließ ich mich vor Erschöpfung in den warmen Sand fallen.

Noch hatte ich meinen Freund nicht gefunden.

Geblendet und geschockt von der mittäglichen Hitze wurde ich plötzlich von rohen, brutalen Kräften gepackt und wusste nicht, wie mir geschah. Ich hörte nur die erschreckende Grobheit rauher Stimmen.

„Hier bist du also, du Vermaledeiter. Haben wir dich endlich! Was hast du in den Kellern zu suchen? Sag, was schnüffelst du hier herum. Es ist für euch verboten, da hineinzugehen!"

Ich sah nur die Umrisse hasserfüllter, grinsender Gesichter über mir und roch den beißenden Geruch roher Gewalt. Ich wurde den Sandweg hinabgeschleppt bis zur Mühle, Haus Nr. 94, und hier, mitten auf dem Binderplatz, erblickte ich meinen Vater mit der Geige in der Hand, umringt von bewaffneten Männern, die mit ihren Maschinengewehren wild in die Luft feuerten.

Als wäre ein Vorhang zur Hölle aufgerissen worden, sah ich, was ich bis dahin noch nie gesehen hatte: die Lichtgestalt meines Vaters gedemütigt und von Schlägen gezeichnet. Alle Farben ringsum verblasst, über dem Dorf, Grau in Grau, gespenstische Stille, die Schwalben tief über dem Boden fliegend.

Einer der zufällig Vorübergehenden blieb vor mir stehen und ohrfeigte mich.

„Geh zu deinem Vater, diesem deutschen Schwein!"

Meine Peiniger stießen mir, obwohl das nicht nötig war, mit ihren Gewehrkolben in die Rippen. Mit jedem dieser Stöße prügelten sie mich in eine andere Welt. Da gingen mir die Augen auf.

„Hier, du spielst doch auch auf der Geige?", höhnten sie. „Nimm deine Geige mit! Du wirst sie noch brauchen!"

Dabei drückten sie mir zu meinem Erstaunen die verloren geglaubte Nicolas Aine, die einer von ihnen wie eine Jagdtrophäe in der Luft geschwungen hatte, in die Hand und trieben mich weiter zu meinem Vater. Der sah mich lange still an, sich scheinbar der Situation fügend.

„Alois, um Gottes willen, wo warst du, du Schlingel? Ich habe mir solche Sorgen um dich gemacht! Warst wohl wieder bei deinen Ziegen?"

„Nein, Vater. Mein Freund Ludwig ist verschwunden, alle sind sie verschwunden. Sein Haus ist leer. An einer Wand steht mit roter Farbe geschrieben: ‚Cesky dom'. Was bedeutet das, Vater?"

„Das bedeutet, dass dieses Haus leer ist, und jeder weiß, dass niemand von uns hinein gehen soll!"

„Warum hast du eine weiße Binde mit einem großen N um deinen Arm?"

Einer der drei Jäger packte mich an der Schulter.

„Ihr redet zuviel, ihr beiden. Komm her, Kleiner, du sollst auch so eine Binde mit einem großen N bekommen, ganz wie dein Vater!"

Er band mir die weiße Binde um und lachte dabei so heftig, dass sein Speichel mir ins Gesicht spritzte.

„Bravo, auf deine Binde kannst du jetzt stolz sein, Kleiner! Das ist eine Auszeichnung. Jeder wird dich erkennen und mit dir machen können, was er will." Er lachte höhnisch. „Und jetzt ab mit euch zur Kommandantur! Dort könnt ihr reden!"

Ich drängte mich dicht an meinen Vater.

„Vater, warum machen sie das mit uns?"

„Alois, du bist noch so jung, gerade erst neun Jahre alt geworden. Sorge dich nicht um das, was jetzt hier geschieht. Freue dich auf den Sommer, die Weizenfelder, deine Ziegen."

„Trotzdem verstehe ich das nicht! Warum? Was habe ich getan, Vater? Ist es, weil ich im Weinkeller meinen Freund gesucht habe? Wer sind diese Leute? Kennst du sie?"

„Nein, aber ich werde sie wohl kennenlernen!" Dabei zog er mich noch näher an sich.

Inzwischen waren wir an der weiß gekalkten, aus Ziegeln und Steinen erbauten Kommandantur angekommen.

„Vater, wo sind wir hier? Warum schießen die Männer in die Luft?"

Vater beugte sich zu mir, umarmte und küsste mich. Seine Augen glänzten so merkwürdig.

„Sei ganz still, Alois. Du musst jetzt tapfer sein mit deiner Binde am Arm. Mutter ist mit deinem Bruder nach Wien gefahren, um Wichtiges zu erledigen. Sie werden bald zurück sein." Und als würde er zu sich reden, fügte er hinzu: „Alois, du wirst lange brauchen, um das zu verstehen."

„Aber Vater, wenn du wüsstest! Ich habe solche Angst!"

Später erfuhr ich, dass das N für das tschechische Wort *Němec,* ‚Deutscher' stand.

Wir betraten das niedrige Gebäude.

Der Bretterfußboden knarrte bei jedem Schritt, als würde er warnen wollen: „Seid vorsichtig, es könnte sonst euer Verderben sein."

Vor uns, flankiert von den drei schießwütigen Zivilisten saß an einem Holztisch ein nicht gerade gut gekleideter schmächtiger Mann mittleren Alters mit herausfordernder Gestik, die in merkwürdigem Widerspruch zu seinem schwächlichen Äußeren stand. Es war der Vorsitzende und Kommissar des Nationalausschusses der neuen Herren. Er trug eine Art Briefträgermütze in den Farben rotweiß-blau als Machtsymbol auf seinem Kinderkopf, dazu einen abgetragenen Uniformrock mit glänzenden Knöpfen. In seiner Haltung drückten sich Eitelkeit, Geltungssucht und Ehrgeiz aus, Eigenschaften, die ich noch nicht kannte. Später begegnete ich diesem Kommissar sehr oft in den verschiedensten Verkleidungen, Tarnungen und Masken. Er begann das Verhör und schob dabei imaginäre Papiere auf dem Tisch hin und her.

„Sie sind der Müller der Getreidemühle dieser Gegend?"

„Warum fragen Sie mich das? Sie wissen doch, wer ich bin."

„Sie sind Deutscher?"

„Sie sehen es doch an meiner Armbinde, Herr Vorsitzender."

„Das ist Ihr Sohn?"

„Mein Gott, ja, der Jüngste!"

„Er ist auch Deutscher?"

„Ja, auch er hat eine Binde am Arm. Herr Vorsitzender, was wollen Sie von uns? Wir haben gegen nichts verstoßen! Was werfen Sie uns vor?"

„Ihr seid Deutsche, das ist genug."

„Habt ihr nicht vor kurzem zu anderen gesagt: ‚Nur, weil ihr Juden seid?‘“, entfuhr es Vater. „Wenn ihr die Möglichkeit hättet, würdet ihr uns in die Gaskammern stecken wie diese, aber Gott sei Dank, seid ihr organisatorisch nicht dazu fähig.“

Das war zuviel für den Kommissar. Sein Gesicht wurde leichenblass. Gefährlich ruhig sagte er, kaum hörbar: „Beweist uns, dass ihr Deutsche seid, gute Deutsche! Ihr ward doch gute Deutsche? Wir wollen, dass ihr es bekennt, vor uns allen! Vor dem ganzen Dorf!“

„Nur, weil wir Deutsche sind?“, wiederholte Vater. „Was wollt ihr von uns? Wir haben lange mit euch zusammengelebt, und jetzt …!“

„Wir wollen, dass ihr euch als Deutsche bekennt, nichts weiter.“

„Und dann? Das ist kein Grund, uns so zu behandeln. Ihr sucht einen Vorwand“, sagte Vater unvorsichtig.

„Das ist Grund genug. Und wenn das nicht genügt, werden wir einen finden.“

„Und dann?“

„Dann raus mit euch, raus!“

Er überlegte einen Augenblick, kam dann endlich auf seinen teuflisch-zynischen Plan.

„Ihr beide spielt doch Geige, oder?“, rieb er sich die Hände.

„Ja, aber …?“

„Gut so. Dann spielt doch auf euren Geigen eure Nationalhymne. Wie geht sie noch? Na sagt schon! Wie geht eure Nationalhymne? Ihr habt sie doch in die ganze Welt hinausgebrüllt!“ Lauernd wie eine Wildkatze auf Jagd spannte sich sein Körper. Dann besann er sich. Mit gespielt galanter Geste forderte er: „Laßt uns eure Kunst bewundern. Spielt für uns eure Hymne. Wir hören!“ Aber Vater weigerte sich.

Da schnellte er aus seinem Stuhl hoch.

„Stellt sie draußen an die Wand!", schrie er weiß vor Wut. „Stellt sie an die Wand. Da draußen werdet ihr vor dem ganzen Dorf euer ‚Deutschland, Deutschland über alles' spielen oder ich lasse euch abknallen. Packt sie euch! An die Wand mit ihnen!"

Deswegen also die Geigen! Ein geplantes Spektakel. Die weiß gekalkte Frontseite des bescheidenen Häuschens wurde in der prallen Mittagssonne zum Dorfpranger.

Mit den Gesichtern zur Wand stehend, im Rücken ihre Folterer, die Gewehre im Anschlag, daneben, mit schmalen Lippen genüsslich lächelnd auf einem umgedrehten Stuhl sitzend, der Kommissar, Arme auf Stuhllehne und Kinn gestützt.

Der Binderplatz war menschenleer, etwa zwölf Uhr mittags. Regie: die Willkür. Erster Aufzug, erste Szene. Ultimatum.

Voller Angst dachte ich: „Um Himmels willen, was wird Vater tun? Wenn er die Nationalhymne spielt, würden sie ihn als guten Deutschen und Nazi erschießen, oder foltern oder bestenfalls anklagen, ihn und unsere Familie. Sollte er sich aber weigern, würden sie ihn auch erschießen oder foltern oder als Zwangsarbeiter verschleppen."

Vater spielte nicht. Die Jäger schossen. Von der Wand spritzte der Kalk. Während sie lachten, schossen sie gezielt neben uns Gejagte.

„Spielt, ich warte nicht lange!", drängte der Kommissar mit bedrohlich leiser Stimme.

„Ich kann das Lied nicht spielen!", sagte Vater. „Ich spiele euch einen wunderschönen Walzer, nein, ein böhmisches Lied, ‚Rosalka' kann ich euch spielen."

„So, so, du kannst das Lied nicht spielen!" Der kleine Kommissar schnalzte mit der Zunge, gab ein Zeichen. Sie schossen. Und wieder spritzte der Kalk, diesmal in unsere Gesichter. Ich hörte die Schüsse nicht und spürte nicht die harten Kalksplitter an meinen Wangen.

In diesen Augenblicken wuchs in mir das Wunder eines melodischen Einfalls zu einer Melodie. Sie schwoll an zu einem berauschenden, vielstimmigen Klang. Um mich herum schien alles still zu stehen. Vom hohen, wolkenlosen Himmel prallte die Mittagssonne ungehindert auf die Wand vor uns. Wir standen mit dem Gesicht zur Wand. Das Weiß bohrte sich in unsere Augen. Die träge Stille des Mittags, wieder ein Zustand des Wartens auf das Ungewisse, das kommen wird, lag über dem Dorf.

Die drei Jäger hatten die Mützen zum Schutz ihrer müde gewordenen Augen in die Stirn gezogen und überließen den Auftrag der zermürbenden Kraft der Sonne und der Zeit. In größeren Abständen gab der Kommissar mechanisch den Befehl.

„Schießen!"

Dann schoben sie ihre Mützen aus der Stirn und schossen vor unsere Füße, so dass die Erde aufwirbelte und sich dabei kleine Krater bildeten. Die Einschüsse schlugen in immer kürzer werdenden Zeitabständen neben uns ein, immer näher an unseren Körpern. Mit den Schüssen wuchs die Angst, die Erkenntnis der Ausweglosigkeit unserer Situation und des Sich-fügen-müssens.

Ich dachte an Mutter und Bruder, ob sie denn nun endlich aus Wien zurückkehren würden. Es geschah nicht. Der Abend näherte sich und mit ihm kam der Augenblick, da sich Vater zu den Jägern umdrehte, sich auf den Boden warf und sie bittend anflehte:

„Nun schießt doch endlich, schießt auf euer Wild, macht Schluss mit der Quälerei!"

Und zu mir gewandt: „Weine nicht, Alois! Spiel auf deiner Geige dein einfaches Lied zum Lobe Gottes!"

Ich glaubte, eine himmlische Stimme zu hören, aber niemand war zu sehen. Da nahm ich meine Geige und begann leise die Melodie zu spielen, die in mir entstanden war, während die Schüsse neben mir einschlugen: Das sehnsüchtige Lied von der Martersäule im Feld.

Alles um mich herum versank in der aufkommenden Dämmerung. Ich ließ mich von Welle zu Welle, vom Auf und Ab meiner Einfälle, fließendem Wasser gleich, treiben, durchstreifte auf den vier Saiten unbewusst alle Himmelsrichtungen dieser Erde, Vergangenheit, Gegenwart und Zukunft im einzigartigen Augenblick des Klangs vereinend.

Die drei Jäger ließen ihre Gewehre zu Boden sinken. Über das blasse Gesicht des Kommissars legte sich ein Staunen, streifte ein Hauch von Farbe seine Blässe. Die zugekniffenen Augen weiteten sich. Seine verkrampfte Haltung wandelte sich und drückte Faszination und Ratlosigkeit aus. Er richtete sich auf, ließ sich wieder entspannt zurückfallen, vergaß seine mechanischen Befehle und lauschte.

Am Horizont färbte sich der Himmel in silbrig-goldene Streifen, als würde er, umschmeichelt von den Klängen der Geige, die Töne auf seine unvergleichliche Weise sichtbar in Farben umsetzen, oder veränderten sich die Farben in Töne, die ich auf meiner Geige nur hörbar machte. Es war, als würde ich mit meinem Spiel das Schauspiel dieses himmlischen Bewegungsbildes auf die vier Saiten meiner Geige herab spielen.

Der menschenleere Binderplatz belebte sich wie ausgedörrtes Land nach den ersten Regentropfen. Zuerst waren es Kinder, vereinzelte, dann immer mehr, angelockt von den ungewohnten Klängen, dann Frauen mit ihren traditionellen Kopftüchern, die wie zufällig vorbeigingen, noch letzte Wege vor dem Abend zu besorgen.

Schließlich bildeten sich kleine Oasen in respektvoller Entfernung zu mir. Lose verstreut fanden sich Männer ein, die sich scheu das eine oder andere zuflüsterten. Allmählich legte sich eine alle bewegende Ruhe und Stille über das Dorf. Jäger und Gejagte öffneten sich angesichts des errötenden Himmels den bewegenden Klängen der Geige.

Ein krummer alter Mann löste sich aus der Gruppe der Männer, kam gebückt auf mich zu und murmelte kaum vernehmlich vor sich hin: „Es gibt viele Gemeinsamkeiten zwischen Medizin und Musik. Beide können heilen." Dabei nickte er heftig mit seinem ausgedörrten Schädel und wiederholte im Weggehen immer wieder diese Worte.

Erleichtert bemerkte ich, dass endlich auch die Mutter mit meinem Bruder aus Wien zurückgekehrt war und sich zu einer kleinen Gruppe gesellt hatte. Drüben auf dem Kirchberghügel schien mir eine einsame, helle Gestalt, zuzuwinken. War es Micha, der Zigeuner? Er bewegte seine Lippen, als würde er mir zurufen: „Sie wird dir immer treu sein, die Nicolas Aine und deine Musik wird der Welt gehören und sie umfassen!"

In diesen Augenblicken spürte ich die umfassende, heilende utopische Kraft der Musik, die unmittelbar in die Seele der Menschen dringt. Ich hatte aufgehört zu spielen. Die Klänge lagen über dem Platz und wirkten noch lange nach. Niemand bewegte sich in der Stille. Es war, als würden die Menschen staunend zum ersten Mal das Meer rauschen hören. Erst allmählich lösten sie sich und gingen fast lautlos auseinander.

Mutter lief mit meinem Bruder über die Straße auf uns beide an der Wand zu, nahm mich und meinen Vater an der Hand und ging, ohne den Kommissar anzusehen, geschweige denn, ihn zu fragen, mit uns hinüber zur Mühle.

Der Kommissar hinderte uns nicht, schaute uns nur kurz nach. Wusste er, was uns bevorstand?

Im Eingang zur Mühle standen, mit Gewehren bewaffnete, schäbig gekleidete Zivilisten. Über dem Torbogen die befürchtete rote Schrift: „Cesky dom“, „Tschechisches Haus“.

„Was wollt ihr hier?“, hielt einer der unverhofft zur Macht Gekommenen uns auf, als wir in unser Haus eintreten wollten.

Hatten sie nicht auch unter dem errötenden Himmel zugehört?

„Es ist unser Haus! Was wollt ihr hier?“, entgegnete mit denselben Worten die Mutter.

Eine junge Frau erschien in der Tür.

„Hier ist kein Platz mehr für euch!“, herrschte sie uns Vier an. „Es ist vorbei. Wir ...“, sie deutete auf einen Mann hinter sich, „sind die neuen Herren der Mühle. Für euch gibt es nur noch einen Platz, an den ihr gehört: bei den Schweinen. In den Schweinestall mit euch!“ Und zu den Häschern: „Packt sie! Werft sie in den Schweinestall!“

Sie taten es augenblicklich.

„Halt, der Kleine hier, der mit der Geige. Komm her, Kleiner, bist du der kleine Alois, von dem ich schon gehört habe?“

Anstatt ihr zu antworten, trat ich ihr mit wildem Zorn vor das Schienbein.

Sie schrie auf: „Du kleine Bestie. Nehmt ihm die Geige weg. Steckt ihn mit der ganzen Familie zu den Schweinen. Die werden ihnen was grunzen.“

Sie rissen mir die Geige aus der Hand, zerrten uns durch Flur, Küche und Hof hinüber zum Schweinestall und warfen uns alle in den

Kot der Schweine, die ob der ungewohnten Einquartierung erschreckt auseinander stoben.

Vorne im Wohnhaus feierten die Jäger ihren Jagderfolg und den Einzug in ein unverhofftes Paradies.

Mit den Schweinen einige Zeit zu leben, ihr Futter zu teilen, ihr Grunzen und Beschnuppern als Liebkosung aufzunehmen, von ihrer Wärme zu profitieren, empfanden wir als eine wohltuende Erfahrung, die uns half, unbeschadet an Leib und Seele zu überleben. Hier, unter den Schweinen, war menschliche Wärme, da draußen nur Hass. War es das, was Jakob der Verrückte mit „Lazarus" gemeint hatte: „und die Hunde leckten seine Wunden"?

In den darauffolgenden Nächten schlich sich Vater aus dem Schweinestall, kam nach einiger Zeit erleichtert, mit fröhlichem Gemüt zurück und legte sich zufrieden ins feucht-warme Stroh.

„Was um Himmels willen treibst du, Mann, in der Nacht da draußen?", fragte Mutter. „Die Hühner gackern nicht, die Gänse schnattern nicht, sie sind doch sonst so wachsam. Hast du sie etwa umgebracht, geschlachtet? Was treibst du bloß mitten in der Nacht da draußen?"

„Weib", antwortete er, „du weißt es doch, unten in unserem Weinkeller lagern die besten südmährischen Weine, in südmährischer Sonne gereift. Für die neuen Herren veredle ich sie mit meinem kostbaren, lang gereiften Urin." Und verschmitzt fügte er hinzu: „Betrogen zu werden, ist schlimm. Schlimmer aber ist, es nicht zu merken. Die edlen Herren werden es nicht merken. Sie werden eher die besondere Blume ihrer neuen Eroberung preisen und sich stolz wie Hähne als Weinkenner präsentieren, Sorte um Sorte abwägend vergleichen."

„Und sonst tust du nichts mitten in der Nacht? Du bist so lange weg, als würdest du übers Gebirge gehen!“, forschte Mutter besorgt nach.

„Sorgt euch nicht!“, war seine kurze Antwort.

Wir schliefen im Stall, umgeben von den wärmenden Schweinen, unsere vorläufig letzten ruhigen Nächte, das Ganze hinnehmend als Laune der Geschichte.

Ich schlief auf Benjamin als Kopfkissen, dem einzigen Ferkel der Gesellschaft, und träumte in diesen Nächten mit offenen Augen den Traum von der großen Stadt, in der es seltsame Dinge gibt. Dinge, die ich mir nicht erklären konnte. Da gab es richtige Eisenbahnen in den Straßen, prächtige, bis in den Himmel reichende Häuser, ein großes Riesenrad, Geisterbahnen, die das Gruseln lehrten. Aber da gab es noch etwas besonders Geheimnisvolles, das jeden Morgen und Abend aus dem Radio erklang: Musik! Ich war mir sicher. Eines Tages würde ich zur Quelle dieses Stroms vordringen.

„Mutter“, flüsterte ich tief in der Nacht.

„Was ist, Alois? Kannst du nicht schlafen? Ja, es ist sehr warm hier und die Grillen zirpen so laut. Kein Lüftchen weht.“

Sie begann leise das Wiegenlied aus dem Wiener Spital zu summen, mich dabei zärtlich streichelnd. Es war nicht ihre Art, Zärtlichkeit zu zeigen, jetzt aber summte sie: „Schlaf, Alois, schlaf.“ Hatte ich seit Wien darauf gewartet?

„Was ist das für ein schwarzes, geheimnisvolles Ding?“, begann ich leise in das Summen hinein zu fragen.

„Alois, was meinst du? Was stellst du für unsinnige Fragen mitten in der Nacht. Du hast schlecht geträumt. Kannst du nicht schlafen?“

„Nein, Mutter, ich habe nicht geträumt. Ich habe es gesehen. Es war groß und schwarz und eigentlich ein Ungeheuer. Aber als ich es berührte, klang es, gab Töne von sich, wunderbare Töne.“

„Unsinn. Und jetzt versuche, zu schlafen. Du wirst mit deinen Fragen Vater und deinen Bruder noch wecken.“

„Ich kann Vater nicht wecken. Er ist im Weinkeller und veredelt die Weine. Und mein Bruder schläft fest.“

Nach einer Weile, da alles so still war, begann ich wieder:

„Mutter, sag mir, das schwarze große Ding im Salon der Tante in Wien, es klingt so schön. Wie heißt es? Warum klingt es so schön?“

„Du stellst Fragen, wenn die Hühner und Schweine schlafen. Mach deine Augen zu und zähle bis Tausend und eine Nacht. Dann wirst du einschlafen.“

Ich begann zu zählen. Aber in die Zahlen mischten sich Bilder und ich erinnerte mich, sah mich mit verbundenem Kopf und wunden Ohren nach meiner Operation in einem mit schweren Brokatvorhängen abgedunkelten Salon in der großen Stadt Wien. Es war bestimmt früher Nachmittag. Durch die dicken Teppiche und schweren Vorhänge wurde jedes Geräusch gedämpft oder hörte ich etwa bereits alles so leise? Hatte ich durch die Operation wirklich mein Gehör verloren?

Der weite hohe Raum wirkte in dem Dämmerlicht und der fast heiligen Stille auf mich wie eine mit Weihrauch durchzogene Kirche.

„Deine Tante ist schwer krank. Sie braucht absolute Ruhe“, hatte damals Mutter kaum hörbar zu mir gesagt und mich in diesem Raum, auf meine Einsicht bauend, allein gelassen.

Und da stand es, mir gegenüber, mitten im Raum, das schwarze Ungeheuer.

Nur ich und das stumme schwarze Ungeheuer.

Es dauerte lange, bis ich begann, mich auf den leisesten Sohlen behutsam dem Ungeheuer zu nähern. Zuerst befühlte ich mit den Fingerspitzen die verführerisch schimmernde Oberfläche, dann versuchte ich, es mit seinen Armen zu umfangen, als würde ich bereits den Klang der Welt umarmen wollen, glitt dann behutsam abwärts und hob den Deckel an. Das mattschimmernde Elfenbeinweiß der Tasten lockte.

Ich spürte, dass in diesem Augenblick etwas Außergewöhnliches geschah.

Als ich die erste weiße Taste niederdrückte und ein vibrierender Ton in mein Ohr drang, war ich so verwirrt, dass ich mich danach wie für eine heilige Handlung verkleidete und immer wieder diese heilige Handlung vollzog.

In der Garderobe entdeckte ich ein seidenes Cape, innen purpurrot und außen schwarz, das ich mir umhängte. Jetzt fühlte ich mich würdig, einem Priester gleich, Ton für Ton zu zelebrieren. Eine Taste – ein Klang – ein Staunen. Ein Klang ertönte, wie ich ihn noch nie gehört hatte. Und – ich konnte hören!

Fassungslos lief ich in die entfernteste Ecke des Salons, blieb dort betroffen stehen, lauschte dem Nachhall des Tons. Ja – ich konnte hören! Gleichzeitig hielt ich den Atem an, wartete auf das ärgerliche Rufen der schwerkranken Tante. War der Ton etwa zu laut, zu hart, zu störend? Wenn ja, dann musste ich ihn verändern, weicher anschlagen, halten, zur rechten Zeit loslassen. Es war ein Abenteuer, den Klang des Tons zu verändern, farbliche Nuancen zu entdecken, die Pausen zu dehnen. Immer wieder schlug ich ihn in bestimmten Abständen an, lief zur Nische, lauschte in die Stille, lief zurück, aber wagte noch nicht, mich mit den anderen Tasten vertraut zu machen.

Es war wie das Rezitieren eines Gebetes. Behutsam wagte ich mich ins unentdeckte Land der Tastatur und setzte die Töne dynamisch in Beziehung zueinander, so dass es im Verlauf der Zeit zu dramaturgischen Entwicklungen von Höhepunkten, einem Auf und Ab und schließlich einem Anfang und Ende kam.

Niemand hatte den Beginn meiner Entdeckungsreise in die Klangwelt bemerkt.

„Zähle bis Tausend und eine Nacht. Dann wirst du einschlafen", hatte Mutter gesagt.

Längst hatte ich aufgehört, bis Tausend und eine Nacht zu zählen. Über dieser Erinnerung war ich schließlich eingeschlafen.

Plötzlich wurde ich brutal geweckt.

„Es ist Zeit, aufzuwachen. Raus mit euch Schweinen, in den Hof mit euch!"

Der schmächtige Kommissar mit der Briefträgermütze und den drei Mauerschützen stand in triumphierender Pose vor mir.

„Du da, steh auf!", herrschte er mich an. „Diesmal wirst du mich nicht mit deinen Tricks und Zaubereien hindern, die Menschen mit deinem Fiedeln verwirren, das hast du nur einmal gemacht. Diesmal entkommt ihr mir nicht. Wo war euer Vater heute Nacht? Antworte!"

Mutter, die aus Sorge um ihren Mann, der aus der Nacht nicht zurückgekehrt war, kein Auge zugetan hatte, stellte sich vor mich.

„Warum fragst du meinen Sohn? Frage mich und lass meinen Sohn Alois aus dem Spiel, Kommissar! Was hast du mit ihm zu schaffen? Ärgert es dich, dass er eine andere Macht hat als du?"

Der Kommissar stierte sie verständnislos an. Es ist gefährlich, etwas nicht zu verstehen, was man verstehen sollte.

„Hat dir wohl deinen großen Auftritt als Kommissar vor der Wand verdorben? Sag mir: Warum hast du sie nicht erschießen lassen. Hat dich eine andere Macht wohl daran gehindert? War es gar Angst?"

„Frau, hüte deine Zunge. Sein Vater und er sind mir etwas schuldig."

„Was schulden sie dir, eine Nationalhymne? Einen Beitrag zu deiner Rache? Einen Auftritt in deinem miserablen Theaterstück? Höre mir genau zu: Du musst erst einmal dahin riechen, wohin mein Mann geschissen hat. Wer bist du? Du Hosenscheißer! Ein Hosenscheißer, ja, das bist du, so wahr mir Gott helfe", antwortete Mutter und bekreuzigte sich.

„Frau, dir stopfe ich das Maul, wenn du so weiter redest!"

„Bist du nicht jener, der mit mir Murmeln gespielt hat? Die Schulbank hast du mit mir gedrückt. Rausgeschmissen haben sie dich, nicht, weil du Tscheche bist, nein, weil du vor Dummheit gestunken hast und noch dazu mit Blindheit und Taubheit geschlagen warst. Bist du nicht der Tagelöhner, Tagelöhner in allen Ehren, der dann in Lohn und Brot stand am Hof meines Vaters? Hast wohl keine gute Zeit gehabt bei uns, mit Wein und Brot und Speck und gutem Auskommen? Aber jetzt trägst du ja eine Briefträgermütze auf deinem hohlen Kopf und einen gestohlenen Uniformrock der roten Armee. Bist kein Nichtsnutz mehr, bist ein Jemand mit einer Briefträgermütze und einem gestohlenen Uniformrock, bist immer noch mit Blindheit und Taubheit geschlagen."

„Jetzt ist es genug, Bäuerin, rede nicht weiter so, sonst …"

„Was sonst? Hast wohl jetzt Macht mit deiner Mütze?", ließ Mutter sich nicht aufhalten.

„Genau so hat's Hitler auch gemacht, hat Nichtsnutze wie Deinesgleichen, die mit Blindheit und Taubheit geschlagen sind, eine Briefträgermütze aufgesetzt und einen Uniformrock angezogen, und schon waren sie wer. Du siehst, was daraus geworden ist. Was willst du von uns?"

Der Kommissar heulte in seiner ohnmächtigen Wut auf.

„Packt sie! Bringt sie in den Hof."

Die Bewacher stießen uns in den Hof.

„Du hast wohl lange darauf gewartet, Herr zu werden, du Handlanger", ließ sich Mutter nicht beirren. „Du kannst noch lange darauf warten. Besser, du gibst dich zufrieden mit dem, was du bist: ein Hosenscheißer! Also …?"

Wir standen mitten im Hof, unter Hühnern und Gänsen.

„Was wollt ihr von uns?"

„Wo war dein Mann heute Nacht? Wir haben Gewehre gefunden oben im Garten hinter dem Haus. Jetzt rede endlich: Wo war dein Mann heute Nacht?"

„So ist es also: Du suchst einen Grund, uns zu verurteilen, wirfst nachts mit deinen Gesellen Gewehre in den Garten, kommst früh morgens zur Tür herein und findest Gewehre."

„Du wirst gleich deinen Mund halten und das sehr, sehr lange, Müllerin. Wo war dein Mann heute Nacht? Hat er nicht konspirativ Gewehre in den Garten geworfen für eure Leute?"

„Heuchler! Du weißt genau, daß es nicht so war, sagst mir besser, wo er jetzt ist. Was habt ihr mit ihm gemacht?"

„Wir werden das mit den Gewehren herausfinden. Man hat alle Männer des Dorfes zwischen 18 und 60 Jahren verhaftet. Sie werden alle abtransportiert werden. Dein Mann wusste von der bevorstehenden Aktion und wird der Konspiration beschuldigt. Daraufhin

80

hat er sich im Weinkeller hier versteckt, nachdem er die Gewehre heute Nacht in den Garten geworfen hat."

„Du weißt, daß es nicht stimmt, spielst dein Spiel, Kommissar. Wo ist er jetzt?"

„Er ist mit allen Männern im Dorfkrug inhaftiert. Auf Konspiration steht die Todesstrafe. Aber, du kannst ihn mit meiner Erlaubnis, weil wir zusammen Murmeln gespielt haben, kurz herausholen, dich verabschieden. Du wirst ihn nie wiedersehen. Rate ihm, zu gestehen. Nein, besser ..." Er winkte seinen Gesellen.

„Holt ihn. Ich will ihn hier haben!"

Sie gehorchten.

„Jetzt hast du deinen Triumph! Endlich hast du jemanden gefunden, dem es schlechter geht als dir. Freue dich! Aber ich flehe dich an, lass mich zu ihm."

„Du flehst mich an? Sieh da, die stolze Müllerin fleht mich an. Habe ich dich etwa um den Schlaf gebracht?" Und zum Haus hin: „Maria, ein kräftiges Frühstück mit Eiern und Speck für deine Gäste, sie werden es nötig haben."

Maria tauchte auf.

„Ein Henkersfrühstück für Vier?" Sie grinste zufrieden, kam bald darauf mit einem Korb Eiern, etwas gebratenem Speck und ausgerechnet Wein aus dem eigenen Keller zurück. Ironie des Schicksals?

Vom Kirchturm schlug es zehn. Der Korb blieb unberührt mitten im Hof stehen.

„Hier, dein Flehen soll nicht umsonst sein, Müllerin. Mit diesem Schein wirst du ihn herausholen und mir bringen. Ich will ihn hier haben." Er holte einen Schein aus einer seiner Taschen und reichte ihn ihr.

Das Wirtshaus lag auf einer kaum merklichen Anhöhe im Angelpunkt von Unter- und Oberdorf. Davor standen bereits wehklagend die Frauen des Dorfes mit ihren Kindern. Die einen weinten leise in sich hinein, andere versuchten mit allen Mitteln ins bewachte Gasthaus zu kommen, da hinein, wo ihre Männer dicht gedrängt, einer hasserfüllten Willkür ausgeliefert, einer ungewissen Zukunft entgegen bangten.

Ich sah voller Angst, wie meine Mutter den Passierschein des Kommissars über die Köpfe der Frauen schwang und sich zum Eingang des Gasthauses vorarbeitete, wie die Frauen in ihrer Not versuchten, ihr den Zettel zu entreißen. Sie erreichte schließlich einen der Bewacher und gab ihm das begehrte Stück Papier.

Nach einer Ewigkeit des Wartens öffnete sich die Tür und das schier Unglaubliche geschah: Vater kam heraus. Ein erstauntes Raunen ging durch die verzweifelt ohnmächtige Menge.

Wie konnte es zugehen, dass ausgerechnet er aus dieser sich anbahnenden Hölle herauskam? Mitgefühl war es nicht. Wurde er noch gebraucht für ein Schauspiel, musste ich noch auf die Bühne, letzter Akt, erster Aufzug für einen ehrgeizigen Regisseur?

Ich war verwirrt. Was hatte ich mit all dem zu tun? Auf dem Weg zurück zur Mühle fiel mir auf, dass die Vögel nicht mehr sangen. Die Pferdefuhrwerke mit ihren pfeifenrauchenden Kutschern waren verschwunden und kein Nachbar zog noch den Hut vor dem anderen. Nur die Gardinen bewegten sich hinter geschlossenen Fenstern.

Marias Korb stand immer noch mitten im Hof, unangetastet. Das zweite Verhör begann. Wir wurden an die Wand gestellt, die den Innenhof umgrenzte.

„Wo warst du heute Nacht, Müller?", begann der Kommissar.

„Im Weinkeller habe ich den Wein veredelt."

„Du lügst, bist auch noch unverschämt, wolltest die Männer des Dorfes mit Waffen versorgen!" Er wandte sich zu den drei Jägern.

„Und Ihr, macht euch bereit. Bei jeder Lüge eine Salve. Wir werden schon sehen, wie lange das Leugnen anhält. Schießt!"

Und sie schossen, machten sich einen Spaß daraus, die Konturen von uns Vier sauber in die Wand zu löchern.

„Du warst also im Weinkeller, um die Weine zu veredeln. Im Keller haben wir dich erwischt, nachdem du die Gewehre in den Garten geworfen hast. Woher stammen die Gewehre? Wozu wolltet du sie benutzen?"

„Ich habe keine Gewehre in meinen Garten geworfen. Wer sie da hingebracht hat bist du!"

„Schießt!"

Und sie schossen wie Zirkusartisten fein säuberlich an uns Angeprangerten vorbei.

So ging es zermürbende Stunden, bis Mutter auf die Knie fiel und flehte: „Ist das eine Exekution? Dann schießt doch endlich, macht dieser Qual ein Ende!"

In diesem Augenblick kam Maria aus dem Haus, begleitet von einem Mann in Uniform.

„Halt! Schluss damit!", sagte dieser und zog ein Stück Papier aus einer seiner Taschen. „Ich habe euch etwas mitzuteilen, was zur Klärung der Situation beiträgt." Seine Miene wurde amtlich. Er stellte sich mit Maria breitbeinig vor uns Vier und las:

„Dekret des Verwaltungskommissariats Groß-Olkowitz vom 09.07. 1945.
Weil Sie Deutsche sind, bestellt das Verwaltungskommissariat mit sofortiger Wirkung die Nationalverwaltung für Ihr Unternehmen – auf Grund des Dekrets des Präsidenten der Republik vom 19. Mai

1945 – und setzt als Nationalverwalterin ein: Frau Maria Jaroslava Hracka aus Tavicovic.

Es wird Ihnen aufgetragen, einschließlich aller Forderungen und Bargeld Ihr gesamtes Vermögen mit allen Rechten und Vorräten sofort der oben angeführten Nationalverwalterin zu übergeben.

Jede Disposition ist Ihnen verboten und wird strengstens bestraft. Gegen dieses Dekret können Sie innerhalb von 15 Tagen beim Verwaltungskommissariat Berufung einlegen an den Nationalausschuß.

Der Verwaltungskommissar."

Er befeuchtete seine Lippen, holte ein anderes Papier hervor und wandte sich zu Maria. „Das ist für dich, Maria, damit wirst du verantwortlich für die Mühle", und las:

„Zur Kenntnisnahme:
An den Landesnationalausschuß in Brünn
Grundbuchs- und Handelsgericht
Steuerverwaltung in Znaim.
Dekret!"

Hier machte er eine wirkungsvolle Pause, schaute Maria lange an, als wollte er ihr eindringlich klar machen, dass er seinen Anteil am neuen Glück beanspruche.

„Dekret ..." wiederholte er.

„An Frau Maria Jaroslava Hracka in Groß-Olkowitz.
Zur Kenntnisnahme mit dem Auftrag, die Nationalverwaltung sogleich zu übernehmen und mit der Verantwortlichkeit einer guten Wirtschafterin durchzuführen. Hinsichtlich der Abrechnung wie auch des Entgeltes für die Durchführung der Nationalverwaltung erhalten Sie später Anweisungen. Die Kontrolle der Nationalverwaltung führt die Steuerverwaltung Znaim durch.

Mutter kniete immer noch. Als sie diese Worte hörte, neigte sie ihren Kopf, beugte sich tief auf den Boden und küsste die Erde ihrer Vorfahren. „Diese Vertreibung ist ein Unrecht, eine ethnische Säuberung, gegen die Menschenwürde. Ein Jahrhundertverbrechen!", sagte sie. „Die Beneš-Dekrete sind eine Willkür."

Dann stand sie auf, nahm mich und meinen Bruder bei der Hand und sagte zu meinem Vater: „Geh in die Mühle, hole ein kleines Säckchen und eine Schaufel." Als Vater zurückkam, schaufelte sie Erde in den kleinen Sack.

„Es ist nur für eine kleine Weile, bis wir die Erde wiedersehen", flüsterte sie. „Ich verlöre meine Seele, verlöre ich dich."

Sie sollte diese Erde nie mehr wiedersehen.

Am nächsten Morgen reihte sich unter Bewachung Leiterwagen an Leiterwagen die Mühle entlang hinaus aus dem Dorf, beladen mit dem Notwendigsten zum Überleben, vertrieben von Haus und Hof, Richtung Westen.

Ich sah die Mühle zurückweichen, erkannte noch schwach die Silhouette Marias in der Tür, sprang vom Leiterwagen, rannte zurück und blieb fassungslos, atemlos vor ihr stehen.

„Wo hast du meine Geige? Du hast mir meine Geige genommen!"

„Was willst du noch, kleiner Alois? Kannst dich wohl nicht trennen von mir?", grinste die Frau.

„Wo hast du meine Geige? Du hast mir meine Geige genommen!"

„Deine Geige? Ich habe deine Geige nicht. Deine Geige hast du selber mitgenommen! Und wenn ich sie hätte, würde ich sie teuer an einen Zigeuner verkaufen."

„Du lügst. Sie haben mir die Geige entrissen, du weißt es!"

„Willst du mir wieder gegen das Schienbein treten, du kleines Biest? Geh und schau nach. Vielleicht findest du deine Geige, vielleicht liegt sie in der Küche? Aber beeile dich, sonst verlierst du noch deine Familie!"

Der Film der Erinnerung, der sich vor meinen Augen abgespielt hatte, riß. „Bist du der kleine Alois?"

Ich schaute in den gekachelten, langen Flur. Nichts und alles hatte sich verändert: Der geschlossene Innenhof, vorne das Wohnhaus, auf der Rückseite die Ställe, mitten im Hof der Brunnen und hinten in die Ecke gedrückt, das Plumpsklo, und der Weg zur Küche und direkt in die Mühle …

Jetzt, nach 55 Jahren, schaute ich mich wieder in der Küche um. Alles war leer und öde, Maria alt und grau. Ich hörte sie jammern.

„Alois, was hast du für eine Rente?"

Von dieser Frage überrascht, hielt ich nicht mehr an mich.

„Du warst es damals, Maria", erwiderte ich. „Wie konntest du mich sonst nach so langer Zeit wiedererkennen. War nicht dein erster Satz: ‚Bist du der kleine Alois?' Du warst es also mit deinen Schergen, die uns in den Schweinestall gesperrt hat."

„Aber schau uns doch nur an, wir sind jetzt alt und gebrechlich. Damals waren wir jung und töricht. Schau dich um! Willst du den Weinkeller sehen? Es gibt keinen Wein mehr. Sieh dich nur um! Der Hof ist verfallen, der Garten verwildert. Aber …", dabei zeigte sie auf die Kredenz und öffnete die Tür zum elterlichen Schlafzimmer,

„alles ist noch da von euch. Wir haben es aufbewahrt. Das Schlafzimmer deiner Eltern mit den alten Eichenmöbeln, nur die Mühle ist nicht mehr.“

Als ich diese alte Maria so vor mir sah, kam Mitgefühl in mir auf und eine seltsame Dankbarkeit dafür, dass ich zurückgekehrt war in die Küche meiner Kindheit, dahin, wo die Geige meines Vaters an der Wand hing mit bunten Bändern geschmückt.

Ich stand auf, wusste nicht, was ich tat, ging auf Maria zu und umarmte sie. Hinten, im Eingang zur Mühle, stand der Alte, kramte ein Taschentuch hervor und schnäuzte sich. Ein letzter Blick, dann verließ ich mit Rafael das Haus. Rafael hatte alles gesehen und schwieg, wie es seine Art war.

Wir gingen über den alten Friedhof, zwischen den zum Teil bereits verfallenen Gräbern hin und her. Wir blieben vor einigen Eisenkreuzen stehen, versuchten, die verwitterten Inschriften zu entziffern. Rafael entdeckte das Eisenkreuz eines Vorfahren aus der Mitte des 19. Jahrhunderts, ebenfalls mit dem Namen Alois. Auf dem Friedhofshügel neben der Kirche, in der ich getauft worden war und die Orgel gehört hatte, setzten wir uns, schauten über den Binderplatz zur Schule hinüber, zu den verfallenen Kellern, hin zur Martersäule im Feld. An der Säule glaubte ich, eine Gestalt sitzen zu sehen. War es Micha, der Zigeuner? Gebannt schaute ich hin.

Nun erzählte ich Rafael alles, was ich eben in der Küche nur vor meinem geistigen Auge sah.

„Wie alt warst du damals?“, holte mich Rafael zurück.

„Neun Jahre und drei Geigenstunden bei der Nonne“, antwortete ich, immer noch ein wenig abwesend.

„Wie geht deine Geschichte weiter?“, fragte Rafael.

Ich schwieg daraufhin lange.

„Ich will mich nicht in meiner Vergangenheit verankern, damit ich meine vitale Kraft zum Handeln nicht verliere, Rafael."

Bedacht fuhr ich aber fort, zu erzählen.

„Es dauerte drei lange Jahre, Rafael, bis endlich der Viehwagon eines kalten trüben Morgens in Sterbfritz stehen blieb und meine Mutter sagte: ‚Das ist der Anfang vom Ende.' Dein Großvater hätte sich das nie träumen lassen."

„Drei Jahre wart ihr unterwegs?"

„Ja, drei Jahre der Vertreibung von Ort zu Ort, Demütigung, Hunger, Ausgrenzung, Elend, Betteln um ein Stück Brot. Zertrümmerte Erinnerung, zertrümmerte Zukunft. Ich erinnere mich, wie ich mit meiner Mutter und einer Geige, die ich eines Weihnachten meinem Bruder unter Tränen weggenommen hatte, über die Dörfer ging, von Bauernhof zu Bauernhof und bettelte: Eine Melodie für drei Eier oder ein Stück Brot, wie mein Vater drei Stunden über Land ging für ein Stück Fleisch, das dann ausgerechnet zum Heiligen Abend das Festmahl hungriger Katzen wurde.

Die Geschichte dieser drei Jahre des Überlebens wiederzugeben, dafür würden die Abende, um 5000 Gänse zu rupfen und dabei Geschichten zu erzählen, nicht ausreichen. Man muss es erlebt haben, um es zu verstehen.

In Sterbfritz blieben wir nur wenige Tage. Der Drang nach den besten Entfaltungsmöglichkeiten für die Zukunft seiner Söhne ließ meinen Vater nicht ruhen. Wir zogen von einer Stadt in die nächst größere, bis ein angemessener Ausbildungsplatz gefunden war, denn seine Söhne sollten es besser haben als es ihm vergönnt war. Ein katholisches Internat der Marianisten für meinen Bruder Hubert, gleichzeitig dort eine Hausmeisterstelle für ihn selbst, und für mich ... aber da beginnt wieder meine Geschichte."

„Du weißt doch: Die geheimnisvollsten Geschichten fangen alle mit einem einfachen Satz an: Es war einmal …!“

Ich atmete tief den Duft des jungen Grases ein, entspannte mich in der milden Frühlingssonne und ließ mich von ihren umschmeichelnden Strahlen in den Garten meines Labyrinths entführen.

„Also gut. Inzwischen waren ungefähr fünf Jahre vergangen.“

5

1949

„Tor! Tor! Tor!", brüllten die Schüler des Internats Marianium Fulda und sprangen vor Begeisterung aneinander hoch. Es war nichts mehr zu machen. Der Ball war an mir vorbei ins Tor gesaust, hatte noch im Netz gezittert, ehe er in den sandigen Boden tropfte und dort liegen blieb. Mit voller Konzentration hatte ich mich dem Ball entgegengeworfen, mich in die Beine des Gegners gegrätscht und dabei meine Knie wund gerissen. Aber es war vergeblich gewesen. Hatte ich denn schon wieder geträumt? Gehörte ich überhaupt zu den anderen und auf diesen Platz? Ich wollte auf jeden Fall dazu gehören, war ihr Tormann und für das Tor verantwortlich. Jetzt aber lag ich geschlagen am Boden, den Mund voller Sand, in der Nase den beißenden Geruch des Misserfolgs. Worte schwirrten wie giftige Pfeile um meine Ohren. Gesichter aus den grausamsten Märchen grinsten mich an.

Ausgerechnet in diesem Augenblick sah ich zwei bedrohlich aussehende Männer über den Platz auf mich zukommen. Bilder tauchten in mir auf. Hatte ich das nicht schon einmal erlebt? Sollten es etwa russische Geheimagenten, oder gar geheimnisvolle Boten einer anderen Welt sein?

Sie blieben dicht vor mir stehen, hoben mich auf, schüttelten ihre Köpfe, dann den Sand aus meiner kurzen Lederhose und sagten zu meiner Verblüffung in mildem Ton: „Kannst du Geige spielen?"

Ich schaute die beiden verständnislos an. Was sagten die da eben? Wollten sie mich deswegen verhaften?

Ich antwortete nicht. Scheinbar uninteressiert hörte ich ihnen zu, tat so, als würde ich angespannt aufs Spielfeld schauen.

„Du spielst doch Geige, bist doch der Alois, von dem wir schon viel gehört haben?"

„Ja, ich bin Alois", zischte ich die beiden Männer an, ohne sie anzuschauen.

„Dann komm mit uns!" Und schon wieder zappelte der Ball im Netz. „Tor! Tor! Tor!"

Ich war wütend. „Damit ist deine Karriere als Tormann zu Ende", durchfuhr es mich. „Was um Himmels willen wollen die Männer von mir? Und überhaupt: Wieso wussten die Männer von mir? Wussten sie von meinem Geheimnis, und, dass ich meine Eltern erpresst hatte, wieder einmal davongelaufen war? Es ist doch schon so lange her", dachte ich.

Sie stießen mich an.

„Träumst du, Alois? Komm jetzt!"

Ich ließ alles hinter mir und ging mit ihnen über den Platz. Dabei fühlte ich mich überlegen, staunte über mich selbst und das Treiben der anderen. Sie spielten ohne mich weiter, als wäre nichts geschehen. Keiner hielt mich zurück, beklagte sich über meine Entführung.

Vielleicht war ich doch nicht am richtigen Platz gewesen? Ja, ich hatte geträumt, davon, wie ich damals zu Weihnachten in Schlüchtern, vor unserem Umzug nach Fulda, meinem Bruder seine Geige weggenommen hatte, einige Tage damit verschwunden war, um betteln zu gehen, bevor ich zu Maestro Roll in den Unterricht ging und dieser mir ein Geheimnis anvertraut hatte.

Maestro Roll war Geigenvirtuose von Gottes Gnaden, sein Haupt umlodert von ungebändigtem, silberweißem Haar. Immer, wenn ich zu ihm kam, saß er inmitten von beschriebenen oder leeren Notenblättern und den verschiedensten Geigen in seiner kleinen Mansarde und strahlte mich an, als wollte er sagen: „Endlich bist du gekommen. 70 Jahre habe ich auf dich gewartet, meine Haare sind dabei silberweiß geworden. Sieh dich um, alles ist bereit für dich. Maestro Beethoven wartet auf dich – die Kreutzer-Sonate, seine F-Dur Romanze, *Arpeggio* und *Cantilene*, (es klang in meinen Ohren wie Fluchen), ich werde sie dir zeigen. Hier!" Der Maestro kramte unter Bergen von Notenblättern. „Hier, dieser wunderbare Verdi, seine Variationen über: ‚Ach, wie so trügerisch sind Frauenherzen‘, das ‚bel canto‘ – la grande opera – und erst recht Niccolo! Niccolo Paganini, seine 24 Capricci! Mein Gott, diese Herrlichkeiten!"

Wenn er selbstvergessen eine Passage anspielte, schloss er versunken seine Augen. Dafür blitzte der Diamant an seiner rechten Hand in den verführerischsten Farben auf, je nach Bewegung und Bogenführung seines rechten tongebenden Arms.

Nach längerer Zeit des Vertrautseins miteinander zeigte der Maestro eines Nachmittags auf eine der Geigen.

„Und das hier, Alois, ist eine Amati. Nun weißt du es. Niemand außer dir hat eine Ahnung davon. Lange habe ich gezögert, es dir zu sagen. Ich bin ein alter Mann und es schleichen seit einiger Zeit Zigeuner um mein Haus. Niemand darf erfahren, dass es eine Amati ist. Du weißt doch, die Zigeuner handeln mit Geigen."

Ich hatte von all dem noch nie gehört. Inmitten herumliegender Notenblätter, Speisereste, Zeitungsausschnitte und allerlei Instrumente begann ich, zu spielen. Ich kannte keine Noten, hatte nur eine Vorstellung von Klängen, denen ich nachging. Meine Einfälle waren ebenso chaotisch kreativ wie die kleine Mansarde des Meisters.

„Man muss noch Chaos in sich haben, um einen tanzenden Stern gebären zu können", rief der Maestro nach solchen spontanen Improvisationen begeistert aus. „Aber vergiss dabei nicht die Kunst des Hörens. Es ist eine Kunst, hören zu können. Die Kunst, sich etwas sagen zu lassen, ist die Kunst des Hörens. Das ist die Achtung vor dem anderen. Aber du selbst bist dein größter Meister! Ich bin nur ein Wegweiser."

Behutsam machte mich der Meister mit der Amati vertraut.

„Du musst wissen, sie ist gebaut von Nicolas Amati aus Cremona, dem großen Lehrmeister von Antonio Stradivari um 1670 herum. Sieh nur, ihren wunderschönen Corpus."

Mit strahlenden Augen eilte ich durch die Straßen nach Hause und vergaß vor übergroßer Bewegtheit, was der Meister mir ans Herz gelegt hatte, nämlich niemanden von der Amati zu erzählen.

„Was ist mit dir, Alois, hast du einen Rausch? Du hast doch eben erst Fußball gespielt?", fragten mich die zwei bedrohlich aussehenden Männer auf dem Weg.

„Ich habe auf einer Amati gespielt. Stellt euch vor, ich habe auf einer echten Amati gespielt."

„So, so", sagten sie und tuschelten miteinander. „Eine echte Amati? Träumst du?", wiederholten die zwei Männer ihre Frage, überquerten mit mir den Platz und schoben mich in ein Auto. Es fehlte nur noch, dass sie mir die Augen verbunden hätten. Wohin brachten sie mich? Wussten sie etwa auch von dem Geheimnis der Amati?

In der Stadt hielten sie vor einem fünfstöckigen Haus.

„Wir sind da. Nur noch fünf Stockwerke hinauf. Dort werden wir erwartet."

Ich ließ alles zu, ohne Neugier und besondere Anteilnahme. Die anderen aber schienen sehr aufgeregt und voller Spannung zu sein.

Hoch oben, in einer kleinen Dachkammer, saß bereits ein junger Mann an einem alten Klavier. Daneben auf einem Bügelbrett lag ein Stapel Wäsche. Es roch nach dem charakteristischen, unbeschreiblichen Dampfbügeleisengeruch.

Der junge Mann blickte mich skeptisch abschätzend an.

„Dieser Knabe?", wandte er sich kopfschüttelnd an die beiden Männer.

„Ja, dieser Knabe!" Sie nahmen aus einem sargähnlichen Kasten, in dem auch ein Maschinengewehr Platz gehabt hätte, die mitgebrachte Geige, wickelten sie äußerst sorgfältig aus ihrem goldbestickten Tuch und reichten sie mir ehrfürchtig als wäre es eine Opfergabe an Dionysos. Ohne eine weitere Erklärung schauten sie mich aufmunternd an.

„Was wirst du uns spielen? Er ...", sie zeigten auf den jungen Mann am Klavier, „... er wird dich begleiten. Sag nur, was du spielen willst."

Ich wunderte mich nicht, stellte keine Fragen nach dem Warum, Woher, Wieso, nahm die Geige, zupfte leicht die Saiten, streichelte ihren Leib, stimmte sie mit unendlicher Sorgfalt und Geduld. Danach spannte ich den Bogen, spürte seine Gegenstrebigkeit, jene Spannung, die den Bogen erst zum Bogen macht. Dann setzte ich sie behutsam an meinen Körper, so, bis sie ein Teil von mir wurde, meinem Herzen am nächsten war und begann zu spielen. Dabei versank ich in der Vorstellung, meine Musik würde aus der kleinen Mansarde hinausströmen zu den Menschen, über die ganze Welt.

Ich begann mit dem sehnsüchtigen Lied von der Martersäule im Feld, dem Lied an meinen verlorengegangenen Freund. Aber es war nicht mehr das gleiche Lied, es hatte sich verändert. Es entfaltete sich eine Metamorphose von Klangfarben und Düften.

Inzwischen war aus dem Lied von der Martersäule die Romanze Beethovens in F-Dur geworden. Maestro Roll hatte sie mir, quasi von Mund zu Mund, weitergegeben. Jetzt spielte ich sie auf meine eigene Weise. Ich dachte oft an das Erscheinen von Micha und seine Nicolas Aine. Wenn Micha mich nur hören könnte! Oder hörte er mir vielleicht irgendwo zu?

Als die letzten Stufen der aufsteigenden Tonleiter-Sequenz bis zum *Pianissimo* hin verschwanden, – „Mehr zum Griffbrett, mehr Bogen, fast *flautando*, dafür enges Fingervibrato", hörte ich Maestro Roll sagen – löste sich der abwärtsfallende Schlussdreiklang im Nichts auf. Für Minuten wagte niemand im Raum, den Zauberklang der Musik zu brechen. Ich wusste erst viel später, dass es eine Sternstunde in meinem Leben war.

Plötzlich flog die Tür auf. Eine kleine bucklige Frau starrte mich mit weit aufgerissenen Augen an, ihren inneren Vulkan nur mühsam beherrschend. Dann fasste sie sich, stürzte auf den jungen Mann am Klavier zu, schob ihn ohne Widerspruch zur Seite, setzte sich ans Klavier und forderte mich ungestüm auf: „Weiter, weiter, Junge, das ist ja wunderbar. Ich habe so etwas noch nie gehört. Du hast mich im Herzen getroffen!"

Um ihrer Bewegtheit Ausdruck zu verleihen, griff sie selbst dionysisch in die Tasten. Spontan improvisierend, dabei vor sich hin redend, geriet sie so außer sich, dass sich ihre Worte fast überschlugen.

„Ich habe vor der Tür gelauscht", sagte sie atemlos, „der eigenartig atmende Klang hat mich angezogen. Der feine, keusche Schleier in deinem Ton! Diese ursprüngliche Musikalität. Wer ist das, der da spielt, dachte ich? Es ist wie Gesang. Gleichzeitig war ich ärgerlich. Sie haben mir da einen ausgewachsenen, reifen Virtuosen gebracht?

Oder gar einen Zigeuner? Spielt er nicht wie ein Zigeuner? Aber welch eine Überraschung! Ein 14-jähriger Knabe in Lederhosen steht da vor mir! Welche Lauterkeit."

Mir schien, die zwei Boten – oder waren es doch Geheimagenten – waren zunächst betroffen von ihrer Entdeckung, schüttelten ihre Benommenheit ab, rieben sich sichtlich erleichtert die Hände und bekräftigten flüsternd, lebhaft kopfnickend das Gesagte.

Der vom Klavier vertriebene junge Mann kam auf mich zu und umarmte mich.

„Woher um Himmels willen kommst du? Wie heißt du?"

„Ich heiße Alois."

„Du musst zu mir kommen, unbedingt. Spielst du auch Klavier? Wo hast du das Notenlesen gelernt?", fragte er ganz aufgeregt.

„Ich habe es mir selber beigebracht."

„Erstaunlich, wirklich erstaunlich. Du musst unbedingt Klavierspielen lernen. Ich bin nämlich Pianist." Der junge Mann sollte mein erster Klavierlehrer werden.

Ich, benommen von all der Aufregung, stellte keine Fragen. Gebannt lauschte ich dem Arpeggio-Rausch der faszinierenden buckeligen Frau am Klavier. Die Zauberei mit den weißen und schwarzen Tasten hatte es mir von jeher angetan, schon damals in Wien. Nach einer Weile hörte sie mit ihrem Spiel abrupt auf, drehte sich zu mir um, nahm meine Hände und sagte ohne Überleitung: „Was ich gehört habe, habe ich gehört, mein kleines Genie."

Sie sagte es so, als würde sie zu einer Muschel auf dem Meeresgrund reden.

„So, wie du mich mit deinem Spiel ins Herz getroffen hast, wirst du vielen ins Herz treffen."

Dann sagte sie diesen merkwürdigen Satz, dessen Sinn mir erst Jahrzehnte später schmerzlich bewusst werden sollte.

„Du gehörst nicht einem Menschen, Alois, du gehörst der Welt. Vergiss das nie!"

In diesem Augenblick wunderte ich mich nur über all das Geschehen, fand den Satz seltsam, konnte ihn aber nicht vergessen. Ich sollte schon bald an ihn erinnert werden.

Sie fuhr fort: „Ich bin nur eine einfache Büglerin, aber ich kann sehen und hören. Und ich habe dich gesehen und gehört. Gib acht auf dich! Du bist in großer Gefahr, bist sehr gefährdet. Dein Leben ist die Schönheit."

Da erinnerte ich mich an die Worte des Pfarrer Riedl: „Schönheit ist des Teufels." Was bedeutete das alles? Warum ist alles Schöne des Teufels? Sagte dieser Mongole in Olkowitz nicht ähnlich Merkwürdiges zu ihm: „Solltest du je Lust haben, diese Musik zu hören, lass die Weiber weg." Ja, das sagte er und fügte hinzu: „Der rote Mohn leuchtet verführerisch." Diesen Satz hatte ich damals nicht wahrgenommen.

Als wollte sie ihre Worte von der Schönheit noch deutlicher unterstreichen, reichte sie mir ein Notenblatt:

„Kennst du die Arie der Tosca ‚Nur der Schönheit weiht ich mein Leben'?"

Ich verneinte.

„Es ist die Arie aus dem 2. Akt der Oper ‚Tosca' von Puccini. Ich werde dir am Sonntagnachmittag Marleen vorstellen. Du kommst doch zu meinem sonntäglichen musikalischen Salon?" Ohne eine Antwort abzuwarten, kam sie auf Marleen zurück, die ihr sehr am Herzen zu liegen schien.

„Marleen ist liebenswerte 17 Jahre jung und zurzeit bei den Ursulinen im Mädchen-Pensionat. Ihre begnadete Sopran-Stimme ist wie dein Geigenspiel und umgekehrt, du singst wie Marleen auf deiner Geige. Es ist wohl das Höchste, was ein Instrumentalist erreichen kann: singen und staunen! Sie wird dir die Arie der Tosca vorsingen. Ich glaube, ihr werdet euch wunderbar ergänzen und voneinander lernen.“

Sie veränderte ihren Tonfall, wechselte die Szene.

„Aber jetzt müssen wir das Programm für heute Abend einstudieren.“

Hatte sie denn keine Ahnung, dass ich nicht wusste, was ein Programm ist und was „einstudieren“ bedeutet? Sich mit etwas beschäftigen, das würde ich verstehen.

„Heute Abend? Was ist heute Abend?“, fragte ich erstaunt.

„Weißt du es denn nicht?“ Sie wandte sich entrüstet zu den beiden immer noch flüsternden Männern.

„Habt ihr es ihm denn nicht gesagt?“

Die beiden schauten sich betroffen an.

„Wie sollten wir es ihm sagen! Konnten wir wissen, dass es so ausgehen würde. Wir haben ihn vom Fußballplatz heruntergeholt!“

„Ihr Dummköpfe! Hier steht ein großes Talent vor euch und ihr flüstert untereinander. Was steht ihr da so herum? Herausschreien sollt ihr es: Wir haben einen Stern entdeckt.“

Und zu mir: „Heute Abend wirst du auftreten bei einer großen Veranstaltung.“

Bevor ich fragen konnte, woher sie von mir wusste, fügte sie hinzu: „Da fällt mir ein, wie konnte ich es nur vergessen: Heute Abend wird Marleen die Arie der Tosca singen. Das trifft sich gut.“ Dabei lächelte sie sphinxhaft. Was sollte das bedeuten?

Noch nie hatte ich von einer Tosca gehört, geschweige denn von einer Arie der Tosca. Auch war ich noch nie aufgetreten. Das musste wohl alles mit Maestro Roll zusammenhängen.

„Die beiden Herren, die dich in meinem Auftrag vom Fußballplatz entführt haben, sind die Veranstalter des heutigen Abends. ‚Holt ihn mir her!‘, habe ich zu ihnen gesagt. Jetzt stelle ich sie dir vor. Das hier“, sie zeigte auf den Älteren, „das ist mein Gatte, Herr Lina, ein leidenschaftlicher Musikliebhaber, liebt die Musik über alles. Der andere Herr ist ein …“, sie zögerte.

„Konzertagent …“, beeilte sich ihr Mann zu sagen.

„Nein, nein, Herr Hanslick ist Funktionär. Sicher kein Nachfahre des berühmten Wiener Musikkritikers“, verbesserte ihn seine Frau hastig. „Aber das ist jetzt nicht so wichtig. Lass uns an die Arbeit gehen, Alois. Danach wirst du noch genügend Zeit haben, dich für den heutigen Abend zurechtmachen zu lassen. Du trittst erst im zweiten Teil nach der Pause auf. Mein Mann wird dich überall hin begleiten.“

Ich hatte keine Gelegenheit mehr, mir bewusst zu machen, was bisher geschehen war und was noch geschehen könnte. Es waren erst einige wenige Stunden vergangen, da stand ich noch auf dem Fußballplatz im Tor und hatte den sandigen Geruch des Misserfolgs in der Nase. Seitdem blieb mir keine Zeit mehr, nachzudenken. Nun ließ ich den Abend auf mich zukommen. Nur eins musste ich noch tun: Alles meinen Eltern berichten, sorgsam, ohne das Besondere noch zu unterstreichen, dass sie dabei vielleicht empfinden würden. So kam der Abend heran.

Der Saal summte wie ein Bienenschwarm. Die notdürftig flackernde Beleuchtung tat der erwartungsvollen Stimmung keinen Abbruch.

Auf der Bühne tanzte nun eine Folklore-Ballettgruppe, als ich, begleitet von Herrn Lina, über eine brüchige Nebentreppe der Bühne in die hinteren Garderobenräume gelangte.

Der Gegensatz vom faszinierenden Spektakel auf der Bühne zur fast klösterlichen Isolation und Abgesondertheit meiner mir zugewiesenen Künstlerklause hinter den Kulissen erzeugte in mir ein fast unerträglich angst-lustvolles Fieber, eine noch nie erlebte Spannung, die mich freudig erregte. Draußen sprudelte das Leben, hier drinnen aber herrschte eine schreiende Stille. Ich wollte fliehen, sah mich nach einer Fluchtmöglichkeit um.

„Ich lasse dich jetzt allein. Wenn es soweit ist, hole ich dich", erschreckte mich mein Begleiter und stürzte mich mit diesen einfachen Worten ins Bodenlose. Als er den Raum ohne Anzeichen eines Mitgefühls verließ, schwappte der brausende Applaus für die Ballettgruppe vom Saal her aufreizend aufdringlich ins Zimmer, mischte sich mit dem aufgeregten Getrampel und Kichern der Ballerinen, dann fiel die Tür mit einem endgültigen „Klack" ins Schloss. Es gibt nichts Endgültigeres als dieses „Klack-Klack" und aus!

Die erregenden Geräusche von draußen ebbten auf ein unsichtbares Kommando hin zu einem seltsam spannungsgeladenen *diminuendo* ab, erreichten einen Höhepunkt der atemlosen Stille und Erwartung. Ein kalter Siedepunkt! Das war der unbeschreibliche Augenblick der größten Reduktion auf mich selbst, den ich noch oft erleben sollte. Nun hörte ich von der Außenwelt nichts mehr, es gab nur noch die kahlen vier Wände, einen einfachen Tisch, zwei Stühle, ein Glas Wasser und – die Geige.

Kein Fluchtweg öffnete sich. Warten auf den Cerberus, den Höllenhund am Eingang zur Unterwelt mit seinem Klopfen an der Tür und den Worten: „Es ist soweit."

Plötzlich glaubte ich stattdessen von Ferne eine wundersame Stimme zu hören. Träumte ich schon wieder? Fieberte ich? Der Klang der Stimme schwoll an, stieg in himmlische Höhen, wurde eindringlicher, lichter, unwirklich schwebend über dem Raum.

Sie sprach zu mir: „Komm, Alois, komm …"

Ich bekam eine Gänsehaut. Ein seltsamer Zustand befiel mich, ein Naturereignis, eine heiße Welle, die mich mit sich riss in ein unbekanntes offenes Meer. Der betörende Klang, die satte Färbung, das sonore Timbre der Stimme lockte mich magisch aus meinem Zimmer. Nachtwandlerisch folgte ich ihr, die Geige unter dem Arm, durch den engen dunklen Gang zur Bühne und stand plötzlich vor ihr.

Tosca.

Vom Rampenlicht angestrahlt, sah ich sie, spürte ihren Atem zu mir fließen, atmete mit ihr, ließ mit ihr die Melodie aufblühen und verwelken, hörte, wie sie singend zu mir sprach: „Nur der Schönheit weiht' ich mein Leben, einzig der Kunst und Liebe ergeben …"

War das nicht das Gegenteil der Worte, die ich nicht vergessen konnte: „Schönheit ist des Teufels! Hüte dich davor!"

„… offen die Hände hatt' ich für Arme und gab meine Spende …" („Andante lento appassionato – sehr zart mit tiefem Gefühl – dolcissimo con grande sentimento, bravo! Bravo, carissima!", würde Maestro Roll sagen) … „Mein Gott, warum suchst du mich heim so schwer …?"

„Puccini! Tosca", durchfuhr es mich. „Ja, das ist Tosca."

Betäubt von der Schönheit dieses atemberaubenden Geschehens stand ich regungslos in den Kulissen, war wie gelähmt, hatte alles vergessen, hörte und schaute nur sie an: Marleen. Plötzlich vernahm ich aufgeregte Worte: „Hier ist er doch, Herr Lina. Wer sagt es denn! Also: alles in Ordnung? Es kann losgehen."

„Mein Gott! Alois, wo warst du? Ich habe dich gesucht. Dein Auftritt! Es ist soweit! Du bist dran! Nach der Tosca musst du raus."

Herr Lina war außer sich und wischte sich den Schweiß von der Stirn.

„Ich kann nicht!", presste ich heraus.

„Wie, du kannst nicht?" Seine Arme fuchtelten mit unbeschreiblichen Bewegungen durch die Luft.

„Ich kann nach der Tosca nicht auftreten, Herr Lina. Ich kann nicht! Ich kann auf meiner Geige nicht atmen, so, wie sie atmet, nicht singen, wie sie singt. Es wäre eine Sünde an Tosca! Es ist unmöglich! Nein, ich kann nicht!"

Ich konnte es mir nicht erklären. Meine Arme waren schwer wie Blei, der Atem flatterte, das Blut stockte in den Adern. Hilflos schaute ich nach einem Halt. Was würde Maestro Roll dazu sagen? „Verkrampfe dich nicht, Alois, nimm mehr Bogen und wenig Druck, lass den Ton los, lass ihn sich entfalten und abklingen. Verkrampfe dich nicht! Atme durch!"

Der Funktionär, Herr Hanslick, kam auf mich zu, nahm mich bedacht ruhig zur Seite.

„Alois, weißt du, was du da sagst, du kannst nicht?"

Ich hatte den bestimmten Eindruck, dass trotz der äußeren Ruhe die Hand des Herrn Hanslick locker saß.

„Höre mir gut zu: Das ist dein Auftritt, deine Stunde. Nutze sie! Und noch etwas: Du bist hier nicht zum Vergnügen, sondern auf einer wichtigen Veranstaltung der Heimatvertriebenen. Du spielst hier für ein Anliegen. Für ein Anliegen, hörst du? Du bist hier nicht für dich allein. Es ist eine Kundgebung gegen geschehenes Unrecht an unserem Volk."

„Ein Anliegen?" Ich wurde wach. „Was für ein Anliegen?", fragte ich beunruhigt.

„Deine Landsleute schauen mit großer Hoffnung und Stolz auf dich. Mit deinem Auftreten bekennst du dich zum Recht auf Heimat. Dein Auftreten ist ein Zeichen der Verbundenheit mit deinen Landsleuten. Die Presse ist da, der Rundfunk wird berichten. Mach uns keine Schande, keinen Skandal wegen der Tosca."

Im Saal brandete der Applaus für Tosca auf.

Als ich diese Worte hörte, entlud sich meine Spannung.

„Ihr habt mich betrogen", schrie ich in den Applaus hinein. „Ihr wollt mich mit meiner Musik für eure Sache benutzen!"

Erschrocken über die Heftigkeit meines Ausbruchs und meinen Mut, war ich im Begriff, Hals über Kopf hinauszustürzen, als ich in einer Art und Weise meinen Namen rufen hörte, der ich nicht widerstehen konnte.

„Alois?"

Woher kam diese Stimme, die mich so lockte? Ich drehte mich um. Vor mir stand Tosca.

„Alois, komm …"

Sie war aus dem Rampenlicht auf mich zugekommen, nahm meine Hände, küsste mich auf beide Wangen und zog mich mit sanfter Entschlossenheit auf die Bühne.

„Komm, Alois!" Ihre Augen leuchteten. „Ich bin sehr neugierig auf dich. Komm! Ich bin Marleen!"

Willenlos folgte ich dieser fremden Macht, sah, wie Frau Lina, schon am Flügel sitzend, zufrieden lächelte, mir ermutigend zunickte. Der Saal vor mir tat sich auf wie die geheimnisvolle dunkle Tiefe des Meeres. Noch nie hatte ich auf einer Bühne gestanden. Die Scheinwerfer blendeten mich.

„Das ist Alois", hörte ich Marleen zum Publikum sagen. „Er wird für uns jetzt die F-Dur Romanze von Beethoven spielen." Und während ein verhaltener Applaus ihn begrüßte, flüsterte sie mir ins Ohr: „Spielst du für mich, Alois? Nur für mich allein?"

Ich konnte nicht antworten, fühlte nur die Weichheit ihrer Hand in der meinen, spürte ihren Atem an meiner Wange und die Wärme in ihren Augen. Mit einem sanften Händedruck ermunterte sie mich und zog sich dann in die Kulissen zurück. Dort, in der Gasse, blieb sie stehen, und ließ ihre Augen auf mir ruhen. Da nahm ich meine Geige und begann das sehnsüchtige Lied von der Liebe zu dem verlorenen Freund zu spielen, die Romanze von Beethoven.

Zum ersten Mal versuchte ich bewusst, jeden Ton, jedes Vibrato, das Auf und Ab von *crescendo* und *diminuendo*, die Entwicklung zu Höhepunkten und ihr Abflauen zu formen. Aber seltsam, es gelang mir nicht. Etwas Unbekanntes, Hemmendes, Schweres hatte sich zwischen mich und die Musik geschoben. Obwohl ich mich bemühte, meine Gefühle auf das Instrument zu übertragen, erreichte ich das Gegenteil. Die sonst so natürlichen Klänge kamen gepresst, ja wie vergewaltigt aus der Geige, nein, sie blieben in ihr stecken. Die Saiten schwangen nicht mehr, ich hatte sie erstickt.

„Höre mit den Augen. Du kannst es sehen: Wenn die Saiten nicht schwingen, können sie nicht klingen, Alois. Also lasse sie schwingen wie eine Stimmgabel auf einem Resonanzboden", hatte Maestro Roll immer wieder gesagt. „Gib ihnen die Zeit, die sie zum Schwingen brauchen!"

Was war passiert? Konnte ich nicht mehr so unbefangen spielen wie früher? Noch vor wenigen Stunden war es mir doch geglückt!

Ich war drauf und dran, abzubrechen, mich beim Publikum zu entschuldigen. Warum hatte ich nicht auf meine innere Stimme gehört, als ich mich weigerte, die Geige in die Hand zu nehmen?

Da sah ich Marleen. Sie hatte ihre Blicke von mir nicht abgewandt. Jetzt schüttelte sie den Kopf, als wollte sie sagen: „Dreh dich nicht um nach mir, du verlierst dabei die Musik und gewinnst mich nicht." Dann aber nickte sie mir aufmunternd zu. Ich besann mich. Von da an gelöst, ließ ich meine Gefühle auf den Saiten schwingen.

Den Applaus im Saal hörte ich nicht.

Herr Lina gestikulierte aufgeregt:

„Verbeugen, verbeugen! Eine Zugabe, Alois!"

War Marleen aufgefallen, wie es um mich stand? Sie kam aus den Kulissen auf mich zu, küsste mich vor dem Publikum, das diese Geste geradezu begierig als den Beginn einer Romanze deutete und stürmisch beklatschte.

„Danke, Alois", flüsterte Marleen mir ins Ohr. Dabei drückte sie mir einen Zettel in die Hand und fügte hastig, aber eindringlich hinzu: „Ich muss jetzt gehen. Du weißt, zu den Ursulinen ins Lyzeum zurück. Um zehn schließt die Pforte."

Dem Publikum zum Abschied zuwinkend, verließ sie, begleitet vom Beifall, die Bühne. Frau Lina hatte das alles mit Vergnügen, aber auch mit Besorgnis beobachtet. Ihr waren die Blicke zwischen mir und Marleen nicht entgangen. So wollte sie es, aber so auch wieder nicht. Sie hatte die Geister gerufen, obwohl sie mir gesagt hatte: „Alois, du gehörst keinem, vergiss das nie!"

„Das ist ein Durchbruch, Alois", strahlte sie schließlich. „Du wirst es erleben. Dein Weg ist vorgezeichnet. Morgen werden sie es alle schreiben." Das bedeutete mir nichts, denn Marleen war gegangen.

So begann die glücklichste, unbeschwerteste Zeit meines Lebens. Spät abends, nachdem alles vorüber war, lag ich in meiner Kammer auf der harten Pritsche und grübelte über all das nach, was geschehen war.

Die ungewöhnliche Umgebung, in der ich mich befand, nahm ich nicht wahr. Aus Raummangel musste ich in einer Toilette schlafen, die durch einen Flur getrennt war von den zwei kleinen Räumen meiner Eltern. Da war von irgendjemandem ein eisernes Bett abgestellt worden. Nun diente es mir als Liegestatt. Aber nur hier konnte ich in Ruhe, wenn auch in Gesellschaft einiger Mäuschen, die Partitur der Matthäuspassion studieren, ab und zu unterbrochen vom Rauschen der Spülung. Hier auch wagte ich die ersten Versuche, zu komponieren.

Bald sollte sich nach diesem ersten Abend von Mund zu Mund und durch die Zeitungsberichte schnell herumsprechen, dass ein kleiner Junge von irgendwoher Aufmerksamkeit erregt hatte. In den Mitteilungsblättern der Landsmannschaften wurde mein anscheinend erstaunliches Spiel als für meine Jugend außergewöhnlich reif herausgehoben mit dem Hinweis, dass man von diesem bemerkenswerten Talent noch hören wird. Eine große Hoffnung für die Musikwelt. Möge es beschützt und bestmöglichst von den richtigen Kreisen gefördert werden. Daraufhin wurde es ein exotischer Ort der begehrlichen Neugier von meinen Verehrerinnen.

„Stellt euch vor, während wir unsere Partys feiern, studiert er die Matthäuspassion in einer Toilette", tuschelten sie, standen dann ehrfürchtig voller Neugier und Verwunderung vor eben dieser Toilette, um das für sie unglaubliche Phänomen hautnah zu erleben. Diese asketische Zurückgezogenheit in meine Toilettenklause, nur beschäftigt mit Musik, umgab mich für die anderen mit einer Aura des Außergewöhnlichen und erhöhte noch meinen Wert. Das Unerklärbare, das Unfassbare war es, was anzog und, wenn ich auch ihr Schulkamerad war, ich war eben nicht so wie einer von nebenan. Ließ ich mich dann blicken, erstaunt und betroffen von all dem um mich herum, schrien sie auf und verschwanden, wie sie gekommen waren.

Ich erfuhr nicht, dass in den Schulen der Stadt Gerüchte umgingen, wer ich wohl sei. Sie wussten nicht genau, woher ich kam. Einer auf der Flucht? Ein Vertriebener von irgendwo hinter den Bergen?

An diesem späten Abend nach meinem ersten Auftreten fühlte ich, dass etwas Außergewöhnliches geschehen war, das ich festhalten musste. Also suchte ich nach einem Notenblatt. Dabei fiel mir Marleens Zettel in die Hände. Ich las: „Nächsten Sonntagabend ist eine Jubiläumsfeier der Ursulinen. Da schließt die Pforte erst um Mitternacht. Nächsten Sonntagabend ist Vollmondnacht, da schließt die Pforte erst um Mitternacht, vielleicht auch später! Marleen."

„… da schließt die Pforte erst um Mitternacht." Ich las diesen Satz immer wieder. Schließlich legte ich den Zettel beiseite, überließ mich einem Zustand, in dem ich nichts mehr dachte.

Am Nachmittag des nächsten Tages lag eine Nachricht des jungen Pianisten, der mich am Klavier begleitet hatte, in meiner „Künstlerklause". Darin bat er mich, noch am späten Nachmittag zu ihm zu kommen, man würde mich erwarten.

„… da schließt die Pforte erst um Mitternacht." Dieser Satz begann in meinem Kopf zu pulsieren. Würde Marleen mich erwarten?

Ich sah das erste Mal bewusst in den Spiegel, bemerkte, es sei an der Zeit, sich zu rasieren, die kurze Lederhose und alles Bisherige in die Ecke zu schmeißen. Mit Schrecken stellte ich plötzlich fest, wie unvorteilhaft dicht meine Beine behaart waren. Da konnte auch Mutter nicht helfen, die gerade zur Türe hereingekommen war. Sie schaute mich von oben bis unten an, als würde sie meine Gedanken lesen.

„So kannst du nicht gehen, nicht mit dieser Lederhose, schon gar nicht mit diesem bunten Hemd. Hier, nimm das." Dabei hielt sie mir sportliche Kleidungsstücke hin. Ich befolgte ihren Rat. Es ging schließlich um mehr als damals beim Geigenunterricht der Nonne, oder?

„Nächsten Sonntagabend ist Vollmondnacht, da schließt die Pforte erst um Mitternacht", ging es mir wieder durch den Kopf.

Als ich mit klopfendem Herzen in der Dachkammer ankam, erwartete mich nicht Marleen, sondern Thomas, Frau Linas Sohn, schon am Klavier sitzend.

„Du hattest großen Erfolg gestern Abend, Alois. Ich gratuliere dir", begann er. „Natürlich bin ich neugierig geworden. Kannst du auch Klavier spielen?"

„Ich habe immer schon davon geträumt, Klavier spielen zu können. Aber ich kann nicht", antwortete ich gereizt, wollte am liebsten wieder umkehren. Ich hatte Marleen erwartet.

„Dann versuche es einmal. Komm, setz dich und probiere."

Enttäuscht setzte ich mich ans Klavier und fing an zu spielen. Ich hatte mir, wo immer sich eine Gelegenheit bot, inzwischen heimlich Klanggebäude aus den verschiedensten Stücken zusammengebaut, ohne genau die Zusammenhänge gedanklich zu erfassen. Daraus wurden schließlich auch Teile der C-Dur Sonate Facile KV 545 von Mozart, die ich jetzt vorspielte.

„Ich kann es nicht glauben", unterbrach mich Thomas. „Weißt du, was du da spielst, Alois? Wer hat dir das beigebracht? Woher hast du es? Sagtest du nicht, du kannst nicht Klavier spielen? Sag mir, wo du das gelernt hast?"

„Ich habe es nicht gelernt", antwortete ich. „Zum richtigen Lernen braucht man einen Lehrer."

„Aber wie kommst du dazu, es so zu spielen? Wer war dein Lehrer? Hattest du ein Klavier?"

„Ich war mein eigener Lehrer, hatte auch kein Klavier. Nein. Es war, als wir im Bauernhof wohnten", begann ich meine Geschichte von den Anfängen zu erzählen. „Während meine Mutter ihre Nachmittage oft zum Plausch bei einer Nachbarin in der guten Stube verbrachte, kletterte ich klammheimlich, um nicht entdeckt zu werden, über den hohen, eisenbeschlagenen Vorgartenzaun ins ebenerdig gelegene Schlafzimmer. Da stand ein Klavier. An diesem alten Klavier tastete ich mich, ähnlich wie damals in Wien, bis zu Melodien vor, dann zu immer komplizierteren Begleitungen wie Triolen, machte rhythmische Experimente mit Duolen gegen Triolen und der Melodie, obwohl ich die rhythmischen Figuren so nicht benennen konnte."

„Während deine Mutter keine Ahnung davon hatte und einen Kaffeeplausch hielt?"

„Ja. Wirkliche Schwierigkeiten hatte ich mit der Entschlüsselung des Bassschlüssels. Dabei konnte mir keiner helfen. Den Violinschlüssel kannte ich inzwischen, aber diesen Bassschlüssel nicht. Mit Geduld und Ausdauer konnte ich aber auch dahinter kommen."

„Und wie kamst du zu dieser Mozart-Sonate? Sie ist sehr schwer. Du spielst sie hervorragend."

„Es lagen viele Notenalben auf dem Klavier, zerfleddert, ungeordnet, mutig angefangen, dann entmutigt liegen gelassen. Daraus holte ich mir die für mich interessantesten Stücke."

„Du bist also Autodidakt auf dem Klavier. Deswegen ist deine Interpretation so außergewöhnlich, aber auch dynamisch und agogisch eigenwillig. Das macht mich nachdenklich. Deine musikalische Phantasie ist erfrischend unbeeinflusst von jeglicher vorgeformter Lehrmeinung, von Überkommenem. Das Entscheidende ist wohl die eigene Vorstellung und der Wille zur Gestaltung, unabhängig vom Lehrer.“

Sich grübelnd an die Stirn fassend, schüttelte er den Kopf.

„Der autodidaktische Weg ist ernst zu nehmen. Ja ja, es wäre vielleicht sinnvoll, die Lehrmethoden der Hochschulen zu hinterfragen.“

Ich nickte, ohne zu verstehen, erinnerte mich an die Worte meines Meisters Roll: „Du bist dein größter Meister!“, und ließ Thomas reden. Unruhig schaute ich immer wieder zur Tür, wann endlich Marleen nun doch kommen würde, aber sie kam nicht. Thomas redete weiter sehr professionell auf mich ein. Er war schließlich gerade dabei, sich für das Hochschulstudium vorzubereiten. Später wurde er Studienrat in den Fächern Musik, Soziologie und Deutsch und blieb zeitlebens ein Fan von mir. Immer, wenn er eine Motivation für seine Schüler brauchte, stellte er mich als Prototyp eines Talents hin, das seiner inneren Stimme folgte und seinen Weg ging.

Die auf meinen ersten Auftritt folgenden sonntäglichen musikalischen Salons bei Frau Lina fügten sich wie kostbare, funkelnde Edelsteine in einem Geschmeide zu einem einzigartigen, erstmaligen Kunsterlebnis zusammen. Für mich bedeutete es eine Entdeckungsreise in noch nie Gehörtes, noch nie Wahrgenommenes, in eine Welt, die anderen längst bekannt, mir aber bisher verschlossen war. Johann Sebastian Bach, Beethoven, Brahms, Rilke, Hesse, besonders

Thomas Manns „Doktor Faustus", Puccini, Verdi und – war es möglich? – hier begegnete ich dem Wiegenlied von Franz Schubert wieder, dem böhmischen Schlaflied, das meine Mutter in Wien an meinem Krankenbett gesummt hatte. Da war es wieder, das böhmische Lied, das kein böhmisches war, oder doch? Es hatte lange gedauert, bis ich es wiederfand.

Es wurde gesungen, rezitiert, streitbar diskutiert und experimentiert. Mit Eifer bereiteten wir kleinere und größere Auftritte vor. Durch Herrn Lina und Herrn Hanslick, deren technische Möglichkeiten als begeisterte Geigenspieler begrenzt waren, tauchte ich in die phantastische Welt der Kammermusik, nein, besonders in die des Streichquartettspiels. Mit ihnen lernte ich die großen Streichquartette Beethovens, Haydns, Mozarts und Schuberts kennen. Marleen hörte zu und gab dem Musizieren die erwartungsvoll pulsierende Erregtheit.

Jeden Sonntagnachmittag eilte ich ungeduldig die fünf Stockwerke hoch zur geliebten Dachkammer, übersprang die Stufen, hielt vor der Tür inne, bis mein Atem sich beruhigt hatte und hoffte. Ja, ich konnte sie hören. Sie war da. Marleen.

Die öffentlichen Auftritte wurden immer häufiger und begannen, meine schulischen Leistungen zu beeinträchtigen, zumal ich durch sie eine für mich langfristig nicht gerade förderliche Sonderbehandlung erfuhr. Wichtige Persönlichkeiten des städtischen Kulturlebens wurden auf mich aufmerksam. Der Leiter des Städtischen Orchesters, Herr von Schubarth, hatte mir die Hand geschüttelt. Trotz oder wegen meines Erfolges verwahrloste mein Geigenspiel.

Seit dem Wechsel der Familie in die größere Stadt Fulda hatte ich keinen Unterricht mehr bei Maestro Roll nehmen können. Stattdessen begann ich mich mehr und mehr für Plakate und das Geheimnisvolle, was dahinter stecken könnte, zu interessieren. Vor einem blieb ich immer wieder stehen.

LUDWIG VAN BEETHOVEN
SINFONIE Nr. 9 für Chor, Soli und Orchester
Das STÄDTISCHE SINFONIE-ORCHESTER
CHOR DES CECILIENVEREIN

Und dann, hatte ich diesen Namen nicht schon gehört?

Unter der Leitung von
ERIC von SCHUBARTH

Der Name erregte meine Phantasie. Wer war dieser mächtige Zauberer, der fähig war, gleichzeitig aus so vielen Menschen geheimnisvolle Musik hervorzuzaubern, der sie mit den unterschiedlichsten Vorstellungen zu einem einheitlichen Klang vereinen konnte?

Heimlich schlich ich mich eines Morgens aus dem Zeichenunterricht in die nahe gelegene Stadthalle zur Probe der 9. Sinfonie von Beethoven. Hier sah ich staunend, als würde ich zum ersten Mal das Meer sehen, den Beweger mit seinem magischen Stab.

Ob auch ich jemals dazu fähig sein würde, tote Stimmen zum Leben zu erwecken und lebendige Stimmen zum Schweigen zu bringen? Wenn ja, dann konnten die Menschen auch meinen Namen auf einem Plakat lesen. Hatte ich nicht schon einen Klang im Kopf, den ich auf meiner Geige nie erreichen konnte? Mit solchen Gedanken kam ich eines späten Abends in meine Kammer und fand einen Zettel vor, geschrieben von meiner Mutter.

„Lieber Sohn, wir sehen dich nicht mehr sehr oft bei uns. Ich hatte heute extra für dich dein geliebtes Wiener Schnitzel gemacht. Aber du bist immer bei Frau Lina. Morgen früh musst du wieder in die Schule gehen, und es ist schon so spät. Vater macht sich Sorgen. Was soll nur aus dir werden? Du kennst ihn ja! Jetzt schlafe gut. Ich wünsche nichts anderes, als dass es dir gut geht. Sonst bei uns nichts Neues.

Mutter!

P.S. Da haben wir eine schlechte und eine gute Nachricht erhalten: Erst die schlechte: Dein Meister, Herr Roll ist tot. Die Leute sagen, da sei etwas Schlimmes passiert mit ihm wegen einer Geige. Und die gute ist: Dein Vater hat dir eine Lehrstelle verschafft. Stell dir vor, in diesen schlechten Zeiten! Da kannst du froh sein. Aber jetzt schlaf gut!“

Eine Lehrstelle? Und was war passiert mit Maestro Roll? Zwei Hiobsbotschaften gleichzeitig? Es war zu spät in der Nacht, um Näheres darüber zu erfahren.

Am nächsten Morgen, noch vor der Schule, legte mir Mutter mit sorgenvollem Ausdruck in den Augen die Regionalzeitung aufgeblättert vor. Leise sagte sie noch: „Dein Vater möchte dich sprechen.“

Ich las:

„Am späten Nachmittag des gestrigen Tages fanden Reisende des Schnellzugs Frankfurt-Hamburg in einem Erste-Klasse-Abteil einen Toten. Es handelt sich um den bekannten Geigenvirtuosen Roll aus Schlüchtern, der sich in den letzten Jahren zurückgezogen seinen kompositorischen Arbeiten widmete und nur noch gelegentlich hochbegabten Talenten Unterricht gab. Die Umstände seines Todes lassen auf einen Raubmord schließen. Nach Zeugenaussagen hatte Roll eine äußerst wertvolle Meister-Geige des italienischen Geigenbauers Amati bei sich, die er seinem Lieblingsschüler als Überraschung und besonderer Wertschätzung überbringen wollte.“

Mir!

Im ersten Augenblick wollte ich schreien. Die Gedanken begannen, wie sturmgepeitschte Wolkenfetzen durch meinen Kopf zu jagen. Micha? Das konnte nicht sein! Wie kam Micha so plötzlich hierher? Eine Verbindung zu dem rätselhaften Mord? Unmöglich! Der Maestro? Mein Maestro tot? Nein! Wie das? Micha ist wieder da! Freude, Entsetzen gleichzeitig. Angst, Ohnmacht, als würde ich von einer tausendarmigen Krake zusammengepresst, erfassten mich. Die widersprüchlichsten Gefühle begannen mir die Brust zuzuschnüren. Und darin die befreiende Erkenntnis: „Er hat mich gesucht! Micha hat mich gesucht, sonst gar nichts: Es konnte nicht anders sein. Er hatte mich schon einmal gesucht."

„Ich muss zu ihm!", fuhr ich aus meinem Entsetzen auf.

„Um Gottes willen, wo willst du hin? Zu wem willst du? So kannst du nicht gehen." Mutter entriss mir die Zeitung.

„Zu ihm, zu Maestro Roll." Ich stockte, griff mir an die Stirn. „Nein, zu Micha."

Hilflos schaute ich meine Mutter an. „Ich weiß nicht!"

Plötzlich sah ich drei Schicksale miteinander verknüpft, war konfrontiert mit dem Unfassbaren, Endgültigen, mit Entscheidungen, mit Verlust und furchtbarer Tat. Was war der Ursprung dieser Schuld und Verstrickung? Hatte ich damit zu tun? Wo stand ich? War ich etwa die Hauptfigur, der Hauptdarsteller? Nicht nur das: wo sollte ich mich hinwenden? Was überhaupt konnte ich tun? Ich war getroffen, betroffen, hilflos.

In diese Situation hinein hörte ich meinen ahnungslosen Vater.

„Alois, nach der Schule muss ich mit dir reden. Komm also pünktlich nach Hause." Etwas, womit er nicht zurechtkam, schien ihm auf der Seele zu brennen.

„Was willst du, Vater?"

„Nicht jetzt, Alois. Aber es ist Zeit, dass ich mit dir rede. Es geht um deine Zukunft! Vielleicht musst du mir dabei helfen!"

„Nicht jetzt!", begehrte ich wütend auf. „Siehst du nicht, was passiert ist?" Unbeherrscht fegte ich das Geschirr vom Tisch. „Ich werde nicht zur Schule gehen. Ich kann nicht!"

„Du wirst bald überhaupt nicht mehr zur Schule gehen können! Also gut: Am Ersten des Monats fängst du deine Lehrstelle an, damit du es weißt. Du wirst in die kaufmännische Lehre gehen. Der Vertrag ist unterschrieben. Und jetzt Schluss damit!" Rechtfertigend fügte er mit erhobener Stimme zu: „Andere wären froh über diese Gelegenheit, eine Lehrstelle zu haben und … etwas Anständiges zu lernen." Damit knallte er, wohl unbeabsichtigt laut, die Tür zu. Mutter schaute ihm betroffen nach und wandte sich beschützend zu mir.

„So, jetzt weißt du es", sagte sie nicht gerade erleichtert.

„Ja, jetzt weiß ich es. Und ihr glaubt, das Richtige für mich getan zu haben, ohne mich zu fragen?"

„Wir wollen nur das Beste für dich!"

„Das Beste ist nicht gut genug für mich. Ihr werdet es erleben müssen, ja, ihr werdet es erleben müssen!"

„Was meinst du damit, Alois?“

Fassungslos, ohne zu antworten, starrte ich eine Weile vor mich hin. Dann stand ich auf.

„Ich werde heute nicht in die Schule gehen. Frage nicht, wohin ich gehe. Ich weiß es selber nicht.“ Ich umarmte sie. „Ich muss gehen, Mutter!“, betonte ich.

„Alois“, schüttelte sie den Kopf, „seit einiger Zeit ist es so mit dir: Wenn du gehst, kommst du, und wenn du kommst, gehst du. Ich sehe, du wirst erwachsen. Alles ändert sich. Es wird nicht mehr so sein wie früher. Du wirst wohl nie mehr bleiben!“

„Ich werde gehen, Mutter, und vielleicht ist es besser für mich, niemals anzukommen.“ In der Tür wandte ich mich um.

„Aber noch ist es nicht soweit, Mutter. Ich komme wieder.“

Ich machte mich auf den Weg, Micha zu suchen, irrte eine Zeitlang in den Straßen umher, wunderte mich über die vielen Menschen, die nicht zur Schule gingen, landete schließlich am Bahnhof. Als hätte ich es geplant, stieg ich in den pünktlich eintreffenden Schnellzug Hamburg-Frankfurt, suchte das Abteil, in dem das Schreckliche passiert sein konnte und fuhr zum Wohnort meines Meisters. Es war mir nicht möglich, mir das Geschehene vorzustellen. Aber die Gedanken blieben nicht bei der unfassbaren Tat, schweiften immer wieder ab. Dabei war mir, als würde ich meinen Meister im Stich lassen. Und doch konnte ich nicht anders.

Was hatte Vater gesagt? Eine Lehrstelle? „Es geht um deine Zukunft! Alois! Vielleicht kannst du mir dabei helfen!“ Warum gab er mir nicht den Rat: „Nimm dein Leben selbst in die Hand, mein Sohn! Ein anderer wird es dir nicht geben. Nur du selbst kannst es dir nehmen!“

Der Zug fuhr durch den langen Tunnel, der Nord und Süd miteinander verband und den ich nur zu gut kannte. Das Ausgeliefertsein an die unsichtbare Hand im Führerstand da vorne und das Blindsein gegenüber den donnernden Gegenzügen schien nicht enden zu wollen. Es waren Ungeheuer für mich, denn sie konnten es werden, durch Nachlässigkeit, durch Irrtum oder der rasenden Geschwindigkeit wegen.

In der Dunkelheit kniete ich nieder und hoffte innigst, die heilige Jungfrau Maria möge mir erscheinen und beruhigend zulächeln: „Alois, ich halte meine Hände schützend über dich, so, wie ich es damals mit den Hirtenkindern in Lourdes getan habe. Du bist auserwählt, den Menschen Freude zu bereiten." Aber sie erschien nicht. Der Zug ratterte weiter, ohne Rücksicht auf mein plötzliches Verlangen, auszusteigen. Ich musste die Dunkelheit ertragen. Sie war eine andere als die schwere, feucht-modernde Dunkelheit der Weinkeller. Sie sprang mich von vorne an wie eine ausgehungerte Wildkatze. Ich konnte mich zwar bewegen, aufstehen, hin und her laufen, aber ich konnte ihr nicht entrinnen, war ihr ausgeliefert, wie ich meinem Leben ausgeliefert war. Diesem Zug ähnlich, überkam es mich, rollte mein Leben auf ein Ziel zu. War es nicht so? Zwar konnte ich mich frei entscheiden, aber nicht ohne weiteres aussteigen. Bei diesen seltsamen Gedanken bildete sich allmählich mein Entschluss: „Ja, ich werde mein Leben selbst in die Hand nehmen, denn andere werden es mir nicht geben. Ich werde die Lehrstelle antreten, aber ..."

Das Ende des Tunnels war erreicht. Weit öffnete sich vor mir die Landschaft. Der bewaldete, wild zerklüftete Weg hinunter zur Stadt befreite mich von bedrückenden Gedanken. Ich erinnerte mich: Noch vor einiger Zeit hatte ich auf den Wiesen der Lichtungen die

Kühe des Bauern gehütet, bei dem wir zuerst Aufnahme gefunden hatten, ehe wir in die größere Stadt zogen. Unten im Tal konnte ich bereits jetzt im mittäglichen Sonnenlicht das schmalbrüstige Haus sehen, zu dem ich damals jeden Tag gegangen war, um bei Maestro Roll Unterricht zu nehmen.

Im Polizeipräsidium der Stadt fragte ich nach Micha. Man verwies mich ans Untersuchungsgefängnis. Dort fand ich ihn.

„Micha, der Zigeuner? Du willst zu Micha, dem Zigeuner, diesem Mörder? Was willst du von ihm? Du bist doch keiner von denen?"

„Ich will zu Micha, meinem Freund. Bitte, bringen Sie mich zu ihm!"

Der Diensthabende schaute mich prüfend von oben bis unten an, nicht recht wissend, wie er sich einem Knaben gegenüber verhalten sollte.

„Also gut", entschloss er sich, „ich bringe dich zu ihm, wer du auch immer bist." Und zu sich selbst: „Was für eine verrückte Welt, ein Kind will zu seinem Freund, dem Mörder. Na, meinetwegen!"

Der enge endlose Gefängnisgang war ein dämmriger Tunnel mit einschlägigem Gegenverkehr. Vom Wärter war nur der breite Rücken zu sehen. Man kann ein Schwein nicht hinter sich herführen, nur neben sich, durchfuhr es mich, während ich mit dem Wärter Schritt hielt. Eine Treppe hoch, wieder hinunter, um Biegungen herum, geradeaus. Ich sah nur die Stiefel des Wärters, die Absätze wurden immer größer, schließlich waren die Stiefel nur noch marschierende Absätze eines makabren Roboters. Hart knallten sie auf den Beton die Gänge entlang, das Gebäude im Widerhall der kahlen Wände gespenstisch ausfüllend. Polizisten mit Gefesselten kamen uns entgegen, aufgezogene Zinnsoldaten. Endlich drehte sich der Wärter zu mir um.

118

„So, da wären wir. Aber sei vorsichtig, dieses Pack ist gefährlich, Ungeziefer. Geh nicht zu dicht heran an diesen Verrückten." Er schüttelte den Kopf. „Ein Kind und ein Verrückter. Na ja, aber nur Kinder und Verrückte verändern die Welt", und öffnete die Zellentür.

Als ich die Zelle betrat, hallten noch die Stiefelabsätze des Wärters in meinen Ohren. Dann fiel die Tür mit einem endgültigen „Klack" ins Schloss. Es gibt nichts Endgültigeres als dieses „Klack". Klack und aus, erinnerte ich mich.

Nun hörte ich nichts mehr, sah nur die kahlen vier Wände, einen einfachen Tisch, zwei Stühle, ein Glas Wasser und Micha, so, wie er mir damals erschienen ist, nur ohne wallenden Mantel, weit weg und doch ganz nah. Ich hatte einen Bedrückten, Klagenden erwartet. Micha – oder war es nicht Micha – saß auf einem der Stühle, sein Gesicht zu dem kleinen vergitterten Fenster hinaufgewandt, durch das sich einige Sonnenstrahlen drängten. Als er das „Klack" hörte, hatte er sich umgedreht.

„Du?" Er stand auf, gar nicht überrascht. „Ich freue mich, dass du gekommen bist."

Wir beide schauten uns in die Augen, auf unerklärliche Weise ohne Worte vertraut, als hätten wir immer schon auf diese Weise miteinander gesprochen.

Dann brach Micha das Schweigen: „Du hast mich ohne einen Zweifel und Fragen wiedererkannt. Für diesen Augenblick habe ich die Worte an den Ufern der Flüsse meiner Wanderung gelassen und am Strand des Meeres."

Er betrachtete mich lange. Dann sagte er: „Du bist es wirklich …?"

„Ja, ich bin es, der kleine Alois."

„Wie groß du geworden bist, Alois!"

Ich nickte verlegen.

„Mehr als fünf Jahre sind inzwischen vergangen, Micha“, sagte ich endlich.

Von draußen drang wieder hart das aufreizend monotone „tak-tak“ der Stiefelabsätze in die Zelle.

„In diesen fünf Jahren habe ich dich auf meinen Wegen gesucht, Alois.“

„Du hast mich schon einmal gesucht, Micha! Weißt du noch? Ich war noch ein Kind, als ich mit euch gezogen bin.“

„Ja. Aber kaum hatte ich dich gefunden, sagtest du: ‚Adieu, Zigeuner, ich werde dich wiedersehen.‘ So hast du mir damals nachgerufen! Weißt du es noch?“

„Ja! Aus irgendeinem unerforschlichen Grund wusste ich, ich werde dich wiedersehen.“

Die wenigen Gegenstände in der Zelle schienen alles neugierig mit anzuhören.

Dann, endlich, sagte ich: „Umarme mich, Micha, ich bin so froh, dich gefunden zu haben.“

Wir umarmten uns, nicht im *furioso* eines Beethoven’schen „Molto vivace“, eher im verhaltenen *pianissimo*-Klang der Geigen, in dem sich die entfernten Trompetensignale der ersten Sinfonie von Gustav Mahler leise mischen.

„Micha, sag mir, was passiert ist!“

„Ich bin unschuldig, Alois, du weißt es!“

„Ja, ich weiß. Aber wie bist du in diese Situation gekommen?“

„Ich war an der Wohnung deines Meisters. Das stimmt. Ja, ich bin immer wieder um das Haus herumgeschlichen, hatte Hemmungen, keinen Mut, anzuklopfen. Wo sonst hätte ich dich suchen sollen als bei ihm? Ich habe doch nur dich gesucht, um dir etwas zu bringen und war überglücklich, deine Spur gefunden zu haben."

„Wie hast du mich gefunden?"

„Die Leute in der Stadt erzählten mir von einem ungewöhnlichen Knaben, der Tag für Tag mit der Geige zu seinem Lehrer am Ende der Stadt ging. Bis dahin hatte ich euren Weg, den Weg der Vertriebenen, der zum Teil auch meiner war, verfolgt. So bekam ich die Adresse deines Meisters heraus. Ich wollte mein Versprechen halten und dir etwas bringen, eine Überraschung."

„Du wolltest mir über diesen langen Weg etwas bringen?"

„Ja! Als ich endlich den Mut hatte, an seiner Wohnungstür zu klingeln, um ihn nach dir zu fragen, wurde ich verhaftet."

„Da war er schon tot?"

„Ich weiß es nicht. Die Wahrheit ist: Ich bin unschuldig, habe nichts damit zu tun, Alois. Sag mir: Wo anders hätte ich dich suchen und finden sollen als bei ihm?"

Wieder betrachtete er mich mit Genugtuung. „Wie groß du geworden bist, fast erwachsen, tief und angenehm deine Stimme. Hast du wieder einen Lehrer, einen Meister, der dich führt?"

„Nein, Micha."

„Es ist an der Zeit, dass du einen guten Lehrer und eine Meistergeige bekommst. Deswegen bin ich gekommen. Ich habe eine Überraschung für dich!"

Bei diesen Worten durchfuhr mich ein schrecklicher Gedanke. Hatte nicht Micha damals beim Abschied gesagt: „… und wenn es nicht die Nicolas Aine ist, werde ich Sorge tragen, dir die beste Geige der Welt in deine Hände zu legen, eine Amati, Guarneri oder Stradivari!"

Damals hatte ich diese Worte nicht beachtet. Jetzt aber bekamen sie eine verhängnisvolle Bedeutung.

Weiter sagte Micha: „Das Wasser löscht erst den Durst, wenn man es trinkt, Musik stillt erst die Sehnsucht, wenn man sie macht, eine Meistergeige klingt erst, wenn sie von Meisterhand gespielt wird."

„Was ist das für eine Überraschung, Micha? Vielleicht ist es besser, du sagst es mir nicht, nein, ich will es nicht wissen!"

„Ich bin diesen weiten Weg gegangen, Alois, um dir die Geige zu geben, auf der nur du spielen kannst."

„Nein, Micha, sag' es nicht. Es ist nicht die Amati?"

„Es ist die Geige, auf der nur du spielen kannst, Alois!", wiederholte er eindringlich, fast bittend.

In diesem Moment öffnete sich die Zellentür.

„Die Besuchszeit ist vorbei."

Der Wärter wies mich an, zu gehen.

„Sag, Micha", rief ich meinem Freund zu, „es ist nicht die Amati! Schrei es mir zu!"

Die schwere Tür fiel ins Schloss.

6

Es war Abend geworden, als ich durchnässt und aufgewühlt zu Hause ankam. Schweigend saßen Vater und Mutter in der kleinen Wohnung bei Brot, Wein und ein wenig Speck. Es dauerte eine Weile, bis Vater alle Brotkrümel aufgelesen hatte, dann nahm er einen Schluck Wein und sagte, nichts Gutes verheißend: „Ein Herr war heute hier!"

„Ein Herr?", fragte ich, mich wohlig in die Decken zurückziehend.

„Er hat sich nach dir erkundigt." Vater sagte es bedacht langsam.

Mutter nickte und begann, den Tisch abzuräumen.

„Ja, er hat sich nach dir erkundigt", bekräftigte sie.

„Was wollte dieser Herr von mir?"

„Der Herr wird wiederkommen. Es sei sehr wichtig, äußerst wichtig", erwiderte Vater.

„War der Herr von der Polizei, Vater?", unterbrach ich ihn, nun doch beunruhigt.

„Es war ein sehr vornehmer, geheimnisvoller Herr, Alois!"

Durch konzentriertes Üben bis zur Schulabschlussfeier mit meinem „großen Auftritt" und ein noch notwendiges Vorstellungsgespräch als kaufmännischer Lehrling in einer Kerzenfabrik geriet der geheimnisvolle Besuch in den nächsten Tagen fast in Vergessenheit. Ebenso konnte ich das Schicksal Michas zunächst nicht weiterverfolgen, obwohl ich einen Zusammenhang mit dem Auftreten des Unbekannten befürchtete.

Zur Abschlussfeier spielte ich den dritten Satz des Violinkonzerts in E-Dur von Johann Sebastian Bach – „Allegro assai" – Bachwerkverzeichnis 1042. Am Ende des Satzes – etwa vom 32. Takt an – im Wirbel der Bach'schen Figuren verlor ich mich in dem Anblick von Marleen. Ich begann in der Reprise, frei zu improvisieren. Marleen – Tosca Marleen – saß in der ersten Reihe, hatte mich fortwährend mit glühenden Augen angeschaut, ich erwiderte ihre Blicke, und so geschah das Ungewöhnliche. Im Zauber ihrer Augen ließ ich mich dazu verführen, aus der Not eine Tugend zu machen, auf der Geige meinen virtuosen technischen Launen nachzugeben, ihr, Marleen, die Kapricen eines Solotänzers auf vier Saiten zu zeigen. Die Anmut und Schalkhaftigkeit des Satzes in Rondo-Form unterstrich ich mit kadenzähnlichem Arpeggio und konnte obendrein noch das Nicht-bei-der-Sache-sein zu meinem Vorteil wenden.

Am Morgen, zwei Tage darauf, legte mir Mutter die Zeitungen vor. Darin lobten die Rezensenten das für meine Jugend gereifte Spiel, einer erwähnte, so recht zwischen den Zeilen schmunzelnd, meine jugendliche Flexibilität und Unbekümmertheit, als es plötzlich an der Türe klopfte.

„Ja, bitte?"

Ein Herr trat ein: der Zauberer.

„Verzeihen Sie, wenn ich stören sollte. Mein Name ist von Schubarth. Darf ich eintreten?"

Erstaunt über diesen unerwarteten Besuch, bat Mutter ihn herein.

„Bitte, mein Herr! Kommen Sie näher. Was führt Sie zu uns zu so früher Stunde?"

„Mein Name ist von Schubarth", stellte sich der ganz in Schwarz gekleidete Herr noch einmal vor. „Es ist mir eine große Freude, Ihnen und Alois zu seinem bemerkenswerten Erfolg gratulieren zu können. Ich war von seiner Interpretation des Violinkonzerts von Bach sehr beeindruckt."

„Ihr Besuch kommt etwas unerwartet, Herr von Schubarth. Was können wir Ihnen anbieten?"

„Danke, das ist nicht nötig."

„Aber nehmen Sie doch Platz." Vater war hereingekommen und schob einen Stuhl zurecht. Herr von Schubarth setzte sich.

„Mich treibt aber noch ein anderer Grund zu Ihnen: das große Talent Ihres Sohnes. Es ist mir von verschiedenen Seiten zu Ohren gekommen, dass Alois nun nach der Beendigung der Schule eine Lehre antreten soll. Viele von denen, die es mir zugetragen haben, nehmen Anteil an der Entwicklung von Alois. Sie halten Ihren Entschluss in der jetzigen wirtschaftlichen Lage zwar für verständlich, aber nicht weitsichtig genug, wenn nicht gar für – na ja – für ängstlich, nicht genug durchdacht."

Bei diesen Worten bemerkte ich, wie ich meine beiden Daumen in den Fäusten zusammendrückte. Konnte der Mann wirklich zaubern, musste er es jetzt beweisen.

„Wir zweifeln nicht daran, wie schwer Ihnen dieser Entschluss fällt", fuhr von Schubarth fort, „aber, auf die Gefahr hin, dass Sie mir die Tür weisen, halte ich es für meine Pflicht, Sie auf die weitreichenden Folgen Ihrer Entscheidung aufmerksam zu machen. Gleichzeitig biete ich Ihnen jegliche Förderung an, die zur musikalischen Entfaltung Ihres Sohnes beitragen kann."

„Aber, Herr von Schubarth", antwortete Vater. „Wir sind überglücklich, in diesen schlechten Zeiten für Alois eine Lehrstelle gefunden zu haben."

„Unsinn!", begehrte dieser auf. „Sie wissen nur zu gut vom Talent Ihres Sohns. Waren Sie doch der Erste, dessen Augen bei seinem

Spiel verdächtig zu glänzen anfingen! Wollen Sie ihn wirklich zum Krüppel verkommen lassen an einem Platz, den andere besser ausfüllen?"

„Krüppel? Herr von Schubarth", entrüstete sich Vater und begann wieder, irgendwelche Brotkrümel aufzulesen, „ich weiß sehr wohl um das Talent meines Sohnes. Aber dieses Talent ist eine Spielerei, ernährt weder Mann noch Familie. Was soll ich tun? Wie kann ich wissen, ob seine Begabung groß genug ist als Fundament einer guten Zukunft? Ich bin hin- und hergerissen, gebe es freimütig zu. Helfen Sie mir! Können Sie seine Begabung beurteilen? Bürgen Sie dafür?"

„Mein lieber Herr, ich bin der festen Überzeugung, man sollte nicht dem Geld hinterherlaufen, das Geld kommt zum Wissen, zur Idee, es läuft dem nach, der eine nicht erlernbare Gabe besitzt oder einen Diamanten in der Hand hält, nicht umgekehrt. Lassen Sie Alois zu dem werden, was er ist, zu einem geschliffenen Diamanten. Lassen Sie ihn studieren! Und ich garantiere Ihnen: Alle werden diesen Diamanten haben wollen." Er schaute zu mir.

„Ich bin der beste Beweis dafür und möchte ihn schon jetzt haben, diesen rohen, ungeschliffenen Diamanten. In meinem Orchester. Nur eine Bedingung habe ich: Er muss zu Professor Pretori in den Unterricht. Mit ihm zusammen kann er dann bei intensivstem Üben in meinem Orchester am Konzertmeisterpult sitzen."

Der Zauberer hatte gesprochen.

In diesem Moment öffnete sich die Tür. Frau Lina, Herr Lina und Herr Hanslick traten ein. Sie nickten Herrn von Schubarth zu, als wüssten sie, was dieser gerade gesprochen hatte, schüttelten Vater, Mutter und mir die Hand. Dann sagte Frau Lina stellvertretend für die Delegation nach Art des Luther-Ausspruchs vor dem Reichstag in Worms: „Hier stehen wir nun und können nicht anders. Es ist auch unsere Überzeugung: Alois muss Musik studieren. Dafür treten wir ein."

Der beeindruckende morgendliche Auftritt steigerte nur die Sorge meiner Eltern um ihre richtige Entscheidung. Es blieb bei dem ersten Beschluss: Ich begann kurz darauf meine Zeit als kaufmännischer Lehrling in den Fluren einer Kerzenfabrik mit Aktenschieben.

Die mir endlos erscheinenden Flure dieser Kerzenfabrik erinnerten mich an die kalten Gänge des Untersuchungsgefängnisses, in dem Micha untergebracht war. Ebenso ähnelten die kleinen Büros mit den darin arbeitenden verängstigten, geduckten Menschen den Zellen des Gefängnisses. Die Menschen hatten für mich keine Gesichter. In ihrer Ausdruckslosigkeit konnte ich sie nicht unterscheiden und so die Akten nicht zuverlässig den gemeinten Adressaten zustellen. Ich irrte zwischen den Büros umher und verwechselte in ihrer Bewegungslosigkeit die Personen. Sie glichen alle mechanisch-funktionierenden Robotern. Den Sinn des Hin- und Herschiebens sah ich nicht. So endete jeder Tag mit einem heillosen Durcheinander und schließlich einer Ermahnung des Direktors höchstpersönlich:

„Morgen wirst du dir die Aktenzeichen merken und nicht auf das Lachen der Gesichter warten, Alois. Die Aktenzeichen sind wichtig! Und die Nummer des Büros!"

Für mich begann die Welt zu torkeln, zu bröckeln, auseinanderzufallen. Ich nahm die Bäume nicht mehr als Bäume wahr, das Rauschen ihrer Blätter im Wind nicht mehr als Musik. Die Sonne blieb mit ihren Strahlen düster verhangen. So wiederholten sich die Tage und nichts wurde besser. Nachts flossen Tränen der Ausweglosigkeit. In meinen Träumen irrte ich durch endlos lange Flure, ohne einen Ausgang zu finden.

Und dann passierte es. Eines Nachts, es war eine Vollmondnacht, öffnete ich das Fenster des Hochparterres und sprang. Von der scharfen Kante eines Keller-Luftschachts prallte ich ab, sackte zusammen und blieb zusammengekrümmt in diesem Loch stöhnend liegen. Mein leises durchdringendes Wimmern und Stöhnen in der klaren Vollmondnacht weckte zuerst meinen Vater. Der sah zum Fenster hinunter, schlug die Hände über dem Kopf zusammen und heulte auf.

„Um Himmels willen, mein Sohn, mein Sohn", rannte kopflos im Zimmer auf und ab und wiederholte immer wieder: „Um Himmels willen, mein Sohn, mein Sohn!"

Mein hilfloses, herzzerreißendes Gejammer weckte auch Mutter. Die sah ihren Mann kopfschüttelnd an: „Was jammerst du, Mann, dann tu doch etwas und jammere nicht herum. Tu etwas!"

„Was soll ich nur tun, was soll ich nur tun?", lief Vater außer sich hin und her.

Mutter beugte sich aus dem Fenster zu mir hinunter:

„Junge, was machst du bloß! Wie kann ich dir jetzt helfen?"

Als hätte ich auf diese Frage in meiner Not gewartet, erkannte ich instinktiv meine Chance.

„Ihr könnt mir nicht helfen. Ich bleibe hier unten."

„Um Gottes willen, mein Sohn, was wird jetzt bloß werden?", hörte ich meinen Vater jammern.

Mutter blieb ruhig.

„Wieso willst du da unten hängen bleiben, Alois?"

„Es ist hier unten besser als in der Kerzenfabrik, in die ihr mich gesteckt habt! Ihr quält mich! Ich werde mich nicht mehr quälen lassen."

„Was sagst du da, wir quälen dich? Was willst du?"

„Ich gehe nicht eher hier heraus, als bis ich Musik studieren kann!"

Das war es also. Vater wurde plötzlich tatkräftig.

„Mein Gott, Dein Wille geschehe", rief er aus, immer noch im Zimmer wie ein Tiger im Käfig auf und ab laufend. Plötzlich blieb er vor dem Fenster stehen, als hätte er die Erleuchtung, beugte sich in die Nacht hinaus, breitete seine Arme wie ein Prediger aus und rief:

„Es soll also sein. In Gottes Namen, werde Musiker. Was soll ich tun, wenn ich dich so erbärmlich jammernd in der Grube sehe? Du hast mich überzeugt, Alois. Nur so kannst du ein großer Musiker werden. Du darfst, du sollst, du musst Musik studieren. Nimm dir, was dir gegeben ist."

Mutter sagte nur: „Mann, was redest du da? Er soll gesund werden, sonst nichts."

Ich war am Ziel, hatte mein Leben selbst in die Hand genommen, wie ich es mir vorstellte: ein Leben mit der Musik.

Lange lag ich danieder. In dieser Zeit der Genesung konnte ich nicht spielen. Durch Zufall fiel mir die Partitur der Großen Fuge von Beethoven in die Hände. Ich verbiss mich regelrecht in das Studium dieses großen Werkes. Mein Krankenlager war bedeckt mit Stapeln von Notenpapier. Angeregt durch das Quartettspiel mit meinen älteren Freunden Herrn Lina und Herrn Hanslick hatte ich die Stirn, dem großen Meister Beethoven nachzueifern und den Gipfel der Komposition, das Streichquartett, zu erreichen. Von dieser einsamen Höhe herab würde es mir möglich sein, die ganze Ebene der Musik zu überblicken. Was aber anfangs mit einem simplen Einfall und punktierten Achtel-Sechzehntel-Rhythmus hoffnungsvoll begann, verdichtete sich von Tag zu Tag, ja von Woche zu Woche zu einem unentwirrbaren Knäuel, einem Knoten melodischer und rhythmischer Einfälle, den ich nicht mehr aufknüpfen konnte. Eine verzweifelte Willensäußerung und eine total verfahrene Situation. Diese Ausweglosigkeit brachte mich zu der Erkenntnis, es müsse zwei Arten von Musikern geben: Musiker, die Musik machen und im Augenblick die größte Vollendung erleben, und jene, die Musik betrachten, zerlegen, zusammensetzen, eben komponieren. Bisher hatte ich ohne Orientierung Musik gemacht, entdeckte dabei immer wieder unbekanntes Land. Aber jetzt?

„Du willst Beethovens Meer in deine kleine Grube schütten, Alois?" Mit diesen Worten schockierte mich der Zauberer, Herr von Schubarth, als er mich an meinem Krankenbett eines Tages besuchte und das schöpferische Chaos hier und in meinem Kopf wahrnahm.

„Ich habe von deinem Fenstersturz gehört. Man redet davon, als sei es ein Unglück. Nein, was für ein Glück! – Es musste wohl so kommen. Und jetzt, wo du nicht mehr Musik machen kannst, versuchst du, sie zu schreiben, willst mit dem Kopf durch die Wand?"

„Ja!"

„Aber das sind zwei Seiten einer Medaille. Du bist gerade dabei, dies zu entdecken. Höre in dich hinein: Liegt deine Begabung in der Kunst des Augenblicks, oder in der Schöpfung und Betrachtung des Bleibenden? Komm zu mir in mein Orchester. Du bist zum Musikmachen geboren."

Und so geschah es.

Die Zeit war gekommen, mich auf den Weg zu machen, zu werden, was ich bin. Zunächst war der Besuch des Gymnasiums die Basis zur Vorbereitung für das Musik-Hochschulstudium in Frankfurt am Main, damals noch Hoch'schen Konservatorium genannt.

Nach drei Monaten Genesung saß ich, 15-jährig, als Konzertmeister des Fuldaer Kammerorchesters neben meinem neuen Lehrer Pretori. Im festlich erleuchteten Fürstensaal des Barockschlosses von Fulda spielte ich mit ihm Johann Sebastian Bachs Doppelkonzert für zwei Violinen und Orchester, am Cembalo begleitet von einer Pianistin.

Mein erster glanzvoller Auftritt in anspruchsvoller Umgebung mit Stil, der äußerlich angemessene Rahmen für eine außergewöhnliche Karriere. Es war der geglückte Beginn meiner ersten großen Konzerte und der Anfang einer besonders vertrauten Verbundenheit mit dem Publikum. Zwei Jahre später, mit 17 Jahren, sollte dieses Konzert meine erste Rundfunkübertragung im Hessischen Rundfunk werden.

Jetzt bewahrheitete sich, was von Schubarth gesagt hatte: „Alle werden diesen Diamanten haben wollen."

Der Diamant aber war ungeschützt. Begann da das Unheil?

Als ich zurück ins Künstlerzimmer kam, noch bewegt von dem musikalischen Dialog mit meinem Meister, mit dem Spiel des Orchesters und der Reaktion des Publikums, saß da ein Mädchen mit kastanienbraunem langen Haar, etwa in meinem Alter, ein kleines, geballtes Energiebündel von Mensch. Sie zitterte vor Erregung. Kaum fähig, zu sprechen, schaute sie mich mit großen, mandelförmigen Augen erwartungsvoll an. Ihr kleiner Körper sprühte vor Entschlossenheit, Wildheit, Verrücktheit. Als sie mich sah, sprang sie von ihrem Stuhl auf, kniete sich vor mich nieder und küsste meine Hände. „Du hast mir die Augen geöffnet. Jetzt weiß ich, was ich will." Die Wildheit, ihr exotisch fremdartiger Reiz, gemischt mit einer durchsichtig blassen Zartheit als Kontrast dazu verwirrten mich. Ich machte keinen Versuch, mich dagegen zu wehren, während sie stürmisch fortfuhr: „Du hast mir meinen Weg gezeigt, die göttliche Kraft der Musik. Es war, als wäre vor meinen Augen der Vorhang aufgerissen worden zum großen Schauspiel, das ich sehnlichst erwarte. Es ist Wahnsinn, Wahnsinn. Ja, jetzt weiß ich es, mein Leben ist die Musik. Ihr werde ich mein Leben weihen. Ja, ich werde Musik studieren!"

Bei diesen Worten fiel mir unwillkürlich Tosca, Marleen, meine geliebte Marleen ein – „Nur der Schönheit weiht' ich mein Leben" – und gleich darauf der Pfarrer Riedl – „Schönheit ist des Teufels", dazu die wunderbare Musik des zweiten Satzes, den ich gerade gespielt hatte. Auch fühlte ich mich bei dem Ansturm sich überschlagender, stammelnder Worte überfordert.

„Wie heißt du, wer bist du?", versuchte ich, das zart-wilde Mädchen zu beruhigen.

„Du musst wissen, ich habe dich schon oft gehört, bin dir überall hin gefolgt, aber du hast mich nicht wahrgenommen", sprudelte es aus ihr heraus. „Ich heiße Lara, bin Russin, Weißrussin und ab heute werde ich Pianistin, glaube es mir!"

„Woher kommst du, um Himmels willen?"

„Aus Odessa, aus dem wunderschönen Odessa. Meine Mutter war eine berühmte Opernsängerin in Odessa. Liebst du Russland? Es ist ein herrliches Land mit seinen Menschen und ihrer Sprache. Höre nur auf den Klang, wenn ich dir in Russisch sage: Ich liebe dich … Aber nicht jetzt. Komm in unser Haus, du musst in unser Haus kommen! Da gibt es einen kleinen Kreis Gleichgesinnter, Heimatlose im Exil, streitbare junge wilde Leute, Sänger, Dichter, Verrückte, Essen und Trinken. Hier unsere Adresse." Sie reichte mir eine Visitenkarte. „Wenn du nicht kommst, werde ich dich holen!", sie lachte und verschwand, sich ihrer Wirkung bewusst.

Gebannt vom Wirbel ihres verrückten Auftritts hatte ich nicht bemerkt, dass eine elegant gekleidete Frau eingetreten war und die Szene beobachtet hatte. Ihr tizianrotes Haar, das in verschwenderischen Locken ihre nackten Schultern bedeckte, stand im faszinierenden Gegensatz zu den smaragdgrün leuchtenden Augen. Die Schöne kam auf mich zu, ergriff meine Hände. Leise sagte sie mit fremdländischem Akzent: „Weißt du, wie königlich klingt für mich deine Augen, wenn alles in dir sieht wie neugeborene Symphonie aus? Wer sieht in deine Augen wie Spiegel, der Musik sieht und weiß, wer du bist. Das Adagio mit Meister deinem hat mich tief berührt und bewegt!"

Sie fügte, etwas fließender sprechend, hinzu: „Du hast mich nicht beachtet am Cembalo. Habe dich begleitet am Cembalo. Es würde mich freuen, mit dir musizieren zu können. Ich bin Pianistin – aber auch Frau des zu beschäftigten Landrats, Frau von Klingenberg. Komm zu mir in mein Haus, habe immer interessante, große Gesellschaft. Könnte wichtig sein für dich." Sich verabschiedend, fügte sie leise, fast abwesend, hinzu: „Mein Gott, wie jung du bist."

Erst jetzt gingen mir die Augen für sie auf. Sie war die Begleiterin am Cembalo. Herr Hanslick war hereingekommen und hatte uns beide beobachtet. Er riss mich aus meiner Benommenheit.

„Ich sage dir, Alois, verlieb' dich nicht in sie, verlieb' dich nicht in sie. Du bist gerade in dem törichten Alter, Mann zu werden", wedelte er aufgeregt mit seinen Armen in der Luft herum. „Wir haben viele Angebote und müssen uns strukturieren. Ich werde das für dich machen. Kümmere dich um deine Geige."

Ich hörte es kaum. Es hatte mir die Sprache verschlagen. War diese Frau, so, wie sie schön und unerreichbar vor mir stand, die Verkörperung meiner ersten geheimsten Träume?

Wenige Tage später hatte Lara, die kapriziöse kleine Weißrussin, ihre Hartnäckigkeit unter Beweis gestellt, mich aus meiner Abstinenz herausgerissen und mich in ihren Kreis eingeführt. Es war nicht die Weimarer Hofgesellschaft wie zu Goethes Zeiten, eher herrschte eine Atmosphäre russisch-französischer Salons des Ancien Régime mit einer Großzügigkeit, Geistigkeit und Eleganz, die im krassen Gegensatz zu meinem kargen Zuhause stand. Ich genoss nicht nur die Bewunderung, die mir zuteil wurde, sondern auch die in dieser Nachkriegszeit nicht übliche Üppigkeit der angebotenen kulinarischen Köstlichkeiten und Tafelfreuden.

Und da waren Marleen und die nächtlichen Spaziergänge auf dem „Frauenberg" bei Mondschein.

Inzwischen wohnte ich alleine in einer kleinen Klause hoch oben im fünften Stock eines riesigen Kasernengeländes, in dem sich jetzt das katholische Internat der Marianisten befand. Das Gebäude war in der sommerlichen Ferienzeit menschenleer.

Eines Morgens wurde ich von seltsamen kleinen Explosionen geweckt. Es war, als würden Pingpongbälle durch die leeren Gänge der ehemaligen Kaserne hüpfen.

Was konnte dieses „Tak-Tak" weit unter mir bedeuten? Die Pingpongbälle wurden zunehmend schneller und hüpften im *diminuendo*. Das entfernte „Tak-Tak-Tak" aber wurde lauter, kam näher. Es rollte die harten, rötlichbraunen Backsteinmauern entlang, die Flure hinunter und hinauf, einem Stafettenlauf oder Jojo-Spiel gleich. Ich saß senkrecht in meinem Bett. Meine Phantasie heftete sich an jedes einzelne „Tak". Dieser feste, schlanke Klang, der einem Ziel entgegenstrebte, konnte nur von den Stöckelabsätzen einer Frau herrühren. Unmöglich! Welche Frau bewegte sich da in dieser leeren Kaserne? Ich lauschte. Der erregende Rhythmus dieses Gangs brachte mein Blut in Wallung, je näher er kam, sich wieder entfernte, inne hielt, suchend sich wieder näherte. Ich lauschte atemlos, verfolgte jeden Schritt der Unbekannten. Das Unsichtbare, das nur Hörbare war es, was mich erregte. Als wäre ich ans Bett gefesselt und ohne mich dagegen wehren zu können, hörte ich das „Tak" auf mich zukommen. Es wurde immer eindringlicher. Schließlich konnte ich es fast greifen. Das Parfüm der Unbekannten drang bereits durch die Tür. Plötzlich wurde es still. Die Stille dauerte eine Ewigkeit. Dann klopfte es. Meine Tür ging auf.

Frau von Klingenberg stand vor mir.

„Sie?"

Ich starrte sie an, als wäre sie eine überirdische Erscheinung. Es war die Cembalistin meines Doppelkonzerts.

„Du bist überrascht?"

„Ja!", stotterte ich im Staccato. „Sie sollten mich nicht so sehen – und nicht hier."

„Ich musste dich so sehen, Alois."

„Warum sind Sie gekommen, warum nur?"

„Alle sprechen davon, wie du lebst. Diesen Schilderungen konnte und wollte ich nicht glauben. Ich musste es selber sehen. Verzeih mir." Sie schaute sich um. Ich folgte ihrem Blick.

„Ich bin wohl für Sie ein bestaunenswertes Wesen, das man gesehen haben muss? Einen Menschen zu erleben, der in einem Käfig lebt, ist schließlich nichts Alltägliches?" Meine Überraschung klang allmählich ab. „Sie sind noch schöner in dieser Umgebung", sagte ich voller Bewunderung. „Was wollen Sie also hier?"

„Nein, sage nicht das. Es ist anders. Immer wieder musste ich an dich, an dein Konzert denken. Ich bin gekommen in Hoffnung, dass du mit mir gehst. Ich wäre glücklich über, wenn ich mit dir musizieren könnte. Komm, unten steht mein Auto. Komm mit mir!"

„Wir würden nicht fähig sein, miteinander zu musizieren, Frau von Klingenberg", wehrte ich ab. „Sie sind zu schön, um Musik zu machen. Es würde zu nichts Gutem führen."

„Versuchen wir es, Alois."

Die Vorstellung, mit dieser Frau zusammen sein zu können, faszinierte mich. Ich hätte es laut hinausschreien können. Aber, Musik und eine schöne Frau, war das vereinbar? Ich schob den Gedanken beiseite.

„Wirst du mit mir kommen?"

Nach einigem Zögern sagte ich: „Ja, ich werde mit Ihnen gehen."

Die während langer Zeit darauffolgenden regelmäßigen Besuche bei Frau von Klingenberg blieben nicht auf musikalische Dialoge beschränkt. Es entwickelte sich ein wortloses Verstehen, eine Vertrautheit, die sich bei besonderen Harmoniewechseln, agogischen Verzögerungen der Melodieführung, ja sogar bei Unstimmigkeiten rhythmischer Art in beredten Blicken äußerte.

Bei einer zum Höhepunkt drängenden Passage sagte sie eines Tages: „Du bist zu stürmisch, Alois. Dein Drängen und deine Ungeduld."

Ich wusste nicht, ob sich solche Äußerungen nur auf die Musik bezogen.

„Sie mögen es nicht, mein Drängen?", brauste ich auf. „Es ist nicht mein Drängen! Alles, was ich spiele, kommt nicht von mir. Ich bin nur der Resonanzboden einer Wahrheit, meine Interpretation ist vielleicht schon eine Lüge. Das zwingende *accelerando* in der Musik ist es, was mich treibt. Die Stelle verlangt danach, hören Sie doch, die Entwicklung drängt zum Höhepunkt."

„Ich verstehe dich nicht, Alois. Spiele es mir vor, wie du fühlst es."

Aber ich spielte nicht, ich starrte sie nur an.

„Warum spielst du nicht, Alois?"

Sie ließ ihre Hände sinken. Bisher konnten wir beide das Nicht-Sagbare in der Musik ausdrücken und wussten voneinander. Jetzt schauten wir uns an, begannen wieder zu spielen und unsere Augen konnten nicht voneinander lassen. Mit jedem Zusammensein steigerten sich diese Augenblicke ins Unerträgliche bis zu jenem Abend hin, an dem sie in einem curryrot und kupferbraun warm schimmernden, enganliegenden Kleid erschien und Kerzen anzündete. Sie löste ihren schlichten Haarknoten und ließ ihre tizianroten Haare offen fallen.

„Lass uns heute mit dem 2. Satz des Violinkonzerts von Max Bruch beginnen. Diese Musik hat mich in meinem Traum, einem erregenden Traum verfolgt."

Ihre Art, sich an den Flügel zu setzen, war eine andere als sonst. An der Stelle des ersten *fortissimo*-Höhepunkts mit seinen fordernden *sforzati* und drängenden Sechzehnteltriolen hörte sie plötzlich auf zu spielen, saß lange still da, stand dann auf und kam auf mich zu. Ganz nah vor mir blieb sie stehen. Ich spürte ihren Atem, sah wie sich ihre Lippen bewegten.

„Für mich du nicht bist so, wie sind gewöhnliche Menschen, Alois, so begehrenswert jung."

„Worauf wollen Sie hinaus?"

Sie nahm meinen Kopf und küsste mich.

„Auf das will ich hinaus", und sie begann langsam, den Kragenknopf meines Hemds zu lösen. Sanft streichelnd zog sie mich zu sich hinab. „Werde ich deine erste sein, Alois? Sag ja, ja!"

Ich wusste nicht, wie mir geschah. Wir sanken aneinander zu Boden.

Im Sinken stammelte ich nur noch: „Jetzt habe ich meinen Verstand verloren. Ich weiß nicht mehr, wohin ich gehöre."

War es am Anfang die musikalische Kommunikation, die Freude am Spiel und damit das Verzaubertwerden in das Mysterium Musik, was uns beide verbunden hatte, so änderte sich unser Verhältnis seit diesem Ereignis. Die Musik wurde zum Vorwand unseres Zusammenseins, wurde gar zum Anlass von wortreichen Missverständnissen, auch Differenzen. Sie begann zu fragen, erkundigte sich nach Marleen und den Spaziergängen vor Mitternacht, wenn die Pforte noch nicht geschlossen war. Wollte Näheres wissen über Lara. Mein Unbehagen, nicht mehr meiner Wege gehen zu können, wuchs. Obwohl ich beteuerte, die Beziehungen zu Marleen und Lara seien ganz anderer, nur platonischer Natur, bohrte sie weiter, vielleicht gerade deswegen. Ich vernachlässigte mein Studium am Gymnasium und an der Geige, verlor mich in der immer anstrengender werdenden Regelmäßigkeit der Besuche bei Frau von Klingenberg. Ich fühlte: Das konnte nicht die Erfüllung meiner Träume sein und begann, mich ihr zu entziehen.

„Du nicht siehst die Chancen in unserer Beziehung, Alois."

„Ich sehe das Risiko für uns beide."

Sie hatte meine wachsende Ungeduld der letzten Wochen schmerzlich bemerkt. Eines Abends sagte ich zu ihr: „Du hast mir alles gegeben. Aber es ist Zeit, dass ich mir nehme, was du mir nicht geben kannst. Du musst wissen, ich habe meine Chance durch dich erkannt, so werde ich dich immer lieben."

„Du wirst gehen, Alois?"

Ich nahm ihren Kopf in meine Hände und küsste sie.

„Dann lass uns noch einmal die Frühlingssonate spielen, bevor du Adieu sagst."

Sie begann mit dem *adagio* des zweiten Satzes der Frühlingssonate. Ich nahm die Melodie auf.

„Dies wird unsere Melodie bleiben", flüsterte ich ihr zu. Mit der sinkenden Melodie entfernte ich mich. „Adieu – lebe wohl. Ich werde dich immer lieben." Sie lächelte, ließ mich gehen, ohne sich von mir zu verabschieden. In ihrem Lächeln lag die Gewissheit, dass wir uns bei einer besonderen Gelegenheit wiedersehen würden.

7

Der Tag der Aufnahmeprüfungen für die Hochschule war herangerückt. Mein Lehrer Pretori hielt mich aber aus mir unerklärlichen Gründen von der Aufnahmeprüfung an die Hochschule ab.

„Es ist noch zu früh für die Aufnahmeprüfung der Hochschule, Alois, glaube mir! Deine zigeunerhafte Art zu spielen, deine interpretatorischen Eigenwilligkeiten! Nein, nein, du bist noch zu widersprüchlich, eine eigenartige Mischung von künstlerischer Reinheit, Lauterkeit und brutalem Gefühlsausbruch. Das muss abgeschliffen werden, da ist noch viel zu tun! Deine Unmäßigkeit kann dir zum Verhängnis werden. Außerdem bist du für die kommende Prüfung nicht angemeldet."

Ich war wütend und glaubte ihm nicht. Eines Morgens, am Tag der Prüfung, packte ich die Geige ein, verließ klammheimlich das Haus, nahm den Zug nach Frankfurt und fuhr zur Aufnahmeprüfung in das Hoch'sche Konservatorium, die heutige Hochschule für Musik und Darstellende Künste. Ich würde als Sieger zurückkehren, dessen war ich mir gewiss. Dann würde ich auf die Frage der Eltern und meines Lehrers, wo ich denn gewesen sei, nur antworten: „Wo soll ich denn schon gewesen sein? Ich habe die Prüfung bestanden." Ja, so würde ich es sagen!

Mein Weg führte mich durch die zerbombten Häuserschluchten Frankfurts über die in Trümmern liegende Oper zum Hoch'schen Konservatorium im Oederweg. Dort angekommen, setzte ich mich, unangemeldet und ohne nach meinen Wünschen gefragt worden zu sein, in die Ecke eines Raums mit dem eigenartigen Charme eines Klassenzimmers und wartete. Es war neun Uhr morgens. Aufgeregte, nervöse Menschen mit hochroten Köpfen liefen, ohne von mir Notiz zu nehmen, an mir vorbei. Die meisten kamen bedrückt, mit hängenden Schultern und Köpfen zurück und verschwanden ohne Gruß. Die Zeit verging, ohne dass sich jemand um mich kümmerte. Man würde mich schon rufen, wenn die Reihe an mir wäre. Ich wartete weiter. Von irgendwoher schlug eine Uhr 13.30. Schon lange kam keiner mehr durch die Türen. Hatte man mich vergessen? Beim letzten Uhrenschlag öffnete sich die Tür des Zimmers vor mir und ein furchterregend-bärtiger Mann erschien. Als er mich sah, öffnete er seine Aktentasche, als hätte er einen Termin übersehen.

„Was machst du denn hier?"

Ich sprang erschrocken auf.

„Ich möchte die Aufnahmeprüfung machen."

„So, so! Du möchtest die Aufnahmeprüfung machen. Wie? Jetzt? Aber es ist alles vorbei. Ja, um Himmels willen, wo kommst du denn her? Bist du eigentlich angemeldet?"

„Angemeldet? Nein, ich komme aus …"

„Schön langsam. Wer hat dich geschickt?"

„Niemand."

„Aber du musst doch von irgendwo herkommen! Wer ist denn dein Lehrer?"

„Mein Lehrer ist Herr Pretori."

„So, so, Herr Pretori." Der Mann überlegte einen Augenblick, als würde er diesen Namen kennen und ihn in irgendeinen Zusammenhang bringen wollen, sagte dann kurz entschlossen: „Ja, wenn du schon da bist, dann komm halt herein."

Er setzte sich hinter einen breiten Eichentisch. Hinter ihm an der Wand Porträts von Bach, Beethoven, Brahms.

„Ich bin der Direktor der Hochschule, und wer bist du?"

„Alois.“

„Also gut, Alois, was wirst du mir vorspielen?“

„Das E-Dur Violinkonzert von Bach, Mozarts D-Dur Violinkonzert, Max Bruch. Eine Caprice von Paganini …“

„Donnerwetter, du hast Mut! Na dann lass mal hören.“

Und ich spielte. Beim 2. Satz des Violinkonzerts von Bruch unterbrach mich der Direktor, erhob sich, kam hinter seinem breiten Eichentisch auf mich zu.

„Es ist nicht zu fassen“, schüttelte er den Kopf, „da kommt einer wie du so unangemeldet daher, ohne irgendeine Empfehlung oder besonderen Beziehung und spielt mir die größten Werke vor. Nun höre mir mal zu, Alois: Da sind zwar noch einige Dinge auszuarbeiten, aber zunächst gratuliere ich dir! Du hast die Aufnahmeprüfung bestanden. Jedoch …“, er machte eine längere Pause, fuhr dann fort, „in Theorie, Kontrapunkt und Harmonielehre wirst du noch mächtig arbeiten müssen.“ Dabei betrachtete er neugierig meine Geige. „Ich sehe dich Anfang des Semesters am 1. September wieder. Und nun geh zu deinem Lehrer, teile ihm diese frohe Botschaft mit. Er wird sich freuen.“

Das Gegenteil geschah. Mein Meister gab mir eine schmerzliche Ohrfeige. Ich hatte ihn übergangen und damit seine Eitelkeit verletzt. Für mich war es die zweite Ohrfeige in meinem Leben, die ich nicht verstand. Aber ein paar Tage später rief er mich zu sich.

„Ich habe vom Direktor der Hochschule gehört, du brauchst eine meisterliche Geige. Deine zigeunerhafte Art zu spielen braucht wohl ein ebenso angemessenes Instrument von einem Zigeuner. Mir ist eine Geige angeboten worden. Sie wurde vom Konzertmeister der Pariser Oper gespielt. Hier, schaue sie dir an und spiele darauf.“

Ich schaute in das Innere der Geige, betrachtete die gebrannte Signatur am Geigenboden und glaubte in diesem Moment, schwindelig zu werden. Da stand im Dreieck eingebrannt: A LA VILLE DE CREMONNE D. NICOLAS AINE. War es Micha, der sein Versprechen damit eingelöst hat? So unglaublich es erscheinen mag, ist es doch glaubhaft, wenn man weiß, wie klein die Musikerwelt ist, wie eng die Kontakte und Verbindungen zwischen dem Geigenhandel der Zigeuner und interessierten Musikern weltweit sind. Ein wesentlicher Erwerb zu ihrem Lebensunterhalt ist der Handel mit Instrumenten, besonders Geigen. Darin sind sie meisterlich. Ich erkannte meine Nicolas und konnte es nicht fassen, dass sie den Weg von Olkowitz nach Paris und endlich zu mir gefunden hat. Die Nicolas Aine habe ich heute noch und spiele in freien Stunden immer noch auf ihr.

Die Apotheose des Spätsommers, untermalt durch die Pracht der verschwenderischen Natur, hatte begonnen. Der Vorhang für das grandiose Finale der sommerlichen Sonnenglut war in den Feldern sichtbar aufgegangen. Erste Zeichen der beginnenden herbstlichen Metamorphose und allmähliche Erschlaffung lagen bereits im Grün der Blätter.

In dieser flimmernden Zeit bereitete ich mich auf mein erstes Semester vor. Ich hatte behutsam begonnen, Abschied zu nehmen, löste mich langsam von der gewohnten Umgebung, damit der nächste Schritt gelingen möge. Lara, die kleine Russin, war meine einzigartige platonische Freundin geworden. Sie umhüllte mich mit ihrer besonderen Art von Liebe und Verehrung. Nach den gemeinsam verbrachten Abenden in ihrem Haus mit heißblütigen, grenzüberschreitenden jungen Geistern, begleitete sie mich regelmäßig durch die Nacht, von einem Ende der Stadt zum anderen, um dann allein und unbeschützt den weiten Weg wieder zurückzugehen. Wir führten unendlich lange Gespräche auf diesen nächtlichen Wegen, über die Kunst des Bogenschießens, über das richtige Atmen, über den Höhepunkt des Augenblicks als höchstes Ziel der Meisterschaft. Trotz all der Leidenschaft und Lebendigkeit unserer Beziehung kam es nicht mal im Ansatz zu einer Liebschaft zwischen uns beiden. Es muss etwas anderes gewesen sein, was uns beide so stark zusammenhielt.

Für mich waren Lara und ihr Haus zu einer Keimzelle schöpferischer Konfrontation und des Dialogs geworden, eine notwendige Grundlage für die nächsten Schritte ins Unbekannte, zur Errichtung meiner erträumten Kathedrale.

Dagegen zeigte sich Frau Lina, bei der ich mich mit Marleen immer wieder zum Musizieren traf, nicht sonderlich erfreut über den regen geistigen Austausch mit Lara. Umso mehr strahlte sie, wenn sich Marleen und ich in den Abend hinein verabschiedeten und wir unserer geheimnisvollen Wege gingen. Diese schweigsamen, stillen nächtlichen Spaziergänge auf den romantischen Wegen des „Frauenberges" mit „Tosca" waren ganz anderer Art für mich, als die Wege mit Lara und das Musizieren mit Frau von Klingenberg. Längst hatte Marleen das Schließen der Pforten um Mitternacht übergangen. Zaghaft-erregende Berührungen, tastende Liebkosungen, errötende Wangen, begehrendes Zurückweichen, unbegreifliches Verzichten auf Erfüllung und glückseliges Beieinandersein ohne Worte erfüllten diese Wege. Marleen, Tosca, war wie der unerklärliche Einfall einer Melodie, die gehört werden möchte, die sich im Auf und Ab bewegt, entfaltet, zum Höhepunkt steigt und wieder zur Ruhe kommt, eine Melodie, der ich lauschte – ein Lied ohne Worte.

Andante con anima. Alles blieb unausgesprochen. Auch der sich ankündigende Abschied.

Über den letzten gemeinsamen Auftritten mit Frau Lina in kleinerem Rahmen lag bereits die Melancholie des Verlustes, eine Ahnung von Toscas, Marleens Schicksal? Sie hüstelte, verlor zeitweise in den hohen Lagen der Arien ihre Stimme.

Tagsüber mied ich das sommerliche Licht. Es lenkte mich ab. Ich suchte das Dämmerlicht und die fast heilige Stille von damals in Wien, als ich die ersten Töne am Klavier entdeckte. So vergrub ich mich in den hohen kühlen Räumen des zu dieser Ferienzeit leeren Internats und übte, übte, übte Stunde um Stunde auf den vier Saiten meiner Geige. Dabei verzweifelte ich, marterte mein Gehirn auf der Suche nach der besten Methode zur Meisterung der idealen Technik, um meinem Klang die Freiheit zu geben. Die Suche nach authentisch künstlerischer Gestaltung brachte mich außer mir.

„Merke dir: Wenn du alle Vibrato-Arten mit allen dynamischen Nuancen und Schattierungen der Bogenführung verbindest, erhältst du unendlich viele Möglichkeiten, dem Geigenspiel Leben, Farbe und Vielfalt zu verleihen", hörte ich Maestro Roll sagen. „Nur Geduld, Geduld." Abends wusste ich nichts mehr, sehnte mich nach dem nächtlichen Dialog und Trost Laras.

Währenddessen malträtierte sich Lara ihrerseits tagsüber am Klavier. Sie war ebenso gewillt, die höchsten Gipfel des Klavierspiels zu erreichen. Zitternd vor Energie und Willenskraft gab sie nach unendlichen Mühen ihr Debüt mit Beethovens späten Sonaten. Am Abend des Konzertes, mitten im *Presto agitato* des 3. Satzes der cis-moll Sonate op. 27.2, der sogenannten Mondscheinsonate von Beethoven, brach sie zusammen, bekam einen fürchterlichen Hustenanfall. Ich sah sie fallen, ohne sie auffangen zu können, musste ihren Zusammenbruch im Publikum mit ansehen und war machtlos. Gestützt von zwei Studentinnen verließ sie das Podium. Es war Laras Katastrophe. Ich machte mir Vorwürfe, hatte ich diesen Zusammenbruch doch kommen sehen, und versucht, es ihr in den nächtlichen Gesprächen nahe zu bringen.

„Prüfe dich, Lara. Deine Kondition und die Nerven sind nicht stark genug für die Herausforderung, außerdem siehst du den Wald vor lauter Bäumen nicht. Du bist überambitioniert."

„Was meinst du damit?"

„Du gehst zu sehr in die Einzelheiten, willst jeden Ton zerlegen, lässt das Wasser nicht fließen. Du willst zuviel, dein unbedingtes Wollen, die Höhe und Tiefe der Musik zu erreichen, verkrampft dich, anstatt das ‚Es' zuzulassen, das Atmen. Haben wir nicht lange über die Kunst des Bogenschießens geredet?"

Mit einer ihrer typisch-wilden Bewegungen wischte sie meine Bedenken weg.

„Du bist begabt, mein Lieber, ich muss arbeiten", war ihre unüberlegte Antwort.

Sie sollte eine Bühne nicht mehr betreten. Es vergingen Jahre, bis ich Lara in einer für mich aussichtslosen Situation wiedersehen sollte.

Während ich diese Äußerung Laras durch mein tägliches Üben zu widerlegen versuchte, erreichte mich eine Botschaft von Herrn von Schubart:

„Das Orchester und ich bereiten ein Sonderkonzert für den Hessischen Rundfunk vor mit dir und deinem Lehrer als Solisten. Wir erwarten dich!"

Bei der ersten Probe traute ich meinen Augen nicht: Am Cembalo lächelte sie mir mit ihren smaragdgrün leuchtenden Augen zu. Ihr tizianrotes Haar bedeckte in verschwenderischen Locken ihre nackten Schultern. Margreth – Frau von Klingenberg. Es schien, als hätte sie seit damals auf diesen Augenblick gewartet. Sie stand auf, kam auf mich zu, reichte mir fast triumphierend das Programmheft und beobachtete mich freudig erregt.

„Also doch", brachte ich hervor und las:

„Sonderkonzert anlässlich einer Rundfunkübertragung im Festsaal des Kreishauses. Mittwoch, den 28. Januar 1953. Das Fuldaer Kammerorchester – Doppelkonzert d-moll Johann Sebastian Bach – Leitung: Heinz von Schubarth – Am Cembalo: Margreth von Klingenberg. Eintritt 0,75 DM."

Ich war gerade 17 Jahre alt geworden. Jetzt sah ich die Schönheit mit anderen Augen, wehrte mich nicht mehr dagegen. Sie flüsterte mir zu: „Mein Herz, was dir gefällt, alles, alles darfst du lieben." Und wieder vereinten wir uns in der Musik.

Kurz darauf, nach dieser Zeit des Sinnenrausches, verließ ich Fulda. Ich begann mein Musikstudium und hatte inzwischen über den Dächern Frankfurts nahe dem Konservatorium eine winzige Mansarde gefunden. Sie war so klein, dass ich mich kaum in ihr bewegen konnte. In der fensterlosen, stockdunklen Diele ohne den geringsten Lichtschein vernahm ich manchmal im Windhauch das Schlürfen und Hüsteln einer alten Frau, wenn ich tastend die Türe zum Ausgang suchte. Nie bekam ich meine Nachbarin zu Gesicht.

Hier, hoch oben, abgehoben von der Welt unter mir, glaubte ich, mich meinen Studien voll und ganz hingeben zu können. In dieser Abgeschiedenheit, mich von getrocknetem Brot und Wasser ernährend, übte ich mich in Askese, versuchte, mich zu überwinden. Ich wagte das Abenteuer und versenkte mich in die Gemütslage der Schöpfer großer Werke. Das Schicksal Beethovens bewegte mich. Wie musste dieser Mann gelitten haben, als er vom „Ohrenklingen", dem Quälgeist des *Tinnitus Aurium* heimgesucht wurde? Hatte ich nicht selbst immerwährende Angst um mein Gehör!

In meiner Abgeschiedenheit kamen die seltsamsten Gedanken wie Fledermäuse oder Eulen in der Nacht über mich. Warum beschäftigte und bewegte mich die Musik so sehr? War ich besessen? Hatte ich mich als 12-Jähriger in die Musik geflüchtet, um die Gewehrschüsse an der Wand und den Soldaten über der Friedhofsmauer zu vergessen? Mied ich die Menschen deswegen oder benutzte ich die Musik und sang den Menschen mein Lied, um von ihnen geliebt zu werden? Warum war ich so bewegt von der Musik? „Gott hat den Menschen die Musik gegeben als Erinnerung an das verlorene Paradies." War es diese ewige Sehnsucht danach?

Ich saß vor der Partitur der 9. Sinfonie Beethovens, stopfte mir Wattebeutel in die Ohren, um keinen Laut von draußen zu hören. So versuchte ich, die armseligen Notenköpfe, die wie vertrocknete Fliegendrecke aussahen, in Klänge umzuwandeln. Dabei stellte ich mir dazu noch das kreischende Tinnitus-Geräusch zwischen den mühsam vorgestellten Klängen vor und erschrak bei dem Versuch, Beethovens verzweifelte Situation nachzuempfinden. Angst befiel mich. Wurden mir selbst in Wien nicht beide Trommelfelle durchstochen und die Ohren aufgemeißelt? Würde mir dasselbe Schicksal der Taubheit widerfahren wie Beethoven? Wie konnte Beethoven mit diesem Teufel *Tinnitus Aurium* in den Ohren noch Musik schöpfen? War die Musik der Neunten oder die seiner letzten fünf Streichquartette aus diesem, in diesem Wahnsinn geboren worden?

In seiner Seele war er unbändiger als es sein Körper zuließ. War die hohe Tonlage des Soprans im Soloquintett des Finales mit dem unentrinnbaren Klingen, Sausen, Rauschen, Knattern in seinen Ohren zu erklären? Wie konnte er in den tiefen Lagen dem Brummen, Sausen, Rauschen entgehen? Hatte Beethoven, dieser Gipfelstürmer, so verzerrt seine Musik gehört? War das ohne Widerspruch für andere so anzunehmen?

Ich kam zu dem Schluss, den solistischen Part in der Partitur „Oh Freunde, nicht diese Töne …" chorisch zu besetzen. Warum nicht aufbegehren, ändern, Widerstand leisten, auch einem Genius gegenüber? War es Ketzerei? Hatte er nicht selbst gesagt: „Es gibt keine Regel in der Kunst, die nicht durch eine höhere aufgehoben werden könnte." War ich nicht ein freier Geist? Meine nachschaffende Phantasie war geweckt. Ich wollte das Werk des Meisters in sich selbst und in höchster Vollendung hören und erweitern. „Du musst alles in dir selbst schaffen, Alois", hörte ich Beethoven sagen. „Du musst alles in dir selbst schaffen, Alois."

Je mehr ich mich in Beethovens aufgewühlte Welt, in sein mühevolles Ringen um Ausdruck und Gestalt und Einsamkeit vertiefte, desto wütender wurde ich über meine eigene Ohnmacht, dem zwingenden Willen dieses Giganten ausgeliefert zu sein, ihm folgen zu müssen. Beethoven wusste um seinen Zustand, warum sollte ich, Alois, meine Seele mit der Beethovens verschmelzen? Ich hörte und sah Beethovens Grinsen. „Du musst meine Gefühle, die ich damals empfand, als mich in meiner Einsamkeit meiner Kammer das Sausen und Brausen zerriss, nachempfinden, musst mir dienen, Alois. Das ist meine Genugtuung als Schöpfer. Oder schöpfe selbst, zwinge die Menschen unter deine Schöpfung, oder sei mein Bruder und folge mir kongenial nach."

Eifersucht auf diesen Geist begann, mich zu lähmen. Dazu kam die Selbstkasteiung, auf dem Instrument die Schwere meines Körpers, mein Ich zu überwinden, um zur reinen Darstellung der Musik zu kommen. Die Mystik des Meisters Eckhart beschäftigte mich, ebenso die fernöstliche Kunst des Bogenschießens. Das tägliche Üben auf der Geige und am Klavier von vier bis sechs Stunden wurde zur Sucht, bekam ein Eigenleben, das forderte: übe, übe! Mein Körper verlangte danach. Ich fühlte mich unrein, wenn ich nicht geübt hatte.

Nur hin und wieder stieg ich mit schlechtem Gewissen in die lärmende, aufgeregte Welt da unten, um mir das Nötigste zu holen. Zu meinem Unglück musste ich hören, dass mein Meister, Pretori, Professor im gleichen Institut geworden war. Hatte der nicht gesagt: „Du bist noch nicht soweit!"

Die Vorlesungen in der Hochschule hörte ich nur nebelhaft, behielt nur die für mich wichtigsten Punkte, entwickelte daraus meine eigene Sicht und benutzte sie zur Entfaltung meiner Kreativität.

„Wer nicht sieht und hört, geht zugrunde", das hatte ich bei Teilhard de Chardin gelesen. Jetzt versuchte ich dies zu beherzigen. Dabei nahm ich kaum wahr, dass ich mit außergewöhnlichem Interesse beobachtet wurde. Es war eine Kommilitonin, eine Geigerin im Hochschulorchester, die ich nur wie einen Silberstreif am fernen Horizont wahrnahm, ähnlich dem unaufdringlichen, immer gegenwärtig-silbrigen Klang eines Cembalos über dem Orchester. Man nimmt den Klang erst wahr, wenn er nicht mehr vorhanden ist.

Die Begegnungen der letzten Jahre waren für mich Vergangenheit. Ich hatte Platz gemacht für Neues. Marleen, Tosca, hatte ihr Abitur bestanden und war zunächst verschwunden. Über Thomas, den Sohn von Frau Lina, der inzwischen auch Musik studierte, hörte ich von Lara die wildesten Gerüchte. Nur Michas Zukunft beschäftigte mich, ich unternahm aber nichts.

Es war an einem späten Herbstnachmittag, die Dämmerung kroch schon in meine Kammer, als es an meiner Tür klopfte.

„Wer ist da?" Unwillig dachte ich, es könnte die schlürfende Alte sein, die ich endlich zu Gesicht bekommen würde.

„Die Tür ist auf. Sie ist immer auf. Kommen Sie herein!" Ich drehte mich um.

Ein flachsblondes Mädchen mit Pferdeschwanz stand wie ein Silberstreif am fernen Horizont in der Tür.

„Darf ich?" Aber sie stand schon, ehe ich antworten konnte, neben mir und schaute über meine Schulter.

„Was machst du da gerade?", fragte sie unschuldig.

„Ach, du bist es. Wie hast du mich gefunden? Und überhaupt: Was willst du von mir? Hatte ich etwa eine Verabredung mir dir?", fuhr ich unwirsch auf.

Sie ließ sich nicht beirren.

„Professor Pretori sagte mir, wo ich dich finden kann. In der Hochschule beachtest du mich nicht. So bin ich zu dir gekommen. Weißt du eigentlich, dass ich Geige studiere und einmal die Berühmteste sein werde?"

„So, so, die Berühmteste. Wie heißt du? Wo wohnst du?"

„Ich bin Julia und wohne in der Wiesenau Nr. 8."

Jetzt erst legte ich meine Partitur weg und schaute sie an. 17 Jahre alt, flachsblondes Haar, Pferdeschwanz, zart, undefinierbar anrührend ihre Stimme. Das Interesse an meiner Arbeit, die Art, sich zu mir hin zu bewegen, berührte mich.

„Es wird dich nicht interessieren, was ich da mache."

„Woher weißt du das? Du bist sehr arrogant. Du bist der Arroganteste, den ich in der Hochschule kenne. Nur, weil du einer der Stimmführer im Hochschulorchester bist? Spielst du eigentlich mit den Menschen? Ich habe das an dir beobachtet! Ja, ich gebe zu: Noch bin ich nicht so gut wie du, aber warte nur!" Sie hob herausfordernd den Kopf, kam näher.

„Was machst du da gerade?" Neugierig schaute sie mir über die Schulter.

„Ich bin gerade dabei, den ersten Satz der Jupiter-Sinfonie von Mozart auswendig niederzuschreiben."

„Was machst du da? Du lügst! Zeig her!"

„Nein, ich lüge nicht. Ich teste mein Gedächtnis. Es ist nur eine Übung!"

„Das kann nicht sein." Ungläubig starrte sie auf die beschriebenen Notenblätter. „Das hast du alles aus dem Gedächtnis niedergeschrieben, den ganzen ersten Satz der Jupiter-Symphonie? Bist du ein Besessener?" Sie schaute auf die Notenblätter, schüttelte erregt den Kopf. „Ja, du bist ein Besessener!" Sie wich fast ängstlich vor mir zurück und sagte mit einem seltsam monotonen Ausdruck in ihrer Stimme, so, als hätte sie eine Vision: „Wenn das so ist, dass du alles in dir hörst und im Gedächtnis hast, dann bist du nicht nur ein Geiger. Dann hänge deine Geige an den Nagel und werde, was du bist, ein Dirigent!"

„Wer bist du, Julia, dass du so sprechen kannst?"

„Ich sehe dich vor mir!"

„Bist du die Besessene von uns beiden? Was mich betrifft, ich bin einfältig, beschränkt."

„Sei froh darüber! Andere haben es schwerer, sich zu entscheiden." Sie ging zur Tür, streckte ihren Arm nach mir aus.

„Komm, geh mit mir ins Kino. Ich werde dir etwas zeigen“, war ihre verblüffende Aufforderung.

„Jetzt?“

„Jetzt!“ Sie nahm meine Hand – und ich ließ mich führen.

Von da an begann sie, mich zu fesseln. Keine Stimme warnte mich.

An dieser Stelle unterbrach Rafael meine Erzählung.

„War Julias Rat ‚werde Dirigent‘ bereits der Beginn deiner Abhängigkeit? Der einfache Satz: ‚Sieh, ich zeige dir endlich deine Begabung, du bist der Größte und weißt es nicht.‘“

„Ja, so küsste sie mich wach. Und tatsächlich: Ich erwache, mein Interesse an Julia ist geweckt, meine Zuneigung zu Julia beginnt – ich verfalle in einen Rausch, mein zweiter Rausch neben dem des Berauschtseins vom Klang. Aber höre, Rafael, wie es weiter geht.“

Von der riesigen Leinwand des Kinos sprang mir ein Ereignis entgegen, mit dem ich nicht gerechnet hatte. Ein junger löwenmähniger Zauberer mit zwingenden Bewegungen und glutvollen Augen meißelte aus den Berliner Philharmonikern durch gewaltige Klänge die wuchtigsten Schläge der „Egmont-Ouverture“ zu Granitklangblöcken und schleuderte sie wie Felsbrocken ins Publikum. Unerbittlich, konsequent brutale Gewalt aufzeigend, strahlend. Zwingend die drängenden Achtel und die flehentliche Klage der Geigen mit den synkopisierenden Nachschlägen der Bläser bis hin zu den schmetternden Fanfaren der Freiheit. Ich war fasziniert. Ich ergriff Julias Hand.

„Wer ist dieser Dämon?“

Als hätte Julia auf diese Frage gewartet, flüsterte sie mir aufgeregt zu: „Celibidache, ein junger Student aus der Musikhochschule Berlin und Nachfolger von Furtwängler, Chefdirigent der Berliner Philharmoniker."

Ich sprang auf, riss Julia hoch. Die Menschen in den ersten Reihen protestierten.

„Komm, Julia!" Ich zerrte sie durch die engen Reihen. Empörung, fallende Handtaschen, Flaschen, Pfuirufe.

„Rowdies! Unerhört! Halbstarke!"

In diese Unruhe hinein hörte ich nur noch den Kommentar der Wochenschau. „… 1953 … die erste Japan-Tournee der Berliner Philharmoniker nach dem Krieg mit dem hinreißenden jungen Serge Celibidache."

Draußen presste ich hervor: „Jetzt weiß ich es", ließ Julia auf dem regennassen Trottoir stehen und rannte durch die Nacht. Ich jagte und rannte im gehetzten vorwärtsdrängenden Rhythmus der Streicherpassagen des *Allegro*. Regenschauer peitschten mir ins Gesicht wie die wuchtigen Schläge des Beethoven'schen Egmont. Durch die plötzlich aufreißende Wolkendecke stürzten die Sterne auf mich herab. Im hämmernden Rhythmus des Orchesters rannte ich ihnen entgegen, als würde ich ins All rennen wollen, allen zurufen: „Brüder, überm Sternenzelt muss ein lieber Vater wohnen." Ich rannte und rannte …

Im Morgengrauen erwachte ich durchnässt und erschöpft unter einem Magnolienbaum. Eine Straßenlaterne schaukelte ihr letztes Nachtlicht durch seine Blätter und beleuchtete das Straßenschild so, als wollte sie wie eine Blinkreklame darauf aufmerksam machen: merke dir, es ist die Wiesenau, die Wiesenau. Mein Blick fiel auf die Hausnummer: Nr. 8.

Hatte sie nicht gesagt, sie wohne in der Wiesenau, Hausnummer 8, im Haus der berühmten Schriftstellerin Marie Luise Kaschnitz? Wie kam ich hierher und warum? Wer war ich? Ich brauchte einige Zeit, mich zu vergewissern. Verwirrt begab ich mich auf den Heimweg in meine Dachkammer.

Am nächsten Morgen teilte ich meinem Lehrer Professor Pretori mit, dass ich das Studium bei ihm beende, meine Geige an den Nagel hängen würde.

„Ich habe mit dir Quartett gespielt, Konzerte gegeben, du warst mit mir Konzertmeister an einem Pult. Ich habe dir Einblick in die Geheimnisse des Klangs gegeben, öffnete dir einen großen Ausdrucksspielraum. Und jetzt das, Alois! Wo willst du nur hin?"

„Ich werde weiterstudieren, Meister, die Kunst des Dirigierens."

„Das kann nicht sein", jammerte er, wurde in seiner Hilflosigkeit boshaft. „Wer es auf der Geige zu nichts bringt, wird Dirigent!", war seine zynische Antwort. Damit wandte er sich verständnislos von mir ab. „Adieu, Alois."

Ich aber wusste, dass ich im Makrokosmos des großen Orchesters meiner Begabung näher war, als im Mikrokosmos auf den vier Saiten der Geige. Noch am selben Abend stand ich unter dem Magnolienbaum der Wiesenau Nr. 8 und pfiff die Häuserfassade hinauf Schuberts geniales Liebeslied – „Leise flehen meine Lieder durch die Nacht zu dir …" Nach einer Weile wurde ein Licht angeknipst, hoch oben im fünften Stock, das Fenster öffnete sich und ein blonder Schopf mit Pferdeschwanz beugte sich heraus.

So ging es Abend um Abend. Der Blütenduft des Magnolienbaums trug die Melodie durch die Nacht, bis mein Lied erhört wurde und ich die Stufen hinaufstieg, zu ihr, Julia.

8

Es war eine Vollmondnacht, in der es geschehen sein musste. Ich hatte mein Dirigierstudium in einer anderen Stadt längst aufgenommen, pendelte vor Sehnsucht immer hin und her.

In dieser Vollmondnacht musste ich meinen Verstand verloren haben. Ein Augenblick kann das Leben verändern. Danach folgten bange Tage, Wochen der Ungewissheit, des Wartens und Hoffens, auf das es nicht geschieht, was nicht geschehen durfte. Und es geschah in der Wiesenau Nr. 8. Julia war schwanger.

Nach dieser Nachricht irrte ich tagelang kopflos umher.

Zu dieser Zeit faszinierte ein wortgewaltiger, hagerer Mann in schwarzer Kutte, der Jesuitenprediger Johannes Pater Leppich, die ausgehungerten Menschenmassen landauf, landab mit der Verkündigung der „Frohen Botschaft" des Evangeliums. Im zerbombten, zerschlagenen Deutschland fiel sie auf fruchtbaren Boden. Die Menschen suchten in ihrer existenziellen Bedrohung Trost und Zuspruch. Sie waren elektrisiert von der magischen Ausstrahlung dieses Predigers. Sie nannten ihn das Maschinengewehr Gottes. Der Vergleich mit einem Maschinengewehr weckte in mir grauenhafte, angstvolle Assoziationen meines ersten öffentlichen Auftretens, an der kahlen Wand stehend. An einem der Abende des Herumirrens geriet ich jedoch in die Menge der faszinierten Zuhörer an einem Domplatz. Auch ich konnte mich auf der Suche nach der Lösung meines Problems, der Faszination einer Leidenschaft, nicht entziehen. Gierig verfolgte ich das wellenförmige Auf und Ab der mitreißenden Redeflut, den spannungsgeladenen, lang anhaltenden Pausen. Bereitwillig beugte ich mich den eruptiv strafenden Ausbrüchen

und dem darauffolgenden erlösenden Segen. „Kyrie eleison –
gesegnet sei der Mann, der den Herrn liebt." Hat das nicht damals
Jakob, der Verrückte gesagt, jener im Erdloch, der Billionen zählte?

Mitgerissen, versuchte ich, hinter das Geheimnis dieser Macht zu
kommen und hoffte, dem Prediger schließlich meine Frage stellen
zu können: „Was soll ich tun?" Es gelang mir, ihm gegenüber zu
stehen und ich hoffte auf eine Antwort. Wir schauten uns in die
Augen.

„Du sollst nicht töten!", sagte der Prediger, als wüsste er um Julias
andere Umstände und legte mir die Hände auf. „Ehrfurcht vor dem
Leben soll eure Richtlinie sein, Ehrfurcht vor allem Leben!" Ohne
weiter auf meine Verzweiflung einzugehen, fuhr er fort:

„Wenn du nach mir suchst, dann geh mit mir. Ich brauche die
Macht der göttlichen Musik. Und du bist Musik."

„Wer bist du, dass du zu mir und den Menschen so reden
kannst?", fragte ich.

„Ich bin der Vagabund Gottes", antwortete der Pater.

„Sie nennen dich Maschinengewehr Gottes! Dagegen bin ich eher
ein Vagabund Gottes. Die Suggestivkraft deiner Worte, deine Leidenschaft für Gott schlägt mich in Bann. Was soll ich tun, Meister?"

„Du bist ein Botschafter Gottes, wenn du Musik machst."

„Ich denke, ja!"

„Dann komm mit mir. Du bist mit deiner Musik näher an Gott als
ich. Gott ist in deiner Musik – und Musik ist in Gott. Schreibe auf
deinen Taktstock: ‚Veni creator spiritus' und ziehe mit mir über das
Land. Ein Autodach wird unsere Kanzel sein! Deine Musik wird mit
meinen Worten direkt in die Venen der Menschen gehen. Ich werde
eine Aktion gründen, sie ‚action 365' nennen. Das bedeutet: Jeden
Tag des Jahres ein Engagement und ein Ja zum Leben."

Leise fügte er hinzu: „Ist nicht Musik die Erinnerung an das verlorene Paradies?" Es klang eher sehnsuchtsvoll als angriffslustig.

„Du willst mich betrügen", wollte ich antworten. „Du willst mich mit meiner Musik für deine Sache benutzen, das werde ich nicht zulassen!"

Aber ich schwieg. Hatte nicht der Pfarrer von Olkowitz damals mit gerunzelter Stirn und erhobenem Zeigefinger gesagt „Schönheit ist des Teufels, mein Junge!", als ich mich, überwältigt von dem Klang nach dem Brausen der Orgel umgedreht hatte, dafür prompt die Quittung bekam: eine Ohrfeige mit dem Hinweis „Da vorne am Altar spielt die Musik!" Und jetzt dieser Vorschlag: zur Ehre Gottes.

Mit dieser Begegnung war die Entscheidung gefallen. Melanie würde geboren werden. Gleichzeitig brach ich mein Dirigierstudium ab. Ich konnte nicht ahnen, dass viele Jahre nach dieser Begegnung der Geist des Wortgewaltigen im Namen des Herrn über mich und Julia kommen würde, wie ein Gewitterhagel, der die Ernte des Sommers zerstört.

Zuerst aber kam das Strafgericht über meinen Sündenfall: Julias Familie.

„Wir werden ihn vor den Jugendrichter bringen, diesen Mädchenschänder, Taugenichts. Er hat Julia, kaum 19 Jahre alt, entehrt. Die ganze Gesetzeshärte soll ihn treffen."

„Was hat er meiner Tochter nur angetan?", klagte Julias Mutter.

Ich fügte mich und nahm den Spruch an: „Bis der Tod euch scheidet."

Den Satz der buckligen Frau am Klavier, der Büglerin, Frau Lina: „Du gehörst nicht einem Menschen, Alois, du gehörst der Welt. Vergiss das nie!", hatte ich vergessen.

Nach der Hochzeit war Julia einige Zeit verschwunden. Als sie von irgendwoher wiederkam, sagte sie zu mir, da ich keine Fragen gestellt hatte: „Ich habe ein Gelübde abgelegt. Du sollst nicht Schaden nehmen durch unsere Liebe, du sollst deine Begabung entfalten können zur größten Blüte, so wahr mir Gott helfe und soweit es in meiner Kraft liegt. Ich habe dich in deiner Mansarde hoch oben gesehen und dir gesagt ‚Werde, was du bist‘."

„Das hast du gesagt, Julia."

„Willst du mit mir zusammenleben, Alois?"

„Ich liebe dich, Julia."

„Dann lass uns weggehen von hier." Sie hielt inne.

„Da ist noch etwas, ich werde vom evangelischen Glauben zum katholischen übertreten." Sie stockte einen Augenblick. „Ja, ich werde konvertieren."

„Was wirst du?"

„Ich werde vom evangelischen Glauben zum katholischen übertreten", wiederholte sie.

„Aber warum um Himmels willen, warum …?"

„Auch ich bin dem Prediger Pater Leppich begegnet. Er hat mich überzeugt, meinen Sündenfall wettzumachen, ihn mit der Aufgabe meines Lebens zu bezahlen. Ich habe mein Violinstudium aufgegeben, wollte die Berühmteste werden, aber jetzt …"

„Julia, um Gottes willen, von was redest du da?"

„Von der Schuld, eine Begabung zerstört zu haben: Ich werde sie sühnen."

„Ist das dein Schwur, Julia?"

„Lass uns weggehen von hier, Alois. Es ist auch wegen unseres Kindes."

„Julia, von was sollen wir leben?"

„Von deiner Musik, Alois! Du bist gerade 20 Jahre alt geworden. Dein Lauf beginnt erst."

In ihrer Stimme lag dunkle Melancholie. „Trotzdem … eines Tages werde ich die E-Dur Partita von Bach spielen. Eines Tages für mich allein." Sie nickte, als würde sie in die Zukunft schauen. „Ja, und ich werde ein Cembalo besitzen, ich werde dem silbernen Klang lauschen, den ich so sehr liebe. Und du wirst in der weiten Welt große Orchester dirigieren, wie Leonard Bernstein, den du so sehr verehrst. Ich habe es geschworen."

„Wie soll das gehen?"

„Du Zweifler! Es wird zu dir kommen. Sieh doch", sie hielt mir eine Musikzeitschrift hin, „da ist eine Konzertmeisterstelle mit Dirigierverpflichtung für die Sommersaison 1956 frei – bewirb dich!" Bekräftigend fügte sie hinzu: „Ist es nicht wunderbar: ein Konzertmeister mit Dirigierverpflichtung im Kurorchester Lindau am Bodensee, da wo die Leute am Seeufer in der Sonne flanieren?"

„So kann ich nicht fahren. Ohne Geld. Sieh mich an."

„Du musst wohl fahren!"

Und ich fuhr.

Bald darauf stand ich am Pult des kleinen Kurorchesters und dirigierte mit minimalster Besetzung die größten klassischen Werke, durchstreifte mit dem Orchester schwindelerregende Potpourris quer durch die Operettenliteratur, spielte zum Tanztee herzzerreißende Melodien auf der Geige, brillierte mit der „Tzigane" von M. Ravel und verzauberte am Abend die Menschen mit den Walzerklängen von Johann Strauß. In kürzester Zeit war ich das begehrte musikalische Juwel des Seeufers zwischen Bregenz und Konstanz.

Bei einem dieser Abende fiel mir im Publikum eine Dame auf, die ihre Schönheit verführerisch unter einem großkrampigen, mit Früchten und Blumen geschmückten Hut verbarg und damit meine Aufmerksamkeit erregte. Das Tizianrot ihrer unter dem Hut üppig hervorquellenden Haare vibrierte im Wind und dem Licht der Abendsonne, leicht violett-grünlich schimmernd. Während ich die Serenade von Toselli spielte, wurde mir ein Zettel auf mein Pult geschoben.

„Es ist soweit", dachte ich, mein Gott, was soll ich tun? Julia liegt in einer winzigen Stube in der Fischergasse 9 und gebiert unser erstes Kind. Dort ist das Leben. Und was tue ich? Ich spiele auf.

„Spiele! Verkrampfe dich nicht, lass den Ton los, wenig Bogen mit sanftem Druck", glaubte ich Maestro Roll zu hören. „Spiele! Streichle die Saiten und lass dein Lied zu Julia schwingen."

Während ich so tat, als würde ich mich in die Toselli-Serenade vertiefen, versuchte ich, aus den Augenwinkeln heraus den zugeschobenen Zettel zu lesen. Da stand: „Weißt du, wie königlich klingt für mich deine Augen, wenn alles in dir sieht wie eine neugeborene Symphonie aus. Wer sieht in deine Augen wie Spiegel, der Musik sieht und weiß, wer du bist. Spielst du mir noch einmal aus 2. Satz des Violinkonzerts von Bruch – bitte?"

Da war noch ein zweiter Zettel. Ich hätte ihn fast übersehen. Und darauf stand: „Wo bist du in dem Augenblick, in dem Melanie ihren ersten Schrei getan hat? Deine Julia." Es war der 9. August 1956.

Hin- und hergerissen von der Unvereinbarkeit dieser zwei Botschaften, zischte ich dem Orchester zu: „Bruch, 2. Satz." Leise begann das Orchester zu spielen. Als würde ich von fremder Hand geführt, begann ich das Solo im *pianissimo*. An der Stelle des ersten *fortissimo*-Höhepunkts mit seinen fordernden *sforzati* und drängenden Sechzehnteltriolen brach ich plötzlich mein Spiel ab, drehte mich fassungslos zum Publikum, als wollte ich ihm zurufen: „Helft mir, ihr Menschen da unten." Orientierungslos schweifte mein Blick über die Reihen, blieb bei der Dame mit den Früchten, Blumen und dem großkrampigen Hut haften. Diese hob, als würde sie meinen Blick spüren, den Kopf, nickte mir fast unmerklich zu und gab ihr Gesicht frei. Es war Margreth – Frau von Klingenberg.

„Meine Damen und Herren", hörte ich mich sagen, „ich habe soeben ein Kind bekommen. Sie werden verstehen, dass ich es in diesen Augenblicken nicht alleine lassen kann." Ich erschrak über meine Worte, stürmte mit meiner Geige unter dem Arm kopflos vom Podium, durch die klatschende Menge, hinüber in die Fischergasse 9. Oben in der kleinen Kammer lag Julia, 19 Jahre jung, Melanie im Arm, erschöpft und glücklich. Ich aber war zutiefst erschrocken.

9

Rafael hatte mir bis zu diesem Augenblick der Erzählung weiter ruhig zugehört.

„Und wie alt warst du damals?", fragte er. Wir lagen immer noch auf dem Friedhofshügel gegenüber der alten Mühle im jungen Gras, hatten uns im Labyrinth der archäologischen Reise zum eigenen Ich verloren. Eine große Veränderung war zwischen uns vorgegangen. Die Grenzen des bisherigen Vater-Sohn-Verhältnisses begannen sich unausgesprochen aufzulösen, neu zu verschieben. Der Sohn schien allmählich zum Vater zu werden, zu einem Beschützer.

Die Sonne stand im Zenit. Unter uns schläferte das Dorf ohne ein Anzeichen von Leben dahin. Nur das Summen der Bienen und das Flattern der Schmetterlinge umgaben uns.

„Ich war 20 Jahre jung, selbst doch noch ein Kind und noch nicht das, was ich werden wollte. Die Leidenschaft kam unverhofft, gewaltig und einmalig über mich und Julia wie ein Tornado. Ein Naturereignis."

„Die große Liebe?"

„Schon die Musik versetzte mich in einen Zustand eines Sinnesrausches. Und jetzt …? Ja … die Liebe – und über sie hatte ich mich verloren."

Julia wusste, wie es um mich stand. Es muss in dieser Zeit gewesen sein, als sie begann, sich schuldig zu fühlen, ohne dass ich es bemerkte.

Eines Tages sagte sie zu mir: „Ein Genie muss erst scheinen, bevor es wirkt." Es klang schuldbewusst und doch so überzeugend. „Was kann dir Melanies Geburt schon bedeuten, Alois? Siehst du überhaupt, was um dich herum geschieht?", schaute sie mich immer öfter mit einem fragenden Blick stumm an. „Hörst du nur in dich hinein? Träumst du wie damals, als die Lehrerin deine Uhr in den Lindenbaum warf?"

Laut sagte sie: „Alois, du hast doch immer wieder zu mir gesagt: ‚Wer nicht sieht, geht zugrunde'. Jetzt beginne ich den Satz zu verstehen. Du siehst nicht den Brunnen vor dem Haus und nicht den Bäcker von nebenan und nicht den Schneider, der die Knöpfe annäht, geschweige denn die Schmetterlinge und dass die Leute den Hut vor dir ziehen. Du bist besessen, ohne es zu wissen! Das ist Blasphemie, Alois."

„Was meinst du damit, Julia?"

„Als gäbe es nichts anderes als Musik! Das meine ich."

„Ja, Julia, alle Ereignisse sind für mich Musik. Musik ist das Ereignis meines Lebens", antwortete ich. Mit diesen Worten ließ ich Julia allein.

„Oder ist Julia das Ereignis meines Lebens?", murmelte ich vor mich hin.

Ich schwieg.

Nach langer Zeit des Sinnierens unterbrach Rafael das Schweigen.

„Stand noch mehr auf diesem Zettel, den du während der Toselli-Serenade bekamst? Es klang nach mehr."

„Ja, auf dem Zettel stand: ‚Du hast alle vergessen, Marleen, und Lara … und mich …'"

Ja, seit Julia hatte ich alles vergessen, Marleen, Lara, auch sie, Margreth, Frau von Klingenberg und – Micha.

„Noch etwas stand auf meinem Zettel, nämlich: ‚… ich von meinem Mann getrennt mich habe und gehe weit weg von hier. Diesmal ich wollte sagen adieu zu dir. Werde dich nicht wiedersehen. Adieu! Werde dich immer lieben.'"

„Was hast du daraufhin getan, Vater?"

„Ich erinnerte mich an Micha und versuchte, herausfinden, wo er war. Ohne Erfolg. Ich konnte nur erfahren, dass man den tatsächlichen Mörder meines Meisters Roll gefunden hatte. Ein mittelloser albanischer Sinti-Straßenmusikant bot nach dem Mord an Roll einem Hehler das kostbare Instrument, die Amati, unter ihrem Wert an. Dieser bevorzugte jedoch die höher ausgesetzte Belohnung der Polizei und informierte diese. Ein ähnlicher fast nachahmender Fall ereignete sich 1996 in Bremen. Dabei handelte es sich um eine Stradivari-Geige."

Die Zeit des Sommers 1956, der Walzerklänge und bewundernder Blicke lief ab. Julia hatte sich mit Melanie immer wieder die Interpretationen eines Schweizer Kammerorchesters angehört und war begeistert von dem außergewöhnlichen Klangesprit dieses Ensembles von Weltrang. Eines Tages sagte sie zu mir wieder diesen Satz: „Ein Genie muss erst scheinen, bevor es wirkt", und reichte mir einen mit ungeübter Hand geschriebenen Zettel, der unter der Tür hereingeschoben worden war.

Ich las: „Samstag früh 9:00 – 05.07. Zürich anrufen – 341737 … (Kammerorchester)" und dann in Julias Schrift ergänzend: „Kreutzbühlstraße 36 bis Kreutzbühlplatz fahren."

Kaum hatte ich die Botschaft aufgenommen, kam ein Telegramm.

„Sind Sie interessiert an Konzertmeisterstelle oder Stelle als erster Geiger mit Dirigierverpflichtung? – Stop – Wir würden Sie gerne kennenlernen. – Stop – Können Sie in drei Tagen zu Proben für

Konzert in Zürich kommen? – Stop – Wenn ja, wäre es Teil eines Probespiels – Stop."

Absender war das geschätzte Schweizer Kammerorchester.

„Du musst fahren", sagte Julia. „Es ist das Fenster zu deiner Welt."

„Es ist noch zu früh für mich, Julia."

„Du musst fahren!", wiederholte sie eindringlich.

Hatte nicht meine Mutter damals, als die Flieger über den Weizenfeldern ihre Last abluden, gesagt: „Du musst fahren"? Damals fuhr ich. Und ich fuhr auch jetzt. Das Probespiel fand am 16. Juni 1956 in Zürich statt, in dem politisch hochexplosiven Jahr des Ungarnaufstands, der durch sowjetische Streitkräfte blutig niedergeschlagen wurde. Gefordert wurde eine Bach-Solosonate, ein Mozart-Violinkonzert, ein romantisches Konzert und Orchesterprobespiel-Stellen.

Dann stellten sie mir eine verhängnisvolle Frage: „Sind Sie verheiratet? Haben Sie Familie?"

„Nein", log ich. Damit wurde ich als erster Geiger und Dirigent angenommen. Trotz dieser Notlüge begann im September 1956 mit dem berühmten Zürcher Kammerorchester meine Reise um die Welt, Florenz, Rom, New York, Berlin, Paris … Venedig.

Außer meiner Entdeckungsreise in die Welt des musikalischen Mikrokosmos war es draußen eine Zeit hochexplosiver politischer Konflikte und Machtkämpfe zwischen Ost und West. In diesem Spätherbst 1956 wurde der Ungarnaufstand durch die sowjetische Streitmacht blutig niedergeschlagen. Hunderttausende flohen aus Ungarn, Budapest, darunter auch Orchestermusiker. In den Probepausen wurde heftig diskutiert. Besonders ein Ausspruch von Jean-Paul Sartre, dem französischen Existenzialisten erhitzte die Gemüter

– „Ich bin lieber unter den Opfern als unter den Mördern." Daneben bereitete man sich auf die erste Probe mit Yehudi Menuhin vor.

Während der Vorbereitung zu einem Wohltätigkeitskonzert für diese Flüchtlinge kam Yehudi Menuhin, der Solist des Violinkonzertes in E-Dur von Johann Sebastian Bach, unvermittelt auf mich zu.

„Du bist jung, voller Energie und Tatendrang, bist selber vertrieben worden, wirst die Not dieser ungarischen Musiker verstehen. Willst du nicht bei diesem Flüchtlingsorchester spielen? Sie brauchen talentierte Musiker wie dich! Einige von ihnen haben mir vor einiger Zeit vorgespielt. Die Schweizer Hilfsorganisationen sind daraufhin tätig geworden. Der große Antal Dorati, derzeit Chefdirigent des Minneapolis Symphony Orchestra, ist sehr begeistert von der Idee, aus ausgewählten Flüchtlingsmusikern ein Orchester zu bilden. Das ist jetzt der Augenblick …"

„Ich bin hier kaum angekommen, Maestro. Erst werde ich mir mein geigerisches Rüstzeug bei Ihnen holen, wenn Sie mich aufnehmen."

„Gut! Aber dann wirst du deine Augen aufmachen und sehen, wie weit die Welt ist."

Daraufhin nahm ich in Gstaad Unterricht bei diesem großen Menschenfreund und Musiker, tauchte drei Jahre in den kammermusikalischen Mikrokosmos ein und legte so die Basis für meine späteren symphonischen Interpretationen.

Auf den ausgedehnten Tourneen litt ich – ohne meine Familie und wegen ihr. Ich begann, mich abzusondern, irrte nächtelang durch die Straßen der fremden Städte. Es trieb mich weg aus dem Hotelzimmer – auf die Straße!

„Was suchst du?", sprach mich eines Nachts auf meinen Streifzügen in Paris ein Mädchen an, das ich gesucht hatte. „Komm, vielleicht kann ich dir helfen. Komm!"

Ich folgte ihr und blieb. Mitten in der Nacht, nachdem alles vorüber war, kramte sie unter dem Bett aus einem alten Kasten eine Geige hervor.

„Spiel mir den langsamen Satz des Violinkonzertes von Max Bruch – *sul tasto* – bitte – leise, nur leise." Ich fragte nicht, umarmte die Geige, spannte den Bogen, spielte *sul tasto* den Bogen eng am Griffbrett. *Flautando!* Immer wieder *flautando* die vier Saiten auf und ab, ein hauchendes Flagiolett.

Am frühen Morgen beugte sie sich über mich, nahm meine Hände und begann zu summen. Ich glaubte, das böhmische Wiegenlied zu hören. Danach stand sie auf, flüsterte mir zu: „Schlaf, mein Kleiner, schlaf. Ich muss dich jetzt verlassen", küsste mich und ging, sich noch einmal umdrehend. „Du wirst es wieder tun, also gib Acht auf dich."

Ich schaute ihr lange nach. Wieder geschah nichts.

Da griff ich zur Absinthflasche, die neben mir stand und trank sie leer. ABSINTH. Die Flasche wuchs, wurde zu einem schönen Weib, das sich über mich beugte, mir zuflüsterte: „Ich tue dir gut. Ich bin schön. Sei auf der Hut vor mir, denn ich bin des Teufels!"

Im irisierend-reflektierenden Licht der Flasche sah ich mich im Spiegelbild: ein junger löwenmähniger Zauberer mit zwingenden Bewegungen, glutvollen Augen, gewaltige Klänge zu Granitklangblöcken meißeln, sie als Felsbrocken ins Publikum schleudern. Sah mich dann wieder an ein Geigenpult gefesselt, umgeben von abgemagerten, ausgemergelten Gestalten, fühlte, wie ich unendlich langsam aus dem Fenster falle, wimmernd ins Kellerloch sinkend, in die

Unterwelt des Weinkellers von damals mit dem säuerlichen Schwefel- und Modergeruch. Über mir der Pfarrer in Teufelsgestalt, der mir die leere Flasche aus der Hand nimmt, mir zuflüstert: „Sei auf der Hut vor mir, ich bin die Schönheit, Musik ist des Teufels. Der Absinth … der Absinth … die Weinkeller … die Weiber."

Schweißgebadet wachte ich auf. „Ich werde erst sein, wenn ich höre", murmelte ich benommen vor mich hin und verließ torkelnd die Kammer.

Von da an trachtete ich, meiner Vision auf Umwegen näher und näher zu kommen. Oft erreicht man das Ziel erst durch Umwege. Alles braucht seine Zeit. Nun war die Zeit für mich gekommen, sich der großen symphonischen Literatur und der Oper zu widmen. Ich bewarb mich auf die Stelle des Konzertmeisters des Städtischen Orchesters Trier und gewann das Probespiel am 13.06.1959. In dieser Position als Konzertmeister lernte ich fünf Jahre lang alle Sparten eines Opernbetriebes vom Orchestergraben aus kennen, die Literatur der großen Oper, die Operette, das Ballett und das symphonische Konzertrepertoire.

Nach einem der Symphoniekonzerte, in dem ich als Solist das Mendelssohn Violinkonzert e-moll op. 64 gespielt hatte, kam der Chefdirigent des RTL Radio-Symphonieorchesters auf mich zu.

„Wollen Sie nicht als Solist und Dirigent zu mir ins RTL Radio-Symphonieorchester Luxemburg kommen? Ich biete Ihnen einen Sondervertrag an, sowohl als Konzertmeister wie auch als Dirigent an meiner Seite!"

Dieses Angebot war die einmalige Chance zum Sprung in die große Symphonik, noch dazu als Dirigent mit einem europäischen Spitzenorchester. Überglücklich nahm ich es 1964 an, ohne Probespiel und Probedirigieren. Die Familie zog nach Luxemburg.

Als Violinsolo und zweiter Dirigent hatte ich gleichzeitig ein weites Feld zu bearbeiten: das klassische Musikrepertoire, die musique populaire, Partituren der Avantgarde, das landeseigene Musikleben, tägliche fünfstündige Proben mit der Geige im Orchester und als Dirigent vor dem Orchester, Aufnahmen, die Vertretung des Chefdirigenten und das wöchentlich öffentliche Konzert. Es waren ausgefüllte Tage. Abends musste ich die Partituren für die nächsten Tage studieren. Und da waren auch meine Kinder, die mich sehen wollten – und Julia. Sie versuchte allen Lärm von mir fernzuhalten. Ehe ich es wirklich wahrgenommen hatte, war sie Mutter meiner zwei Kinder Rafael und Melanie geworden.

Nach der Geburt von Melanie konvertierte Julia zum katholischen Glauben, der Kinder wegen, wie sie sagte. Der große Prediger, „Vagabund Gottes", wie er sich nannte, war in ihr Leben gekommen, unverhofft, zur rechten Zeit vielleicht, hatte sie auf diesem Weg begleitet, jener Jesuitenpater, der mir damals riet: „Schreibe ‚veni creator spiritus' auf deinen Taktstock und ziehe mit mir durch die Welt." Ich hatte damals nicht geahnt, dass der Geist des Wortgewaltigen im Namen des Herrn über Julia kommen würde wie ein Gewitterhagel, der die Ernte des Sommers zerstört.

Der katholische Glaube wurde für sie mehr und mehr sinngebend und auch Richtlinie der Erziehung. Ich aber lebte, von Julias allmählicher Veränderung nichts wahrnehmend, in einem Zustand des Staunens über meinen Erfolg, nahm nur eines wirklich wahr: Musik. Alles, was ich sah, war Musik, die ganze Welt kam in mein Ohr. Das so entstehende Vakuum füllte Julia aus mit Aktivitäten in der „action 365", der Bewegung des Jesuitenpaters. Konsequent setzte sie ihre religiöse Überzeugung im familiären Alltag durch, funktionierte die Garage des Hauses in eine Kapelle mit Altar, Gebetsbänken und Weihrauch um und unterstützte dabei mit gleicher Hingabe und Gläubigkeit mein musikalisches Talent.

Für die Familie wurde sie Mittelpunkt, Angelpunkt, Drehpunkt dieses Alltags, *spiritus rector* und treibende Kraft der Fontäne, auf deren Spitze ich zu tanzen begann, von aller Welt gesehen, dabei allmählich den Kontakt zum Boden verlierend.

Wenn einer allein träumt, bleibt es nur ein Traum. Bis dahin träumten wir aber gemeinsam und aus diesen gemeinsamen Träumen war eine neue Wirklichkeit entstanden. Dabei hatten wir das Bedachtsein aufeinander vernachlässigt, übersehen.

Noch hatte ich mein Ziel nicht erreicht und litt. Die Doppelfunktion als Konzertmeister und gleichzeitig Dirigent aus demselben Orchester herausgehoben und die sich daraus ergebenden Autoritätsprobleme belasteten mich mehr und mehr.

Ich war gerade 22 Jahre alt. Die Belastung von Familie und das Eigentliche noch nicht erreicht zu haben, begann ich mit zunächst mäßigem Alkoholgenuss zu kompensieren, versuchte, durch die Wirkung des Alkohols das übermächtige Verlangen nach sinnlicherotischem Erleben zurückzudrängen.

Julia spürte meine Unruhe und eine heraufkommende furchtbare Gefahr.

„Da ist ein internationaler Wettbewerb für junge Dirigenten in Frankreich. Alois, du musst fahren", sagte sie eines Tages.

„Ich bin Konzertmeister in der Oper, wie soll ich fahren?"

„Du musst fahren!"

Und ich fuhr.

Das Festival „International Besançon" ist eines der ältesten, größten Feste symphonischer Musik Frankreichs, bespielt von Orchestern mit internationalem Renommee. Die wunderbare ostfranzösische Universitätsstadt Besançon, eine alte Festung mit römischen Ruinen und einer gotischen Kathedrale, gewinnt in aller Welt dazu noch an kulturellem Prestige durch den bedeutenden Wettbewerb junger Orchesterchefs. Für mich war es eine Herausforderung, aus diesem Wettbewerb, der bereits große Dirigenten wie Seiji Ozawa hervorgebracht hatte, als Sieger hervorzugehen. Ich hatte keinen Gedanken daran, nur als Zweiter nach Hause zu fahren. Von den 40 Mitkonkurrenten gewann ich den 1. Preis des *Concours International de jeunes chef d'orchestre Besançon/France*.

Nach den letzten Klängen von de Fallas Orchestersuite im festlich geschmückten Theater wurde mir der begehrte Preis überreicht. Damit reihte ich mich in die Reihe der bereits großen Namen wie Seiji Ozawa ein, der vor mir auf diesem Platz stand.

Diese internationale Anerkennung brachte mich in einen Loyalitätskonflikt zu meinem Chefdirigenten auf der einen, zu meinen Kollegen im Orchester auf der anderen Seite. Ich verstand die Empfängermentalität der Musiker, war ich doch einer von ihnen und auch nicht. „Der Kutscher wechselt, die Pferde bleiben" war einer der bitteren Sprüche über das Sich-fügen-müssen unter einen Willen. Ich kannte nur zu gut die Probleme jedes einzelnen Musikers. Gerade deshalb musste ich dieses frustrierte Verhalten abstreifen, um vor dem Orchester als Autorität akzeptiert zu werden. Ich spürte es schmerzlich bei jeder Probe, die ich leitete. Sie lachten über mich, ließen Papierschiffchen flattern. Ich war ja einer der ihren, Preisträger hin, Preisträger her, oder gerade deswegen. Oft kam ich schweißgebadet nach Hause, verzweifelt, wollte ich doch geliebt werden.

„Du bist als Dirigent nicht da, um geliebt zu werden", sagte Julia zu mir. „Du bist da, um gute Musik zu machen. Werde Chef und gehe deinen Weg. Du hast nun einen ersten Preis in Frankreich. Bewirb dich für die Bundesauswahl junger Künstler in Deutschland."

Ich bewarb mich und gewann den ersten Preis der Bundesauswahl junger Künstler in Hannover mit der Aussicht auf ein Debüt in Berlin mit dem RIAS Symphonie Orchester.

10

Und wieder, ich selbst wäre nicht auf die Idee gekommen, war es Julia, die mich nach dem so erfolgreichen Wettbewerb auf die nächste Stufe meines Weges hob: „Nun ist es Zeit für Tanglewood, Alois!"

„Tanglewood? Was ist das?"

„Tanglewood ist die Sommerresidenz des Boston Symphony Orchestra."

„Und?"

„… eine der wichtigsten Sommerakademien für junge Komponisten, Dirigenten, Instrumentalisten und Sänger. Erich Leinsdorf ist Musikdirektor vom Boston Symphony Orchestra und künstlerischer Direktor des Berkshire Festival Tanglewood. Er besucht gerade Paris. Wir werden nach Paris fahren und ihn dort treffen."

„Du meinst Erich Leinsdorf, den ehemaligen Assistenten von Bruno Walter und Arturo Toscanini, ein dirigierendes Genie, den Advokaten der Komponisten, wie viele ihn nennen? Du bist verrückt!"

„Nein. Er erwartet uns bereits im Ritz."

In der Empfangshalle des Ritz kam uns zur angesetzten Zeit ein kleines Männchen im Morgenmantel entgegen. Auffallend waren die durchdringenden Augen und übergroßen Hände.

„Sie wollen also Dirigent werden, junger Mann!", begrüßte er mich, ohne Julia zu beachten und setzte sich, „oder sind Sie es schon?" Nach kurzen, gezielten Fragen über die verschiedenen Fassungen Brucknerscher Symphonien, besonders der 8. und der unvollendeten 10. Sinfonie kam sein Ratschlag an mich: „Werden Sie kein Instant-Dirigent. Es gibt heutzutage zu viele davon, die nach dem Abhören einer Musikkonserve schnell Karriere machen wollen. Kommen Sie diesen Sommer zu mir nach Boston, nach Tanglewood. Dann sehen wir weiter." Er stand auf. „Ich sehe Sie wieder in Tanglewood!" Damit beendete er das Gespräch und verabschiedete sich.

An dieser Stelle unterbrach ich meine Erzählung, immer noch auf dem Friedhofshügel neben der Kirche sitzend, in der ich getauft worden war. Unter uns die im Abendnebel verschwindende Silhouette der Mühle und alten Schule.

„Es ist spät geworden. Du bist mit mir auf den Grund des Meeres, meiner Anfänge gegangen. Darüber bin ich dir dankbar. Lass uns jetzt schlafen und morgen weitermachen."

Am nächsten Tag setzte ich meine Geschichte bei einem Spaziergang durch Olkowitz fort.

In Tanglewood, zwischen den Berkshire Mountains am malerischen Nordufer des Lake Mahkeenac gelegen, wird die Großartigkeit der Natur nur noch durch die Herrlichkeit der Musik übertroffen.

Das ehemalige Grasland wurde seit der Gründung 1937 durch die Initiative von Sergej Koussevitzky, einem Besessenen der Musik, bald zur künstlerischen und gesellschaftlichen internationalen Kommunikationsstätte, vergleichbar mit den Salzburger Festspielen.

„Statt der Konzerthalle werden Sie einen Schuppen kriegen", sagte der damalige Architekt zu Sergei Koussevitzky. Auch heute noch ist „the shed", der Schuppen, während der sommerlichen sechs Wochen Festspielzeit die Konzerthalle der Boston Symphoniker. Auf dem flachen Rasen, bei ebener Erde, gibt es für die Zuschauer keine

Wände, so dass sie bei Tag den Rasen schmecken, bei Nacht die Sterne sehen können – oder den Mond, wenn er tief genug steht. Unter dem Shed-Dach finden 5.000 Menschen Platz – um den Pavillon herum mindestens weitere 10.000. Hohe Kiefern bilden die Naturkulisse um den Aufführungsort. Auf dem großzügig angelegten Areal stehen weit voneinander die verschiedenen Studios für Komposition, Dirigieren, Orchesterspiel, Gesang, Oper, Chor, Ballett. Da sind Rehearsal Stage, Chamber Music Hall, Liszt Barn, Studio H Theatre Concert Hall, Music Shop und – immer bevölkert – die Cafeteria.

Julia und ich schliefen in Cranwell, einer Jesuitenschule in Lenox, die schon Leonard Bernstein mit anderen, inzwischen berühmten Kommilitonen 20 Jahre zuvor bewohnte. Die Unterkunft war spartanisch. Aber zwischen den Gemäuern quirlte das Leben, von überall her tönten Klarinetten, Fagotte, Hörner, Stimmen von Sängern. Jeder arbeitete hart an der Vervollkommnung seines Klangs. Der Tagesplan war ausgefüllt mit Seminaren. Ich hatte fast alle Seminare belegt. Die Wege zwischen den Studios waren weit. Aber ich war wissbegierig, hetzte von Seminar zu Seminar, von Aufführung zu Aufführung. Brüllte Julia und die Wände an, wenn ich den Walkürenritt von Wagner für Sir Adrian Boult oder die Symphonie fantastique von Hector Berlioz für William Steinberg, dem plötzlich Erkrankten, in der Probe vertreten musste, wenn Erich Leinsdorf, der big Boss, mich kurzfristig zu der Übernahme einer Chorprobe holte, ohne mir Zeit zu lassen, mich vorzubereiten. Dazu kam der aufreibende Kampf unter den Mitkonkurrenten um die Trophäe des Koussevitzky-Conducting Preises. Es galt, immer gegenwärtig zu sein, gesehen zu werden, mit Aaron Copland, dem berühmten Komponisten und einem der engsten Freunde Leonard Bernsteins, mit Charles Münch, dem großen französischen Dirigenten, und besonders mit Jaqueline Kennedy, der Präsidentengattin, die sich die Ehre gab, einzuladen.

Und da war Seiji Ozawa, der immer einen Schritt auf der Karriereleiter vor mir war und mich seit Besançon im Kopf verfolgte, mein Ärgernis. Schon vor fünf Jahren sollte ich Assistent von Leonard Bernstein werden! Auch er rief zur Party. Hatte ich Grund, mich darüber zu ärgern? War Ozawa doch ein Kollege, der eben drei Jahre vor mir in Besançon den ersten Preis errungen hatte. Ich ging mit Julia zu Seiji Ozawas Party, ließ dort meinen Mantel hängen. Davon werde ich mein Leben lang erzählen: Ich hätte noch einen Mantel bei Seiji Ozawa hängen, so, als müsste ich noch einmal an diesen Ort zurückkehren. Später werden sich unsere Wege immer wieder kreuzen.

In meinen trunkenen nächtlichen Phantasien – vielleicht ahnte Julia es – lag, als sei ich in schweren Fesseln, der betörende Duft von Erotik, jungem freien Leben, wilder hemmungsloser Liebe. An den Abenden, im Mondschein, unter Sternen, am Seeufer des Lake Mahkeenac – glühende Augen, leises Lachen, umschlungene Körper und der eine Geist, der uns alle hier verband: Musik überall. Dabei hatte ich eines Nachts von weitem im vollen Mondlicht seine Silhouette gesehen, Leonard Bernstein, den Unerreichbaren, an der Klampfe spielend, singend „Maria, Maria, Maria …“ und „Somewhere …“ Eine Utopie der Freiheit am Ufer des Lake Mahkeenac. Verbotene Liebe. Unerreichbar für mich, dem bereits Umschwärmten, Begehrten.

Ich war gebunden, nahm mir nur eine kleine Freiheit, ging jeden Abend mit meinem Komponistenfreund Isang Yun, der sich am antijapanischen Widerstand beteiligt hatte, 1943 verhaftet, gefoltert, zum Tode verurteilt und dann begnadigt wurde, in die Lenox

Lounge – auf ein zwei, drei Budweiser. Ahnte Julia meine erotischen Phantasien? Für sie war in Tanglewood nur Musik. Und doch lag im Auf und Ab der Musik die Sehnsucht nach dem Schönen.

Die Höhepunkte und bereits eine Vorauswahl für den zu gewinnenden Koussevitzky-Conducting Prize waren die Dirigate mit dem Berkshire Student Orchestra in der Theatre Concert Hall. Proben der „Sinfonischen Variationen für Klavier und Orchester“ von Cesar Frank. Mit der jungen Solistin am Klavier war ich nicht nur vereint im Klang Cesar Francks, gestand es mir nicht ein. Verbotene Liebe? Ich werde sie nicht vergessen.

Nach vier Wochen harter Arbeit voller Selbstzweifel, Ringen um den göttlichen Funken, endlich ein erlösendes Zeichen vom Main House und Harry Kraut, dem Personal Manager Bernsteins: „In einer Woche, Alois, ist dein Konzert mit dem Berkshire Festival Orchestra. Dann wirst du zeigen, wer du bist, der Programm Höhepunkt: Don Juan von R. Strauß.“ Sollte das schon die Vorentscheidung sein?

Erich Leinsdorf, der Musikdirektor der Boston Symphoniker bat mich in sein Haus. Was hatte das zu bedeuten? Ich spürte, es waren wesentliche Augenblicke.

„Sie sind jetzt mein Assistent. Bald werden Sie nach Luxemburg zurückgehen. Nach einem Jahr werde ich Sie zu mir nach Boston holen. Haben Sie bis dahin Geduld! In einer Woche ist Ihr Auftritt. Ich werde Sie beobachten. Erinnern Sie sich, was ich Ihnen in Paris gesagt habe?“

Meine Nerven waren angespannt. Geduld war wohl die höchste Tugend. Ich hatte sie noch nicht! Am Abend ging ich, wie fast jeden Abend, mit dem Komponisten Isang Yun in die Lenox-Lounge. Der Alkohol beruhigte mich. Später werde ich mich immer mehr an diese wohltuende Wirkung erinnern, sein Flüstern hören: „Ich bin dein Freund und immer für dich da!" Isang Yun und ich machten kompositorische Pläne für eine Oper, eine Verschmelzung west-östlicher Musik, gingen zu später Stunde schwankend, voller Ideen und Alkohol hinunter in unsere Jesuitenklause.

Am nächsten Morgen Schmerzen! Psychosomatisch? Nein, Blinddarmentzündung? Und das drei Tage vor dem Konzert. Es durfte nicht sein! Schmerzen in der Bauchgegend. Blinddarmentzündung! Krankenhaus. Die Operation. Muss der Höhepunkt ins Wasser fallen? Ich wachte aus der Narkose mit den Worten auf: „Don Juan – Don Juan – die Partitur, gebt mir die Partitur." Und dann doch, nach drei Tagen, mit fast noch offener Wunde: das Konzert. Die Zuschauer wussten davon, bangten. Wird die Wunde halten bei Don Juans ekstatischen Bewegungen. Sie hielt.

Am nächsten Tag, erschöpft, aber glücklich, saß ich am einfachen Holztisch draußen vor der Cafeteria, genoss meinen Erfolg. Ein Student, so meine ich, setzte sich zu mir.

„Bist du der, von dem hier alle reden?", begann der Unbekannte unvermittelt, so, als hätte er es nicht nötig, sich vorzustellen.

Ich war verärgert, drehte mich zu ihm, erschrak, vergaß alles, sah in lockende, verheißende Augen, versank in ihnen, lauschte dem Nachklang dieser tiefen Stimme, stammelte schließlich: „Ja, ich bin es."

Ich hörte die dunkle, all meine Sinne erregende erotische Stimme, noch dazu in Deutsch: „Dann komm zu mir nach New York. Du bist mit deiner Musik näher an Gott als ich." Hatte nicht der Vagabund Gottes, dieser Jesuitenprediger damals dieselben Worte zu mir gesagt? Der noch Unbekannte machte eine ausladende Bewegung, als wolle er das ganze Areal Tanglewood umfassen.

„Von hier bin ich ausgegangen, von hier wirst auch du ausgehen!"

„Aber ich bin schon versprochen!", sage ich hastig, als hätte ich ein Gelübde abgelegt. Ich wunderte mich über meine Rechtfertigung, wollte mich vielleicht damit vor dieser unwiderstehlichen Einnahme meines Wesens instinktiv schützen.

Der Eindringling lachte ein tiefes, ruhiges Lachen, sagte dann einen für mich unverständlichen Satz:

„Du musst dich erdreisten, um einiges kühner zu sein, wenn du die Stunde des vollen Mittags erleben willst. Komm zu mir nach New York." Der Unbekannte schaute über das weite Areal hinüber zum Shed, zum Schuppen.

„Vor einiger Zeit hat es mein Meister Koussevitzky hier in Tanglewood zu mir gesagt. Nun sage ich es dir: Komm zu mir nach New York!"

Ich schaute ihn an, hatte keine Worte. Unsere Blicke versanken für Augenblicke ineinander, so, als hätten wir uns lange gesucht. Langsam begriff ich. Vor mir, am langen, kargen Holztisch, saß Leonard Bernstein, Schöpfer von „West Side Story", der geniale Interpret Mahlerscher Sinfonien, faszinierender Übermittler von Musik für die Jugend in der berühmten TV Reihe *Young People's Concerts*. Leonard Bernstein teilte mit mir einen Teller Suppe und redete mit mir.

„Du musst zu mir nach New York kommen, aber heute Abend um halb zehn sitze ich am See. Du weißt schon, am See … heute Abend um halb zehn!"

Von da an ging ich nicht mehr so oft in die Lenox Lounge. Wenn die Sonne längst untergegangen war, lag ich Seite an Seite mit ihm allein am Ufer des Lake Mahkeenac – auserwählt, einzigartig und vereint im Geist Tanglewoods – der Musik. Das eine, die Musik, war erreichbar – das andere nur im Augenblick, schien unerreichbar.

Die Stunde der Zweisamkeit mit ihm „um halb zehn am See" hatte sich inzwischen herumgesprochen. Wenn Lennie, der Meister von „West Side Story" zur Gitarre griff und auf seine unvergleichliche Art „Maria, Maria …" sang, bildete sich ein Kreis von Studenten um ihn herum, bis in die Nacht hinein, bis zum Morgengrauen.

Und dann war es soweit: Madame Koussevitzky, die Grande Dame von Tanglewood, gab sich die Ehre, auf den Hügel ihrer Residenz „Villa Seranac" einzuladen. An diesem Abend trafen sich nun, wie jedes Jahr, die Großen des amerikanischen und internationalen Musiklebens, die Tanglewood als ihre Heimat betrachteten, so auch Aaron Copland, der große Komponist und einer der engsten Freunde Bernsteins.

Es war der Ort, an dem alles mit einer Idee ihres besessenen Mannes angefangen hatte. Nun gibt Madame Koussevitzky das Zeichen für den sich anbahnenden Höhepunkt und die abschließende Apotheose des Festivals.

„Ich würde mich glücklich schätzen, wenn Sie meine neueste Komposition ‚El Salon Mexico' aufführen würden", wandte sich Aaron Copland beiläufig an mich. „Vielleicht ergibt sich bald eine Gelegenheit dazu." Unter all den Eindrücken beachtete ich seine Worte kaum.

Einige Tage darauf überreichte mir Erich Leinsdorf mit den Boston Philharmonikern im Shed, dem „Schuppen", vor 10.000 Menschen feierlich den Koussevitzky-Conducting-Prize und den Ms. Crane-Memorial-Prize. Danach spielten die Philharmoniker die Festouvertüre solennelle 1812 op. 49 von Peter Tschaikowsky, eine Show mit Geschützdonner und sprühendem Feuerwerk.

Danach verabschiedete sich Erich Leinsdorf von mir mit den Worten:

„In einem Jahr werde ich Sie nach Boston holen."

Julia und ich flogen zurück nach Luxemburg.

11

Ein Jahr verging. Erich Leinsdorf aus Boston meldete sich nicht. Woche für Woche hatte ich ein Symphoniekonzert zu dirigieren, als Konzertmeister zu spielen, dazu kamen die Studio-Aufnahmen eines jeden Konzertes, die Pflege der landeseigenen und populären Musik. Bis spät in die Nacht hinein studierte ich Partituren, übte dazu noch am Instrument. Mein Ehrgeiz, mir die großen Partituren in- und auswendig anzueignen, die innere Struktur eines Werkes zu ergründen, kostete Zeit, Kraft, verlangte höchste Konzentration, trieb mich in die Stille des Waldes, fernab von Frau und Kindern. Auf einsamen Waldwegen befreite ich mich von dem Zwang des mich immer wieder fordernden Umfeldes. Dabei gebärdete ich mich wie ein vom Teufel Besessener, ein Irrer, schrie die Bäume an, warf mich auf den Boden. Dann wieder ließ ich mich regungslos von der Dynamik und Entwicklung eines Motivs fesseln, quälte mich mit den acht *pianissimo*-Anfangstakten des zweiten Satzes der 9. Symphonie von Franz Schubert solange, bis ich schließlich fluchend über die Schwere meines Körpers verzweifelt ins Gras sank. So erging es mir bei jeder Auseinandersetzung mit einem Werk. Zuweilen fragte ich mich: „Ist es genüsslicher Masochismus, der mich zu solch selbstquälerischen Prozessen treibt? Ist es mangelndes Vertrauen in mich selbst und in die anderen?"

In der Dunkelheit kehrte ich dann auf dem Wege nach Hause in ein Gasthaus ein, stand dann wortlos, mit der Partitur in der Hand unter lärmenden Männern an der Theke. Schuldgefühle plagten mich. Julia mit den Kindern wartete auf mich.

Eines Tages sagte Julia zu mir: „Warte nicht länger auf den Ruf Erich Leinsdorfs. Es ist deine Zeit. Nimm dein Leben selbst in die Hand! Leinsdorf wird es dir nicht geben!

Das Warten auf eine Nachricht von Erich Leinsdorf, dem Chefdirigenten der Boston Philharmonie, zerrte an meinen Nerven. So beschloss ich, in den kommenden Sommermonaten, Juli bis September 1966, noch einmal drei Monate nach Tanglewood an den Berkshire-Festivals teilzunehmen – ohne Julia. Die Nachricht von Roxanas Geburt am 22. Juli erreichte mich mitten in einer Probe mit dem Berkshire-Student-Orchestra. Es war Grund genug, wieder nach Luxemburg zu kommen.

Auf dem Flughafen „Findel“ wurde ich von Julia mit Roxana, meiner neugeborenen Tochter, und einem jungen Priester begrüßt. Das neugeborene Wesen auf dem Arm, wunderte ich mich über das ungleiche Empfangstrio. Hatte ich nicht schon einmal diesen Priester gesehen? War es nicht jener, den ich bei einer Party Julias scherzhaft mit den Worten „Sieh, da kommt der Mann deines Lebens auf dich zu, ein heiliger Mann so recht nach deiner Vorstellung, ein Mann der Keuschheit und deines Glaubens“ vorgestellt hatte? Was hatte dieser Priester an der Seite von Julia zu suchen in dem Augenblick, als ich meine Tochter Roxana zum ersten Mal sehen und umarmen konnte? Julia sagte, es sei ihr Beichtvater! War es nicht dieses nicht zu widerlegende Alibi für ihre immer häufiger eintretende Abwesenheit vom Haus? Ja, ich erinnerte mich an jenen Nachmittag, als ich ihr argwöhnisch nachfuhr, heraus aus der Stadt, übers Land und dann stundenlang vor der Pfarre des Dorfpfarrers ausharrte, als schließlich die Tür aufging und Julia da herauskam, wo sie Stunden zuvor hineingetreten war.

„Du hier, Alois? Auf was wartest du hier? Doch nicht etwa auf mich? Du weißt, es ist mein Beichtvater. Warum gehst du nicht deiner Wege? Ich habe nur gebeichtet", war ihre anklagende Antwort. Nun, auf dem Flughafen machte das Trio den Eindruck der heiligen Familie.

„Freue dich, Alois, alles ist hergerichtet, dich zu begrüßen", umarmte mich Julia. „Und das ist Jan, mein Beichtvater, du wirst dich nicht erinnern", wandte sie sich zu dem jungen Priester.

„Dein lückenloses Alibi", wollte ich erwidern, küsste anstatt zu antworten meine Tochter Roxana. Dabei kam mir ein schrecklicher Gedanke. Konnte es sein, dass es nicht meine Tochter war, die ich da gerade liebkoste? War meine jüngste Tochter etwa ein Beichtstuhlkind? Was wusste ich von Julia? Warum war dieser Priester in diesem Augenblick bei Julia und meinem Baby? Verärgert über meine Gedanken, ging ich zur Tagesordnung über.

Nur drei Monate blieben mir, meine größer gewordene Familie zu genießen. Julia hatte sich von den Strapazen der Geburt erholt, und war voller neuer Energie. Eines Tages sagte sie zu mir:

„In New York gibt es den größten, wichtigsten internationalen Wettbewerb für Dirigenten, den Dimitri-Mitropoulos. Du solltest fahren! Hatte nicht Leonard Bernstein zu dir gesagt: Komm zu mir nach New York?"

„Julia, willst du damit sagen, ich solle noch einmal …? Nein, es ist genug, ich habe bereits vier internationale erste Preise gewonnen und bin kein Vielfraß. Ich habe jetzt das Paradies. Sollte ich tatsächlich noch einmal in die Arena nach New York? Es wäre das Härteste, meine Kinder Melanie und Rafael nicht zu sehen, und Roxana wächst mir davon … Und ich möchte wenigstens einmal ein Kind bewusst genießen."

„Hat nicht Leonard Bernstein zu dir gesagt: Komm?", wiederholte Julia eindringlich.

„Außerdem, sollte ich diesen Wettbewerb als einen von vielen verlassen, was dann?", gab ich zu bedenken.

„Nein! Du wirst ihn gewinnen. Ich kenne keinen, der dich übertreffen könnte! Überlege es dir nicht lange und geh noch einmal, geh … in die Arena."

Und tatsächlich: Ich sollte den großen Zauberer, Bernstein, schneller wiedersehen, als ich es mir hätte träumen lassen. Immer schon hatte dieser einzigartige Magier des Taktstocks eine seltsame starke Wirkung auf mich ausgeübt, die ich mir allein durch seine musikalische Autorität nicht erklären konnte – eine erotisch-sinnliche. Und wieder war es Julia, die mich nach dem so erfolgreichen Gewinn des Koussevitzky-Conducting-Prize auf die nächste Stufe meines Weges hob.

Aber musste ich immer an der Spitze stehen, gewinnen? War ich schon ein Getriebener, ein Opfer gar, begann ich mich zu fragen. Fühlte ich mich wohl dabei? War ich glücklich?

Unmerklich schlich sich bei mir ein täglicher Gast ein, leise, schmeichelnd, zuverlässig, belebend, immer in der Stunde zwischen Hund und Wolf, der Dämmerung. Absinth hieß er. „Komm, beruhige dich", schmeichelte er, „bei mir wirst du finden, was dir bei all deinen Erfolgen fehlt! Ich bin dein Freund und biete dir zuverlässig das, wovon du träumst, wovon du niemandem erzählen kannst!"

In mir begann es zu brennen. Die Erlösung von einer schweren Last. Bereits bei Sonnenaufgang begann ich auf die Stunde zwischen Hund und Wolf zu warten.

Julia musste meinen instabilen Zustand beobachtet haben. Sie drängte mich zu einem Entschluss. Nach langem Zögern beschloss ich, noch einmal in den Ring zu steigen, mich noch einmal in einem der anspruchsvollsten Wettbewerbe international zu vergleichen.

Die Carnegie Hall New York war der Schauplatz des Ringens um die Trophäe des Dimitri-Mitropoulos-Conducting-Preises, um die Goldmedaille. Der Preis beinhaltete das Engagement, ein Jahr als persönlicher Mitarbeiter von Leonard Bernstein mit den New York Phiharmonikern zu arbeiten.

Mit dem American Symphony Orchestra stellte ich mich nicht nur dem Vergleich mit 40 aufstrebenden jungen Chefdirigenten aus aller Welt, jetzt stand ich als Bewerber für eine internationale Auszeichnung auch auf musikhistorischem Podium, auf dem Platz des ein Jahrhundert alten Vermächtnisses der größten Künstler der Welt. Hier wurden sie gefeiert: A. Toscanini, Bruno Walter, Gustav Mahler, Leonard Bernstein – jene Leuchttürme der internationalen Musikwelt, die ich von frühester Jugend an verehrt hatte, in der berühmten Carnegie Hall, umgeben von der Magie des Klangs. In einer der ersten Reihen saß neben Leonard Bernstein eine unscheinbare Dame, die jedoch auf ihren berühmten Nachbarn einen großen Einfluss auszuüben schien. Dieser beugte sich während des ganzen Wettbewerbs immer wieder fragend zu ihr, sichtlich, um eine Bestätigung zu bekommen. Wie ich später erfuhr, war die unscheinbare Dame Helen Coates, Leonard Bernsteins erste Klavierlehrerin und die eigentliche Entdeckerin seines Genies. Sie war es auch, die mit ihrem Urteil ausschlaggebend war für meinen bevorstehenden Erfolg.

Am Morgen des 14. Tages jenes zermürbenden Wettstreits las ich auf dem schwarzen Brett ungläubig nur noch die Namen der Drei, die von 40 Mitstreitern übriggeblieben waren, darunter den meinen. Unfassbar!

Am Abend des nächsten Tages, dem schwersten des Wettbewerbs, wollte ich nun der Erste sein von den drei Verbliebenen. Am 19. Januar 1967 um 18:00 Uhr las ich die Verkündigung des Urteils am Aushang. Unglaublich: Ich war „First Prize Winner of the International Mitropoulos Conducting Competition with gold medal". Es war für mich fast eine Selbstverständlichkeit. Nun hatte ich fünf erste internationale Preise gewonnen. Viel später erst begriff ich langsam. Dann, in stillen Minuten, beschlich mich eine unerklärliche Angst. War es ein Traum, den ich erlebte? So konnte es nicht weitergehen, oder doch? Eines Tages würde ein Ungeheuer, das fällige, unvermeidliche Unglück über mich hereinbrechen, mich auf dem Boden der grausamen Wirklichkeit zerschellen lassen. In diesen stillen Minuten wurde mir mein Höhenflug unheimlich. Aber noch flog ich weiter.

Die Ehrung der Preisträger fand am 23. Januar 1967 im Rahmen eines Galakonzerts mit den New York Philharmonikern im Lincoln Center statt. Ich dirigierte „Tod und Verklärung" von Richard Strauss. Bei den Proben dazu kam es zur ersten Abgrenzung von Leonard Bernstein, ja fast zu einem Eklat. Der Meister saß in der Philharmonie und lauschte dem ausklingenden *Pianissimo* des Werkes. Ich ließ das dreifache *Piano* des Streicherklangs fast ins Nichts versinken, als ich Bernsteins Stimme vernahm:

„Ich höre nichts mehr."

Ich drehte mich zu ihm um, sagte bestimmend: „Dann ist es noch zu laut" und ließ den Klang ins Nichts verhauchen. Totenstille in der

Philharmonie – eine Stille, die ich gesucht hatte, die ich wollte und schon kannte. Damals, in der Dunkelheit des Kellergewölbes hatte ich sie erlebt, als ich meinen Freund suchte und feststellte: „Ich kann in der Stille hören, ich, ich …!"

Bewusst hatte ich als Europäer ein Zeichen gesetzt gegen das amerikanisch Laute. Die Musiker duckten sich hinter ihren Pulten, abwartend, was nun wohl passieren würde. In der Stille der Philharmonic Hall hörte man die Zeit. Nun stand mein *Pianissimo* des Lauschens gegen das laute Hören des Maestros.

12

Kaum in Luxemburg zurück, erhielt ich ein Telegramm: „Leonard Bernstein bittet Sie, ihn und die New York Philharmoniker auf der Kanada-Tournee zu begleiten. Programm: die 4. Symphonie G. Mahlers. Ist es Ihnen möglich? Wir bitten um schnelle Antwort."

Noch war ich dem RTL Radio-Symphonieorchester Luxemburg als Dirigent und Konzertmeister verpflichtet. Die Kanada-Tournee begann am 19. September. Ich nahm eine Auszeit – ein Jahr New York als persönlicher Assistent von Leonard Bernstein und seinen New Yorker Philharmonikern – was für ein einmaliges Erleben in unmittelbarer Nähe der Götter des Olymp.

Mein Apartment in New York 64th Street West, 6th floor – am Broadway – lag gegenüber dem Lincoln-Center, dem musischen Zentrum New Yorks zwischen der 62nd und 67th Street Broadway. Wenn ich aus meinem Fenster sah, lag vor mir, in der Mitte der Main Plaza des Lincoln Center, die Metropolitan Opera, zur Linken der Main Plaza das New York State Theatre mit der New York City Opera und dem New York City Ballett. Nur ein paar Schritte über den Broadway, rechts hinüber lag die Avery Fisher Hall mit der New York Philharmonic Hall, meiner neuen Wirkungsstätte, und angrenzend an mein Haus der Central Park. Von da war es ein Katzensprung zur 42nd Street Times Square – was für eine Kulisse! Zu diesem Zeitpunkt wusste ich noch nicht, dass der Maestro in unmittelbarer Nähe wohnte, nämlich im zweiten Stock. Apartment 23 an der nordöstlichen Seite des historischen „Dakota", jenes historischen Gebäudes in der 73. Straße am Central Park West.

In der Philharmonie über dem Orchester befand sich seitlich der Bühne abgedunkelt mein unsichtbares, geheimnisvolles Reich. Bereitschaftsraum, Beobachtungsstand, für die Außenwelt unsichtbar, für mich die Möglichkeit, ungesehen alles überblicken zu können. Hier hing mein Frack für alle Fälle. Es galt für mich, bei allen Proben und Konzerten dabei zu sein, das Geschehen mit der Partitur zu verfolgen, ständig bereit zu sein, das Orchester zu übernehmen, wenn der Meister rief oder ein Gastdirigent plötzlich ausfallen sollte. Selbst unbeobachtet, ständig auf dem Sprung, konnte ich jede Bewegung des Maestros und ihre Wirkung auf Orchester und Publikum studieren, in meiner Stille und Abgeschiedenheit die Magie des Taktstocks jeden Abend versuchen zu ergründen, für mich umzusetzen. Hautnah konnte ich vor und nach den Konzerten die Stärken und menschliche Schwächen der Großen erleben. Zusammenbrüche berühmter Sänger, z. B. des französischen Bariton Souza, wenn er meinte, seine Stimme zu verlieren, oder von völlig verstörten Dirigenten, die ein unverhoffter Schicksalsschlag getroffen hatte.

So kam eines Abends William Steinberg, der Musikdirektor des Pittsburgh Symphonieorchesters unmittelbar vor seinem Auftritt völlig gebrochen zu mir hinauf.

„Hier", er reichte mir seinen Taktstock, „hier, übernimm, meine Frau ist plötzlich …", der berühmte Dirigent weinte, „ich muss zu ihr, sie liegt im Sterben, ich muss zu ihr!"

Er hielt mir die Partitur hin. „Hier", im Weinen lächelte er, „Scheherazade, ein Märchen aus tausend und einer Nacht von Rimsky-Korsakov."

„Übernimm das Konzert! Ich muss zu ihr", wiederholte er. Danach schien seine Gestalt sich im Dunkel des Raumes aufzulösen.

„Bereitsein ist alles", durchfuhr es mich. Hatte es nicht Bernstein in den ersten Tagen zu mir gesagt?

Da nahm ich wie betäubt meinen Frack vom Haken, ging, Stufe für Stufe die Partitur mechanisch überschauend, hinab in die Ebene, die ich bisher nur von oben aus sicherer Entfernung erlebt hatte, stand plötzlich im Rampenlicht, vor mir die New York Philharmoniker.

„Scheherazade, ein Märchen aus tausend und einer Nacht", flüsterte ich dem Konzertmeister zu. Der lächelte zurück.

Der Maestro holte mich eines Abends vor seinem Auftritt als Solist und Dirigent von Beethovens Klavierkonzert Nr. 5 zu sich ins Künstlerzimmer, hilfesuchend.

„Was, Alois, soll ich tun?" Er saß am Steinway-Flügel, einsam und, so schien es mir, verloren. Vor ihm ausgebreitet die Noten von Beethovens Klavierkonzert Nr. 5.

„Soll ich auswendig spielen? Oder von Noten, gleichzeitig als Solist und Dirigent?"

Die Frage passte so recht in die merkwürdig verlassene Situation. Ich wunderte mich. Der große Leonard Bernstein war sich unsicher?

„Und wenn ich von Noten spiele, wirst du mir umblättern?"

„Maestro, lieber Maestro, Sie werden auswendig dirigieren und spielen, natürlich", antwortete ich, fühlte mich so gar nicht kompetent bei diesem Ratschlag.

„Nein, du wirst bei mir sein und umblättern, verlass mich nicht."

Solche Einblicke in die Ängste der Großen beruhigten mich: „Selbst sie brauchen eine Umarmung, um ihrem Publikum das geben zu können, was es braucht: Leuchttürme der Hoffnung, der Zuversicht und Liebe", sagte ich zu mir selbst. Oder suchte der Meister in den einsamsten Minuten auf dem Podium einfach nur meine Nähe?

„Alois, die Schönheit ist verderblich und alle Sinne verwirrend. Sie, die Schönheit hält nur den Geist für erstrebenswert, der Geist aber nur die Schönheit. Dieser Zwiespalt wird mich zerreißen, abhalten vom Komponieren. Ich quäle mich zwischen beiden, quäle mich mit dem Lob Gottes." Er griff zum Scotch Whisky Glas, trank aber nicht daraus. „Du weißt, ich schreibe an meinem größten Werk, ‚The Mass‘, quäle mich, will die Lust an der Schönheit nicht enden lassen, nicht die Qual."

„Die Qual?"

„Erinnerst du dich, als ich in Tanglewood zu dir sagte: ‚Du musst dich erdreisten, um einiges kühner zu sein, wenn du die Stunde des vollen Mittags erleben willst. Komm zu mir nach New York.‘ Jetzt bist du bei mir, siehst meine Kühnheit und erlebst meinen vollen Mittag. Willst du es wagen, dich zu verbrennen, wie ich mich verbrenne? Und wenn du es wagst, wirst du damit behutsam umgehen, so dass niemand von unserem Feuer erfahren wird?"

Unsere Blicke versanken für Augenblicke ineinander, wie damals, so, als hätten wir uns gefunden. Ich war versucht, mich vor ihm niederzuknien, konnte meine Augen nicht von den seinen wenden.

„Nichts ist süßer als ein Geheimnis", nickte ich.

„In dir werde ich überleben, denn du weißt: In der jüdischen Tradition gibt es kein materielles Leben danach. Wir leben weiter im Gedächtnis der anderen. Nur so werde ich unsterblich, auch in dir, wenn ich mein Bestes gebe. Irgendwann wirst du darüber schreiben, dich mit mir beschäftigen und die Schwierigkeit haben, mich zu verlieren."

Zum ersten Mal öffnete sich für mich ein Fenster in die Existenzängste des Maestros.

„Komm, gehen wir, die Menschen warten auf uns." Auf dem
schmalen Weg zur Bühne, bevor der Cerberus die Tür zur Arena
öffnete, flüsterte er mir zu:

„Bereite dich gut vor auf die Kanada-Tournee, nimm die neue
Partitur ‚Inscape' meines Freundes Aaron Copland mit und studiere
sie gründlich. Er hat dieses Werk für das bevorstehende 125-jährige
Jubiläum der New York Philharmoniker komponiert. Ich habe dem
Aaron bereits ein Telegramm geschickt, ihm dazu gratuliert und
auch dich dabei erwähnt. Vertraue darauf: Dein, unser Tag wird
kommen in den Rocky Mountains."

Die Vorbereitungen für die Kanada-Tournee der New York Phil-
harmoniker mit Gustav Mahlers 4. Sinfonie und der Sopranistin
Jeannette Zarou waren am 14. September 1967 mit einem Konzert in
Chicago abgeschlossen. Das erste Konzert der Reise war in Calgary.
Das Konzert am 20. September 1967 in Vancouver sollte für mich
eine Entscheidung bringen und in besonderer Erinnerung bleiben.
Es folgten Edmonton, Montreal, Quebec, Winnipeg, Calgary, Toron-
to und Halifax.

Während des Anflugs auf die wunderbare Stadt Vancouver, über
den Rocky Mountains, kam der Sekretär des Maestros zu mir, als er
mit Musikern der Philharmonie gerade eine Pokerrunde mit Erfolg
beendet hatte.

„Bist du bereit? Jetzt kannst du zeigen, was in dir steckt." Ich
meinte, ein klammheimliches hämisches Lachen in seinen Augenwinkeln zu sehen. Warum nur? Gewiss, er war nie mein Freund.

„Morgen in Vancouver, Alois, wirst du Aaron Coplands ‚Inscape‘ dirigieren. Und“, fügte er betonend hinzu, „es ist dein Vorstellungsdirigat für die Stelle des Musikdirektors Vancouvers.“

Ich geriet außer Fassung. Nein, das durfte nicht jetzt passieren. Ich hatte, obwohl es mir der Meister empfohlen hatte, keinen Blick in die noch tintenfrische moderne Partitur geworfen, schlimmer noch: In welches meiner Gepäckstücke hatte ich um Gottes willen die Partitur verstaut?

In Vancouver angekommen, stürzte ich mich in das Studium der Partitur, die ich inzwischen tief vergraben in einem meiner Koffer gefunden hatte. Unter schwerem Zeitdruck machte ich mich daran, sie wie ein Chirurg in ihre Teile zu zerlegen, zu sezieren, ihre Anatomie zu studieren, Ton für Ton, Zeichen für Zeichen, Verkehrsampeln gleich, rot, grün, gelb. Stopp! Dabei glaubte ich Bernstein zu hören:

„Du hast kein Vertrauen zu dir und den Musikern, bist ‚overambitious‘, überehrgeizig.“ „Kein Vertrauen?“ „Ja! Wozu all diese Zeichen, lass die Musiker spielen, anstatt sie in ihrer Spielfreude zu hindern!“ So, in einem imaginären Zwiegespräch mit mir redend, wurde es eine quälend schlaflose Nacht und darauf ein langer Tag – nur einige hastige Blicke aus dem Fenster auf das herrliche Panorama Vancouvers.

Dann war es endlich soweit. Die wenigen Minuten vor dem Konzert in Bernsteins Künstlerzimmer mit ihm allein würde ich nicht vergessen.

Unvermittelt schaute der Maestro mich an, stellte mir nicht die erwartete Frage: „Kannst du die Partitur?“, sondern eine für diesen Augenblick ungewöhnliche:

„Glaubst du?" Die Frage kam wie der Blitz aus heiterem Himmel. Er hätte ebenso fragen können: „Bist du Jude – bist du heterosexuell – liebst du mich? Glaubst du an ein Leben nach dem Tode, an deine eigene Auferstehung? Glaubst du an dich?" Nein, er fragte nur: „Glaubst du?"

Ich war überrumpelt, dachte an mächtige Orgelklänge und die Ohrfeige des Pfarrers in Olkowitz, „Schönheit ist des Teufels – da vorne, am Altar, spielt die Musik!", seither hatte ich immer wieder darüber nachgedacht, spürte, meine Antwort war entscheidend. Ich dachte an die Martersäule im „Rusten-Feld", an die verwitterte Inschrift: „Si pro te proprium peccator fundo Cruorem, te saltem lachrimas fundere ne pigeat MDXCV." „Der Heiland spricht: Wenn ich für dich, o Sünder, mein eigenes Blut vergieße, soll es dich nicht gereuen, wenigstens Tränen zu vergießen."

Der Vagabund Gottes fiel mir ein, der wortgewaltige Jesuitenprediger. „Schreibe ‚veni creator spiritus' auf deinen Taktstock und ziehe mit mir zu den Menschen, du mit deiner alle Sinne bewegenden Musik und ich mit meiner göttlichen Botschaft, um ihnen den Glauben zu verkünden. Du bist mit deiner Musik näher bei Gott als ich!" Damals hatte ich bereits abgelehnt, mich instrumentalisieren zu lassen!

Nun fragte mich ein Magier der Töne, der dem Klang der Welt nahe ist: „Glaubst du?" Was konnte ich diesem Giganten, diesem Universalgenie, dem Schöpfer der „West Side Story" antworten? Ich überlegte, überlegte zu lange. Bernstein sah mich an, wartete. Draußen stimmte das Orchester schon ein. Ich hörte den Kammerton der Oboe zur Einstimmung des Orchesters, dachte in alle Richtungen, dachte an Julia.

War sie nicht auch eine Suchende, vom evangelischen zum katholischen Glauben übergetreten, war es nicht der Anfang meiner Katastrophe? Was sollte ich also auf die Frage dieses musikalischen Dämons „Glaubst du?" nun antworten? Ihm schien der Glaube sehr wichtig zu sein.

Ich dachte, nur nicht an eins: nicht zu denken; dachte an Marlon Brando „Die Faust im Nacken", an James Dean „Jenseits von Eden" und „Verdammt in alle Ewigkeit", wollte auf der Höhe der Zeit sein, dachte an die 88. Straße, die deutsch-jüdische Gemeinde New Yorks, an Harold Schonberg, den mächtigen jüdischen Kritiker von der New York Times. Er hatte meine Interpretation ,Tod und Verklärung' von Richard Strauss in der New York Times als deutsche Heldenverherrlichung verdammt. Und das nur, weil ich Deutscher war, durchfuhr es mich. Ich dachte an die weiße Binde mit dem N – *Němec,* Deutscher –, dachte an meinen eigenen Namen, an den Bernsteins. War ich selbst gar Jude? Nein, ich bin katholisch und deutsch. Dachte an meine Karriere inmitten des jüdischen New York. Der Alte Jakob aus dem Erdloch, der Sohn eines Pfarrers, fiel mir ein:

„Die Furcht vor dem Herrn ist der Beginn der Weisheit. Gesegnet der Mann, der den Herrn liebt", so hatte der Verrückte zu meiner Mutter gesagt.

Dann war es heraus, das Falsche, konnte nicht mehr zurückgenommen werden. Ich sagte plötzlich: „Nein!"

Ich sagte einfach: „Nein!" Den Blick Bernsteins bei diesem „Nein", diesen ewigen Blick, werde ich nicht mehr loswerden in meinem Leben. War das mein musikalisches Todesurteil, das Ende meiner Laufbahn? Viele Jahre später wird mich dieser Blick wieder treffen. Wortlos drehte sich der Maestro um, stand langsam auf, küsste die

Manschettenknöpfe, die er von Sergei Koussevitzky geschenkt bekam, küsste den Ring an seiner rechten Hand, wie er es immer vor einem Auftritt tat. Das „Nein“ schien sich von den Wänden zu brechen, sich zu vervielfältigen. Dann ging er hinaus aufs Podium, in seine andere Welt. Zuvor noch ein fragender Blick zurück.

„Nein?“

Ich stand immer noch hilflos, benommen da. Von weitem hörte ich durch einen Nebel Gustav Mahlers Klänge aus der 4. Symphonie – die mit den himmlischen Engeln aus „des Knaben Wunderhorn“ – hörte den strahlend dreifachen E-Dur *fortissimo* Ausbruch im langsamen Satz, aufreißend wie ein Blitz den Himmel aufreißt, gleich der Enthüllung einer himmlischen Stadt, hörte darauf im Final-Satz die Sopranstimme:

„Wir genießen die himmlischen Freuden, drum tun wir das Irdische meiden.“ Dann der Refrain: „Sankt Peter im Himmel schaut zu.“ Es ist kindliches Gottsuchen nach dem Schlaraffenland, die verklärende Vision des Kindes von der Gottesstadt. Da fiel mir ein: Der Maestro arbeitete an der „Mass“, seinem verzweifelten, gigantischen Versuch, jüdisches, christliches und buddhistisches Denken musikalisch auszudrücken und zu verbinden. Er quälte sich mit dieser Komposition selbst auf der Suche nach Gott, seinem Bekenntnis zum Glauben. Wollte er die Fesseln der herkömmlichen offiziellen Religionsformen abwerfen? Die katholische Liturgie war die Grundlage der „Mass“. Hauptprotagonist war die Figur des Celebranten.

War das die Ursache seiner Frage „Do you believe? – Glaubst du?“ Hatte er nicht sogar eine Konzertreihe „Auf der Suche nach Gott“ benannt? Ich griff zum Whiskyglas, das der Maestro angebrochen zurückgelassen hat. Es war lockend-erotisierend, es dem Maestro in seiner Art und Weise gleich zu tun, das Whiskyglas zu leeren:

schwermütig, müde, verzweifelt, tief deprimiert über den Lauf der Dinge dieser Welt, so, als würde er alle Last auf seinen Schultern tragen, seine Liebe allen Menschen und Orchestern der ganzen Welt zukommen zulassen.

„Und weil Liebe so viel Zeit und Energie erfordert, leide ich, leidet meine Arbeit, bleiben meine Kompositionen ungeschrieben", schien er damit ausdrücken zu wollen. Es war diese genüssliche, überschwängliche Art Leid, das gar nicht als Leid erschien.

Wo war Julia in diesem Augenblick, um Gottes willen!

Warum war sie jetzt nicht bei mir? „Noch bin ich bei dir, Alois", glaubte ich sie zu hören, trank das halbvolle Whiskyglas aus, nahm die Flasche, setzte sie so an meine Lippen, dass ich sie mit einem Zug leeren könnte, aber trank nicht daraus. Ich bildete mir ein, dass Julia mich dabei beobachtete. Sie schaute mich an: „Ich werde dich verlassen, Alois, wenn du … erinnerst du dich? ‚Du bist ein Botschafter Gottes, wenn du Musik machst‘, hat jener Pater Leppich zu dir gesagt, und: ‚Du bist mit deiner Musik näher an Gott als ich. Schreibe auf deinen Taktstock ‚veni creator spiritus‘ und ziehe mit mir über das Land‘. Alois, wenn du ihm nicht folgst, werde ich ihm folgen."

Bernsteins Stimme, zum Publikum gewandt, holte mich in die Wirklichkeit zurück: „Da steht einer hinter der Bühne und wartet auf seine Chance. Es ist der junge …" Kaum waren die Worte verklungen, drängte mich der Cerberus, der alte Orchesterwart Joseph de Angelis, in die Gasse hinaus zum Pult. „Wie willst du's haben, nach herkömmlicher Art?", gab mir dabei ohne eine Antwort abzuwarten, einen Tritt in den Hintern. „Es ist soweit!". Er schob mich ins grelle Rampenlicht, in die Hölle nach draußen. Da stand ich nun vor dem Riesenorchester. Die Noten in der Partitur vor mir verschwammen. Ich bündelte alle Energien zu einem einzigen, gewaltigen, krachenden ersten Akkord als Ausbruch zu Aaron Coplands neuem Werk ‚Inscape‘, rettete mich von Markierung zu Markierung, glaubte, im Tempo zu langsam zu sein, rettete mich von Markierung zu Markierung, ohne zu wissen, was da im Gange war, von grün über gelb nach rot bis hin zum letzten Akkord. Dann lauschte ich in den Saal, die Klatscher kamen mir wie Eisennägel an meinen Händen vor. Ich verbeugte mich mechanisch vor Publikum und Orchester, mied anschließend die Begegnung mit dem Maestro, hastete ins Hotelzimmer, griff zum nur scheinbar beruhigenden Whisky, öffnete das Fenster. Endlich ein Blick auf das nächtliche Panorama Vancouvers unter mir. Gerne wäre ich Music Director dieser einmalig gelegenen Stadt geworden. Nach diesem Auftritt werde ich es nicht werden.

Vor Mitternacht läutete das Telefon. Der Sekretär Bernsteins war am Apparat:

„Der Meister bittet dich, ihn morgen in die Rocky Moutains in seine Jagdhütte zu begleiten. Er erwartet dich morgen früh am Frühstücksbuffet. Gute Nacht.“

Mir fiel der geheimnisvolle Satz des Maestros vor dem Abflug nach Vancouver ein: „Deine, unsere Stunde wird kommen in den Rocky Mountains.“ Ich erinnerte mich an die Tuscheleien der Studenten in der Kantine von Tanglewood über die homosexuellen Neigungen und Ausschweifungen des Maestros.

Leonard Bernstein und Alois Springer

13

Hatte ich nicht selbst öfters beobachtet, wie der Maestro nach den Proben im „Schuppen" von Tanglewood mit einem Dutzend kräftiger junger Männer an den Lake Mahkeenac schwimmen und segeln ging? Damals dachte ich, der Einzige, der Auserwählte zu sein.

Und – auf dem Flug über den Rocky Mountains, beim Kartenspiel mit den Musikern, erfuhr ich so manches, was ich nicht wahrhaben wollte:

„Er wird versuchen, dich in seiner faszinierenden, unwiderstehlichen Art des großen Lehrers zu betören. Wie auch könnte er dem Charme und dem Talent der Jugend junger Dirigenten widerstehen, und sie ihm." Dabei schmunzelten sie in die Spielkarten hinein, als wüssten sie noch mehr darüber, unterhielten sich über Affären Frank Sinatras und anderer Berühmtheiten, sogar über Aaron Copland, dessen neueste Komposition sie gerade spielen sollten.

„Aber ich bin sicher, er ist mehr interessiert, sie als Meister zu unterrichten und sie in ihrem Talent zu fördern", hatte ich versucht, mich selber zu beruhigen.

Und nun dieser Anruf, die Aufforderung und eindeutige Erwartung meiner Zustimmung, den Maestro am nächsten Morgen in die Berge der Rocky Mountains zu begleiten! Ich stürzte noch mehr in ein emotionales Chaos, ein Ringen zwischen Verstand und Gefühl. Für mich stand fest: Es war ein eindeutiges Angebot! Konnte ich zu diesem Angebot „Nein" sagen. Sollte ich mich etwa einreihen in die zahlreichen, charmanten, talentierten jährlichen jungen Dirigenten, die um die Gunst des Maestros buhlten? Was, wenn ich ja sagen würde? Konnte ich überhaupt gegenüber diesem Giganten, diesem alles verschlingenden Universalgenie etwas sagen? Und wenn ich nein sagen würde, was dann? Meine Karriere, um Gottes willen. Und wenn ich ja sagen würde? Der Sog dieses neuen erotischen Reizes, den der Meister auf mich ausübte, warum sollte ich ihm widerstehen? Halb zog es mich, halb sank ich bereits … und Julia? Und ich selbst, werde ich von ihm „danach" nicht unter ferner liefen behandelt? Der Gegensatz von laut und leise, der die Spannung ihrer Beziehung ohne Worte so kostbar machte. Mein *Pianissimo* am Schluss von „Tod und Verklärung" und die Forderung des Meisters nach mehr Klang? Ich irrte auf und ab, wälzte mich in den Kissen. Im Halbschlaf träumte ich, hoch in den Bergen in einer Hütte neben ihm zu liegen, seine Hand zu spüren, den Klang seiner Stimme zu hören.

„Warum ‚Nein', Alois? Du musst dich erdreisten, um einiges kühner zu sein, wenn du die Stunde des vollen Mittags erleben willst. Kühner-kühner-kühner. Komm zu mir! Gib uns eine Chance!"

Bei all diesen Gedanken schlief ich ein und träumte. Mein Körper löste sich in verschiedene Klänge auf, die mich wie Wellen weich umspülten. Die Klänge wurden zu Gesichtern um mich herum und flüsterten mir zu: „Wir Klänge sind Labsal deiner Wunden." Bei dem Traum „Wunden" schreckte ich schweißgebadet auf. Mein Herz raste. Ich befühlte meinen Körper, sah mich um.

Der Morgen graute, die Kerzen der Nacht waren abgebrannt. Erleichtert, an mir keine Wunden zu spüren, fiel ich endlich in ruhigeren Schlaf, bis mich das schrille Läuten des Telefons aufschreckte.

„Der Maestro erwartet deinen Anruf. Er sitzt bereits in der Frühstückslounge und lässt dich grüßen. Beeile dich!"

„Nein … ich werde nicht kommen." Wieder dieses Nein! Ich glaubte, das Gesicht des Sekretärs zu sehen.

„Nein? Was soll das heißen: Nein?", hörte ich die sich überschlagende Stimme des Sekretärs. „Du kannst nicht nein sagen zu dieser einmaligen Einladung. Du hast das Glück und die Ehre. Solltest gerührt und dankbar sein. Weißt du, was du da sagst? Wer bist du eigentlich, dass du es wagst ..."

Da war wieder jene Gegenstrebigkeit, jene Spannung, die den Bogen erst zum Bogen machte, jenes „Ich höre nichts mehr!" des fordernden Meisters und mein „Dann ist es noch zu laut!" Oder war ich etwa nicht kühn genug, den vollen Mittag erleben zu können? Nein, im Gegenteil: Ich, Alois, hatte die Stirn, zu zeigen, wie sehr ich Europäer war im Gegensatz zu dem amerikanischen Verständnis einer Darstellung des Lebens. Zu diesem Zeitpunkt konnte ich nicht ahnen, wie sehr ich damit die Loyalität des Maestros zu Amerika auf der einen Seite und seine Zuneigung zu Europa andererseits herausforderte.

Ich sah den Maestro erst wieder einen Tag später in Toronto, am Abend vor dem Konzert. Als ich die Tür zum Künstlerzimmer öffnete, sah ich ihn in gebetsartiger, stiller Meditation zusammen mit Zeiji Ozawa am Boden knien, ohne von meinem Kommen Notiz zu nehmen. Nach einer Weile erhoben sie sich und der Maestro kam auf mich zu:

„Er war drei Jahre vor dir mein Assistent. Aber nun bist du bei mir." Es klang fast wie eine Entschuldigung.

„Seiji scheint immer vor mir zu sein", antwortete ich. „Drei Jahre vor mir war er bereits 1. Preisträger des Wettbewerbs in Besançon ..."

„Du bist eifersüchtig? Sei unbesorgt: Nach dem Konzert wirst du bei mir sein, wirst lange bei mir bleiben – dann werden wir die Flamme hüten, die unsere großen Meister entfacht haben, nur wir beide allein! Aber jetzt brauche ich meine Meditation, muss meditieren. Es ist meine Schlaflosigkeit, die mich quält – woher kommt meine tiefe Schwermütigkeit? Ach ja, zu deinem Auftritt gestern: Du warst im Tempo zu langsam! Hast dich verloren darin. Der Komponist Copland hätte dir dasselbe gesagt. Jetzt muss ich aber auf die Bühne. Beethovens Achte wartet."

Als die letzten Klänge der Symphonie und die darauffolgenden Ovationen verklungen waren, sich das Heer der Gratulanten, Bewunderer und Autogrammjäger verlaufen hatte, sammelten sich die jungen Menschen um den Maestro, nahmen ihn in ihre Mitte, schoben ihn in einen nahegelegenen Jazzclub, wanderten danach, ihn fast auf Händen tragend, singend durch die nächtlichen Straßen. Die Ausgelassenheit endete um sechs Uhr früh vor seinem Hotel. Männlein und Weiblein umarmten sich, küssten sich und verabschiedeten sich tanzend in den aufkommenden Tag hinein. Zurück in seiner Suite, sank er in einen breiten Ledersessel. Nun doch ein wenig erschöpft, griff er zu seinem Scotch Ballantine's. Ich, selbst am Ende meiner Kraft, wunderte mich.

„Sie belagern mich, Alois, liegen mir in den Armen. Ich will nicht noch weitere tausend Küsse. Und doch, in meinem Hotelzimmer liege ich allein mit meinem schlechten Gewissen, meiner Angst! Die Zeit rast, ich werde gefeiert als Dirigent, aber ich komme nicht zum Komponieren. Was wird bleiben von mir? Nur der Dirigent wird bleiben, nicht der Komponist. Und davor habe ich Angst!"

„Maestro, das Phänomen Leonard Bernstein wird im Gedächtnis der Menschen bleiben und solange damit unsterblich, wie man sich erinnert. Aber ich gebe zu: Im Augenblick ist es der Zwiespalt zwischen glänzender Gala und schöpferischer Einsamkeit, der Ihre Kritiker veranlasst, nicht an Ihre Ernsthaftigkeit zu glauben."

„Du sagst es. Ich brauche die Umarmung der Menschen, ihre Liebe, ihre Küsse, aber ich bin unglücklich, wenn ich nicht komponiere."

„Wäre es nur das, Maestro, dann könnte …?"

„Nein, nein. Schau dich doch um, Alois. Was ist in der letzten Zeit alles passiert: überall Zerstörung, Vernichtung, die Öfen von Auschwitz rauchen noch, Vietnam, Kambodscha, die Schweinebucht, die Black-Power-Bewegung! Gustav Mahler hat all diese Katastrophen in seiner Musik vorhergeahnt und ausgedrückt."

Gespräche dieser Art entwickelten sich fast nebensächlich spontan, tagaus, tagein, auf dem Gang zu einer Probe, unmittelbar vor dem Auftritt, im Fahrstuhl oder während sein persönlicher Diener ihm, wie stets nach schweißtreibender Arbeit, Handtuch, Scotch und Zigarette reichte:

„Warum hast du für deinen ersten Auftritt in der New York Philharmonie, zu deiner Preisverleihung des Mitropoulos-Wettbewerbs ausgerechnet die Tondichtung ‚Tod und Verklärung' von Richard Strauss ausgewählt und nicht Gustav Mahlers ‚Auferstehungssinfonie'? Das wäre doch sinnvoller gewesen. Und du weißt doch, Richard Strauss war 1933-35 Präsident der Reichsmusikkammer des Dritten Reiches, dazu ein glühender Verehrer Richard Wagners. Alles Tatsachen, die man hier in der jüdischen Gemeinde nicht vergessen hat."

Er saß in seinem Künstlerzimmer am Klavier, intonierte die c-moll Terzen der ersten Takte von ‚Tod und Verklärung' und rezitierte in seiner unvergleichlichen Art aus Alexander Ritters Vorlage: „Mach die Schranke dir zur Staffel! Immer höher nur hinan! Mächtig tönet mir aus dem Himmelsraum entgegen, was ich sehnend hier gesucht." Er hatte den Text für sich abgewandelt.

„Weil es ein großartiges Meisterwerk ist, unabhängig vom Zeitgeist, und weil ich es liebe, deshalb", antwortete ich.

„Es war mutig, Richard Strauss hier in New York aufzuführen." Lennie unterbrach seine Rezitation. „Ich erinnere mich: Du hast bereits in Tanglewood zwei Tage nach deiner Blinddarmoperation die Tondichtung ‚Don Juan' von Richard Strauss dirigiert. Es hat mich sehr beeindruckt. Danach kam ich in der Cafeteria zu dir." Er machte eine lange Pause, als wollte er sagen: „In Tanglewood, dem Hort meiner Jugend, möchte ich dich wieder umarmen."

Dann fuhr er fort: „Ich weiß, du bist Deutscher. Um mich mit meiner Frage zu verstehen musst du wissen: Als ich gerade mein Harvardstudium beendet hatte, war das blutige Schlachten des Zweiten Weltkriegs noch voll im Gange, waren unsere Völker Feinde. Die Landung unserer Truppen in der Normandie stand bevor. Ich gestehe, zu dieser Zeit hasste ich Deutschland. Und du warst gerade 9 Jahre alt, wurdest mit deiner Familie kurz darauf aus deiner Heimat, dem Land in der Mitte Europas, zwischen Ost und West, dem Sudetenland Böhmen-Mähren, von den Tschechen vertrieben. Ich dagegen war dabei, meine Kräfte zu üben und zu erproben, lief einem Ziel entgegen, wie es Alexander Ritter in seinem Gedicht als Vorlage zu ‚Tod und Verklärung' schreibt!"

„Ja! Und ich hatte meinen ersten Auftritt – stand an der Wand zwischen den Gewehrschüssen tschechischer Milizen – als Neunjähriger – war in Todesangst um mich und meine Familie. Mein Vater flehte kniend die Schergen an: ‚Nun schießt doch endlich!' Da nahm ich meine Geige, versank wie eine Muschel auf den Grund des Meeres und spielte mein Lied.

„Sie schossen auf dich, nur weil du Deutscher warst!“

Ich sah Lennie fast anklagend an.

„Und du? Zu dieser Zeit hasstest auch du Deutschland, hättest mich vielleicht auch an die Wand gestellt?“

„Ich muss es gestehen, ich hasste Deutschland! Und ich hasste Richard Wagner, hasste Richard Strauss. Gleichzeitig aber kniete ich vor den beiden Verführern der Schönheit.“ Lennie lachte. „Inzwischen bin ich in einer besonderen Weise verbunden mit ihnen, nämlich in dem Ego-Gefühl, der Mittelpunkt des Universums zu sein – manche Menschen werden nie erwachsen – inzwischen bin ich auch in der Musik verbunden mit deinem Land.“

„Bist du nicht auch ein großer Verführer mit der Macht der Musik? Tönt es nicht auch in dir nach Welterlösung, Weltverklärung? Fühlt sich nicht jeder Mensch als Mittelpunkt des Universums? Ich glaubte jedenfalls damals die einzige lebende Zielscheibe der Welt zu sein, als ich an der Wand stand, dabei eine himmlische Stimme hörte.“

„Du hörtest eine Stimme?“

Lennie hatte bis dahin am Flügel improvisiert, hörte jetzt auf zu spielen, griff zu Zigarette und Whiskyglas.

„Du hörtest eine Stimme?“, wiederholte er erstaunt.

„Auf dem Hügel des Friedhofs, fern am Horizont, sah ich tatsächlich eine engelhafte Gestalt im Licht der untergehenden Sonne stehen. Es war Micha, der Zigeuner.“

„Micha, ein Zigeuner?“

„Ja! Es gibt noch Engel, die dir sagen: ‚Fürchte dich nicht. Ich werde dich immer beschützen.‘ Manchmal sind sie als Zigeuner verkleidet. Er, der Engel Micha war es, der mir die Geige gab, auf der ich gerade spielte. Er schien mir zuzuwinken: ‚Spiel deine Nicolas, deine Geliebte. Jetzt wird sie dir dein Leben retten!‘“

„Du hast mir auch erzählt, was dir zugestoßen ist mit deiner ersten Geige. Die Bordwaffen unserer tieffliegenden Bomber haben sie dir zerschossen und so zum schmerzlichen Klingen gebracht. Eine unglaubliche Geschichte. Hast du jenen Micha wiedergesehen?“

„Vielleicht! Er verkleidet sich gerne!“ Ich lachte. „Vielleicht bist du Micha! Bist du es?“

Lennie ließ sich darauf nicht ein. Der Vergleich gefiel ihm sichtlich nicht. „Welch eine unglaubliche Geschichte, Alois! Zu jener Zeit war ich schon auf dem Weg und erdreistete mich kühn, die Stunde des vollen Mittags zu erleben, dirigierte in deinem total zerstörten Land als amerikanisch kulturloser Jude die Verstoßenen, die Lebensunwerten, die Übriggebliebenen – 20 Musiker, das Auschwitz-Orchester. Einige von uns in der Philharmonie können dir noch davon berichten, zum Beispiel Joseph Silberstein, der erste Geiger oder Mr. Goodman, unser Pauker, sie haben überlebt. Und seltsam: Sie lieben Deutschland.“

Lennie nahm die neben ihm stehende Whiskyflasche und trank sie leer. „1948 konnte ich das Chaos im total zerstörten Deutschland von einer privilegierten Tribüne aus beobachten. Als VIP hatte ich alle Annehmlichkeiten der Welt. Während ich in Geiselgasteig in einer Villa im größten Luxus lebte, sah ich um mich herum die Menschen hungern, betteln, verkommen.“

„Ich war gerade 12 Jahre alt und zog mit meiner Mutter und der Geige von Bauernhof zu Bauernhof und bettelte: ‚Drei Eier für ein Lied.‘“

„Unvorstellbar, diese Gegensätze. Vor meinem Sonderkonzert für jüdische Deportierte mit dem Auschwitz-Orchester sollte es noch eine Vernichtungsanstalt, eine Anstalt für Medizin im Nationalsozialismus sein. Ich erinnere mich: Es war Hadamar im Westerwald. Man sagte mir, bald nach der Aufnahme des Vergasungsbetriebs 1941 konnte man bereits das Jubiläum der 10.000sten Vergasung feiern."

Der persönliche Assistent kam ins Zimmer, bereitete unauffällig den Konzertauftritt vor. Lennie begann, die ersten Takte der 5. Sinfonie von Gustav Mahler zu intonieren.

„Man stelle es sich vor: In Hadamar feierte man die 10.000ste Vergasung als Erfolg des tausendjährigen Reiches. Erfolg hat tausend Namen wie die Liebe: Blumen und Blut, Mord und seine Verherrlichung. Gustav Mahler hat das kommende Unheil von damals in Töne gesetzt; höre dir doch diese Einleitung der 5. Sinfonie an."

Lennie intonierte die mächtigen c-moll Triolen-Rhythmen der Introduction und verlor sich beinahe darin. Sein Assistent reichte ihm wie üblich Handtuch und das Glas Ballantine. „Oder hier", Lennie nahm das Glas mit seiner Linken, hämmerte mit der Rechten ein Fanfarenmotiv, „hier in seiner 1. Sinfonie die Fanfaren der Kasernen von Leitmeritz – nahe deiner Heimat Böhmen-Mähren vor der Vertreibung." Dann versank er in die Musik, vergaß mich dabei. Nachdenklich ließ ich ihn alleine. Hadamar ging mir nicht aus dem Kopf.

Zu diesem Zeitpunkt konnte ich nicht ahnen, dass Hadamar, die Vernichtungsanstalt lebensunwerten Lebens im Westerwald der Ort meines Hiroshimas werden sollte, meiner eigenen Vernichtung, der totalen Zerstörung meiner Persönlichkeit. Aber noch entwickelte sich mein Leben von Höhepunkt zu Höhepunkt, von Gala zu Gala.

14

Die Kanada-Tournee war beendet. Die neue Saison wurde mit einem Gala-Konzert in der Philharmonic Hall eröffnet, gemeinsam mit den Wiener Philharmonikern, die ebenfalls ihr 125. Bestehen feierten.

Ein einmaliges Zusammentreffen zweier musikalischer Kosmen. Leonard Bernstein und Karl Böhm gemeinsam *in concert*. Zuerst gaben die Wiener Philharmoniker ihr Konzert unter Bernstein. Er begann mit der Leonoren-Ouvertüre Nr. 3 von Beethoven so kraftvoll, scharf abgestuft in der Dynamik und eindringlich im Klang, so, dass man meinen konnte, es seien die New York Philharmoniker.

Die Proben dazu verfolgte ich zusammen mit Karl Böhm, dem großen Interpreten von Mozart, Wagner, Richard Strauss, Leiter der Wiener Staatsoper in den ersten Reihen der Philharmonic Hall. Die bissigen Bemerkungen des europäischen Altmeisters zu mir über Künstler und ihre Unfähigkeit, Verträge auszuhandeln, verrieten mir, dass er als Jurist seine Laufbahn angefangen hatte. Seine hämischen Kommentare über Bernsteins Art zu dirigieren gipfelten schließlich in einem Satz: „Schau, schau, siagst, da tonzt er scho wieder", und deutete auf den tanzenden Bernstein.

„Wenn ich ihn so tanzen sehe, könnte ich mir denken, dass seine letzte Sinfonie, die er dirigieren wird, die 7. Sinfonie von Beethoven sein wird, die Tanz-Symphonie – und zwar in Tanglewood, an dem Ort seiner Jugendjahre. "

Die so locker dahingesagten Worte sollten sich bewahrheiten.

„Junger Mann", sagte er noch, „Lennie tanzt, und andere mühen sich um ihre Existenz. Ich erinnere mich: Da spielten mir vor einiger Zeit eine Reihe von ungarischen Musikern vor, die vor den Russen geflüchtet sind. Ihrer sollte man sich annehmen. Ich glaube, sie haben inzwischen ein Orchester gegründet. Wäre das nichts für Sie, junger Mann?"

Jetzt erinnerte ich mich an die Worte Yehudi Menuhins: „Du bist jung, voller Energie und Tatendrang, bist selber vertrieben worden, wirst die Not dieser ungarischen Musiker verstehen. Willst du nicht bei diesem Flüchtlingsorchester spielen? Sie brauchen talentierte Musiker wie dich."

Karl Böhm revanchierte sich eine Woche später mit Mozarts „Haffner Sinfonie" D-Dur KV 385 und den New York Philharmonikern. Tatsächlich stand Bernsteins zupackende, laute, etwas kräftige Interpretation im auffallenden Gegensatz zu der leiseren, deswegen umso spannenderen Wiedergabe Karl Böhms. Ich fühlte mich bestätigt in meiner Auffassung des Lauschens auf Zeit, Klang und Bewegung, Erinnerung.

In dieser Jubiläumswoche trafen sich die Größen des internationalen Musiklebens im Lincoln Center, in der Philharmonic Hall, vor und hinter der Bühne, zwischen der Metropolitan Opera und dem New York City-Ballett. Als Assistent Bernsteins war ich mitten unter ihnen. Dabei passierte mir, in meiner Naivität, ein heftiger Flirt mit einem vermeintlichen Blumenmädchen. Das einfache, wunderbare Blumenmädchen war Barbra Streisand, die mir ihre Identität erst leise zuflüsternd verriet, als ich ihr versprochen hatte, dieses Geheimnis unserer wunderbaren Augenblicke in meinem Herzen zu bewahren.

Der Maestro wusste aber bereits mehr darüber, schien mich beobachtet zu haben. In einem geeigneten Augenblick nahm er mich beiseite:

„Hier draußen, außerhalb der Musik, müsstest du mit Konsequenzen rechnen für diesen Flirt, aber nicht, wenn du dasselbe in der Musik machen würdest. Also mache Musik! Du wirst im nächsten *Young People's Concert* auftreten, und zwar mit dem Wunder Lawrence Foster, einem zwölfjährigen Cellisten – Sains-Saens Cellokonzert. Es wird in 36 Länder übertragen.“

Das Jahr an der Seite des Maestros strebte dem Höhepunkt zu, einer Einladung nach Washington D.C. ins Weiße Haus anlässlich meiner Ehrung als 1. Preisträger des Mitropoulos-Preises. Die Begegnung mit Jacqueline Kennedy war für mich der Höhepunkt des Empfangs im Blair-House, dem Gästehaus des Weißen Hauses. Die Ereignisse überschlugen sich.

Martin Luther King und Robert Kennedy wurden in Los Angeles ermordet.

Das war die Zeit, als Leonard Bernstein über sein neues großes Werk „The Mass“ mit mir sinnierte:

„Ich schreibe gerade an meinem größten Anliegen, der ‚Mass‘. Zweifel quälen mich, zermürben mich. Ja, ich zweifle! Sie werden meine ‚Mass‘ verdammen als Gotteslästerung! Meine ‚Mass‘ beginnt mit einem ‚Kyrie eleison‘ – erbarme dich!“

„Meister, sing dein einfaches Lied. Es wird Gott gefallen, wie er an allen einfachen Dingen Gefallen hat.“ Ich erschrak über meine Worte.

„Ich werde deine Worte an den Anfang meiner ‚Mass‘ dem Zelebranten als zentrale Figur des einfachen Glaubens singen lassen. ‚Wenn ich für dich, o Sünder, mein eigenes Blut vergieße, soll es dich nicht gereuen, wenigstens Tränen zu vergießen.‘ Der König ist tot, Jack Kennedy ist tot, auch seinen Bruder haben sie getötet. Warum das alles? Dies Geschehnis verlangt eine Auflösung. Ich werde meine ‚Mass‘ vollenden!“

„Warum solltest du das nicht tun? Singe dein Lied! Ist es nicht so, dass schon vor fast 3.000 Jahren der Psalmist in seinen letzten 4 Gesängen seiner Psalmen 147-150 dem Herrn ein Lied gesungen hat: ‚Singet dem Herrn, lobet ihn mit Posaunen, mit Psalter und Harfe, mit Trommeln und Tänzen, mit allen Pfeifen, mit hellen Zimbeln und wohlklingenden Zimbals.‘“

„Du hast recht“, sagte Lennie. „Und nicht nur er tat es. Ich erinnere mich: Hat nicht Duke Ellington dasselbe Lied auf seine unvergleichliche Art mit den gleichen Psalmtexten in seinem Konzert Nr. 1 gesungen? Und Johann Sebastian Bach in der Motette ‚Singet dem Herrn …‘?“ Lennie erhob sich, ging zu seinem Plattenspieler, legte eine Platte ein. Es erklang Bachs Motette „Singet dem Herrn …“

„Ist nicht Gott in der Musik und die Musik in Gott?“, wandte er sich zu mir, als wollte er sagen: „Alois, du hast es einmal selber gesagt: ‚Dein Leben ist Musik in Gott‘. Warum hast du nein gesagt, als ich dich fragte: Glaubst du?“

„Und warum hat der Dechant von Olkowitz nur gesagt, alles Schöne ist des Teufels?“, fragte ich mich immer noch, immer wieder.

Es war die Zeit des Abschieds von New York, die Zeit mit und neben Leonard Bernstein ging für mich langsam zu Ende.

Und welch eine Ironie des Schicksals! Ausgerechnet ich, ein 1945 aus seiner Heimat Vertriebener, sollte als Chefdirigent das „Flüchtlingsorchester“ übernehmen, von dem Yehudi Menuhin und Karl Böhm als ein rettendes Zukunftsprojekt geredet hatten: Die Philharmonia Hungarica.

Als im Spätherbst 1956 der Ungarnaufstand durch die sowjetische Streitmacht blutig niedergeschlagen wurde, flüchteten etwa 190.000 Menschen, darunter auch Orchestermusiker. Und Lennie dirigierte zu dieser Zeit in einem total zerstörten Land als amerikanisch kulturloser Jude die Verstoßenen, die Lebensunwerten, die Übriggebliebenen – 20 Musiker, das Auschwitz-Orchester.

Auf die immer wiederkehrende Frage, wo das Orchester seinen Sitz hätte, kam immer die Antwort: nowhere!

Nur einige Kilometer von diesem Nowhere entfernt, es waren genau 20 Kilometer, wuchs zu dieser Zeit ein zehnjähriges Mädchen heran. Es half seinen Eltern hinter dem Tresen einer Kneipe beim Geschirr spülen und Abwaschen des angefallenen Geschirrs. Dabei träumte es von einem Schloss oder gar einer Grafschaft, in der es nicht mehr Geschirrspülen musste, sondern eine Gräfin sein konnte. Das Mädchen hieß Nicole Regine. Zu dieser Zeit hatte es keine Ahnung von einem berühmten Orchester von nebenan. Welch eine Fügung: Meine Geige hieß Nicolas. Sie hatte mich bis dahin durch mein Leben begleitet. 30 Jahre später wird eine junge Frau namens Nicole Regine unter besonders schicksalhaften Umständen das Ende der Ära dieses berühmten und ungewöhnlichen Orchesters erleben und gleichzeitig „Creator Spiritus", Lebensquell meines neuen Anfangs, meiner Auferstehung sein – als Gräfin von Olkowitz – für einen bis dahin für alle Gestorbenen, Verlorenen.

Leonard Bernstein und Alois Springer

15

Aus Anlass meiner Rückkehr nach Luxemburg und gleichzeitig zu meiner Verabschiedung waren alle akkreditierten Botschafter im Herzogtum zu einem Gala-Konzert am 15. Juni 1967 unter meiner Leitung eingeladen. Auf dem Programm stand eine Erstaufführung der Cello-Rhapsodie von Khatchaturian, die Tondichtung „Don Juan" von Richard Strauss und Tschaikowskys 6. Sinfonie. Das Konzert begann mit „Don Juan". Nach den ersten 16 Takten des „Don Juan" setzten die Celli mit ihrem rasanten Sechzehntel-Auftakt aus mir unerklärlichen Gründen nicht ein. Eine Kettenreaktion bei den Einsätzen der verschiedenen Instrumentengruppen erfolgte.

Ich brach ab, wandte mich ans Publikum:

„Meine verehrten Damen und Herren, ich muss noch einmal anfangen." Orchester und Publikum erstarrten für Sekunden. Mit einem geballten Auftakt zum Orchester erfolgte eine Klangexplosion, ungeahnte Energien wurden frei, das Orchester spielte wie vom Teufel verfolgt und zeichnete einen Don Juan, als sei dieser leibhaftig im Kampf mit all seinen Leidenschaften. Trotzdem – ein Skandal war geboren.

Die Presse unterstellte mir amerikanisches Showverhalten, rücksichtslosen Umgang mit dem Publikum, sogar Halbstarken-Manieren. Eine überregionale Zeitschrift verstieg sich zu dem Ausdruck „Marlon Brando des Taktstocks", was mir sicher geschmeichelt hätte, wenn ich es gelesen hätte.

Es war aber dieses Streben nach Perfektion, vor dem Lennie mich gewarnt hatte, das mich zu dem Abbruch veranlasste, ja regelrecht zwang. Die Treue zum Werk? Oder war es Überforderung, etwa Überheblichkeit, ein Zeichen an der Wand: Vorsicht, Alois?

Das darauffolgende Deutschland-Debüt mit dem RIAS-Symphonieorchester Berlin glich einem Paukenschlag. Die Resonanz der nationalen Musikkritik war dementsprechend: „Sensation am Pult", „Seine Schlagtechnik ist verblüffend", „Ein Star als Mittelpunkt", „Ein Dirigent, der mit seinen kontrollierten Ekstasen dem Abend ein Fluidum von Sensation einhauchte", „Ein Orchester erwacht", „Auswendig, ohne Partitur übte er mit seiner phänomenalen Rafaellen Technik eine magische Wirkung auf die Orchestermusiker aus", „Eine Ausnahmeerscheinung im heutigen regen Kulturbetrieb", „Ein neuer Arthur Nikisch", „Bernstein ist von ihm begeistert", „Das Trommelfell Gottes ..." Ausgerechnet. Ich schüttelte den Kopf. Hatte ich doch gerade damit meine Erfahrung gemacht.

„Bernstein ist von ihm begeistert", las ich diese Überschrift ungläubig immer wieder, sprach sie mir vor, wiederholte die einzelnen Worte in den verschiedensten agogischen Betonungen. Wie konnte Lennie bereits von meinem Debüt in Berlin wissen?

Tage danach erreichte mich ein Anruf aus der Berliner Philharmonie: Dr. Wolfgang Stresemann, Intendant der Berliner Philharmoniker, meldete sich:

„Ich habe gehört, junger Mann, Sie werden der neue Chefdirigent der Philharmonia Hungarica, eines der bedeutendsten Sinfonieorchester Europas. Meine aufrichtige Gratulation. Junger Mann, ich sage Ihnen: Sie übernehmen ein schwieriges Orchester. Wenn Sie dieses Orchester schaffen, dann kommen Sie noch einmal zu mir in die Philharmonic nach Berlin."

Ich war auf dem Höhepunkt meiner Karriere. Mein Lauf zu den Sternen schien unaufhaltsam. Alois, lauf! Alois, lauf zu den Sternen! Was konnte mich noch aufhalten? Die Welt lag mir zu Füßen. Schwerste Partituren gelangen mir mühelos, ich dirigierte sie alle auswendig. Mein Markenzeichen: Mit minimalsten Bewegungen erzeugte ich organisch gewachsene gewaltige *Crescendi*, zeigte Entwicklungen auf zu den sich daraus bewegenden Klangausbrüchen und Höhepunkten. Beobachter meiner Probenarbeit mit den Orchestern wunderten sich, in welch ungewöhnlich kurzer Zeit ich, nur mit wenigen verbalen Unterbrechungen ohne ermüdende Erklärungen, ein großes Orchester zu einem einheitlichen Klang formte. Es machte den Eindruck, nicht ich würde eine Sinfonie von Beethoven dirigieren, sondern Beethoven hatte seine Sinfonien nur für mich geschrieben. So und nicht anders mussten seine Werke erklingen. Ich ließ die Musiker spielen, gab jedem in seiner Spielfreude das Gefühl, endlich so musizieren zu können, wie er es immer schon wollte. Dazu kam die fast grenzenlose, hemmungslose Hingabe, Preisgabe meiner Gefühle in die Musik durch Gestik, gefiltert mit der Distanz des Schon-Durchlebten. Für diese Hingabe hatte ich keine Entschuldigung. Sagte nicht Lennie über diese Hingabe: „… ich kann Sachen tun mit meinem Orchester, für die ich, wenn ich sie auf der Straße tun würde, im Gefängnis landen würde." Das traf auch auf mich zu.

Durch meine kommunikative Gabe, mit eindeutiger Gestik, Mimik, Körper- und Augensprache konnte ich meine Vorstellung vom Werk unmittelbar ohne überflüssige Übersetzung dem Orchester darstellen, vermitteln und in Musik umsetzen. So sparte ich mir und den Musikern ermüdende musikwissenschaftliche Erklärungen über Aufbau, Durchführung und werkgetreuer Interpretation.

Mit dieser überzeugenden Souveränität, aber auch der bedenkenlosen Gewissheit, im Augenblick des Musizierens, Mittelpunkt des Universums zu sein, trat ich als Chefdirigent vor mein neues Orchester – hatte den Anspruch, jedes Mal ans Dirigentenpult zu gehen in dem Bewusstsein, einem Priester am Altar gleich eine heilige Handlung zu vollziehen.

Hin und wieder beschlich mich ein beängstigendes Gefühl, eine Galionsfigur zu sein und Erwartungen erfüllen zu müssen. Insgeheim wuchs in mir die Sehnsucht, gegen alle Erwartungen frei zu sein, mein Leben nach meinem Willen zu leben.

Julia hatte mich auf der Fahrt von Luxemburg zu meinem ersten Antrittskonzert nach Marl begleitet. Der erste Eindruck von der Stadt meines zukünftigen Wirkens am Rande des Ruhrgebietes glich einem Kulturschock. Der Kontrast zu New York, selbst zu Luxemburg, war nicht zu überbieten. Ratlos hielten wir an einem trübregnerischen Vormittag neben einem einzelnen Gebäude auf einem wiesenartigen Gelände, vor dem eine Gruppe von offensichtlich Wartenden stand. Auf die Frage, wo das Zentrum der Stadt und das Theater sei, kam die schockierende Antwort:

„Sie stehen direkt davor." Es stellte sich heraus, dass die Wartenden meine Musiker waren, die auf die Ankunft ihres neuen Chefdirigenten neugierig warteten. Man konnte es ihren Gesichtern ansehen, wie erstaunt und zutiefst enttäuscht sie waren, als ihr hochgelobter neuer Chef, anstatt angemessen mit einem Jaguar oder ähnlichem repräsentativen Gefährt mit einem Fiat 500 vorgefahren kam.

Dieser erste Auftritt mit einem Gefährt der armen Leute war unüberlegt nachlässig und unvorhersehbar folgenschwer, hatten doch wir beide nicht damit gerechnet, wie wichtig und entscheidend immer noch ein sichtbares Statussymbol für die Menschen war. Und wir hatten nicht bedacht, wie hoffnungsvoll diese Menschen zu einer Autorität aufblicken wollten.

Schwerwiegender jedoch und ein maßgebender Grund der sich leise anbahnenden Katastrophe, möglicherweise die Wurzel der

kommenden Übel, war die Entscheidung, keine für diese anspruchs-
volle Position repräsentative Wohnung zu nehmen, die dem Bedürf-
nis und unbedingtem Anspruch auf Ruhe, Entspannung und notwendig innerer Sammlung entsprach. Waren nicht jene Entscheidungen bereits eine Folge, es aus Gedankenlosigkeit unterlassen zu
haben, Fragen zu stellen?

So kam es also aus Nachlässigkeit dazu, dass wir uns als vorläufige
Unterkunft für ein einfaches Zimmer ohne Toilette, Dusche und Bad
in einem Schwesternheim nahe einem Krankenhaus entschieden.
Das fragwürdige Argument: Die Familie mit den Kindern sollte um
Gottes willen in Luxemburg bleiben, so meinte Julia. Dort in dem
geräumigen Haus und in dem Ländchen, wo Milch und Honig fließt,
wuchsen sie schließlich dreisprachig in europäischem Geist auf,
konnten weiter die Europa-Schule besuchen und bei ihren Freunden
bleiben. Außerdem, wer weiß schon, was geschehen würde, wenn
das Wagnis misslänge! Ich fragte nicht nach dem Wenn und Was
und hätte doch fragen sollen, um eine Antwort zu bekommen. Warum ließ ich alles merkwürdig widerstandslos geschehen? Wo blieb
meine Urteilsfähigkeit in den praktischen Dingen des Lebens, in
Familienangelegenheiten? Hatte ich keine Bodenhaftung mehr? Ließ
ich mich von den Schwingungen der Musik in eine Leichtigkeit
betäuben, die nichts mehr mit der griffigen Welt zu tun hatte?

Julia war nach der Erledigung des Wohnungsproblems anscheinend erleichtert wieder abgereist, zu den Kindern, vielleicht zur
Beichte, zu ihrem nicht zu widerlegenden Alibi. Glaubte sie etwa,
mich ausgerechnet im Augenblick der Erreichung des Ziels nun
allein lassen zu können? Hatte sie nicht bedacht, dass gerade jetzt
der Augenblick höchster Konzentration gekommen war, die alles
entscheidende, gefährlich einmalige Situation, in der ich die Schale

brauchte, die mich schützt, die Luft, in der ich fliegen und das Stroh,
auf das ich fallen konnte?

16

Als wäre der Wechsel von New York nach Marl in Westfalen nicht deprimierend genug, hauste ich nun auch noch freiwillig und ohne aufzubegehren in einer Zelle, deren Wände notdürftig mit vergilbten, verschimmelten Tapeten beklebt waren. Wie ein unabwendbar zu lebenslanger Haft Verurteilter fügte ich mich, richtete ich mich nachts auf meiner harten Pritsche ein, und das für eine längere Zeit, so schien es. Mein fast schon willenloses Verhalten stand im krassen Gegensatz zu den damaligen selbstbewussten, fast schon mutwilligen Entscheidungen, aus dem Fenster zu springen oder gegen den Willen meines Geigenlehrers zur Aufnahmeprüfung zu fahren. Ich nahm den morgendlichen Gang im langen kalten Flur bis hinten zur allgemeinen Toilette mit der tröpfelnden Dusche und den speckigen Fliesen in Kauf, wehrte mich nicht gegen die mir begegnenden jungen, müde dahinschlurfenden Schwestern, hoffte dabei auf ein erfrischendes Gesicht, grüßte trotzdem jede von ihnen zuvorkommend, belächelte dann das leise Tuscheln hinter meinem Rücken: „Das soll der neue Chefdirigent sein, der da?", um dann fröstelnd mit meinem Fiat 500 zur morgendlichen Probe zu fahren. Vor mir der Probenplan gewaltiger Werke, wie die Suite ‚Der Feuervogel' von Strawinsky in der Fassung 1945 oder die 1. Symphonie von Johannes Brahms. Große Partituren, die all meine Kreativität und Sinne forderten. Aus welcher Quelle aber sollte ich die Kraft schöpfen, eine symphonische Klang-Kathedrale zu bauen?

Da stand ich nun ohne Deckung und Rückhalt vor einem schwierigen Orchester, um eine heilige Handlung zu vollziehen, wie ich es mir geschworen hatte, während die Musiker anscheinend geradezu begierig darauf waren, mich zu provozieren. So sah ich eines Morgens einen ersten Geiger während der Probe Zeitung lesen. „Das können Sie auch draußen machen", glaubte ich ihn genügend gerügt zu haben. Das Gegenteil war der Fall. Der Musiker bedankte sich höflich, faltete die Zeitung sorgfältig zusammen, stand auf und ging.

Das gesamte Orchester nickte wie ein Mann beifallzollend. „Recht so dem Dirigenten!" Ich stand da und nickte ebenfalls. Ähnliche Fallen wurden laufend aufgestellt. Ich tappte schutzlos in sie hinein. Waren es Bösartigkeiten gegen mich? Und wenn, was steckte hinter diesen Bösartigkeiten? Ich konnte es mir nicht erklären.

Der Intendant hatte mich doch als kommenden großen Dirigenten vorgestellt. Eine gute Basis für eine erfolgreiche, fruchtbare Zusammenarbeit! Von den Spannungen zwischen Orchester und meinem genialen Intendanten wusste ich nichts. Auch nichts davon, dass sie ihn, ihren Intendanten, stürzen wollten, warum auch immer. Eine einmalige Gelegenheit. Sie schlugen auf den Sack und meinten wohl den Esel.

Und dafür hatte das Orchester einen jungen, hochbegabten noch unerfahrenen Chefdirigenten. Und ich hatte keine Ahnung vom Schicksal jedes einzelnen Musikers, geschweige von den Wunden und Narben, den negativen Schwingungen einer Flucht, einer Entwurzelung, hatte keinen Einblick in die Gefühlswelt von Emigranten und keine Vorstellung von Existenzangst, von der Komplexität der Verpflanzung eines Organs in einen anderen Körper.

Ich nahm das Orchester als quasi von Gott gegeben, ohne zu wissen, was ich hätte wissen müssen: dass dieses Orchester einen ähnlichen Kulturschock erlitten hatte wie ich selbst, anders als ich, aber in dauernder Depression des Emigrantendaseins.

Der Einmarsch der Russischen Armee 1956 in Ungarn zwang fast die gesamte Ungarische Phiharmonie in die Emigration. So sammelten sich die von der Weltstadt Budapest Versprengten einzeln zunächst in Baden bei Wien. Verschiedene Schweizer Hilfsorganisationen, der UN-Hochkommissar für das Flüchtlingswesen, die Ford- und Rockefeller-Foundation und der Kongress für die Freiheit der Kultur in Paris unter seinem Generalsekretär Nabokov, setzten sich für die Gründung und Verschmelzung zu einem Klangkörper ein. Am 28. Mai 1957 gab das Orchester bereits sein erstes Konzert im großen Saal des Wiener Konzerthauses. Schon im ersten Dreivierteljahr seines Bestehens bewältigte das Orchester ein enormes Arbeitstempo: Festspiele in Interlaken, Filmaufnahmen, Konzerte im großen Musiksaal Wien, Schallplattenaufnahmen für Philipps, Tourneen nach Holland, Italien, Frankreich. Dabei spielte Yehudi Menuhin die großen Violinkonzerte. Durch einen Zufall wurde eine beiläufige Information ein heftig diskutiertes Thema im Orchester: Die westfälische Industriestadt Marl hatte kein eigenes Orchester und zeigte Interesse an der neuen Philharmonia Hungarica. Von da an war ein Wechsel von der Weltstadt Wien nach Marl, einer Siedlung am Rande des Ruhrgebiets, aktuell. Das Unwahrscheinliche, aus einer Idee geboren, nahm Form an. Die Verhandlungen mit Bund, Land und der Stadt Marl begannen.

Carlo Schmid, Felix von Eckehardt und Bundeskanzler Adenauer gaben ihre Zustimmung zur Adoption des Orchesters. Am 4. März 1959 gab die Philharmonia Hungarica ihr erstes Konzert in Marl. Anfang Dezember erfolgte die Übersiedlung dorthin.

86 Musiker zogen mit ihren Familien, noch dazu eng zusammen, in eine dafür angelegte Siedlung, bestehend aus 74 Wohnungen.

Meinte Stresemann, der Intendant der Berliner Philharmoniker, damals diese ungesunde Situation, als er nach meinem Debut in Berlin zu mir sagte: „Ein schwieriges Orchester"?

Von all dem wusste ich zunächst wenig. Ich spürte nur einen zunehmenden, kräftezehrenden Widerstand, schwelende Unruhe, gegenseitige Intrige zwischen den Orchestermusikern und gegen mich selbst, deren Ursache ich mir nicht erklären konnte. Erst später konnte ich den Ursprung und die Ursache dieses ungesunden Gesamtzustands analysieren.

An den Abenden nach den anstrengenden Proben redete ich in meiner kleinen Kochnische mit den liegengebliebenen Tellern und Tassen des Vortags und zu mir selbst, zum lieben Gott, wie ich meinte. Immer öfter wagte ich mich über die Straße in die Eckkneipe. Da saß ich am Tresen. Hinter dem Tresen der alte, zwergenhafte Wirt, der gar nicht begriff, warum seine Kneipe immer leer war und was dieser einsame Mensch am Tresen von ihm um Gottes willen wollte, ja geradezu beleidigt tat. So verging die Zeit. Der Alte spülte Gläser, die nie benutzt wurden, nickte ab und zu mürrisch: „Noch ein Schnäpgen?" Einmal horchte der zwergenhafte Wirt auf, ließ das Gläserspülen sein, legte den immer trockenen Lappen weg. „Chefdirigent, um Gottes willen ... noch ein Schnäpgen?" Ich setzte noch eins drauf:

„Ja, ja, New York ... Broadway ... und jetzt hier!" Das verkraftete der zwergenhafte Wirt nicht, rief aufgeregt nach seiner Frau, die nie kam, weil sie wohl gar nicht existierte.

„Frau, hörst du! New York, New York! Chefdirigent!"

Es gab die großen Ausnahmen: die Konzerte. Das Orchester und ich wurden von Publikum, Veranstaltern und Presse stürmisch gefeiert. Es musste also doch etwas dran sein an mir. Das Orchester spielte göttlich, wunderte sich über sich selbst, dass es so gute Musik machte. Es gab ‚standing ovations‘. Nach den Konzerten: die Empfänge, unsichtbare Fallstricke für mich, den nach höchster Konzentration immer völlig Verausgabten. Niemand schirmte mich ab vom ach so notwendigen Lob der Gratulanten, hielt mich fern von den sich um mich Drängenden. Kein rotes Licht leuchtete auf, das mich hätte warnen können: „Halt, lösche deinen Durst, dein Verlangen nach Abkühlung, Beruhigung und Belohnung nicht mit Alkohol. Du warst trunken genug in deiner Musik. Werde wieder nüchtern und stelle dich deinem Alltag im Schwesternheim!“

Der Alltag, der nächste Morgen war immer wieder erdrückend, glich dem eines in seiner Zelle zu lebenslanger Haft Verurteilten. Der lange kalte Flur bis hinten zur allgemeinen Toilette mit tröpfelnder Dusche, die mir begegnenden jungen dahinschlurfenden Schwestern mit fahlem Gesichtsausdruck. Danach immer wieder der einsame, komprimierte, kurze Aufstieg zum Gipfel höchster Hingabe an die Musik: die morgendliche Probe mit absolutem Anspruch an sich selbst und die Musiker. Und danach keine Rückmeldung, kein Echo, kein „Weiter so!“ Nur eine Forderung: „Dein letztes Konzert ist dein erstes, es könnte dein letztes sein!“

Und zwischen den Akkorden, Melodien und Klängen das Sich-Wundern, warum meine Familie nicht bei mir ist, wo meine Kinder sind, die von all dem nichts wissen, weder von meinen Erfolgen noch von meiner Sehnsucht und Verlassenheit. Wie konnten sie es auch wissen, wenn sogar Julia, ihre Mutter von all dem fern blieb? Julia widmete sich ihren sozialen Aufgaben in der ‚action 365‘ des Pater Leppich, kümmerte sich in christlicher Nächstenliebe um das

Schicksal Hilfsbedürftiger. An meinen Erfolgen hatte sie nur durch die Berichte aus dem Feuilleton teilgenommen.

Nun endlich war sie zum Jubiläumskonzert der Philharmonia Hungarica aus Anlass ihres 25-jährigen Bestehens gekommen. Prominente Ehrengäste waren angereist. Pierre Fournier war der berühmte Solist des Konzerts für Violoncello und Orchester von Antonin Dvořák. Die ‚Symphonie fantastique‘ von Hector Berlioz wurde gegeben. Ein rauschender Erfolg.

Am Morgen danach, noch bewegt vom Erfolg und dem Klang des vergangenen Abends, schlenderten ich und Julia durch die Straßen. Plötzlich blieb Julia ohne sichtlichen Grund stehen, sah mich durchdringend an.

„Was ist mit dir, Julia?“, fragte ich besorgt.

„Alois, ich habe dich gestern Abend in deiner Musik so gesehen, wie ich dich an jenem Abend sah, als ich an deine Türe klopfte und du die Partitur der Jupiter-Symphonie aus dem Gedächtnis niederschriebst: ‚Wenn du so ein Gedächtnis hast, dann werde Dirigent‘, sagte ich damals zu dir. Aber ich sah vielmehr, hatte eine Vision. Ich sah dich damals schon so wie gestern Abend. Nun ist es soweit und ich habe mein Gelübde erfüllt, Alois. Ich kann jetzt gehen!“

„Julia, um Gottes willen, was meinst du damit?“

Ohne zu antworten, drehte sie sich um und ging, ließ mich zurück. Wie versteinert blieb ich stehen, konnte nichts erwidern, sah ohne Regung, wie sie ging, ließ es zu, ließ sie gehen. Nein, sie drehte sich nicht um, so sehr ich ihr nachstarrte, sie verschwand hinter einer Biegung. Lange mochte ich wohl schon so armselig dagestanden haben, als ich von einer Passantin, die plötzlich vor mir stand, leicht gerüttelt wurde.

„Kann ich Ihnen helfen? Ist Ihnen nicht gut?“

„Ich habe mein Gelübde erfüllt, ich kann jetzt gehen", murmelte ich immer wieder vor mich hin.

„Um Gottes willen, Sie können jetzt nicht gehen. Kommen Sie." Die Unbekannte nahm mich behutsam an der Hand. „Setzen Sie sich doch auf die Bank hier. Was für ein Zufall. Ich habe gestern Ihr Konzert besucht und nun sehe ich Sie hier. Das Konzert gestern Abend war wohl sehr anstrengend?"

„Das Konzert? Ah ja, das Konzert."

„Ja, Ihr Konzert hat in mir Träume geweckt." Sie setzte sich neben mich. „Da war Feuer und Tiefe, so, als wenn ein Genie riefe aus dem Dunkel der Nacht. Verzeihen Sie, wenn ich Ihnen damit zu nahe trete, aber ich fühle so. Ja, gestern Abend fühlte ich: Hier ist ein Talent erwacht ..."

„Ich danke Ihnen für Ihre Hilfe. Nun geht es wieder. Danke. Ihre Worte verwirren mich und tun mir gut." In mein blutleeres Gesicht kam Farbe. „Sie meinen wirklich, was Sie da gesagt haben?" Zum ersten Mal sah ich in ihre seltsam leuchtenden Augen, als wären sie ein Lichtstrahl aus einer anderen Welt.

„Und ich glaube auch daran. Und so, wie ich es sagte, werde ich es auch morgen in der Zeitung, in der WAZ schreiben. Ja, so werde ich es schreiben: ‚Hier ist ein Talent erwacht, lange wird man gehen und suchen und bestimmt nichts Besseres buchen.'"

„Das werden Sie schreiben?"

„Ja! Und Sie verraten mir irgendwann, wovon Sie eben geredet haben, welches Gelübde Sie erfüllt haben und jetzt gehen können. Sie werden uns doch nicht schon wieder verlassen?"

„Nein, nein, nicht ich habe ein Gelübde erfüllt", wehrte ich ab. „Sie hat es gesagt, ja, das Unbegreifliche hat sie gesagt. Sie, mein Feuer, durch das ich brenne. Sie hat mich soeben verlassen und weiß nicht, was sie tut, welch weitreichende Folgen es haben wird. Nun ist die Katastrophe da."

Die Dame erhob sich. „Nein, nein, Sie irren sich. Sie sind das Feuer, durch das sie brannte, vielleicht fast verbrannte", sagte die Unbekannte, ohne noch weiter auf meine verzweifelten Worte einzugehen. „Ich sehe, es geht Ihnen besser. Verzeihen Sie, aber jetzt muss ich gehen, aber ich werde Sie wiedersehen?"

„Wie heißen Sie, fremde Frau? Wer sind Sie, dass Sie mir all diese Worte sagen können? Werde ich Sie wiedersehen?" Sie lächelte geheimnisvoll.

„Es gibt Engel, die man nicht gleich erkennt", erwiderte sie. „Aber auch der Luzifer verkleidet sich gerne mit einem anderen Gewand, nähert sich so getarnt seinen wahren Absichten." Sie stand auf. „Danke für das gestrige Erlebnis. Bis bald wieder. Leben Sie wohl! Und jetzt Adieu!" Damit, so schien es mir, entschwand sie, wie sie gekommen war.

„Ich werde Sie wiedersehen!", rief ich ihr nach. Sie aber war nicht mehr zu sehen.

Am nächsten Tag stand es in der Zeitung.

„Hier ist Feuer und auch Tiefe, so, als wenn ein Genie riefe … das Verwöhnten Träume weckte aus dem Dunkel einer Nacht. Hier ist ein Talent erwacht. Lange wird man gehen und suchen und bestimmt nichts Besseres buchen. "
Aus: Westdeutsche Allgemeine Zeitung, 28.05.1970

17

Für die kommende Zeit sollte der verkleidete Engel mit seinem geschriebenen Wort an meiner Seite bleiben, mich im hellen Licht als einen leuchtenden Stern beschreiben, mich so beschützen vor wütenden Angriffen meiner Gegner.

Denn Luzifer sollte sich bald mit all seinem Zerstörungswillen in verschiedenen Gestalten zeigen, wohlwissend, dass kein Arzt oder Philosoph ein Mittel gegen Angst besitzt. Die Angst war seine Waffe. Manipuliert geschürte Existenzangst war das nicht fassbare Gespenst, das seine Zerstörungskraft und Gift in alle Ritzen des täglichen Lebens spritzte. Luzifer hatte einen Namen: Käthe, die wortgewaltige, mächtige Musikkritikerin. All ihre Kraft und Energie war auf ein Ziel gerichtet: Mich, den jungen Chefdirigenten vom Pult zu jagen. Sie benutzte dazu ein wahrhaft ehrenwertes Argument, das zählte, nämlich: Die Rettung der Philharmonia Hungarica vor ihrem Niedergang. Ursache des drohenden Untergangs sah sie in dem katastrophalen dilettantischen, unerfahrenen, jungen Chefdirigenten ohne musikalische Autorität. Dieses Übel an der Spitze musste beseitigt werden, sollte die Philharmonia Hungarica in ihrer Existenz als Spitzenorchester weiter bestehen bleiben.

Julia war nach Luxemburg zurückgefahren, ohne ihre rätselhaften Worte erklärt zu haben. Ich fragte mich immer wieder: „Was für ein Gelübde hat sie getan, das jetzt erfüllt ist?“ Betrachtete sie die allzu frühe Geburt von Melanie als Hemmnis meiner musikalischen Laufbahn? War es die Abtragung dieser vermeintlichen Schuld, die sie mit der frühen Geburt von Melanie mit sich trug? Hatte sie all ihre Kraft und Energie nur dazu verwandt, mich trotz der ungewöhnlichen Umstände an mein Ziel zu bringen? War das ihr Gelübde? Nun glaubte sie wohl, ich wäre am Ziel angekommen, nun konnte sie gehen. Oder war es für sie die Rettung, bevor sie selbst untergehen würde? Mir kam es nicht in den Sinn, bereits in einer Illusion, zu lieben und geliebt werden, zu leben.

Mir blieb nicht viel Zeit, diesen Gedanken nachzugehen. Antal Dorati, Mitbegründer und Ehrenpräsident der Philharmonia Hungarica meldete sich aus Washington, wo er inzwischen Musikdirektor war.

„Junger Mann, das einmalige Projekt einer Gesamtaufnahme aller 104 Haydn-Symphonien mit der Deutschen Grammophon und der Philharmonia Hungarica steht ins Haus. Darf ich Sie bitten, diese Symphonien mit dem Orchester für mich einzustudieren?"

Diese gewaltige, an und für sich recht undankbare Aufgabe, kam zur rechten Zeit und beschäftigte mich einen Sommer lang.

In der darauffolgenden Konzertsaison wurden die Unruhen im Orchester immer stärker.

Tatsächlich war der Bestand des Orchesters bedroht, wie eigentlich alle Haushaltsjahre wieder. Die erneute Bewilligung der Gelder war von verschiedenen Faktoren abhängig, zum Beispiel von der Anzahl der wirklich geflüchteten ungarischen Orchestermusiker. Solche Existenzängste lähmten die Orchestergemeinschaft. Als Katalysator aller Ängste musste ein Schuldiger gefunden werden. Für einen Teil der Presse war die prekäre Situation ein willkommener Stoff, die Diskussion in der Öffentlichkeit anzufachen, immer wieder darüber zu schreiben und den Schuldigen herauszukristallisieren. Die einen krönten mich, den jungen Chefdirigenten, die anderen kreuzigten mich. Diejenigen, die meinen Sturz wollten, schlugen auf den Sack und meinten den Esel. Der am leichtesten zu treffen war, der junge, noch unerfahrene Chefdirigent, nicht der eigentlich Gemeinte, nämlich der langjährige Intendant. Dieser aber erklärte sich solidarisch mit mir und verknüpfte sein Schicksal mit dem seines Chefdirigenten.

„Wenn er gehen muss, gehe ich mit ihm." Eine einmalige Gelegenheit. Blind schlug die Mehrheit des Orchesters zu, kündigten ihrem Chefdirigenten in der Hoffnung, damit die Existenz des Orchesters zu retten. Das Dilemma war perfekt. Die Philharmonia Hungarica stand in der nächsten Konzertsaison ohne Führung da. Damit drohten die Gelder von Bund, Land und Gemeinde nicht mehr bewilligt zu werden. Es würde das Aus der Philharmonia Hungarica bedeuten.

Ich würde in wenigen Monaten mein Orchester verlieren. Julia hatte, wie sie sagte, ihr Gelübde erfüllt und war gegangen. Fast gleichzeitig dazu tat sich unverhofft ein Schlund voller Existenzängste auf. War mit dem Verlust des Orchesters auch die Existenzgrundlage meiner Familie gefährdet? Sollte ich mit dem Orchester auch meine Familie verlieren, meine Heimat?

Noch war die Familie zusammen, eine feste Burg, wie ich glaubte. Ich wollte die Zeichen, die schon lange sichtbar waren, nicht sehen, lebte meine Illusion einer intakten Welt.

Die letzten Konzerte erlebte ich bereits neben mir stehend, mir selber zuschauend. In den Pausen konnte ich bereits flüstern hören: „Trinkt er etwa?"

18

Mein letzter öffentlicher Auftritt in der Philharmonie, der dazu noch live übertragen wurde, endete mit einer von mir ausgehend wütenden, ja beißenden Konfrontation mit dem Publikum. Anlass des beginnenden Eklats war ein unverhoffter Zwischenruf aus dem Publikum während des ersten Teils des Konzertes, dem eine öffentliche Probe vorangehen sollte.

Während ich mit dem noch lässig gekleideten Orchester die eindrucksvolle Einleitung der Tondichtung ‚Also sprach Zarathustra‘ von Richard Strauss mit den donnernden Paukenschlägen probte, spürte ich schon längere Zeit ein ungewohnt kaltes Gefühl hinter meinem Rücken und wartete geradezu auf den zündenden Augenblick, es zu meinen Gunsten abschütteln zu können, wie das Pferd seinen Reiter.

Gerade hatte ich das Orchester abgewunken, um eine dynamische Korrektur mit dem Solopauker zu besprechen: „Bitte, nehmen Sie einen härteren Schlegel und mehr zum Rande des Kessels hin." Der aber weigerte sich, meinen Anweisungen zu folgen, als ein ungeduldiger Rufer von weit hinten aus dem Publikum die Probenatmosphäre zerschnitt.

„Wann beginnt endlich das Konzert?"

Irritiert hielt ich in meiner Bewegung inne, zunächst nicht wissend, wie ich mich verhalten sollte. Was war das, ein Angriff? Sollte ich den Zwischenfall ignorieren? War das die Bestätigung meines Sich-Nicht-Wohl-Fühlens? Merkwürdig: Ärgerlich und gleichzeitig fast dankbar nahm ich den unerwarteten Zwischenruf als Befreiungsschlag meines Unwohlseins zum Anlass, meine Kraft zu messen.

Als hätte ich mich schon vor dem Zwischenruf mit sprengender Energie aufgeladen, und fast wäre ich dem anonymen Eindringling zuvorgekommen, drehte ich mich mit gebündelter Angriffslust zum Publikum, versuchte, den Eindringling ausfindig zu machen, um ihn augenblicklich zu stellen. Vergeblich. Ich konnte den respektlosen Angreifer im Dunkel der hinteren Reihen nicht entdecken, wollte ihn aus seiner Anonymität locken!

„Wer fordert hier das Konzert, wer ruft da?", rief ich scheinbar irritiert ins Publikum.

„Wann beginnt endlich das Konzert?", hörte ich wieder, diesmal bereits aggressiver, ohne dass ich lokalisieren konnte, woher die Attacke gegen meine Autorität kam. Ich musste handeln, ehe meine Reaktion kraftlos wurde. In mir erwachte der Spieler. Dabei begann ich, mich wohl zu fühlen. Es war der Moment, meine Macht zu zeigen, allen da unten. Ich würde das Publikum zwingen, sich zu entscheiden, um dann doch das letzte Wort zu haben.

Wie ein Spürhund die Spur eines tödlich getroffenen Tieres verfolgt, versuchte ich den in den hinteren Reihen entstehenden Unruheherd mit meinen Blicken einzukreisen, zu fixieren, besann mich, wandte mich, da ich den Eindringling in mein Allerheiligstes, meine Souveränität, nicht ausfindig machen konnte, mit der warmherzig-souveränen Miene eines großzügigen Gastgebers zum größeren Teil des Publikums, zuerst zur rechten Seite, dann zur linken des Saales.

„Wollt ihr die Probe oder das Konzert?"

Es klang wie: „Wollt ihr den totalen Krieg?" Ich änderte meinen Tonfall und wiederholte noch einmal, diesmal schmeichelnd, anbietend, einfühlsam, dem Publikum gebend, was es zu erwarten schien vom sich anbahnenden großen Spektakel, es fast um Rat bittend, zuhörend.

„Wollt ihr die Probe oder das Konzert?", abwechselnd zu beiden Seiten hin gewandt. „Weiter mit der Probe oder wollt ihr das Konzert? Probe – oder Konzert?"

Dabei beobachtete ich in der aufkommenden Blutrauschstimmung genüsslich seismografisch genau die Veränderung des Ausdrucks in den Gesichtern der Menschen. Nach einer langen Pause, in der die Spannung fast hörbar war, begann ich, wie von einer unsichtbaren Hand in einen Strudel gezogen, mein Spektakel und damit meinen Untergang, der dazu noch öffentlich übertragen wurde, zu inszenieren. Dabei spielte ich virtuos im Gebrauch meiner Macht, Stimmen zum Leben und zum Schweigen zu bringen.

War ich es doch gewohnt, mit einem Blick, einer minimalen Bewegung, einem Lächeln oder Stirnrunzeln, Stimmen in meinem Orchester zum Leben zu erwecken oder verstummen zu lassen und es dann noch so darzustellen, als sei ich der treueste Diener des Komponisten und würde nur in seinem Sinne handeln.

Langsam, alle agogischen Möglichkeiten ausnutzend, fast unhörbar beginnend, mit jedem einzelnen Wort sich vortastend, steigerte ich in der Wiederholung die Wirkung meiner Frage:

„Wollt ihr das Konzert? Oder wollt ihr die Probe? Wollt ihr das Konzert oder die Probe? ", hob dabei die Arme, als würde es nicht an mir liegen.

Mir wurde klar: Es konnte mir nichts Besseres widerfahren als dem Publikum die Show meiner Macht, oder die Macht als meine Show anzubieten, und das vor aller Augen. Offerierte ich der Masse nicht, Zeuge eines einmaligen Vorgangs, nämlich meines Untergangs zu sein mit der Beigabe, mich selbst als Opfer einer Intrige darzustellen?

Und wenn dieser Zwischenruf wirklich gezielte Absicht einer Intrige gegen mich war? Eine bewusste Provokation, eine Falle? Vielleicht aber auch nur ein Irrtum im Programmheft? Neider, die meinen Sturz wollten? Sollte ich an eine solche Niedertracht denken, obwohl es das Nächstliegende wäre? Dann musste ich erst recht schnell und erbarmungslos zuschlagen, wollte ich meine Macht behalten.

„Weiter mit der Probe, weiter mit der Probe!", ertönte es, erst vereinzelt, dann bereits im rhythmischen Chor von rechts.

„Das Konzert, wir wollen das Konzert, wir wollen das Konzert", kam die stimmgewaltigere, bereits schon organisierte Antwort von links.

„Wie ihr wollt!", stachelte ich die aufgewühlte Stimmung noch an.

Das Publikum war auf diese Provokation eingegangen, hatte sich in zwei Parteien gespalten, die ich genüsslich aufeinander hetzte. Da war es, das Spiel, die Herausforderung, das Risiko, die Schikane, das Lebensbedrohende, der Kick. Oder spürte ich bereits meine Ohnmacht? Suchte ich genüsslich die Selbstzerstörung, oder war ich bereits am Beginn einer trunkenen Raserei, während ich da oben immer noch als Lenker der Dinge stand?

Bis zu diesem Zeitpunkt war ich noch der Allwissende im Saal, der als Einziger erhöht und aufrecht stand, der mit einer Handbewegung, einer Geste der Lage Herr werden konnte. Weder das Orchester vor mir, noch das Publikum hinter mir, noch Tonmeister und Programmleiter wussten, was ich vorhatte. Wer hatte mich so geschlagen, dass ich auf diese mir fremde Art zurückschlug? Noch konnte ich mir den Luxus leisten, die Spannung bis fast ins Unerträgliche zu steigern.

„Wollt ihr die Probe?", rief ich abwechselnd beiden Seiten zu.

„Weiter mit der Probe, die Probe, die Probe!"

„Das Konzert, das Konzert!", intonierten die anderen.

Das Stimmen-Wirrwarr schwoll bis zur Unkenntlichkeit an.

Mit Verachtung und Genugtuung begann ich, dem Geschehen zuzuschauen. Dann aber, auf dem Siedepunkt dieser prickelnd fatalen Situation, wo alles zu kippen drohte und ich fürchten musste, nicht mehr Herr der Lage zu sein, rief ich der Masse zu:

„Entscheidet Euch!", verließ die Bühne und stand, ohne zu wissen, wie ich in meiner Erregung die engen Treppen des Funkhauses hinabgestürzt war, plötzlich in der von Reklamelichtern durchschnittenen Nacht. Regenschauer schwappten in mein Gesicht. Unfähig, mich weiter zu bewegen, ähnelte ich wohl Humphrey Bogart in Bronze gegossen. Durchnässt vom nicht enden wollenden Regen, kam langsam Leben in mich. Wie konnte es auf der Welle des Erfolges nur zu diesem Eklat kommen? Auf dem Höhepunkt meiner ungewöhnlich steilen Karriere!

Hatte ich mit diesem unglaublichen Abgang meiner Karriere, meinem privaten Glück, ein abruptes Ende gesetzt? Der Tumult, die Zerstörung – Vergangenheit und Zukunft ausgelöscht?

Den Kopf in meinen alten, abgewetzten Trenchcoat eingezogen, begann ich in den Straßen umherzuirren, suchte meinen Wagen, fand ihn schließlich an der Stelle, an der ich das Funkgebäude verlassen hatte. Vor mir lag eine lange Fahrt in die Dunkelheit, nach Hause – zu Julia und meinen Kindern. Auf Zehenspitzen würde ich mich ihnen nähern, um sie nicht zu wecken. Stunden würde ich brauchen, würde erst im Morgengrauen ankommen, meine schlafenden Kinder mit meinen Blicken nur behutsam streifen, ehe ich mich Julia mit einem dampfenden Kaffee und leiser Musik, vielleicht mit dem Ende von Gustav Mahlers ‚Lied von der Erde' nähern würde. Warum gerade mit dieser Musik, dieser nicht enden wollenden Aussage: „... auf ewig, auf ewig ... auf ewig?", wunderte ich mich. Unwillkürlich beschleunigte ich meine Fahrt durch die Nacht, so, als wollte ich einer lebensbedrohenden Entscheidung zuvorkommen, jagte meinen Wagen ohne Rücksicht auf den heftig prasselnden Regen durch die lebensgefährlichen Kurven des Hunsrück, vorbei am Nürburgring, hinunter ins enge Moseltal, vor jeder Kurve die Lichthupe betätigend. Was trieb mich so an? Mein Puls jagte durch die Adern. Und immer noch fuhr ich zu langsam. Die ersten Sonnenstrahlen quetschten sich durch die Regentropfen an der Windschutzscheibe. Die Grenze zu Luxemburg. Vorbei an den aufgeschreckten Zöllnern. Dann noch 20 – 10 – 5 km. Endlich.

Nein, ich würde sie nicht wecken, nur ein kurzer Blick auf meine Lieben, dann ...

Zuerst öffnete ich leise die Türe zu den Kindern ... die Betten ... leer. Mir war unheimlich zumute. Ich wischte mir über die Augen. War es Müdigkeit?

Dann ... langsam, Stufe für Stufe hinauf zum Schlafzimmer, den Atem anhaltend. Sie, die Kinder waren sicher bei ihr, bei Julia. Die Türe leicht geöffnet. Behutsam, mit gespannter, freudiger Erwartung, blinzelte ich hinein. Das Zimmer leer – die Betten unberührt. Nicht möglich. Es konnte nicht sein. Hinunter in den Salon. Die schweren Vorhänge waren nur halb zugezogen, gaben nur sparsam die schon kräftiger werdenden Sonnenstrahlen frei. Ein Strahl fiel auf ein Stück Papier, das auf dem langen, schweren Eichentisch lag. Zögernd folgten meine Augen dem Sonnenstrahl, dann begann ich, zu lesen.

„Adieu! Julia.“

Die knappe Mitteilung hatte mich unvorbereitet getroffen und wie eine Bombe eingeschlagen. Ich sah mich um. Das Haus war leer, die Kinder verschwunden. Nur diese Mitteilung „Adieu“, und weiter:

„In Sachen … teilen wir Ihnen mit … Frau Julia … die Scheidung eingereicht … Hochachtungsvoll …“

Von diesem Augenblick verschwand ich für alle, als wäre ich gestorben.

„Es ist nicht schwer, mich zu finden. Jedoch, wenn ihr mich finden solltet, würdet ihr Schwierigkeiten haben, mich wieder zu verlieren“, so hätte ich es in meinem Abschiedsbrief schreiben können.

Aber ich hatte keinen Abschiedsbrief geschrieben.

19

Wenn Menschen glauben, es gäbe keine Engel, dann irren sie sich oder sehen sie nicht, nehmen sie nicht wahr. Es gibt sie, nur werden diese Wesen nicht erkannt. Sie begegnen uns alltäglich, verbergen sich verkleidet als Krankenschwester, Hausmeister, Politesse oder, wie in meinem Fall, als Rundfunksprecherin, der erste Engel in meiner Hiroshima-Katastrophe. Sie hieß Aline und hatte bis zu meinem Verschwinden des Öfteren meine Musikaufnahmen über den Äther geschickt, um mir Freude zu bereiten und mir zu zeigen, dass ich ein guter Dirigent war. Mein plötzliches Schweigen veranlasste sie, nach mir zu forschen. Aline suchte mich nächtelang in den verqualmtesten Spelunken, fand mich schließlich, holte mich aus diesen finstersten Verliesen meiner Verzweiflung und Getroffenheit und gab mir Unterkunft. Tagsüber begab sie sich mit mir auf die erfolglose Suche nach meinen Kindern, die für mich jahrelang dauern sollte, leihte mir dabei Stunde um Stunde ihr Ohr, hörte geduldig mein Jammern – bis ich ohne Worte aus Luxemburg verschwand, ohne Abschied und ohne zu wissen, wohin.

Es zog mich unwillkürlich an den Ort meines ersten Konzertes zurück, in den damals festlich erleuchteten Fürstensaal des Barokschlosses von Fulda. Ich erinnerte mich an Lara. Nur sie würde nun noch von mir, dem Verschwundenen, wissen: Lara, die kleine Russin, meine einzigartige platonische Freundin. Sie hatte mich in den Jahren meines Aufstiegs nie vergessen und nicht aufgehört, mich mit ihrer besonderen Art von Liebe und Verehrung in Gedanken zu begleiten. Und ich erinnerte mich nicht nur an den unseligen Abend ihres Konzertes, als sie mitten im *Presto agitato* des 3. Satzes der cis-moll Sonate op. 27.2, der sogenannten Mondschein-Sonate von Beethoven zusammenbrach, ohne dass ich sie auffangen konnte, sondern besonders an die unendlich langen Gespräche auf nächtlichen Wegen mit ihr. Jetzt, im Augenblick meines Fallens war sie es, die mich nach diesem Eklat und meiner aufregenden Reise um die Welt auffing, ohne mich halten zu können.

„Mein Lieber, es ist lange her seit unseren nächtlichen Spaziergängen von einem Ende zum anderen Ende der Stadt und zurück, bei denen wir über die Kunst des Bogenschießens, das Anspannen und Loslassen, über das Auf und Ab in der Musik heiß debattierten, wobei es trotz all der Leidenschaft und Lebendigkeit nicht mal im Ansatz zu einer Liebschaft kam. Es muss etwas anderes gewesen sein, was uns beide so stark zusammen verband!"

Sie strich über meine Hände.

„Wir holten für uns damals die Sterne vom Himmel. Du, mein Lieber, wurdest ein leuchtender Stern in der Musikwelt. Ich …", sie zeigte auf ihre beiden Steinway-Flügel, die den eh schon nicht großen Raum ausfüllten, „… ich zog mich zurück in meinen Mikrokosmos. Jetzt, nach unendlich langer Zeit bist du hier und jetzt …? Was ist passiert? Erzähl."

„Und jetzt, Lara? Sieh mich an! Ich bin am Ende, am Ende – ein Wrack, ein Ruin, ein Krüppel. Trotz meines Bemühens, die Kinder zu sehen, keine Möglichkeit. Keine Reaktion auf meine Briefe, Einladungen. Sogar Drohung mit Gefängnis. Kein Wohnsitz. Depressionen. Gib mir zu trinken!"

Ich griff zur Absinthflasche, die ich mir ausdrücklich gewünscht hatte und lachte gequält. „Ich bin am Ende, Lara, aber hier …" Ich setzte die Flasche an und trank. „Das hier, Lara, ist mein Freund, den du mir in weiser Voraussicht ausgesucht hast."

Sie sah mich an. „Lieber, ich weiß, du bist stark. Aber sei auf der Hut vor diesem Freund. Er könnte dich töten."

„Mich töten? Niemals. Ich …", dabei klopfte ich mir auf die Brust, „ich werde ihn beherrschen, Lara".

„Ja, mein Lieber, du musst ihn beherrschen. Willst du mir nicht erzählen wie es …, was um Gottes willen passiert ist? Erzähl."

„Ich habe …", nahm ich Laras Hände, „sag mir, habe ich mit meiner Verrücktheit meine Vergangenheit und Zukunft einfach ausgelöscht?"

„Nein. Du stehst an einem schwierigen, aber wunderbaren neuen Anfang. Und dabei werde ich dir beistehen. Aber – man kann auch ohne Musik leben. Du brauchst Jugend um dich und die Jugend deine Erfahrung. Aber zuerst solltest du mir sagen: Wie kam es zu diesem Eklat? Um Gottes willen, was ist passiert, das dich so tief traf?"

Die Dämmerung, die Stunde zwischen Hund und Wolf hatte sich ins Zimmer geschlichen und wohltuend dämpfend zwischen die Worte gelegt.

„Es begann, als die Erde anfing, zu wackeln, Lara, vor vielen Jahren, als der Verstand abhanden kam und die Schönheit aufleuchtete, vor der mich einst der Pfarrer gewarnt hatte – das betörende Verlangen, Begehren, die Sinnlichkeit, die das Blut in Wallung bringt, eben das, was man Liebe nennt – die Torheit der Liebe."

Ich sank tief in den Sessel.

„Wie anders könnte sich die Welt drehen, als dass der Verstand den Gefühlen weicht? Mein Gott, welch wahrhaftige Gefühle, denn … sind nicht Gefühle die einzige Realität, das wirklich Wahrhaftige, mächtige Kräfte, die, während sie alle Dämme hinweg schwemmen, neues Leben erzeugen?"

Ich richtete mich leicht auf. „Sie, Julia …“, fing ich an und griff wieder zur Flasche vor mir „sie – die Verführung – erschien wie ein Silberstreif am fernen Horizont – jung, unschuldig, interessiert, sich hingebend, erkennend und – sehend. Das, meine liebe Lara, ist wohl eine der wirkungsvollsten Waffen einer Frau, ihn, den Auserkorenen für sich als den Größten entdeckt zu haben und es ihm zu zeigen. Und der Auserwählte ist nur zu dankbar dafür und nimmt es für sich als das Wahre an. Dabei beginnen wir, blind zu werden und uns und gleichzeitig den anderen nicht mehr zu sehen.“

„Du glaubtest, das Wahre gefunden zu haben.“

„Ja, bis dass der Tod uns scheidet. Ein einziger Satz genügte wohl, um dieses Bündnis zu schließen. Sie, Julia, sagte den einfachen Satz, der mich traf: ‚… dann hänge deine Geige an den Nagel und werde, was du bist, ein Dirigent!‘ Ich fühlte mich endlich erkannt. Sie hatte mich in vollem Umfang gesehen und wahrgenommen, wie ich selbst mich nur ahnte. Damit weckte sie mich auf und fesselte mich gleichzeitig. Ein nie gekanntes Gefühl. Sie war der Druck der sprudelnden Fontäne, auf deren Spitze ich, für alle sichtbar, tanzte und allmählich den Boden verlor, während sie ihre Energie dazu lieferte. Sie brauchte die Fontäne nur abzudrehen, zu meinem Sturz. Und …“ Ich schüttelte den Kopf, als wolle ich es nicht glauben, „und … sie spielte die ‚Kreutzer-Sonate‘ von Beethoven.“

Lara hüstelte leicht. „Wohl auch noch das Presto?“

„Ja, das Presto. Ich dachte immer, Musik, das raffinierteste, verlockendste, sinnlichste Lock- und Reizmittel bindet nur. Sie könnte aber auch zum Ehebruch führen.“ Ich stand auf, ergriff die Absinthflasche, setzte mich an einen der Flügel, trank den Rest aus der Flasche und intonierte die ersten gewaltigen Akkorde der Kreutzer-Sonate.

„Aber es muss noch etwas Verführerischeres, Begehrlicheres geben als die Musik." Ich drehte mich zu Lara. „Die Keuschheit eines Priesters." Ich sprang auf. „Es muss verlockend sein, sie zu erstürmen, sie für sich allein zu begehren, an ihr in geweihter Nähe teilzunehmen. Erinnerst du dich an den Vagabund Gottes, Lara?"

„Nur zu gut erinnere ich mich an diesen wortgewaltigen Prediger und Hypnotiseur, der mit dir den Klang Gottes in die Ohren der Menschen bringen wollte, damit sie aufhorchen? Willst du sagen, dass er …"

„Nein, er war durch sein Charisma nur der Wegbereiter dieser Entwicklung. Anlass war im Grunde Julias Konvertieren zum Katholizismus, der Kinder wegen und die daraus konsequente Vervollkommnung ihres neuen Glaubensbekenntnisses bis hin zur Bigotterie. Und hier begannen sich unmerklich, allmählich die Wege zu trennen, hin zum Glauben und der Keuschheit auf der einen Seite, die den Anspruch des allein Gültigen erhob, auf der anderen zur verführerischen Schönheit der Musik."

Ich drehte die geleerte Flasche um und Lara holte eine neue Absinthflasche hervor.

„Sie, Julia begann, seit der Begegnung mit dem Jesuiten-Prediger, dem Vagabund Gottes, sich immer mehr sozialen Aufgaben zu widmen, wurde aktiv in der ,action 365', einer Gründung des Predigers mit dem Ziel, jeden Tag des Jahres eine gute Tat zu vollbringen. Sie widmete sich, so schien es mir, mehr und mehr den Kranken und Pflegebedürftigen als ihrer Familie. Ich ließ es geschehen. Auch die immer häufiger werdenden Besuche junger Priester in unserem Haus ließ ich über mich ergehen. Ich dachte mir nichts dabei. Es konnte ja nichts geschehen, dessen war ich mir sicher. Bei einem dieser Besuche sah ich ihn … und dabei gleichzeitig Julias veränderten

Gesichtsausdruck, der mich zu der spöttisch-abwertenden Bemerkung veranlasste: ‚Da kommt dein Mann fürs Leben …‘“

Ich nahm wieder einen Schluck, wischte mir mit dem Handrücken die Lippen.

„Ich als Musiker hätte mir spätestens damals sagen müssen: Verlasse dein Weib und folge deiner Tendenz, folge dir selbst in der Musik, gemäß dem Ausspruch Christi: ‚Verlasse dein Weib und folge mir nach.‘ Anstelle dessen habe ich die Musik verlassen und bin der Torheit Liebe gefolgt. Eine Sünde gegen mich selbst und das Leben, die ich jetzt büße. Jeder sollte seinem eigenen Wesen treu bleiben. Ich tat es nicht.“

„Was redest du da, Alois? Du bist sehr erregt.“

Ich ließ mich nicht beirren. „Franz Liszt, der meist gefeierte Klaviervirtuose seiner Zeit, lebte seine Leidenschaft, seine Musik, hatte noch dazu die Bewunderung und Gunst der Frauen – was aber trieb ihn fast am Ende seines Lebens, mit 64 Jahren, nach Rom, um dort die niederen Weihen eines katholischen Abbe, eines Weltpriesters zu empfangen? War das nicht Sehnsucht nach reiner Vollkommenheit? Ich frage dich, Lara, sind Künstler nicht auch Priester, die ihr Leben mit Inbrunst der Kunst weihen, sich kasteien, um zur reinen Darstellung ihrer Kunst zu kommen? Das ‚Seelenfünklein zum Göttlichen‘ wahren, wie es Meister Eckhart, der Mystiker des Mittelalters nennt. Entsteht nicht erst aus Entsagung die Kunst? ‚Werthers Leiden‘ wären nicht entstanden, hätte Goethe einer ersten Liebe nicht entsagt.“

Ich hob die Flasche.

„Mich dürstet nach dir, Wohltäter.“

Lara schüttelte sich bei diesem Anblick.

„Julia hat nun beides, den Gottesmann und den wollüstigen sündigen Künstler. Einen, der die klingende Freiheit Musik wählte, die schillernde Schönheit, was will sie noch?", fuhr ich fort und nahm die neue Flasche an den Mund. „Nun hat sie den einen zur direkten Beziehung zu Gott und den anderen, der es wagt, ‚Also sprach Zarathustra: Gott ist tot' mit der 6. Sinfonie von Tschaikowsky zu zelebrieren. Was will sie mehr? Ich dagegen habe sogar meine drei Kinder verloren, weiß nicht einmal, wo sie sind."

„Hör auf, Alois, du gehst zu weit."

„Nein, ich habe auch mein Orchester verloren. Du wolltest wissen, wie es kam! Ich selber war es, der ihr den jungen Arbeiterpriester vorstellte mit den nur beiläufig dahingeworfenen Worten: ‚Schau ihn dir genau an, das ist der Mann deines Lebens.'"

„Und?"

„Er wurde ihr Beichtvater. Ihr Vertrauter, ihr Geliebter."

„Hast du Beweise dafür?"

„Nein, ich habe keine Beweise. Als ich sie nach einem vielstündigen Besuch vor seinem Haus gestellt habe, sagte sie nur: ‚Das ist mein Beichtvater.' Ja, er war ja ihr Beichtvater, was konnte ich dagegen tun? Ein besseres Alibi, eine idealere Tarnung gibt es wohl kaum für einen Liebhaber dieser exotischen Art."

Ich sprang auf, fuhr mit dem Handrücken über die Tasten des Flügels, so dass von oben nach unten ein schneidendes *Glissando* entstand.

„Ein Priester, ein Diener Gottes mit Frau und Kindern, ebenso unvorstellbar wie ein Künstler mit einer Ehefrau und Kindern, ich hätte nie …, wäre es nicht passiert, wenn sie nicht … ich hätte mich nie getrennt, trotz der allmählichen Veränderung ihres Wesens. Ich aber tanzte auf der Spitze der Fontäne des Erfolgs, hatte längst schon den Boden unter mir verloren."

„Kannst du nur so an sie denken? Musste sie nicht immer funktionieren, während du bewundert wurdest, immer da sein für dich und die Kinder und deine Karriere? Nun schau nicht hinter dich, Alois", unterbrach mich Lara und machte eine lange Pause. Zögernd fuhr sie fort:

„Ich habe eine junge hochbegabte Schülerin, Abiturientin. Sie möchte Musik studieren und dich kennenlernen."

Ich nahm einen Schluck aus der Flasche.

„Was willst du von mir, Lara? Du weißt, ich bin zu nichts mehr fähig! Du musst wissen, ich fürchte mich vor der kleinsten Herausforderung, Konfrontation, Gegenüberstellung, selbst vor einer kleinen Studentin."

„Sie weiß, dass du in meinem Haus bist", beharrte Lara auf ihrem Plan und fügte mit einem leicht mahnenden Blick hinzu:

„Sie ist nicht nur sehr schön in ihrer Art … sie ist sehr, sehr jung, mein Lieber, 18 Jahre jung!"

„Was will sie von mir? Dass ich ihr etwas beibringe? Ich kann nicht, Lara! Lass mich in Ruhe damit!"

„Sie will bei dir die Kreutzer-Sonate von Beethoven studieren. Es ist für ihre Aufnahmeprüfung in die Hochschule!"

Ich erschrak. „Kreutzer-Sonate? Ausgerechnet die Kreutzer-Sonate! Unmöglich, Lara, unmöglich!"

Lara schob meine Bedenken lachend beiseite.

„Du zu nichts mehr fähig? Ich kenne dich. Eva-Marielle wird dich inspirieren und diejenige sein, die dir den Zauber deines neuen Anfangs bringen wird."

Sie setzte sich an einen der Flügel und begann, ‚Clair de Lune‘ von Debussy zu spielen. Dabei drehte sie sich zu mir.

„Ich gestehe, ich habe Angst um Eva-Marielle, ich kenne dich! Aber es kann ihr nichts Besseres widerfahren. Du brauchst sie jetzt. Und sie dich. Nimm sie dir! Sie ist sehr begabt – und“, Lara lachte, „sehr jung.“

„Wieso will sie ausgerechnet bei mir die Kreutzer-Sonate einstudieren? Und überhaupt: Woher kennt sie mich denn?“

„Sie sah dich, als du hier mit deinem Orchester ein Konzert gabst mit der 1. Symphonie von Brahms. Ich entsinne mich an dieses Konzert sehr genau. Sie war damals 15 Jahre alt. Du warst für sie ein großer Star und sie war sehr beeindruckt von dir. Darauf beschloss sie, so sagt sie, Musik zu studieren – wie ich übrigens auch, musst du wissen, aber ich tat das schon viel früher, damals, als du in unserem Haus spieltest.“

„Wer wird ihr Professor sein in der Hochschule?“

„Professor Pretori, dein Lehrer aus der Hochschulzeit, derselbe, der dir die Ohrfeige gab, als du die Prüfung ohne sein Wissen bestanden hattest. Ist das nicht eine seltsame Fügung?“

Der Zufall ist der liebe Gott, dachte ich.

Am nächsten Morgen, es war ein frischer Herbstmorgen im September 1972, stand ein Mädchen mit kastanienbraunem Haar und Pferdeschwanz erwartungsvoll vor mir. „Darf ich?“ Aber sie stand, ehe ich antworten konnte, schon neben mir und schaute mir über die Schulter.

„Wie machen Sie das?“, fragte sie unschuldig. Ich war gerade dabei, mich mit einer *Arpeggio*-Stelle aus der Kreutzer-Sonate auf diese Konfrontation vorzubereiten.

„Ach, du bist es", tat ich unwirsch. „Wie hast du mich gefunden? Hatte ich etwa eine Verabredung mir dir?" Sie schien mein Spiel zu durchschauen, ließ sich nicht beirren.

„Lara, meine Klavierlehrerin, sagte mir, wo ich Sie finden kann. Sie hätten mich nie beachtet. So bin ich zu Ihnen gekommen. Ich möchte Musik studieren und mit Ihnen die Kreutzer-Sonate für meine Aufnahmeprüfung üben. Wie machen Sie das?", beharrte sie auf ihrer ersten Frage.

„Und möchtest einmal die Berühmteste werden?", lenkte ich ab.

„Nein, aber ich singe sehr gerne."

„Das ist gut. Dann lass uns singen – auf der Geige. Du möchtest also wissen, wie ich das hier mache? Sieh, an dieser Stelle musst du viel Bogen nehmen – ohne viel Bogendruck. Wenn du weiter weggehst vom Steg, erreichst du den erforderlichen Charakter und die Farbe dieser Stelle. So lernst du, dich zu artikulieren."

Während sie die Geige aus ihrem Kasten holte, um es gleich auszuprobieren, beobachtete ich ihre junge Gestalt, ihr fein geschnittenes offenes Gesicht mit den lachenden Augen, das durch das warme Timbre ihrer hellen Stimme noch pastellfarbener leuchtete. Eine Erinnerung kam in mir auf. War Julia nicht auch so zu mir gekommen? Je länger ich sie betrachtete, desto mehr begannen ihre Konturen und Gesichtszüge auf merkwürdige Art sich zu verändern. Ihr kastanienbraunes Haar wurde immer heller, blonder, die Form ihrer fein geschwungenen Nase noch verwegener, sogar ihre Haut hatte eine mir bekannte Durchsichtigkeit. Dann aber war diese Wärme ihrer Augen, der liebliche Ausdruck in ihrer Stimme, die mich noch nie gekannt berührte.

Sie hatte inzwischen die Geige angesetzt und ich begann, sie auf eine bestimmte Stelle der Kreutzer-Sonate hinzuweisen.

„Hier", ich spielte ihr vor, „hier, wenig Bogen, mit sanftem Druck, dabei langsam streichen – näher an den Steg heran – und jetzt dazu die richtige Schattierung durch ein Handgelenksvibrato." Sie probierte. „Wunderbar! Und verkrampfe dich nicht. Und lass den Ton los. Du musst sie streicheln, deine Geliebte, dann wird sie schwingen."

Sie schaute mich an, lachte.

„Wie eine Geliebte?

„Wie einen Geliebten, ja."

Es wurden intensive Stunden, Abende, Nächte bis zum Morgengrauen, dem Sonnenaufgang.

„Merke dir: Wenn du alle Vibrato-Arten mit allen dynamischen Nuancen und Schattierungsmöglichkeiten des Bogens verbindest, erhältst du unendlich viele Möglichkeiten, dem Geigenspiel Leben, Farbe und Vielfalt zu verleihen."

Unsere Seelen begannen zu schwingen. Ich wehrte mich nicht, ließ es zu.

Stunde für Stunde kamen wir uns näher, sie mit ihren 18 Jahren und der Vorstellung, der Absinth und das wilde Leben ihres Meisters gehöre zum großen Künstler, ich mit der Nachlässigkeit des Erfolgsgewohnten, der es sich leisten zu können glaubte, dieses bezaubernde Mädchen nicht ernst nehmen zu müssen. Die Episode, dieses Zwischenspiel würde für mich ohnehin bald vorbei sein.

Aber unsere Seelen mit der Vielfalt der Gefühle schwangen in einem Klang, ohne Worte. Der erste Schnee fiel. Sie wurde meine Geliebte im Schnee.

Dann, nach dem ersten Schnee, als der Januarfrost kam, ging ich fort, von einem Tag auf den anderen. Lara gab mir einen schwarzen

Persianermantel mit tiefen Taschen mit auf den Weg. „Du wirst ihn brauchen. Er wird dich beschützen."

Der Mantel sollte mich lange beschützen.

Niemand wusste, wohin ich ging, auch ich selbst wusste es nicht.

Beim Abschied drückte mir Eva-Marielle, ohne zu fragen, einen kleinen Zettel in die Hand:

„Hier, es ist meine Telefonnummer von meiner Studentenbude. Solltest du einmal in diese Stadt kommen, vielleicht rufst du dann an. Ich werde dich immer lieben, was auch geschieht, vergiss das nicht. Deine Kreutzer-Sonate!"

Später, irgendwann später fand man meinen Wagen in einer einsamen Schneise im tiefen Spessart, weidgerecht ausgeschlachtet, wie es die Eskimos mit ihren Robben vorbildlich tun würden.

Meine beiden Agenten hatten verzweifelt versucht, meine für sie kostbare Spur aufzunehmen. Schallplattenverträge waren zu erfüllen, Rundfunktermine wahrzunehmen, eigens für mich geschriebene Partituren bei Festivals der Moderne zur Uraufführung zu bringen. Klagen der Komponisten über die Herausgabe der Partituren, die ich in meinem Haus zurücklassen musste, standen an, einstweilige Verfügungen über deren Herausgabe und sogar meiner Nicolas. Nun war ich nicht nur eine international begehrte, hoffnungsvolle und gewinnbringende Kapazität, sondern auch international gesucht.

Und aus noch anderen Gründen wurde Interpol eingeschaltet.

Seit jenem Tag meines Verschwindens, als ich durch eine einstweilige Verfügung und mit Polizeiaufgebot das Haus verlassen musste und mich auf die Suche nach meinen Kindern begab, hastete ich von einem Hotel zum anderen, wechselte beziehungslos eine Stadt nach der anderen. Und immer noch konnte ich meine Kinder nicht sehen, wusste nichts von ihnen.

20

Eines späten Frühlingsabends tauchte ich, der fast Totgesagte aus dem Nebel der Ungewissheit auf, klopfte mit glasigem Blick und wirrem Haar an der Tür meines Bruders und bat um Einlass. Es dauerte nicht lange, da stand ich nach einer heftigen Auseinandersetzung wieder auf der Straße. Ein Rausschmiss!

Es war Mitternacht. Wohin sollte ich mich wenden in der großen Stadt? Da erinnerte ich mich an den kleinen Zettel, den mir Eva-Marielle zugesteckt hatte: „Hier, hebe ihn gut auf, es ist meine Telefonnummer von meiner Studentenbude. Solltest du mal in diese Stadt kommen ...“

Ein Jahr musste wohl vergangen sein seit der Episode von damals. Hatte sie nicht gesagt: „Was auch geschieht, ich werde dich immer lieben?“ Was hätte sie sonst sagen sollen beim Abschied. Und Lara? „Sie wird diejenige sein, die dir den Zauber deines neuen Anfangs bringen wird!“

Langsam ging ich zur Telefonzelle über der Straße, trat ein, nahm den Hörer ab, warf die letzten Groschen in den Apparat und wählte.

„Ja, hallo, hier Eva-Marielle“, hörte ich die helle wohl vertraute Stimme.

„Eva-Marielle, ich bin es!“

„Du?“

„Ja.“

„Wo bist du?“

„Kann ich eine Nacht bei dir schlafen.“

„Ja, komm. Ich wohne in der Wiesenau Nr. 44 ...“

„In der Wiesenau?", wiederholte ich irritiert. Geschah es nicht in der Wiesenau Nr. 8, damals …?

„Ja, komm. Ich warte auf dich."

Es war das Jahr 1973.

Aus dieser Nacht wurden zehn Jahre, glückliche, dramatische, schreckliche zehn Jahre – Höhepunkte meines tiefsten Niedergangs.

Am nächsten Morgen wachte ich neben Eva-Marielle auf. Ich schaute mich um. Ein weiß-braun geflecktes, altes Klavier vor dem Fenster, ein einfacher Tisch mit zwei Stühlen, daneben ein Geigenpult mit aufgeschlagenem Notenheft, die erste Seite der E-Dur Partita Preludio BWV 1006 von Johann Sebastian Bach, die Lieblings-Solosonate von Julia. Welch ein Zufall. Auf dem Klavier eine Geige, ein Gesangs-Album. Der Tisch war bereits gedeckt mit frischen Brötchen und einer Kanne Kaffee. Sollte ich so tief geschlafen haben?

„Wo bin ich?"

„Sei willkommen in der Wiesenau 44, in meinem kleinen Reich."

„Ich kann es nicht glauben." Ich rieb mir die Augen „In der Wiesenau? Ich traue meinen Ohren nicht. Die Wiesenau, da wo ich Julia …" Ich richtete mich auf, beugte mich über sie, saugte verwundert den Duft ihrer Jugend ein, konnte es nicht glauben. „Du neben mir?"

„Da, wo du …?"

„… in der ich, … da, wo der Blütenduft des Magnolienbaums eine Melodie durch die Nacht trug", flüsterte ich ihr ins Ohr, wollte ihr die Melodie singen, ließ mich wieder fallen, streichelte behutsam ihren jungen Körper.

„Der Duft eines Magnolienbaumes? Ich kenne nur einen Magnolienbaum, der so wunderbar duftet, seine verschwenderische Blütenpracht über den Gehsteig schüttet und dessen Duft fähig wäre, eine Melodie durch die Nacht zu tragen. Er blüht gerade. Ich zeige ihn dir. Er blüht vor der Wiesenau Nr. 8, ganz in meiner Nähe." Sie schmiegte sich an mich, als wolle sie mich mit ihrer Zärtlichkeit zu neuem Leben erwecken, begann dann zu singen: „Leise flehen meine Lieder durch die Nacht zu dir."

„Es kann nicht sein. Nein. Bitte, höre auf, dieses Lied zu singen. Du wohnst in der Wiesenau, kennst den Magnolienbaum und singst dieses Lied? Was weißt du von der Wiesenau Nr. 8? Du musst wissen: Es geschah in der Wiesenau Nr. 8."

„Was geschah in der Wiesenau?"

„Als Julia schwanger wurde."

Ich hörte ein leises Lachen der Überraschung, so, als würde ein zu lang erwarteter, gefürchteter Gast ins Zimmer treten.

„Julia?"

„Ja!"

„War sie blond?"

„Ja, sie war blond."

Eva-Marielle drehte sich zum Spiegel an der Wand, dann wieder zu mir, sah mir lange in die Augen.

„Möchtest du, dass ich blond bin? Sag nicht nein. Ich sehe es in deinen Augen: Du siehst sie in mir. Ist das so?" Ohne meine Antwort abzuwarten, fuhr sie bestimmt fort:

„Wenn das so ist, dann werde ich auch blond sein", stand auf, sah wieder in den schmalen Spiegel über dem Feldbett. „Es wird mir gut stehen." Und während sie ihre langen Haare zurechtrückte: „Wie alt war sie damals – in der Wiesenau?"

„19“

„19 Jahre alt? So alt wie ich jetzt?“

„Ja.“

„Komm, lass uns jetzt frühstücken. Um zehn ist meine erste Vorlesung, Harmonielehre, Kontrapunkt bei Professor Weinlaub. Du kennst doch noch den alten Professor?“

Wir setzten uns an den einfachen Tisch. Es wurde still um uns herum. Ein nie gekanntes Glücksgefühl der Erlösung von einer Last hin zu einer schwerelosen Entspannung durchströmte mich. Es war wohltuend, ihre Hand zu halten, in diesem schlicht eingerichteten, kargen Zimmer zu sein, in ihrer Nähe, ohne Bedingung, ohne Druck.

Dann stand sie auf.

„Vielleicht bist du noch da, wenn ich zurückkomme!“

Als sie gegangen war, lag das Buch meiner Zukunft 3. Band, aufgeschlagen vor mir, unbeschriebene, leere Blätter. Was nun? Sollte ich den Stift aufnehmen, um den ersten Buchstaben zu schreiben? Aus der Brusttasche meines Jacketts holte ich ein kleines Fläschchen, nahm einen Schluck und ging zum Klavier. Da lagen Noten ausgebreitet. Ich las „Roses of Picardy“, schlug die ersten Töne an, entdeckte über dem Klavierpart die mit vielen persönlichen Eintragungen beschriftete Singstimme für Sopran und erinnerte mich an die erste Stunde mit Eva-Marielle, wie sie mir sagte: „Ich singe gern.“ Der Sound ihrer Stimme hatte mich umhüllt und ich spürte ihm nach.

Ich begann nach den ersten Takten zu improvisieren.

Die Musik versetzte mich in einen Zustand von Schwindel, Trunkenheit, Sehnsucht und Qual. Das Klavier war verstimmt. Einige Terz-Intervalle schwebten schmerzlich zwischen Dur und Moll. Es erinnerte mich an Gustav Mahlers „Kindertotenlieder“. Ton für Ton tastete ich mich um diese Intervalle herum in meine Phantasie, wanderte durch Welten von Harmonien, von einer Tonart in die nächste, geriet in einen aufregenden Irrgarten gewagter, aufreizender Modulationen, die nach Auflösungen dürsteten, immer wieder lustvoll Vorhalte provozierend, die nicht hielten, was sie versprachen. Mein architektonisches Spiel mit den Tönen wurde immer gewagter. Dissonanzen ballten sich auf wie Gewitterwolken, ohne sich in Harmonie zu entladen. Je weiter ich die Tonika verließ, mich weg bewegte von der musikalischen Schwerkraft des Grundtons hin zur Auflösung der Funktionen, zur Schwerelosigkeit, desto erregter wurde ich. Die betörende, sinnverwirrende Schönheit der Klänge reduzierte ich schließlich auf einen einzigen Klang, einen Ton, den ich immer wieder anschlug und dem ich süchtig nach hörte wie damals in Wien, meinem ersten Klangerlebnis. Phantastische Bilder tauchten in mir auf und verschwanden wieder. War es der Inhalt des kleinen Fläschchens, an dem ich immer wieder nippte, dass mich zu solchem Höhenflug brachte? Ich glaubte, zu schweben, die Zeit aufgehoben zu haben, als ich Hände auf meinen Schultern spürte, Hände, die mich in meinem glühenden Zustand erdnah berührten.

In eine andere Welt gestoßen, sah ich über mir eine blonde Eva-Marielle lächelnd auf mich herabblicken.

„Wie lange spielst du schon so wild in dich hinein?"

Ja, es war Eva-Marielle. Bevor ich antworten konnte, nahm sie die auf dem Klavier ausgebreiteten Noten.

„Willst du mich begleiten mit ‚Roses of Picardy'? Bitte? Es ist ein einfacher Song von Haydn Wood. Vielleicht zu einfach für dich, aber schön."

„Eva-Marielle, du? Wie anders du aussiehst. Was ist mit dir geschehen? Du bist ja blond geworden!"

Ohne auf mein Erstaunen einzugehen, wiederholte sie ihre Bitte.

„Roses of Picardy, bitte. Du wirst den Song lieben lernen."

Sie begann, zu singen: „... She is watching by the poplars ... Roses are shining in Picardy ... but there's never a rose like you ..."

So spielten und sangen wir uns mit ‚Roses of Picardy‘, Gershwins ‚Porgy and Bess‘ und Schuberts ‚Winterreise‘ in die Nacht hinein. „Fremd bin ich ausgegangen, fremd kehr’ ich wieder heim."

Ich blieb auch diese Nacht, blieb die nächsten Tage. Aus Tagen wurden Wochen, aus Wochen Monate, aus Monaten Jahre.

Eva-Marielle ging in die Hochschule für Musik und Darstellende Kunst, studierte den Kontrapunkt, die Harmonielehre, die Formenlehre, das Geigenspiel und das Dirigieren. Ich, der verlorene Dirigent, verbrachte währenddessen meine Zeit in der Mansarde im Tempel meiner Phantasien, unerreichbar für die Welt da unten, ständig am alten Klavier improvisierend, schreibend, malend, dionysische Feste von Tönen und Klängen zelebrierend, ähnlich wie damals in Wien, berauschte und erschrak mich an der erschreckenden Klarheit meiner Geschichte, in den waghalsigsten Grenzüberschreitungen meiner schöpferischen Kraft und meiner Klangvision. In meiner Erregung schrieb ich an Beethoven: „Du Meister, bist kein Querformat und auch kein Nachdruck. Apollo hat dich zum Jünger gemacht, oder war es Dionysos. Du bist in einer Hochzeit, Meister ..." Ich war verloren, wenn ich solche und andere Dinge schrieb, Klangfarben hörte und Farbtöne malte. Ermattet vom Sehen wurde ich ergebenster Diener meines treuen Freundes Absinth bis in den nur scheinbar erlösenden Schlaf hinein, bis zum Abend, wenn Eva-Marielle von der Hochschule zurückkam und mich besorgt fragte:

„Wie war dein Tag, Geliebter?"

Sie spürte meine Unruhe, sah meine Gequältheit. In ihr Tagebuch notierte sie: „… Kein Wohnsitz, keine Kontakte zu bestandenen Verbindungen, Depressionen, ohne Familie und Kinder, ohne Geld, Angst vor Gefängnis."

„Du musst wieder zurück zu deiner Musik, Alois. Wir werden Agenten anschreiben, einen Prospekt drucken, ihn überall hinschicken. Nicht meinetwegen, ich bin glücklich auch so, aber du …!" Noch schien sie nicht einmal zu ahnen, welch ungeheure Last auf sie zurollte. Noch schützte ihre Jugend sie vor dem Erkennen der Ausweglosigkeit ihrer Liebe zu mir.

Inzwischen war Ernestos Bistro an der Ecke meine Kommunikationsquelle. Dort spielte ich anders, improvisierte nicht, nahm das Spiel ernst, todernst, entwickelte mich zum gefürchteten Zocker, zockte bis in die Nächte hinein, gewann, verlor Unsummen, zockte weiter, trank, fühlte mich betrogen, schlief, wachte schweißgebadet auf, um erneut ans Wasserhäuschen und in Ernestos Bistro zu gehen, nur noch dies eine Mal, bis zum letzten Groschen, nur noch dieses eine Mal. Das Spiel war das Einzige, bei dem ich alles vergaß. Ich vergaß meine Lage, meine Schuld, meinen Weg. Nur eines war immer in meinen Ohren und bewegte mich: der unhörbare Klang. Umso heftiger traf mich die Wucht meiner verdrängten Schuldgefühle in der Nacht, sie kamen wie umherirrende Geister über mich, nach Befreiung schreiend die ganze Nacht, bis zum Morgengrauen. Die Geister schrien: „Du hast Schuld auf dich geladen. Hast dadurch alles verloren: Julia, deine Frau, deine drei wunderbaren Kinder, dein Haus, dein Orchester, deine Musik, die Partituren, die Nicolas, deine Nicolas, deine Tendenz, bist verdammt in deiner Verantwortungslosigkeit. Hast sogar den Satz vergessen: ‚Du gehörst niemandem, du gehörst der Welt!' Und jetzt? Jetzt ruft das Wasserhäuschen."

Schweißgebadet lag ich auf dem schmalen Feldbett neben Eva-Marielle, die ruhig atmend tief schlief und nichts ahnte von all dem, was mich quälte. So dachte ich, sagte ihr nicht, was mich so ruhelos von einem Wasserhäuschen zum anderen trieb, ob es regnete, stürmte, bitter kalt war oder die Sonne schien.

Mit meinen Nachtgespenstern schlich ich mich jeden Morgen, schon vor vier aus dem Haus, über die Straße, am ganzen Körper zitternd, hin zur „Alten Oper", dem Gebäude, das ich noch völlig zerbombt als Ruine in Erinnerung hatte. Noch hatte kein Wasserhäuschen auf. Damals, nach diesem furchtbaren Krieg, ging ich mit meinem Geigenkasten über die Ruinen, zwischen den Trümmern spielende Kinder, zum Hoch'schen Konservatorium.

Jetzt verdiente ich mir in der wiederaufgebauten neuen ‚Alten Oper' in den frühen Morgenstunden als Hilfsarbeiter mit Stühlerücken und Säubern des großen Konzertsaals die nötigen Groschen zum Löschen meines morgendlichen Brandes. Da stand ich nun auf der leeren Bühne, rückte Stühle und schaute in den menschenleeren Saal. Die Putzkolonne unter mir war mein Publikum.

„Wollt ihr das Konzert, die Probe, oder wollt ihr ewig putzen?", lachte und murmelte ich in mich hinein. „Ja, damals …"

Aber jetzt fühlte ich mich, der sonst am Pult so Mächtige, am falschesten, am nutzlosesten Platz der Welt. „Und draußen ist das Leben", murmelte ich vor mich hin. „Habe ich nicht hier an derselben Stelle gestanden und die 5. Mahler dirigiert? Habe ich das nicht alles schon einmal erlebt? Mein Gott, warum nur jetzt Stühlerücken …"

„Was stehst du da so herum, Trottel? Deine Stuhlreihe ist schief geworden. Alles noch einmal. Ein bisschen dalli. Und kehre vorher alles sauber."

Ich schaute zum stummen, großen Steinway hinüber.

Und Tschaikowskys Klavierkonzert b-moll mit Serkin? Sind denn die alle blind um mich herum? Sehen sie mich denn nicht? Hören sie denn nicht, wie der Flügel singt und klingt? Ich ließ den Besen fallen, näherte mich ehrfurchtsvoll dem Steinway, setzte mich und begann, leise zu spielen. Zuerst ein Ton. Dann ließ ich mich wieder improvisierend treiben. Von einer Melodie zur nächsten, bis sich Bachs Goldberg-Variationen einschlichen, Schuberts Impromptu Ges Dur Nr. 3, Chopins Nocturnes, Clair de Lune von Debussy und das sehnsüchtige Lied von der Martersäule im Feld.

21

Die Putzkolonne unter mir, einer nach dem anderen, ließ von ihrer Arbeit ab und lauschte. Wie damals auf dem menschenleeren Binderplatz in Olkowitz, der sich bei meinem Spiel belebte, wie ausgedörrtes Land nach den ersten Regentropfen.

Der Boss kam auf mich zu.

„Was soll dieser Unsinn? Bist du zum Arbeiten da oder zum Klimpern? Du kannst gehen."

Darauf brach ich in Schweiß aus, versuchte das Zittern meiner Hände zu verbergen, ohne Erfolg. Ich konnte es kaum abwarten, bis die erste Quelle meiner Erlösung an der Ecke des Opernplatzes die Rolläden hochzog für die ersten Verdammten des Tages. Nach meinem allmorgendlichen „Auftritt" in der ‚Alten Oper', mischte ich mich unter sie und wurde unmerklich ihresgleichen. Ich hörte ihrem Gestammel zu, glaubte, ihre Sprache sprechen zu müssen, indem ich ihnen zunickte und mit ihnen anstieß: „Na denn, prost! So ist das Leben." Nein, ich gehörte nicht zu ihnen. Bald nannten sie mich in ihrer Hilflosigkeit mir gegenüber halb belächelnd, halb respektvoll den Puffmusiker. Eine andere Bezeichnung fiel ihnen nicht ein, wussten sie doch nur von ungefähr, von welchen Höhen ich anscheinend kam. Da war etwas, das sie zwang, Abstand von mir zu halten. Sie wussten nicht: Sollten sie Mitleid mit mir haben oder es sich erlauben, mich in meiner Unnahbarkeit zu bewundern, gerade wegen der Flachmänner, die ich allmorgendlich mit ihnen trank. Nichts konnten sie mit mir anfangen, gar nichts. Ich passte nicht ans morgendliche Wasserhäuschen und doch stand ich mit ihnen allmorgendlich unter ihnen. Nein, ich war nicht einer von ihnen, weiß

Gott nicht. Ich war weit weg. Der lange, schwarze Persianermantel, mit dem ich Tag für Tag durch die Straßen lief, konnte es allein nicht sein. Für sie wurde der schwarze Persianermantel mit den tiefen Taschen der Mann, den sie nicht kannten. Mich sahen sie nicht, nur den Persianermantel.

„Da läuft der Persianermantel", stießen sie sich an, wenn ich durch die Straßen ging, „der Persianermantel mit den seltsam tiefen Taschen …", nickten sie sich zu. „Was ist wohl in diesen tiefen Taschen?"

Die Taschen waren oft gefüllt mit den erlesensten Dingen, edelster Kaviar, teurer Champagner, Trüffel, die feinsten Pasteten, natürlich kleine Fläschchen Absinth, nur mein Geldbeutel war leer. Ich lebte gefährlich mit der Art meines Anschaffens. Der Kick und das Prickeln, dabei erwischt zu werden, waren aufregend lustvoll. Das tage- und nächtelange Spiel und der Freund Alkohol in Ernestos Bistro hatte mein Geld aufgebraucht. Ernos Bistro war meine Heimat geworden. Die kostbare Zeit verbrachte ich beim Würfelspiel. Ich musste mich außer der grotesken allmorgendlichen Vorstellung in der ‚Alten Oper' um Einkünfte kümmern. Auf einer der morgendlichen Wege zur ‚Alten Oper' kehrte ich in eine Wach- und Schließgesellschaft ein.

„Haben Sie Arbeit für mich?"

„Für dich?", lachten die Männer in Uniform und Mütze und schauten auf meine Hände. „Was hast du gemacht bisher?"

„Ich bin … ich war … Dirigent."

„Dirigent?" Die Männer lachten lauthals auf. „Der will uns verarschen, Jungs", und schubsten mich von einem zum anderen. „Dirigent? Männer, wollt ihr euch verarschen lassen von dem in so früher Stunde?" Sie hatten ihren Spaß mit mir, bis einer sagte:

„Na ja, da hätten wir was für dich, Dirigent: Die Maschinenfabrik ‚Schlösser‘ sucht einen Nachtwächter von 18:00-6:00 für die Nachtpforte. Brauchst eigentlich nur da zu sitzen und freundlich zu nicken, wenn die Kumpel raus und rein gehen. Das wirst du ja noch schaffen! Für 3,50 DM die Stunde." Er meinte es sichtlich gut mit mir.

Es war die erste Stufe auf meiner Karriereleiter als Nachtwächter. Ich nahm es an, fühlte mich nicht gedemütigt. Es war eher ein Triumph, eine Auszeichnung, eine Art Herausgehoben-Werden aus den elitären Höhen von Lobgesang und Wonne zu Ehren der großen Kunst. Es war einzigartig und ich der Einzigartige, ein Dirigent als Nachtwächter, leider noch nicht in Uniform, noch im Straßenanzug, aber schon mit Stechuhr. Wer von Meinesgleichen, deren Namen gewöhnlich die gesamte obere Hälfte der Ankündigungsplakate einnehmen, würde es sich leisten können, hinabzusteigen auf jene Ebene, die ich betrat? Mein Publikum war jetzt von anderer Art. Es waren Malocher, Arbeiter.

Sie mussten alle an mir vorbei. Ich nickte nur und gab die Erlaubnis zum Passieren. Ohne meinen Knopfdruck zum Öffnen der Schranke war kein Hinein- und Hinauskommen. Endlich konnte ich wieder führen, sorgfältig die Balance zu den Geführten halten. Wenn ich nach außen hin selbst nur die Autorität wahren würde, mein Zittern verbergen konnte und die Stunden durchhielt bis zum Morgengrauen. Die kleinen Fläschchen halfen mir dabei. In diesen Stunden hatte ich die Gewissheit: Ich würde zurückkommen.

Eva-Marielle kam nach ihren Vorlesungen den langen Weg hinauf ans andere Ende der Stadt, brachte mir zu meinem Dienstbeginn die Stulle, saß eine Weile in der Loge und betrachtete neugierig, mit gemischten Gefühlen die so andere Welt, die vor ihr vorüberzog.

Was ging in ihr, der jungen Musikstudentin, vor? Sie glich immer mehr Julia, stellte ich fest, Julia, wie sie mit 19 war. Und doch war Eva-Marielle, wie ich sie nannte, ganz anders. Sie hatte denselben Glauben an mich und meine Zukunft wie Julia. Es gab nur einen Unterschied: Sie war bedacht darauf, dass es mir gut gehen möge.

„Morgen früh, wenn du wieder bei mir bist, werden wir ‚Roses of Picardy‘ singen und die Frühlingssonate von Beethoven spielen. Soll ich sie mit Aufstrich anfangen? Du wirst mir auch zeigen, bitte, wie ich mit meinem Chor eine Fermate organisch vorbereiten und halten muss, um sie dann wieder abklingen zu lassen.“

„Du tust gut daran, danach zu fragen. Viele Dirigenten betrachten die Fermate als messbaren Ruhepunkt an sich, ohne auf die Intention der Sänger und der Entwicklung der musikalischen Phrase zu achten. Eine Fermate sollte zwingend vorbereitet werden. Sie ist nur der Höhepunkt einer Entwicklung zum Innehalten und Weitergehen.“

Solche Gedanken besprach sie mit mir in der Pförtnerloge.

Die vorübereilenden Arbeiter nickten ihr zu. Zuerst erstaunt über soviel Liebreiz neben ihrem Nachtwächter, dann aufmunternd, sich sicher fragend: ob es meine Tochter oder gar meine Geliebte sei. Schließlich sah man es ihr an: Sie war 18 Jahre jünger als ihr Nachtwächter.

Ich beobachtete alles an ihr, so, wie ein Gärtner auf seinen aufblühenden Garten schaut. Dabei nahm ich nicht wahr, welches unheilvolle Netz sich bereits um mich, Julia und Eva-Marielle legte.

Die Wach- und Schließgesellschaft war zufrieden mit mir. Ich avancierte, bekam eine Uniform mit Mütze und die nächtliche Verantwortung über ein riesiges Einkaufszentrum. Einsame, gefährliche nächtliche Kontrollrundgänge um das Gelände, magischer Anziehungspunkt krimineller Existenzen im Dunkeln.

Für Eva-Marielle wurde der Weg zu mir noch länger. Sie begann zu warten.

Von abends bis zum frühen Morgen umrundete ich stündlich, völlig auf mich allein gelassen, unbewaffnet das Areal, ständig auf der Hut, aus den Büschen des unmittelbar angrenzenden Waldes heraus überfallen zu werden. Die leisesten Geräusche der Nacht schreckten mich aus meinen Klangphantasien, mischten sich in die „idee fixe" des Hexen-Sabbats aus Berlioz „Symphonie phantastique" oder in die Melodie des schwermütigen, ungarisch-slawischen Volksliedes aus dem 3. Satz der 1. Symphonie von Gustav Mahler. Wenn ich zwischen den Stechuhren zum sternenklaren Firmament aufschaute, begann ich Schillers „Ode an die Freude" zu rezitieren: „… laufet, Brüder, laufet eure Bahn … seid umschlungen, Millionen."

Die kleinen Fläschchen halfen mir dabei. Und gegen Mitternacht sprach ich öfters mit Beethoven über seine 9. Symphonie und Schillers „Ode an die Freude".

„Es ist schon ein Wunder, die Raumstation ‚Columbus', 400 km um die Erde zu schicken in der Schwerelosigkeit des Weltalls. Aber ist es nicht ein noch größeres Wunder, dass sich alle Nationen der Welt zu 15 Nationen – seid umschlungen, Millionen – in diesem Projekt vereint haben, um gemeinsam an ihrer Zukunft zu bauen? Hatte Friedrich Schiller diese Vision vor Augen, wenn er in seiner Ode sang: ‚Laufet, Brüder, laufet eure Bahn, seid umschlungen, Millionen?'"

„Zu meiner Zeit, als noch die Postkutschen fuhren und ich noch an Napoleon glaubte, an Freiheit, Gleichheit, Brüderlichkeit, war es nur ein vermessener Traum", sprach dann der Meister zu mir, „Alpha – diese Station wird die erste Basis sein für den Start zum Mars. Wie Schiller sagte: ‚Froh, froh, wie seine Sonnen fliegen durch des Himmels prächtigen Plan … laufet Brüder, eure Bahn.‘“ Wie er gekommen war, so verschwand Beethoven wieder.

Hin und wieder schlichen sich seltsame Nachtmenschen aus dem Gebüsch oder ein orientierungsloser Alter stand plötzlich vor mir.

„Mein Freund der Nacht, darf ich mich zu dir setzen und dir zuhören“, hatte der Alte mit Pathos zu mir gesagt und sich auf einen Stein gesetzt, um dem Unhörbaren zu lauschen. Um das unheimliche Dunkel der Büsche und Bäume zu bannen, hatte ich angefangen, sie lebendig zu machen, in ein Orchester umzuwandeln, links die Geigen, in der Mitte Bratschen, zu meiner Rechten die Celli, so dirigierte und füllte ich das Knistern des Waldes mit Arnold Schönbergs Partitur ‚Verklärte Nacht‘, rezitierte dabei: „Zwei Menschen gehen durch kahlen, kalten Hain …“ Ein seltsames Bild in der Nacht: Ein verwirrter Alter und der dirigierende Nachtwächter in Uniform. Als Kulisse das Einkaufszentrum mit angrenzendem Wald. Der Alte blieb bis zum Morgengrauen regungslos auf diesem Stein sitzen, dann verschwand er wieder zwischen den Bäumen.

22

In diesen Nächten braute sich allmählich ein Gewitter zusammen, das sich irgendwann entladen musste. Nach solchen Nächten bemerkte Eva-Marielle das besonders starke Zittern an mir. Es begann, ihr Angst zu machen. Sie war besorgt um mich und um sich selbst. Wie würde es weitergehen?

„Du solltest aufhören mit dieser Arbeit, Alois. Ich sehe deine Schweißausbrüche, dein Zittern. Das gehört doch sicher nicht zu einem Künstler, oder? Höre: In der Hochschulbibliothek suchen sie einen Archivar.“

„Eva-Marielle, willst du etwa, dass ich dort, wo ich bei Prof. Pretori, meinem alten und deinem jetzigen Lehrer studiert habe, in die verstaubten Kellergewölbe gehe, um für die Studenten ihr Material auszugeben? Lieber bin ich Nachtwächter. Da bin ich eindeutig.“

Sie schaute mich lange an und nickte. „Morgen 9:30 Uhr könnte ich dich da unten besuchen kommen.“

„Nein, nicht morgen. Erst habe ich etwas Wichtiges zu klären.“

„Was kann so wichtig sein außer deiner Musik?“

„Ich werde nach Luxemburg fahren, versuchen, meine verloren gegangenen Kinder zu sehen und werde Lara, meine alte russische Freundin bitten, mich zu begleiten.“

„Es ist gut, wenn Lara bei dir ist, denn du bist in einem Zustand, in dem du folgenschwer Grenzen überschreiten könntest. Vergiss nicht, man sucht dich in Luxemburg. Es kann große Probleme geben. Schließlich möchte ich dich wiedersehen.“

Am nächsten Morgen, nach meiner Nachtschicht, rief ich Lara an und bat sie, mich zu begleiten. Sie war sofort einverstanden mit meinem Plan. Auch sie hatte etwas im Sinn.

Meine Kinder zu sehen, war das eine Wichtige. In Wahrheit bereitete ich ein Duell vor, eine Konfrontation mit jenem Unangreifbaren, dem vermeintlichen Verursacher all meines Elends, wie ich es mir zu meinem Schutz einbildete, mit dem jungen Priester, den ich ihr damals in übermütiger Laune vorstellte mit den Worten: „Schau ihn dir genau an, das ist der Mann deines Lebens."

Wir fuhren nach Luxemburg!

Es war zur Frühmesse. Er, der zur Rechenschaft zu Ziehende, las die Messe, teilte gerade die Heilige Kommunion aus. „Ecce … dies ist mein Leib, … dies ist mein Blut …", als sich Lara aus den Bänken erhob, zum Altar schritt, ihren Blick hypnotisch, zwingend auf den Verkünder gerichtet, den rechten Arm gegen den Priester erhob, auf ihn zeigte. „Seht!", dabei wandte sie sich zur schockierten Gemeinde: „Seht, dies ist ein Ehebrecher, ein Gesetzesbrecher im Zölibat, dies ist euer Hirte, seht ihn euch genau an."

Die letzten Worte wiederholte sie, während sie durch die Reihen zurückging.

Die Orgel hörte auf zu spielen.

Der Mann hielt die Hostie hoch. Seine asketisch schlanke Gestalt mit dem markant geschnittenen Profil, der herausragend kühn wirkenden Adlernase, den energisch schmalen Lippen und dem vollen dunklen Haarwuchs hob sich, wie ein Mahnmal provokant in den Raum hinein und schien hinauf zu wachsen in die kleine Kuppel.

Seine männliche Keuschheit, so bildete ich mir ein, war durchaus begehrenswert rein. Geradezu ideal für eine Annäherung ohne jegliche Absicht, als Beichtvater und Beistand getarnt.

Der auffallend modisch geschnittene weiße Talar ließ ihn in seiner Regungslosigkeit schwerelos erscheinen, körperlos, noch unantastbarer. Mir fiel zu meinem Ärger auf, dass er, der da vorne stand, mit mir, dem Dirigenten verblüffende Ähnlichkeit hatte. Wie ein Dirigent vor seinem Orchester und dem Publikum stand er, zum Altar hin noch erhöht als Einziger aufrecht im Raum. Nur Lara stand anklagend vor ihm. Er war der Einzige, der bestimmen konnte, sich zu erheben oder zu setzen, er allein wusste, was in seiner Partitur stand und darin zu blättern, wusste, wann Anfang und Ende war, konnte Unschuldige schuldig machen, Tote erwecken und Lebende bestrafen. Er war der Gott des Augenblicks und der Zukunft.

Und ich, Alois, saß unten, ohnmächtig in einer Kirchenbank, als armer Sünder, nur begierig darauf, diesen Mann zur Rechenschaft zu ziehen. Nicht mit Julia wollte ich mich konfrontieren, sondern mit jenem heiligen Gesetzesbrecher und Räuber. Dieser Verantwortungslose aber schien mich nur von oben herab zu belächeln, hielt es nicht für nötig, seine Blicke auf irgendeinen Menschen zu richten. Dieses überlegene, beleidigende Lächeln um seinen schmalen Mund herum, das nur auf die Hostie gerichtet war, traf mich in die Vene.

„Hier bin ich unberührbar, unangreifbar", schien es zu sagen. „Was willst du, Musikant, der nur die Sinne der Menschen verwirrt, anstatt sie zu erheben?"

Ich fühlte eine schmerzhafte Machtlosigkeit. Was konnte ich gegen diesen heiligen Mann tun? Konnte ich ihm entgegenwerfen: „Feigling, du verbirgst deine Sinnlichkeit hinter deinem Talar, näherst dich so getarnt deinen wahren Absichten." Darauf könnte der erwidern: „Und du förderst die Sündhaftigkeit mit der angeblich unantastbaren Kunst, der Musik, ich aber habe die Macht, dir die Absolution zu geben. Warum verbindest du dich nicht mit mir zum Lobe Gottes? … Schreibe ‚veni creator spiritus‘ auf deinen Taktstock und geh mit mir!"

Als hätte Lara diese imaginären Worte gehört, drehte sie sich noch einmal zum Altar.

„Und du sollst nicht begehren deines Nächsten Weib."

Die Musik, die einzige Macht, die mich noch von meinen Gesichtern hätte befreien können, hatte längst aufgehört, ihre Macht auszuüben. Totenstille in der Kirche. Nur noch der Nachklang der Worte Laras und dieses Priesters – der die Hostie noch immer hochhielt, dann, urplötzlich brach ein Klanggewitter aus allen Registern von oben über die fassungslose, wehrlose Gemeinde herein. Johann Sebastian Bach – Toccata und Fuge d-moll BWV 565 d-moll. Ich, der dem Priester in die Augen schauen wollte, drehte mich unwillkürlich nach dem mächtigen, alle meine Sinne verwirrenden Klang um – wie damals, als ich prompt Quittung dafür bekam: die Ohrfeige vom Pfarrer. Und jetzt?

„Hier vorne spielt sich die Hauptsache ab, nicht da oben!", glaubte ich in diesem Brausen vom Altar her wieder zu hören. „Ecce homo … Schönheit ist des Teufels … siehe hier, dies ist mein Leib … dies ist mein Blut … schreibe dir das hinter die Ohren!", schrie es mich vom Altar her an. Ich, der seit damals in Wien Angst hatte, mein Gehör zu verlieren, hörte diese Worte.

Entmutigt, mich gedemütigt fühlend, fiel ich auf meine Knie, als mich Lara packte und zum Ausgang zog.

23

Meine längst fällige notwendige Konfrontation mit dem Priester war gescheitert. In erregtem Zustand fuhren wir zur Dorfschule, um meine jüngste vierjährige Tochter Roxana, die zu dieser Stunde aus dem Kindergarten kommen musste, endlich wiederzusehen.

Wir kamen zur rechten Zeit. Von weitem sah ich Roxana befreit über den Schulhof in die Arme ihres älteren Bruders stürmen. Der nahm sie, flüchtete panikartig vor dem bösen Mann, vor mir, seinem Vater.

Es war das letzte Mal, dass ich Roxana sah, nur von Weitem sehen konnte.

In der folgenden Nacht auf der Rückfahrt zu Eva-Marielle verursachte ich volltrunken einem Autounfall mit Sachschaden und wurde wenig später in meiner Abwesenheit zu einer Geldstrafe, ersatzweise zu einer Gefängnisstrafe verurteilt. Um der Strafe zu entgehen, flüchtete ich aus dem Land und konnte es ohne strafrechtliche Folgen nicht mehr betreten. Dieses Ereignis sollte allerdings im Privaten weitgehende Folgen haben. Meine Kinder wussten weder von meinem Zustand, noch meiner Situation, sie wussten nichts von meiner Vertreibung und nicht den Grund meiner Flucht. Schlimmer noch und mit den schwersten Folgen: Ich konnte mich ihnen nicht mehr darstellen. Es zog mich immer tiefer in ein Labyrinth mit vielen verschlungenen Gängen, in den allmählichen Irrsinn meines unfreiwilligen Exils, meiner Verbannung.

Meine Neigung zur Perfektion verstärkte den Genuss an meinem Elend, nahm masochistische Formen an.

Zurück vom gescheiterten Versuch, meine Kinder zu sehen, vergrub ich mich als Archivar in dem Bibliotheksgewölbe an derselben Stätte, an der ich vor Jahrzehnten meine Aufnahmeprüfung als Geiger gemacht hatte. An jenem Ort, an dem Julia zu mir kam mit den Worten: „Ich bin Julia Clarissa, das heißt die Berühmte, und wohne in der Wiesenau Nr. 8.“ Ich saß im dunklen Kellergewölbe ähnlich dem Weinkeller von Olkowitz, diesmal umgeben von staubigen Partituren. Anstatt sie zu registrieren oder zu studieren, malte und kritzelte ich wirre Gedanken auf gelbe Karteiblätter.

Über mir studierte Eva-Marielle Geige, Musik bei Professor Pretori, dem gleichen, meinem alten Lehrer, der mir damals nach bestandener Prüfung die zweite Ohrfeige meines Lebens gab. Eva-Marielle ähnelt in ihrem Äußeren immer mehr Julia, dachte ich mit Genugtuung. Sie war blond geworden wie Julia damals blond war. So wollte ich es.

Man sagt, Liebe und Hass liegen dicht beieinander. Was bezweckte ich damit, dass ich unwillkürlich Eva-Marielle nach Julias Ebenbild formte? Und was war das für ein Spiel, in dem die Figuren meines Lebens an unsichtbaren Fäden aneinanderhingen, verschoben wurden und sich in ihren Gegensätzlichkeiten immer wieder zu Höhepunkten kulminierten? Auf welchen dramatischen Tiefpunkt lief sie hinaus, die Liebe zu Eva-Marielle?

In solcherart Gedanken versunken, kam eines Morgens Eva-Marielle von ihrem Olymp in mein Verlies.

„Ein Brief für den Maestro, wenn es beliebt.“

„An mich? Wer könnte sich noch an mich entsinnen.“

„Die Achte Bruckner wartet auf dich. Du kannst dich doch hoffentlich erinnern? Ich bitte eindringlichst darum! Bruckner ist derjenige, der voller Verehrung vor Richard Wagner seinen alleruntertänigsten Bückling gemacht hat. Seine großen Sinfonien haben himmlische Längen."

„Was soll das, Eva-Marielle?"

Ich las: „Wir würden uns freuen, Sie in der kommenden Herbstsaison für ein Abonnementkonzert mit der 8. Sinfonie von Bruckner engagieren zu können ..."

„Ich kann nicht, Eva-Marielle. Mein Zustand ... nein, und ausgerechnet die 8. Bruckner. Ist das ein Scherz?"

„... und am Telefon sagte man mir, nur du würdest der 8. Bruckner gerecht. Mit den Duisburger Symphonikern", sagte sie, verschwand zwischen den Regalen, kam zurück mit der Partitur.

„Hier ist sie."

Meine gekritzelten Figuren auf den gelben Karteikarten begannen zu tanzen.

„Eva-Marielle, ich bin Nachtwächter, ein Säufer und Spieler, verliebt in dich, zittere am ganzen Körper, wache jeden Morgen schweißgebadet auf, habe Halluzinationen. Nein, ich kann nicht." Bei diesen Worten hörte ich bereits den mächtigen Anfang der Sinfonie, gleichsam gallopierend die ersten gewaltigen, schicksalhaften Viertelschläge der Streicher des Finales. Seltsamer Gegensatz zu meinen Worten: Ich fühlte mich stark. Eva-Marielle kam zurück.

„Ich habe vergessen, dir noch etwas zu sagen. Die Duisburger Symphoniker wollen noch ein Jugendkonzert mit dir."

Ein Wunder? Ich zwickte mir ins Bein. Allein dieser Satz: „...nur du würdest der 8. Bruckner gerecht", richtete mich wieder auf. Ich fühlte mich mit meiner Vision und Interpretation der achten Symphonie von Anton Bruckner bestätigt.

Das Wunder wurde am nächsten Tag von den Duisburger Symphonikern schriftlich bestätigt. Ich stürzte mich in die Arbeit an der

Symphonie und dem Konzept eines Jugendkonzertes. Thema: Bolero von Maurice Ravel. Ich sah bereits alles vor mir: leere Bühne, Blackout, Spot auf die Hände des Trommlers, den Rhythmus mit den Fingerspitzen angebend. Im Hintergrund ein Spot auf die Leinwand. Das Weltall mit den Bewegungen der Sterne, stampfende Hufe von Steppenpferden, dann ein Spot auf mich, mein Text: „Am Anfang war der Rhythmus", während der Rhythmus der Trommel allmählich übernommen wird von einer Flöte, die sich aus den Kulissen löst, dann weitergereicht wird an alle Gruppen des Orchesters, das allmählich die Bühne füllt. Dieses akustisch-optische Geschehen im *Crescendo* noch unterstützt von einer Lichtkomposition. Es sollte die umgekehrte Version der Abschiedssymphonie von Haydn werden, bei der allmählich die Musiker nacheinander die Bühne verlassen und sich verabschieden. Die Idee verfolgte ich schon lange. Nun konnte ich sie verwirklichen.

Es war zu Beginn der Sommer-Semesterferien 1974, zwei Jahre nach der ersten Begegnung mit Eva-Marielle, die beste Gelegenheit, räumlichen Abstand von Ernestos Bistro, der Wach- und Schließgesellschaft und meinen Spielkumpanen am Wasserhäuschen zu nehmen. Aber wohin? Seit meiner Flucht aus Luxemburg hatte ich die fixe Idee, gesucht zu werden. Das europäische Ausland war versperrt für mich.

An der deutschen Nordseeküste auf Borkum würden wir beide uns für das Kommende gut erholen. Bald waren wir auf dem Weg in die Dünen von Borkum, zur „Heimlichen Liebe" am Südstrand der Insel. Eva-Marielle setzte alles auf eine Veränderung. Während der stürmischen Überfahrt auf der Fähre sollte Eva-Marielle zu einer schrecklichen Erkenntnis kommen.

Ein Sommer der Herrlichkeiten mit weitem Strand, Sonne, Wind, Wellen in der Trunkenheit unserer jungen ungewöhnlichen Liebe lag vor uns. Eva-Marielle war gerade 20 geworden. Ein Jahr Zweisamkeit waren seit ihrer Begrüßung in ihrem kleinen Reich vergangen. Den Altersunterschied von 18 Jahren spürte ich nicht.

Vergessen aber waren nicht meine Schweißausbrüche, die hilflosen Versuche Eva-Marielles während der Überfahrt auf der Fähre, mein fürchterliches Zittern am ganzen Körper mit ihrer Umarmung, mit ihrem Körper zu beruhigen. Sie war dagegen machtlos mit ihrer Liebe zu mir. Jetzt hoffte sie, mein Zustand würde sich durch die Arbeit an der Symphonie verbessern.

Und wirklich: In den Dünen, unter mir das Meer, umschmeichelt vom Wind, immer im Blick meine junge Liebe, versank ich in der Partitur Bruckners, ließ das *Adagio* des dritten Satzes im schwebend weich-synkopisierten Des-Dur Streicherklang der ersten Takte aufblühen gleich dem Auf und Ab der Wellen, horchte auf das leise Rauschen des Meeres, um gebührend den schmerzlich stockenden Liebesgesang der 1. Geigen auf der G-Saite „zart hervortretend“ vorzubereiten. Ein Liebesgesang, der an Wagners „Tristan“ erinnerte. Alles um mich war Klang. Symbiose der Elemente, Musik, die nur noch das Mitschwingen eines Körpers brauchte, einen Resonanzboden – das Orchester – um zu erklingen. „Da hab' ich zu tief in ein Mädchenauge geblickt“, hatte der Meister dazu in einem Brief bemerkt. Gemeint war wohl Marie Demar, die der Meister sein Leben lang verehrte.

Ich begann, wieder meinen Klang zu hören, zu horchen und zu lauschen, wie damals in den Weinkellern von Olkowitz, als ich nichts mehr hörte.

An einem guten Tag mieteten wir uns Fahrräder, um die Insel zu durchqueren. Irgendwo im Inneren der Insel, zwischen den Dünen, konnte ich die Balance nicht mehr halten. Ich stürzte vom Fahrrad. Die Zeichen der kommenden Katastrophe mehrten sich.

24

Wieder zurück von Borkum. In der Wiesenau 44. An einem heißen Sommernachmittag peitschte ich mich während der Arbeit an der Partitur der 8. Sinfonie Bruckner mit einer Flasche Whisky hoch, hatte sie leer getrunken und wollte für Nachschub sorgen. Mit der Partitur in der Hand verließ ich mein Zimmer. Der elegant gewundene Treppenaufgang der Wiesenau 44 mit seinem dunklen Glanz und der Whisky wurden mir zum Verhängnis. Ich stürzte vom ersten Stock die Treppe hinunter, schlug mit dem Kopf auf den steinernen Boden des Treppenhauses im Parterre und blieb dort mit einer riesigen Kopfwunde blutüberströmt bewusstlos liegen.

Der Alarm des Martinshorns holte mich aus meiner Bewusstlosigkeit. Ich sah mich mit verbundenem Kopf und wunden Ohren, wie damals als kleiner Junge nach meiner Ohrenoperation, in einem mit schweren Brokatvorhängen abgedunkelten Salon in der großen Stadt Wien. Mein Kopf war wie damals bis auf die Augen verbunden. Diesmal waren es die weißen Tücher des Unfallwagens. Ich hörte aus der Ferne die Trompeten der Kasernen von Leitmeritz, es war aber nur das Martinshorn des Polizeiautos, das durch die Stadt raste. Ich konnte es nicht glauben: Um mich herum standen wieder meine Folterer, hörte sie schreien, weiß vor Wut: „Stellt ihn draußen an die Wand! Stellt ihn an die Wand. Da draußen wirst du vor dem ganzen Dorf euer „Deutschland, Deutschland über alles" spielen, oder ich lasse dich abknallen. Packt ihn! An die Wand mit ihm!" Es waren aber nur drei Polizisten, die sich über die neuesten Fußballergebnisse unterhielten und mich hin und wieder mit Genugtuung ansahen, so, als hätten sie ihr Wild erlegt und warteten auf das weidgerechte Ausschlachten. Die Büsche und Bäume meiner Nächte als Nachtwächter beugten sich über mich, rauschten leise das Pianissimo der letzten Takte von „Verklärte Nacht", das Hinübergleiten in sphärische *Arpeggio-pizzicato-flageolett*-Klänge. Dabei verlor ich wieder das Bewusstsein.

Ich wachte erneut auf in einem kahlen, grell erleuchteten Raum, diesmal ohne Kopfverband, bewacht von drei Polizisten, spürte, wie Blut an meinen Körper hinunterlief. Warum hatte man den Kopfverband abgenommen? Ich spürte warmes Blut, getrocknetes Blut in meinem Nacken, den Rücken hinunter, ein klebrig-zähes Rinnsal mit ständigem Juckreiz. Dazu konnte ich mich nicht bewegen. Sie hatten mich an der Pritsche gefesselt.

„Wo ist meine Partitur?", waren meine ersten Worte. „Meine Partitur! Ich muss dirigieren!"

Die Polizisten sahen sich verständnislos an. Es musste Nacht sein. Oder war es die Mittagssonne, der ich ungehindert ausgeliefert war. Wie vom wolkenlosen Himmel prallte grelles Licht von kahlen, weiß gekalkten Wänden.

„Partitur? Meinst du das hier?" Einer hielt die Partitur in die Luft.

„Gebt mir meine Partitur. Ich habe in einer Woche ein Konzert, mit Bruckners Achten."

Sie lachten. „Was ist eine Partitur? Ein Achter- oder Sechzehner-Schrauben-Schlüssel? Was willst du mit einer – wie heißt das Ding?"

„Partitur, Partitur", fing der Zweite an zu singen und steckte mir die Partitur hinter meinen Kopf.

„So, das ist jetzt dein Kopfkissen."

Das Blut aus meiner Wunde tränkte die ersten Seiten der Partitur. Ich starrte zur Decke, als sei es die Wand, an der ich in Olkowitz schon einmal stand. Das Weiß bohrte sich erbarmungslos in meine Augen.

„Wo bin ich? Habt ihr mich zurückgebracht nach Olkowitz?"

„Er redet wirr", sagte der Dritte. „Wo du bist? Du bist erst einmal in der Ernüchterungszelle – vorerst", fügte er bedeutungsvoll hinzu.

Die drei Jäger hatten die Mützen abgenommen, setzten sich, überließen ihren Auftrag der zermürbenden Kraft der Zeit. Für sie war ich ein lang gesuchter Verbrecher, Terrorist sogar. Sie hielten es nicht für nötig, mein Blut zu stillen.

Sie ließen mich in meinem Blut liegen, die ganze Nacht. Mit der Partitur als Kopfkissen erinnerte ich mich an Julia, wie diese damals an meine Türe geklopft und gesagt hatte: „Wenn du so ein Gedächtnis hast, dann werde Dirigent", und ich begann, aus dem Gedächtnis Note für Note in mir erklingen zu lassen. So verbrachte ich zwischen Wachsein und Dämmerzustand die Nacht im Geiste mit dem Repetieren der Bruckner'schen Partitur.

Ausgerechnet zu dieser Zeit war Eva-Marielle nicht bei mir, sondern bei ihren Eltern in ihrem 100 km entfernten Heimatort Fulda. Am frühen Morgen aber kam sie an mein Lager, sah mich unverbunden daliegen, sah das getrocknete Blut unter meinem Nacken und weinte bitterlich.

Sie durfte nur kurz bei mir bleiben. Als sie ging, ohne einen Ausweg zu sehen, verabschiedete sie sich mit den Worten, die mir so bekannt vorkamen: „Ich komme bald wieder." Lange starrte ich zur Türe, durch die sie ging. Meine Bewacher lösten endlich meine Fesseln, packten mich, schoben mich in ein Polizeiauto und jagten mit Blaulicht durch die Stadt.

„Wo bringt ihr mich hin? Was habe ich verbrochen?", fragte ich.

„Ins Gefängnis, wohin sonst?", antwortete einer.

„Ins Gefängnis? Was habe ich um Gottes willen verbrochen?“

„Er weiß es nicht“, lachten die Drei. „Also gut: Du wirst von Interpol gesucht!“

„Was werde ich? Von Interpol gesucht? Warum werde ich von Interpol gesucht?“

„Wir haben dich ohne jegliche Identifikation, ohne Pass aufgefunden, als du von der Treppe gestürzt warst und haben dabei festgestellt, dass du auf der Fahndungsliste der Interpol stehst, das ist alles!“

Zu meinem Erstaunen genoss ich auf eine seltsam-genüssliche Art diese ungewöhnliche Situation. „Seht her, ihr Leute: Welcher Dirigent könnte das von sich sagen, mit Blaulicht und Interpol bevorzugt behandelt zu werden? Das macht mir keiner nach, macht mich stark, kommt meiner Musik zugute. Ich werde wiederkommen.“ Ich begann, den eigenen Untergang zu spielen, sogar damit zu kokettieren.

„So so, ihr habt mich also endlich gefunden. Gratuliere. Ich war wohl zu lange für euch verschwunden! Wie kamt ihr auf meine Spur?“

„Eine Frau hat uns auf deine Spur gebracht?“

„Eine Frau?“

Julia hatte also nach dem Verbleib des Wagens im Spessart gesucht, um wenigstens den Schrottwert in Münze umzusetzen. Dabei ließ sie mich zur Fahndung über Interpol ausschreiben. Anlass: Verletzung der Unterhaltspflicht für meine Kinder. Das waren die anderen Gründe, warum ich von Interpol gesucht wurde.

Ich schwieg, wunderte mich nicht über Julias Zielstrebigkeit und Ausdauer. Ich kannte sie.

Das Martinshorn war verstummt, das Ziel erreicht. Sie führten mich in ein dunkles Gebäude, durch einen engen Gefängnisgang. Ich musste an die endlos erscheinenden Flure der Kerzenfabrik von damals denken, als ich kaufmännischer Lehrling war. Jetzt war es ein dämmriger Tunnel, waren es Wärter mit breiten Rücken und Polizisten mit Gefesselten, die uns entgegen kamen wie aufgezogene Zinnsoldaten. Sie stießen mich in eine Zelle. Hinter mir fiel die schwere Tür mit einem endgültigen „Klack" ins Schloss. „Es gibt nichts Endgültigeres als dieses Klack – Klack und aus", erinnerte ich mich an das „Klack", Getrampel und Kichern der Ballerinen von damals, als ich mich allein in der Stille und Erwartung auf meinen ersten Auftritt vorbereitete. Noch hörte ich die Worte:

„Heute Abend wirst du auftreten bei einer großen Veranstaltung. Heute Abend wird Marleen die Arie der Tosca singen." Dann dieses „Klack".

Es schien sich alles zu wiederholen, mit Variationen.

Zwei Gestalten aus dem Dunkel schauten mir abwehrend entgegen, so, wie es ein Reisender tut, wenn er in seinem leeren Zugabteil von einem Eindringling, einem Neuen, in seiner Welt gestört wird.

„Ein Frischling, sieh da!", begann einer der beiden. Sie beäugten mich abwartend, beobachteten jede meiner Bewegungen. „Was gibt uns die Ehre deines hohen Besuchs?"

Jetzt kam es darauf an. Ich wusste, der erste Satz, die nächste Bewegung musste sitzen, um den Respekt dieser Burschen zu gewinnen. Ich deutete auf meine Wunde am Kopf. Die beiden nickten, als hätte ich schon die Erklärung meines „Besuchs" gegeben.

„Schlägerei?"

„Nein, schlimmer!"

„Schlimmer? Etwa …?" Der eine machte die eindeutige Bewegung des Halsabschneidens.

„Ich sage nur eins", nickte ich. „Als ich es tat, war ich im Besitz der Wahrheit."

Die beiden rückten zusammen, nickten anerkennend, als würden sie verstehen.

„Dann komm herein, setz dich", sagte der andere und bot mir seinen Platz an.

Kaum hatte ich unter ihnen Platz genommen, wurde ich von den Beamten wieder aufgefordert, mitzukommen.

„Wir brauchen dein Porträt. Das Polizeifoto mit Profil, en face, du kennst das ja. Und deinen Fingerabdruck für unsere Ermittlungen. Das wäre es dann fürs Erste."

Das war es nicht. Meine Polizeiakte wurde angelegt. Mit dem Polizeifoto gingen sie ohne erklärenden Kommentar zu meinen ahnungslosen alten Eltern.

„Ist das Ihr Sohn?" Die Eltern kannten Fotos ihres berühmten Sohns bisher nur aus den Feuilletons der Zeitungen. Jetzt sahen sie das Foto eines vermutlichen Verbrechers.

„Ja, das ist unser Sohn", sagte die mit Gelenkrheumatismus bereits schwer bettlägerige alte Mutter. Und Vater, der in Sibirien 1918 schon Totgesagte, Volkssturmverweigerer des 2. Weltkriegs, hörte auf, die Brotkrümel vom Tisch aufzupicken. Diesmal rief er nicht verzweifelt, sondern nur leise, fast wimmernd: „Um Himmels willen, mein Sohn, mein Sohn." Er rannte diesmal nicht kopflos im Zimmer auf und ab, schüttelte nur den Kopf: „Um Himmels willen, mein Sohn, mein Sohn!", als würde sich der Fenstersturz von damals wiederholt haben. Hatten sie nicht schon alles verloren, ihre Heimat, mehrmals ihre Existenz, wurden alt dabei. Sollten sie jetzt noch eine ihrer Hoffnungen verlieren?

Das alles erzählte mir Eva-Marielle unter Tränen bei ihrem nächsten Besuch im Gefängnis.

„Ich habe dir nach dem Alphabet im Telefonbuch einen Anwalt besorgt: Buchstabe Q. Quabius. Er wird dich im kommenden Prozess wegen Verletzung der Unterhaltspflicht vertreten. Ich werde aussagen, dass du gewillt, aber nicht fähig bist, deinen Verpflichtungen nachzukommen."

Nach drei Tagen wurde ich aus der Untersuchungshaft entlassen.

Einige Tage darauf, es war der 11. September 1974, dirigierte ich mit den Duisburger Symphonikern meine 8. Symphonie von Anton Bruckner – die musikalische Kathedrale mit ihren himmlischen Längen und unendlichen Ausmaßen – eine Herausforderung für Dirigent und Zuhörer – ich dirigierte sie auswendig, ohne meine mit eigenem Blut verklebte Partitur.

Am Beginn des Konzertes erklang das Violinkonzert D-Dur KV 218 von Wolfgang Amadeus Mozart als Hinführung zu diesem symphonischen Giganten Bruckner und einem Gipfelwerk der europäischen Symphonik. Solist war Ulf Hoelscher. Dann, aus dem Nichts kommend, in die Unendlichkeit hinein, kaum hörbar, fast nur zu spüren, das *Pianissimo* des Bruckner'schen *Tremolo* der Geigen mit dem gehaltenen F der Bläser. Als Gegensatz dazu, in den Celli, Bässen, das rhythmisch drohende, gleichsam aus dem Nebeldunst sich aufreckende Thema: ein Sechzehntel-Auftakt zum kleinen Sekundenschritt von F nach Ges, danach sich weiter entwickelnd das spannungsgeladene Intervall der kleinen Sexte mit dem chromatisch abfallenden Abwärtsmotiv F – Des – E – D, zum genialen Schlussmotiv des ersten Satzes. Über allem das ewig andauernde *Tremolopianissimo* der Geigen.

Im Saal erwartungsvoll-atemlose Stille.

Eva-Marielle saß links von mir in der 7. Reihe, hielt den Atem an, lauschte mit all ihren Sinnen dem Geschehen, sah, hörte die Musik. Sie konnte es kaum fassen: Das von ihr angekündigte Wunder war zu Klang geworden. Sie hatte mich ja nur einmal als Dirigent erlebt. Als junges Mädchen. Ich war schon gefeierter Dirigent. Ihr Vater, der Schuldirektor, hatte sie auf mich aufmerksam gemacht, auf den berühmten Sohn ihrer Stadt. „Du mit deinem Talent, mit deiner Geige, deinem Klavierspiel ...", meinte er, „geh zu ihm, höre, schau ihn dir an ..." Das Erlebnis mit der 1. Symphonie von Johannes Brahms war ihr unvergesslich geblieben. Schon in dem alle Energien sammelnden Auftakt hin zur ersten *Fortissimo*-Explosion lag Anfang und Ende der ganzen Symphonie, ein einziger Klang, vom ersten Ton bis zum letzten. Die überwältigende Wirkung des hartnäckigen *Ostinato pesante* C der Pauken und Bässe am Anfang des ersten Satzes, die ungeheure gegensätzliche Spannung der nach unten ziehenden Terzen und nach oben strebenden obligaten Oktaven konnte sie sich nicht erklären, so erzählte sie es mir später: Nach diesem Konzert beschloss sie spontan, so jung sie auch war, Musik zu studieren. Und wie es der Zufall wollte, nahm sie Unterricht bei meinem alten Geigenlehrer, Professor Pretori. Seitdem hatte sie mich am Pult nicht mehr erlebt, glaubte an mich, ohne mich wieder gesehen zu haben. Jetzt, nach so langer Zeit, fand sie sich in ihrem Glauben bestätigt: Ich war für sie Musik.

Und für mich war es das erste Mal seit meinem Abgang damals im Gürzenich, als ich dem Publikum zurief: „Entscheidet euch!", die Bühne verließ und verschwand, als wäre ich gestorben.

Würde ich dieser Herausforderung nach all dem Geschehenen gewachsen sein?

Für Eva-Marielle wurde es nicht nur das aufregendste musikalische Ereignis – die Generalprobe konnte sie noch genießen –, sondern jetzt dachte sie an anderes, banales, was ihren Atem stocken ließ. Hielt der Hosenbund, den sie mir noch in letzter Sekunde notdürftig mit Sicherheitsnadeln zusammengeheftet hatte? Und was hatte dieses zu lange Innehalten und schwere Atmen zwischen dem ersten und zweiten Satz zu bedeuten? Wankte ich da oben auf der Bühne? Mein Gott, wie lang ist diese Symphonie denn noch? Scheu schaute sie sich um. Musste die ältere Dame neben ihr so rücksichtslos in ihrer Handtasche wühlen, um sich ja nicht selbst bei der Musik zu begegnen – ausgerechnet in das langgezogene As der 1. Geigen des Adagio, in den schwebend weich-synkopisierten Des-Dur Streicherklang der ersten Takte.

Und dann: mein Gott, dieses herrliche Oboen-Solo. Und wie die vier Hörner aufblühen. Endlich – das Finale, die galoppierenden Viertelschläge der Streicher auf fis, die Fanfaren, der Kosakenritt zur Haupttonart c-moll. Rauschende, vertraute Streicherfiguren aus den vorhergegangenen Sätzen in prächtiger Entfaltung hin zum strahlenden Schluss C-Dur und endlich das Anfangsmotiv als Abschluss und Quelle allen Geschehens. „Möge sie Gnade finden", hatte Bruckner seiner Symphonie demütig auf den Weg gegeben.

Im Künstlerzimmer sank ich zusammen.

„Ich habe mein Bestes gegeben … und jetzt?"

Ich zitterte am ganzen Körper. Mein Frack klebte voller Schweiß an mir.

„Gib mir die Flasche, Eva-Marielle! Nein, ich will sie nicht, diese verfluchte Einsamkeit, ewige Sehnsucht." Ich schmiss die Flasche an die Wand, sie brach nicht, kullerte wie ein Schoßhündchen zu mir zurück.

„Es war mein erstes, letztes Konzert – und jetzt?“

„Aber Alois, du bist nicht allein!“

„Verstehst du nicht, Eva-Marielle? Dieser gewaltige Klang-Rausch – die Vereinigung mit dem Organismus Orchester und Werk gleicht einem Orgasmus – und jetzt die kahlen Wände hier! Öde, Leere!“

Es sollte für lange Zeit außer dem noch bevorstehenden Jugendkonzert „Bolero“ von M. Ravel das letzte große Konzert sein. Unheilvolle Ereignisse kündigten sich deutlich an, sollten das Leben von uns beiden erschüttern und verheerende Folgen haben.

25

Nach dem beeindruckenden Erfolg kehrten wir hoffnungsvoll zurück in das kleine Studentenzimmer in der Wiesenau. Man konnte mich wieder durch die Straßen des Westends gehen sehen, gehüllt in den schwarzen Persianermantel. Es war Herbst geworden.

„Da ist der schwarze Mann wieder", tuschelten sie hinter mir her.

„Die Verrückten sind näher bei Gott", sagten andere achselzuckend. „Lasst ihn gehen", und gingen selbst ihrer Wege. Ich gab ihnen genug Anlass zu solchen Äußerungen. So pflückte ich die letzten blühenden wilden Rosen – dunkelroter Samt – aus den Gärten am Straßenrand, kniete auf offener Straße vor so manch erstaunter Schönen nieder, übergab der Verblüfften mit glühenden Augen die Blume und gestand ihr frei heraus, wie beeindruckt ich von ihrer Schönheit und dem Klang der Rose sei.

„Lauscht auf den Klang der Rose in dem kostbaren Augenblick, wenn aus dieser Knospe die Blume bricht", flehte ich sie an. Sie schüttelten die Köpfe.

„Seht, der Rosenkavalier des Westends", lachten die einen. Andere schlichen sich ins nächste Blumengeschäft, um es mir insgemein zu Hause gleich zu tun.

„Schaut, schaut, der alte Mann im schwarzen Persianermantel und das blonde junge Mädchen – was für ein auffälliges Paar!", tuschelten die Männer. Die einen sagten es vor Neid, andere abfällig, wenn ich mit Eva-Marielle umschlungen durch den Palmengarten oder Grüneburg-Park schlenderte, just da, wo die Blumenkinder des Guru Bhagwan ihrem Lebensgefühl nachgingen.

„Da sieht man es wieder einmal: So verkommen er mit dem schwarzen Pelzmantel auch aussieht, er muss ein geheimnisvolles magnetisches Paket auf seinem Konto oder in seiner Hose haben, ein besonderes Kunststück – bei diesem Altersunterschied."

„Er gehört vor den Jugendrichter, dieser Mädchenschänder, Penner, Taugenichts. Das Mädchen neben ihm ist kaum 20 Jahre alt. Die ganze Gesetzeshärte müsste ihn treffen." Das hatte ich schon einmal gehört. „Oder ist sie gar eine von der leichten Sorte?"

Die so lästerten wussten nicht, dass die ansehnliche Gage für das kommende Jugendkonzert „Bolero" von Ravel mit den Duisburger Symphonikern bereits gepfändet worden war, noch ehe es stattgefunden hatte. Die Ankündigung dazu, ein großes feuerrotes Plakat, prangte unglücklicherweise über dem alten Klavier, nahm fast die Hälfte der einen Wand ein, als unerwartet die Herren Steuerfahnder hereingeschneit kamen, es sahen und pflichtgemäß nicht umhin kamen, die nicht unansehnliche Konzertgage zu pfänden. So blieb nach dem Konzert mit der Achten Bruckner alles zunächst bei den bekannten Engpässen. Eva-Marielle ging jeden Tag ungeachtet der neugierigen Blicke in die Hochschule für Musik zu ihren Vorlesungen, hielt die spärlichen Groschen für das tägliche Leben zusammen, während es mich in Ernos Bistro zog. Ich zockte mit Cognac-Klaus, La Paloma, Utz dem Fremdenlegionär, dem Professor, Kurti dem Fensterputzer, dem Fernseh-Hans und dem Pelz-Heinz. Jeder hatte den Namen, der ihm zustand. Auch ich. Sie nannten mich den Puffmusiker. Ich lächelte darüber, wusste ich doch, wer ich war. Sie zeigten mir gegenüber damit ihre Hilflosigkeit, gaben mir Macht und Überlegenheit. Denn nur ich wusste, sie aber nicht. Nur einem, dem ich zutraute, mich zu sehen, näherte ich mich hin und wieder während des Würfelspiels. Es war der mit den anspruchvollsten

Wochenzeitschriften unter der Achsel, selbst beim aufregendsten Knobeln, der mit dem hartnäckigen Raucherhusten in der anscheinend immer trockenen Kehle.

„Er ist wieder in seinem Element", wandte ich mich beiläufig zu ihm.

„Sie werden noch das ganze Westend besetzen", nickte dieser zustimmend, als würde er die Anrede erwartet haben, setzte dabei auf 65 ohne die eins, die eins zählt 100.

„Du meinst doch Joschka Fischer, den 68er. Ein begabter Redner neben seinem Kumpel Cohn Bendit. Die beiden bewegen wenigstens etwas. Und wir? Ja, ja, die Hausbesetzer, sie gehen aufs Ganze. Wenn ich nur könnte, ich würde mitmachen."

„Warum kannst du nicht? Ich kann nicht! Ich zocke nur, bin ziemlich am Ende, muss sehen, wie ich aus meiner Misere herauskomme."

Er hustete erbärmlich, schwieg erschöpft, konzentrierte sich auf die gefallenen Würfel, verlor die Runde, wandte sich wieder zu mir.

„Wenn du nicht mehr weiter weißt, dann geh! Geh einfach ins Nichts, ins Dunkel, Kumpel, aber geh!", kippte einen Underberg hinunter, packte die Zeitungen fester unter seine Achsel und ging.

In dieser unwirklichen Zeit, in der für mich die Tage und Nächte ineinander verschwammen, es keine Sonnenaufgänge und Sternenhimmel gab, nur Dämmerung, grelle Blitze schmerzhafter Erkenntnis, in diesen Stunden zwischen Hund und Wolf begann ich, aus Schuldgefühl und mit unbändigem Drang nach schöpferischem Tun, wie besessen zu zeichnen, alles zu bemalen, surrealistische Visionen an die Wände des kleinen Zimmers zu werfen, mich selbst, den Dirigenten als Vampir mit Spitzohren, einem langen, schwarzen, wehenden Umhang, die Notenständer vor mir als flurbereinigte Felder, durchzogen mit zahllos verflochtenen Autobahnen. Ich kritzelte in Partituren hinein, eigene, anmaßende Interpretationsentwürfe, schrieb Aphorismen, wirre Geschichten, absurde Texte auf Bierdeckel, die ich meinen Kneipenbrüdern zeigte.

„Unser Rosenkavalier des Westends, der Puffmusiker, er ist verrückt, hat den Verstand verloren", sagten die und würfelten weiter. Kein Wunder: Ich gab mich bei den herbstlichen Weinfesten als Reporter des Landfunks aus, interviewte die Leute zu unsinnigen Fragen, zum Beispiel wie eine Kuh aufsteht, ob mit den Vorder- oder den Hinterfüßen. Ich besetzte nächtens mit dem Pelz-Heinz im Bau befindliche Hochhäuser des Westends, wurde dabei von einer Hundertschaft umzingelt, bewarf die Einheiten mit umherliegenden Bauelementen aus den höchsten Stockwerken, flüchtete in meine Wiesenau, spielte mir am alten Klavier die Seele aus dem Leib, trank und war doch nicht betrunken. In meiner Verrücktheit erschien mir Micha, der mir zuwinkte und die Nicolas reichte.

„Spiel, Alois, spiel!"

Ich spielte nach Art der Zigeuner auf der höchsten Saite der Geige, der E-Saite immer wieder das gleiche klagende Lied von der Martersäule, das Lied des Verlassenwerdens. Verwirrende Halb- und Vierteltöne im Wechsel von Moll und Dur, mit schwermütiger Zärtlichkeit, vermischt mit dem Wiegenlied von Franz Schubert und der Meditation aus Thais von Massenet.

26

Trotz meines Dahindämmerns, oder gerade deswegen, begleitete ich Eva-Marielles Weg zu ihrem bevorstehenden Staatsexamen mit größter Wachsamkeit, gab ihr meine Erfahrung weiter. Sie nahm alles auf zu ihrer Entfaltung.

Ostern 1977 war gekommen. Frühling. Der Prozess mit Julia in Trier stand bevor, an jenem Ort, an dem ich jahrelang im Theater der Stadt Konzertmeister gewesen war. Eva-Marielle hatte sich als Zeugin bereit erklärt, auszusagen, Zeugin meiner Unfähigkeit, für meine Kinder zu sorgen. Sie war die Einzige, die wirklich wusste, was sich ereignet hatte, wie es um mich stand und ahnte, welche Katastrophe noch bevor stand, wenn kein Wunder geschah.

Sie glich inzwischen äußerlich, ohne es selbst wahrzunehmen Julia damals unter dem Magnolienbaum. Ihr kastanienbraunes Haar war blond geworden. Sie war beneidenswerte Mitte 20, wie Julia damals, unbekümmert, voller Glauben an die gemeinsame Zukunft mit mir, dem für sie großen Dirigenten, Liebhaber, Geigenlehrer und Liedbegleiter. Wie Julia damals, spielte sie die Kreutzer-Sonate, sang die „Winterreise", erfreute sich an „Porgy and Bess", „Roses of Picardy" und war gerade dabei, ihre Gestaltungskraft als Dirigentin zu entdecken.

Jetzt, im Augenblick der Konfrontation mit der 17 Jahre Älteren wurde sie ihrer jugendlichen Stärke und Hilflosigkeit bewusst. Die beiden Frauen trafen aufeinander, als der Richter die Anklageschrift verlas.

So saßen sich beide Frauen, Hoffnung und Enttäuschung, wartend, in einen engen, kleinen Raum gezwängt, gegenüber. Kaum drei Schritte voneinander entfernt, mussten sie sich riechen, sich in Unerträglichkeit ertragen. Wortlos, blicklos. Julia, die Mutter meiner drei Kinder, mit dem ausgeträumten Traum einer nicht erfüllten Karriere als Geigerin, vor den Trümmern einer gescheiterten Liebe. Eva-Marielle, das junge Mädchen, Musikstudentin voller Erwartung an die Zukunft und im Glauben an die Liebe. Die Jüngere fast ein Ebenbild der Älteren und doch gab es nichts Gegensätzlicheres als diese beiden Frauengestalten.

Drinnen im Gerichtssaal saß ich verständnislos mit meinem Anwalt Quabius, mich wundernd über die für mich unwirklich erscheinende Situation. Ich hörte weder die Verkündigung der Anklageschrift, noch nahm ich den Richter oder sonst jemanden wahr. Sah nur beide Frauen vor mir, als sie den Saal betraten, glaubte, zu sehen, wie sich ihre Gestalten allmählich mischten, ineinander verschwammen, eine in der anderen aufging, eins wurden und sich wieder voneinander lösten. Ich hörte das bittere Weinen der Jüngeren, während sie aussagte, spürte ihre Tränen, so dass es mich würgte. Konnte nicht mehr unterscheiden, welche der beiden Frauen weinte und Tränen vergoss. War es Eva-Marielle oder Julia? War es ein und dieselbe, die weinte?

„Angeklagter, träumen Sie? Ist Ihnen nicht gut? Es sieht ja aus, als würden Sie jemanden erwürgen wollen.“

Ich hatte meine Hände krampfhaft zusammengepresst, war aufgesprungen, wollte die beiden Frauen trennen, erkannte, dass es ein Trugbild war, sank erschrocken zurück. Plötzlich wurde mir klar: Eine der beiden Frauen musste weichen in mir. Von da an begann der Gedanke zu einer fixen Idee zu werden. In meinem Kopf dröhnten die enthemmenden Akkordphantasien des Hexensabbats aus Berlioz' „Symphonie phantastique“, vermischten sich schmerzhaft mit den drohenden Klängen des „Dies irae" und der „Verdammung". Ohne das Urteil vernommen zu haben, verließ ich, gestützt von meinem Anwalt und Eva-Marielle, die selber meiner Hilfe bedurft hätte, den Gerichtssaal.

Mein Weg sollte noch tiefer ins Dunkel führen, das mich anzog wie ein Schwarzes Loch und selbst das Licht verschlingt. Niemand wusste, wohin ich ging, auch ich selbst wusste es nicht. Auch der schwarze Persianermantel sollte mich nicht mehr lange beschützen.

So vergingen Monate. Eva-Marielle entfernte sich mehr und mehr von mir, bis sie schließlich den Entschluss verwirklichte, sich in Wiesbaden, „im Schau ins Land" eine eigene große Wohnung zu mieten, ohne den Kontakt zu mir gänzlich abzubrechen.

Zurück in meiner Mansarde in der Wiesenau in Frankfurt arbeitete es wieder in mir. Bilder jenes unheilvollen Vormittags, als ich den Brief fand, traten verzerrt, als hätte Hieronymus Bosch sie gemalt, vor meine Augen. Die Leere meines Hauses, von Banditen geplündert, verlassen, meine Kinder entführt von einer Löwin, der einstigen Vertrauten. Und ich, von einer Schlacht zurückgekehrt, missbraucht, betrogen, verraten, all dessen beraubt, wofür ich geglaubt hatte, zu leben. Da war es wieder: das Gefühl des Verlassenwerdens und des Wartens. „Ich komme gleich wieder." Der Weinkeller in Olkowitz. Die Suche nach dem verlorenen Freund.

Mein jetziger Freund, der Absinth, war ohne zu fragen stets bereit, beständig, half mir unmittelbar, stand mir bei, stimulierte mich zu dem Empfinden einer Schönheit, die ich nüchtern nicht mehr erreichen konnte, verhalf mir zu den ungehörten Klängen vom verlorenen Paradies. „Musik ist höhere Offenbarung als alle Weisheit und Philosophie." In diesen Ausspruch Ludwig van Beethovens flüchtete ich. Er war meine Rechtfertigung.

Gleichzeitig litt ich unentwegt an den Fesseln der Abhängigkeit, nahm mir Abend für Abend vor, am nächsten frischen Morgen frei zu werden von der Knechtschaft, um dann doch wieder eine Niederlage nach der anderen erleben zu müssen. So kämpfte ich Tag für Tag, bis zu jenem Abend, als die Wahnbilder übermächtig wurden und die Wirklichkeit endgültig verdrängten.

Drei Tage hatte ich nichts getrunken, meinem Freund abgeschworen, dabei nicht bedacht, wie dieser reagieren würde. Und er reagierte unerwartet brutal.

„Jahrelang stand ich dir bei, mein Freund, und jetzt willst du mich einfach verlassen? Nein, so nicht!"

An diesem dritten Abend, als ich Eva-Marielle, stolz auf mein Trockensein in Wiesbaden besuchte, verwandelten sich in ihrer neuen, großen Wohnung mit dem wunderbaren Konzertflügel plötzlich die Stühle um mich herum aus heiterem Himmel in Bestien. Der schwarze Flügel wurde zum feuerspeienden, zähnefletschenden Drachen. Eva-Marielle, die bis dahin still in einem Buch gelesen hatte, griff, ein Krake mit tausend Fangarmen, nach mir, trachtete mir nach dem Leben. Ich musste sie töten. Zuerst stürzte ich mich in Panik auf die vierbeinigen hölzernen Bestien um mich herum, zertrümmerte sie, schleuderte ihre Gerippe durch den Raum. Dann wandte ich mich dem zähnefletschenden schwarzen Drachen zu, wollte mich auf ihn stürzen, hielt davor inne – Auge in Auge – nur ich und das stumme Ungeheuer. Nebelhafte Erinnerungen.

„Damals in Wien, als kleiner Junge, warst du sehr zärtlich zu mir. Ich habe es dir mit meinen wunderbaren Tönen gedankt", hörte ich plötzlich das Ungeheuer reden. „Damals hast du dich mir behutsam genähert. Und jetzt? Willst du mich nicht streicheln? Umarme mich!"

Starr stand ich da. Das mattschimmernde Elfenbeinweiß der Zähne kannte ich nur zu gut, sie lockten mich. Ich spürte, dass etwas Außergewöhnliches in diesem Augenblick geschah, hörte einen vibrierenden Ton, als ich einen der Zähne berührte. Hatte ich mich nicht damals verkleidet mit einem Talar zur heiligen Handlung? Jetzt, in diesem Augenblick, war ich ein ohnmächtiger Vampir mit Spitzohren, einem langen, schwarzen, wehenden Umhang. Meine Ohnmacht machte mich rasend. „Nein, nein, tu es nicht", hörte ich hinter mir. „Du tötest, was du liebst." Ich drehte mich um. Eva-Marielle, die Bestie, fiel mir in den Arm. Da packte ich zu, würgte sie am Hals, presste sie zu Boden, wollte mich aus ihren Fangarmen, die mich zu ersticken drohten, befreien. Sie fiel. Noch im Fallen erfasste sie das Telefon. Ich ließ von ihr ab, floh unter den Flügel, verlor das Bewusstsein.

Als ich erwachte, nah am Tode vorbeigekommen, sah ich ein Gesicht über mir, das mich anlächelte. Man hatte mich gefesselt. Panik erfasste mich. Ich versuchte, mich zu befreien. Mein geschwächter Körper schlaffte zusammen.

Wie kam ich hierher, wer brachte mich? Was war passiert? Hatte ich Eva-Marielle, meine über alles Geliebte, getötet? Ich war gefangen wie ein wildes Tier. Wie konnte ich der Situation entkommen? Mein Zittern übertrug sich auf das wacklige Bettgestell.

„Gestatten, dass ich mich vorstelle: Ich bin Napoleon", hörte ich eine hohe Fistelstimme. „Ich sehe, man hat Sie gefesselt. Wohl von einer Schlacht zurückgekehrt?" Das Gesicht kicherte. „Gefährlich, gefährlich. Unter meinem Kommando wäre es Ihnen nicht passiert. Eines Tages werde ich Sie befreien."

Ich richtete mich ein wenig auf, sah, wie der schmächtige Mann, mir beruhigend zunickend, sich langsam von mir wegdrehte, in den dunklen Raum hinein, tatsächlich den rechten Arm unter sein Hemd geschoben.

„Wo um Himmels willen bin ich?", versuchte ich mich zu orientieren. In dem Dunkel des langgestreckten, schmalen Raums bewegten sich seltsame Gestalten, manche vor sich hinplappernd, andere singend. Eine dieser Gestalten hatte sich gelöst, kam auf mein Hochbett zu.

„Gesegnet seiest du, Neuling." Er hatte eine aufgeschlagene Bibel in der Hand. „Auch du wirst erlöst werden, wenn du an mich glaubst. Sieh mich an! Ich bin gekommen, um hinwegzunehmen … deine Sünden." Dabei schwang er beide Arme auf und ab, entfernte sich wieder, tänzelnd, sichtlich glücklich. Langsam begriff ich. Es war eine Irrenanstalt, eine psychiatrische Anstalt. Anders konnte es nicht sein. Geschwächt von meinem Anfall, unfähig, mich frei zu bewegen, fügte ich mich zunächst in meine Lage, beobachtete vom Hochbett aus meine neue Umgebung. Da schlich einer immer an den Wänden entlang, ein anderer sammelte Zigarettenkippen vom schmutzigen Fußboden, würzte sie mit unsichtbarem Salz, Pfeffer und verzehrte sie mit Lust. Wieder ein anderer wurde erst in der Nacht gesprächig, vertraute mir die Liebeserlebnisse mit seiner Großmutter an. „Ja, ich habe sie vergewaltigt", flüsterte er stolz, drehte sich dabei immer wieder ängstlich um. „Ja, es ist mir gelungen, sie zu vergewaltigen. Die andern wissen das nicht. Es war immer mein Traum, das mit ihr, seit meiner Kindheit, verstehst du? Wollte immer. Und sie hat gar nicht geschrien. Und du? Hast du auch …?"

Nach dieser ersten Nacht kam ein Psychiater zu mir.

„Sie haben Glück, bei uns zu sein nach Ihrem *Delirium tremens*", sagte er. „Ich bin Doktor dieser Anstalt. Sie sind im Psychiatrischen

Landeskrankenhauses Eichberg/Eltville im Rheingau. Es hätte für Sie tödlich ausgehen können. War ziemlich unvernünftig, so plötzlich und unkontrolliert den Alkohol abzusetzen."

„Und ich bin Paganini", antwortete ich.

„Ja, ja, ist ja gut. Wir werden sehen, was wir machen können", schüttelte dieser verständnisvoll den Kopf, klopfte mir auf die Schulter. „Es wird schon werden, Paganini. Wir werden Sie ruhig stellen. Das Zittern wird allmählich nachlassen. Sie werden viel schlafen, die beste Medizin." Die junge Pflegerin neben ihm beugte sich über mich.

„Wenn du Paganini bist, beweise es und ich werde dich bewundern", löste meine Fesseln, betrachtete dabei meine Hände. „Ich könnte es fast glauben."

„Was ist mit mir, Schwester? Warum bin ich hier?"

„Du warst im Delirium, genauer noch *Delirium tremens.* Ein gefährlicher Zustand mit Wahnideen, der das Hirn schädigen kann. In dieser Verwirrung wolltest du deine Geliebte töten. Nun hält man dich für verrückt, geisteskrank." Sie nahm lächelnd meine Hände. „Aber nur Verrückte und kleine Kinder verändern die Welt."

„Ich werde dir beweisen, dass ich nicht verrückt bin. Wie heißt du?"

„Dunja."

„Bring mir eine Geige, Dunja!"

27

Zwei Tage und Nächte bewegten sich meine Gedanken nur darum, wie ich Eva-Marielle das nur antun konnte? Lebte sie noch? Ich liebte sie doch! Wollte ich mich damit retten, mich befreien? Wenn sie noch lebt, wird sie mich verlassen – und dann? Was bin ich ohne Musik – nur ein Irrtum? Am dritten Tag meines seltsamen Aufenthalts, mein Zustand hatte sich einigermaßen normalisiert, kam sie, Dunja, frühmorgens zu mir.

„Hier, Paganini, eine Geige. Heute Abend? Ein kleines Konzert für uns alle? Es könnte dein Abschiedskonzert werden, Paganini."

Es waren diese unerklärlichen Wunder in meinem Leben, die immer wieder geschahen. Warum glaubte sie an mich, den sie nicht kannte, von dem sie nichts wusste?

Ich würde noch zu geschwächt sein, zu spielen. Es war aber meine große Chance, aus dieser Irrenanstalt herauszukommen.

Am späten Nachmittag hatte sich in dem dunklen Raum, an dessen Wänden Doppelbetten klebten, tatsächlich die ganze Prominenz der Weltgeschichte versammelt, Napoleon, Jesus, Nietzsche, Beethoven, Zarathustra, der An-der-Wand-entlang-Gänger, der Großmutterschänder und die anderen Verwirrten, sogar der ungläubige Arzt mit seinen gläubigen Schwestern. Sie alle scharten sich um mich, ihren Paganini. Mit schwachen, zittrigen Händen begann ich, zu spielen. Als ich die Gesichter vor mir sah, erinnerte ich mich an den krummen alten Mann, der damals zu mir, dem kleinen Jungen an der Wand, kam und murmelte: „Es gibt viele Gemeinsamkeiten zwischen Medizin und Musik. Beides kann heilen." Wieder glaubte ich, Micha zu hören: „Sie wird dir immer treu sein, die Nicolas Aine.

Deine Musik wird der Welt gehören!" Die illustre Gesellschaft applaudierte begeistert.

In diesen Augenblicken durchrann mich ein köstliches Schaudern, ein Dahinschweben zwischen Traum und Wirklichkeit. Ein Ermatten bis hin zur Schwerelosigkeit, dabei gleichzeitig der betörend aufbrausende Beifall von damals. Es klang wie fernes Donnern.

Am nächsten Morgen wurde ich entlassen. „Mach eine Therapie, Paganini, damit du dir erhalten bleibst, und uns geholfen werden kann. Ich danke dir."

Dunja umarmte mich. „Adieu, Paganini."

„Danke, Dunja."

Wieder zurück in Wiesbaden sagte eines Tages Eva-Marielle zum zweiten Mal zu mir: „Adieu, Alois. Du warst meine große Liebe und jeder von uns war der große Bestandteil im Leben des anderen. Das vergesse ich nie, aber es lässt sich nicht fortsetzen. Ich bin immer noch in Sorge um dich. Vergiss nicht: Ich werde dich immer lieben." Und sie verließ mich. Diesmal drückte sie mir keinen kleinen Zettel in die Hand: „Hier, es ist meine Telefonnummer. Wenn du einmal in die Stadt kommst ..."

Sie musste sich retten – nicht ihre Liebe, ihre Kraft war am Ende.

„Verflucht sei diese Mansarde, in der ich endlich Geborgenheit und junge Liebe gefunden hatte", murmelte ich, als ich dahin zurückkehrte. Nur noch das alte Klavier war mir geblieben, nachdem mich Eva-Marielle verlassen hatte und Ernos Bistro als meine letzte Station mit meinem Freund, dem Hustenden. Betrunken dirigierte ich noch die seit langem geplanten zwei Palmengarten-Zyklus-Symphoniekonzerte des Philharmonischen Orchesters Frankfurt mit

Werken von Mendelssohn, Brahms, Beethoven. Wieder ein Presse-erfolg mit sensationellen Kritiken: „Entdeckung eines Dirigenten", dann – in meiner Einsiedelei hoch über den Dächern, mit wirren Träumen, zermürbt, schweißgebadet, mit Gefühlen von Schuld – Stille, Leere.

An irgendeinem Tag, während ich mich improvisierend am Klavier verlor, vernahm ich eine Stimme, als würde ein Engel zu mir reden. Eine zarte Frauengestalt in meiner Mansarde?

„Ich bin Anna-Maria, Tänzerin und suche nach meiner Musik", hörte ich sie schwach reden – eine göttliche Stimme in mein Improvisieren hinein – ließ nicht ab von meinem Spiel, drehte mich nicht nach ihr um, murmelte nur unwirsch: „Wie sind Sie hereingekommen und was wollen Sie? Lassen Sie mich in Ruhe!" Danach verschwand die Gestalt, wie sie gekommen, war. Später, viel später, als sie, diese Gestalt Anna-Maria, für mich „die Göttliche" wurde, schilderte sie mir ihr unvergessliches Erlebnis.

Dann wieder das Versinken in meinem Blut, weiß Gott, woher es kam, in die wilden Phantasien meiner Verrücktheit.

„Das war der Moment, als du, Rafael, an meine Türe klopftest mit den Worten: ‚Ich bin dein Sohn.' Und so geht meine Geschichte nach 1979 weiter:

1981

Noch in solchen Zuständen wagte ich mich in Ernos Bistro. Erno beobachtete mich teils spöttisch, insgeheim mit Bedauern und Unverständnis über das Unbegreifliche, das sich Tag für Tag vor ihm abspielte. Dieser, der da sitzt, sollte Goldmedaillengewinner sein, die New York Philharmoniker dirigiert haben, mit Leonard Bernstein zusammen den Tag verbracht haben? Erno musste es herausfinden. Er provozierte.

„Leute, aufgepasst", wandte er sich in die Runde des Lokals. „Seht ihr diesen Penner? Er behauptet, in New York gewesen zu sein!"

„Hört, hört!"

„Männer, das ist noch nicht alles. Seht ihn euch genau an, aber ihr kennt ihn ja. Er will die New York Philharmoniker dirigiert haben, könnt ihr euch das vorstellen?"

„Ja, wenn das so ist, dann habe ich mit Gina Lollobrigida und Sofia Loren geschlafen." Die Männer lachten, ließen sich dabei beim Würfelspiel nicht sonderlich stören.

„Also gut", provozierte Erno weiter, „ich setze 100 DM darauf, dass es stimmt, was er sagt. Wer setzt dagegen?"

Die Männer schauten von ihrem Spiel auf, wischten sich über den Mund.

„Wie soll das gehen? 100 DM? Ich setze dagegen, erhöhe auf 150 dagegen." Einige zogen mit. „Endlich mal was Neues. Und leicht verdientes Geld."

Ungläubig stierten die Männer Erno an. „Er ist verrückt, will uns verarschen." „Ich werde jetzt New York anrufen. Die New York Philharmoniker", dabei ging er ans Telefon. Er wählte, drehte das Telefon lauter, so dass es alle Anwesenden hören konnten. Nach einer Weile hörten wir Erno in gebrochenem Englisch. „May I speak to …"

„New York Philharmonic speaking …", und dann "… yes, he was conductor here with Leonard Bernstein during the season 1968-69."

Erno grinste, kassierte seinen Einsatz. „Hört hört!", triumphierte er. Und zu mir: „Wie ist es nur möglich, dass du so heruntergekommen bist, Maestro, du Penner? So kann es nicht weitergehen mit dir.

Ich werde meine guten Beziehungen zum lieben Gott spielen lassen." Die anderen schüttelten die Köpfe, sahen mich von oben bis unten an, wendeten sich wieder ihrem Spiel zu.

Und tatsächlich. An einem heißen Sommernachmittag wurde Erno zu einem Engel, zu meinem Schutzengel. In der flirrenden Hitze dieses heißen Sommertages schleppte ich mich, Fata Morganaähnliche Bilder vor Augen, an Ernos kühle Theke. Erno schob mir langsam ein Glas hin, so, als würde es mit hochexplosivem Dynamit gefüllt sein, beobachtete jede Regung seines zittrigen Gegenübers, registrierte jeden Schluck, den ich zu mir nahm, schien auf die Explosion zu warten, die kommen musste.

„Bitte noch einmal dasselbe, Erno."

Erno nahm das mir hingeschobene, leere Glas, stellte es unter die Theke.

„So, mein Lieber, das war dein letztes Glas. Und jetzt ..." Er beugte sich zu mir über die Theke. „Und jetzt, mein Lieber, gehst du hier raus, über die Straße zum gegenüberliegenden Haus. An der Eingangstür wirst du ein Schild lesen: Dr. med. Fodor. Internist. Da gehst du rein! Und nun hau ab. Adieu."

Ohne ein Wort zu sagen, stand ich auf, ging über die Straße, drückte auf einen Klingelknopf. Ein Summton. Die Tür ging auf. Ein leiser Schrei. „Mein Gott, schnell, Herr Doktor. Um Gottes willen ... kommen Sie."

Weiße Wände, der Doktor hektisch, anscheinend überfordert mit der Situation:

„Nein, nicht hier, nicht in meiner Praxis. Der nippelt uns hier ab. Das Telefon, schnell ... da hilft nur noch einer! Schwester, verbinden Sie mich mit Dr. Hiller ... es geht um Minuten ..."

Nach einer Weile Sirenen, Blaulicht. „Sie haben mich wieder, die drei Jäger", dachte ich. „Die verfolgen mich überall, Olkowitz ist doch schon längst vorbei! Wollen sie mich wieder an die Wand stellen?" Die Gesichter über mir grinsen mich an, so bilde ich es mir ein. „Dann schießt doch!", glaubte ich, zu brüllen. Die über mir hörten mich nicht. „Dann schießt doch endlich!" Aber die hörten mich nicht.

Wieder weiße Wände, ein Doktor. Was ist eigentlich los? Um mich herum Schwestern, die mich an Schläuche anschlossen wie an Steckdosen. Wasser floss aus mir heraus wie Strom aus der Wand, Eimer um Eimer Wasser, literweise. Soviel Wasser kann es gar nicht geben. 10 Liter Aszitesflüssigkeit, wie ich später erfuhr. Mein Leben zerrann, ich fühlte mich nicht mehr, mein Körper schmolz wie Eiskrem in der Sommerglut. Mir war bitterkalt. Dann wurde es schwarz um mich.

Irgendwann sah ich ein alabaster-zartes Frauengesicht mit schwarz-glutvollen Augen über mich gebeugt.

„Malen Sie mir ein startendes Flugzeug!"

Ich hob die Hand. Sie reichte mir einen Block, einen Stift.

„Ein startendes Flugzeug? Ich bin Musiker, nicht Maler", antwortete ich verwundert und zog einen Strich diagonal von unten nach oben.

„Es hebt gerade ab", sagte ich, war stolz auf meine Zeichnung. Danach versank ich ins Leberkoma, eine Woche lang.

Der Hustende begann mich zu vermissen, startete seine Recherche nach mir in Ernos Bistro. Die in Ernos Bistro schauten kaum auf von ihren Würfeln; schüttelten die Köpfe, ließen sich in ihren Alltäglichkeiten von so etwas nicht irritieren.

Der Hustende klagte Erno an: „Was hast du mit ihm gemacht? Du warst der Letzte, der ihn gesehen hat."

Der deutete mit schiefem Mundwinkel zum gegenüberliegenden Haus: „Er ging über die Straße, hinüber zu Dr. Fodor. Das ist das Letzte, was ich von ihm weiß."

Der Hustende machte sich auf den Weg, von Arzt zu Arzt, durchforstete die Zeitungen nach Einlieferungen. Der, den er suchte, war verschwunden, als hätte ihn das Meer verschluckt. Auch der Bruder des spurlos Verschwundenen ahnte ein Unheil, angstvoll schloss er sich dem Hustenden an. Endlich, die letzte Station, das Main-Krankenhaus, ein Hinweis:

„Das ist richtig. Er wurde hier eingeliefert. Aber er ist nicht mehr hier", war die Antwort.

„Was soll das heißen, er ist nicht mehr hier? Suchen Sie ihn in Ihren Unterlagen."

„Nach unseren Unterlagen müsste er bereits …"

Der Hustende tobte. Jetzt begann er auch noch zu stottern, die Worte überschlugen sich.

„Müsste er bereits? Was für ein Laden ist das hier? Holen Sie den Chefarzt, oder den Oberbürgermeister, oder ich lasse den Saftladen von Journalisten hochgehen."

„Warten Sie, ich glaube, wir hatten Schichtwechsel, da könnte etwas schiefgelaufen sein."

Nach verzweifelter Suche fand man mich schließlich, bereits abgestellt in einer der Wäschekammern, umgeben von verdreckten Bettlaken, blutigen Hemden und sonstigen Wäscheteilen.

„Sind Sie wahnsinnig? No… no… noch ist er nicht … tot!", brüllte der Stotterer.

Wie mir der Stotterer später erzählte, lag ich leblos totenähnlich da, im Leberkoma. Alles an mir hatte die Zeichen des Todes an sich. Der säuerliche Geruch eines Sterbenden lag im Raum. Erschüttert von diesem Anblick kniete der Hustende vor mir, dem Bewusstlosen nieder, fasste meine Hände, brachte nur eine unsinnige Frage hervor:

„Was wünschst du dir, wenn ich wiederkomme?" Die Schwester neben ihm machte einen kleinen Schrei: „Sehen Sie, er erwacht."

„Blutrote … Orangen, blutrote Orangen", brachte ich hervor, „Blutrote Orangen." Dann lag ich wieder da wie tot.

28

Nach einer Woche im Zustand des Leberkomas erwachte ich. Das erste, was ich wahrnahm, war volles Sonnenlicht, das durch ein großes Fenster in den Raum strömte und mich begrüßte, ein Licht, mir wohlbekannt und vertraut. Es hatte mich in den vergangenen Tagen begleitet. Auf diesem Licht schwebte ich von einem Schloss zum anderen, wurde von Fanfaren, Chören, Musik, singenden, feiernden Menschen wie ein Fürst erwartet und begrüßt, bis das Licht mich lockte, weiterzufliegen, schwerelos, lautlos in weite, unbekannte Räume hinein. Mit diesem Licht nahm meine Glückseligkeit kein Ende. Ich wollte dem Licht entgegengehen, hin zum Fenster, das mir einen Ausschnitt des Himmels zeigte, den Weg nach draußen. In Wahrheit aber konnte ich mich nicht bewegen. Kaum, dass ich ein Lächeln zustande brachte als Zeichen der Freude. Nur mit großer Mühe gelang mir eine Drehung des Kopfes zur Türe. In diesem Zustand der Unbeweglichkeit, Ungewissheit, Hoffnungslosigkeit starrte ich auf die Tür, sie möge doch endlich aufgehen, Mutter endlich wiederkommen, wie sie es versprochen hatte in Wien, hoffte auf Lippen, lauschte auf Worte, die nicht gesagt wurden.

Eine junge Ärztin mit alabaster-zartem Gesicht und zierlicher Gestalt, kurzem sportlich geschnittenen Haar kam ins Zimmer, setzte sich zu mir ans Bett.

„Ich bin Ihre Ärztin. Mein Name ist Angela Charier. Sie sind hier in der Universitätsklinik. Sicher wundern Sie sich, warum Sie hier sind und sich nicht rühren können. Wir mussten Sie fesseln. Alles an Ihnen ist zurzeit unberechenbar und zerbrechlich." Dabei lockerte sie die Bettdecke auf. „Sie dürfen sich nicht bewegen", fügte sie fast entschuldigend hinzu. „Außerdem war es notwendig, Ihnen einen Schlauch und eine Infusion anzulegen." Jetzt begriff ich, warum ich nur atmen konnte, sonst nichts.

Während sie an mir die Geräte noch einmal überprüfte, studierte ich ihre Gesichtszüge. Auffallend in diesem jungen Gesicht waren die lebendigen, glutvoll-dunklen Augen, eine ungeduldige, feine Falte auf der sonst faltenlosen Stirn.

Allmählich erinnerte ich mich an ihr Gesicht.

„Sie waren es doch, die mir den Zettel hinschob", tastete ich mich vor. „Wie war meine Zeichnung vom startenden Flugzeug? Warum sollte ich ein startendes Flugzeug malen?"

Sie lachte. „Sie erkennen mich und erinnern sich? Das freut mich sehr. Vor mehr als einer Woche konnten Sie nur einen Strich machen und bildeten sich ein, auf einer Startbahn zu sein. Das Zeichnen …? Sie sind Musiker, wie ich über Sie lesen konnte, ein großer Musiker, aber das Zeichnen … na ja? Ich musste Sie testen darauf, wie viel Sie noch wahrnehmen würden. Danach fielen Sie ins Koma."

„Und wie steht es jetzt um mich? Sagen Sie es mir ganz offen. Werde ich durchkommen?"

Die feine Falte auf ihrer Stirn vertiefte sich, wurde schärfer. „Sie sind sehr, sehr geschwächt. Ihre Leber. Es ist eine Zirrhose, die einem Todesurteil gleicht. Vielleicht haben Sie noch sechs Monate zu leben. Sie hatten einen Schutzengel. Wie konnten Sie es nur soweit kommen lassen? Es war höchste Zeit!"

„Sie kämpfen doch um mein Leben?" Ich hing an ihren Lippen.

„Mit Ihrer Hilfe, ja! Wir vertrauen auf Ihre Kraft, und wir werden mit all unseren Mitteln für Ihr Leben kämpfen. Sie lagen eine Woche im Koma. Es braucht Zeit, viele Wochen, bis Sie wieder bei

Kräften sind. Schauen Sie doch einmal aus dem Fenster. Welch ein herrlicher, blauer Himmel." Sie setzte sich zu mir ans Bett, ließ einige Minuten schweigend verstreichen, dann sagte sie: „Ich stelle Ihnen eine einfache Frage, die Sie mir und vor allem sich selbst beantworten sollten, ganz aufrichtig. Gehen Sie tief in sich." Sie machte eine Pause, dann: „Was ist Ihr erster Gedanke, für den es sich lohnen würde, weiterzuleben?"

Ich spürte die fundamentale Bedeutung dieser Frage. Sie wartete geduldig, so, als könnte es darauf nur eine einzige Antwort geben. Nach langem Überlegen antwortete ich:

„Meine Mutter."

Kaum hatte ich es ausgesprochen, fühlte ich, wie naheliegend und doch unsinnig meine Antwort war.

Sie nahm meine Hände, drückte sie und stand auf.

„Oh, beinahe hätte ich es vergessen: Draußen wartet Besuch auf Sie." Damit wandte sie sich zur Türe. „Kommen Sie herein, jetzt können Sie zu ihm."

Ich traute meinen Augen nicht. Rafael, mein Sohn, du kamst auf mich zu. Schweigend schautest mich, deinen Vater an. Nur deine Augen waren beredt.

„Ich habe nicht vor, mich in dein Leben einzumischen", schienen deine Augen zu sagen. „Aber es könnte nichts schaden, wenn du erzählst, wie es dir geht, dir und deinem Körper." Aber du bliebst stumm.

„Rafael, du?" In diesem Moment schmerzte meine Unfähigkeit, mich nicht bewegen zu können.

„Erwarte nicht, dass ich vor Schmerz an deinem Krankenbett alles aufgebe, um dir in deiner Lage zu helfen wie dein Bruder, der sich stets für dich aufopferte. Ich gebe meinen Gefühlen freien Lauf."

„Du bist den weiten Weg von Luxemburg hierher zu mir gekommen?"

Du standst immer noch schweigend vor meinem Bett, schautest mich nur an, wie damals, als du sagtest: „Ich bin dein Sohn."

Dann schienst du zu denken: „Aber mir ist auch nicht geholfen worden – und mir kann auch nicht geholfen werden. In deinen Augen, in deinem Kopf und vielleicht in deinem Fleisch magst du denken, dass du mein Vater bist – mein Vater! Aber was heißt das, mein Vater?"

Nur deine Augen sprachen es aus, was du denken mochtest.

„Rafael, du sagst gar nichts, stehst stumm da, schaust mich nur an. Ich weiß, ein erbärmlicher Anblick! Ja, es muss ein schrecklicher Anblick für dich sein! Du siehst nicht mehr den bewundernswerten Vater, den du kanntest, auf den du so gerne stolz warst. Was musst du jetzt für Gefühle haben, den, der dein Vater war, so schwach zu sehen? Sage nur ein Wort zu mir!"

Da öffnetest du deine Lippen.

„Es ist alles nebensächlich! Nur eins, Vater: Warum hast du die Musik aufgegeben, die aktive Musik?", sagtest du langsam. „Es ist kein Vorwurf, es ist nur die Nachfrage nach dem, was du verschweigst."

War das die Frage, die auch meine Ärztin an mich gestellt hatte: „Was ist Ihr erster Gedanke, für den es sich lohnen würde, weiterzuleben?"

Ich konnte sie nicht beantworten.

Du, Rafael bliebst nur eine Weile, nur wenige Worte wurden gewechselt, erinnerst du dich? Beim Abschied sagtest du nur noch: „Ich freue mich auf ein Billardspiel mit dir. Ob du immer noch besser bist als ich?" Mit einem aufmunternden Lächeln verabschiedetest du dich. Nachdem du gegangen warst, ging die Türe auf.

„Es wartet noch ein Besuch auf Sie", kam eine Schwester auf mich zu und rückte wieder mein Bettzeug zurecht.

„Mensch", begrüßte mich der Hustende. „Du machst uns vielleicht Sorgen. Ich bringe dir Orangen, Blutorangen. Du hast sie dir doch gewünscht, bevor du hierher kamst. Die werden dir gut tun. Außerdem will dich jemand sehen, unbedingt deine Hand drücken." Erno, der Wirt höchstpersönlich tauchte hinter dem Hustenden auf, drückte mir eine Flasche Wasser in die Hand. „Von der Mannschaft", sagte er, „ja, so sind sie halt". Dann gingen sie wieder.

Das einzige Blickfeld aus dem weiten Fenster meines Zimmers war ein Ausschnitt des Himmels mit den ziehenden Wolken und den sich immer wiederholenden Vergänglichkeiten. Ich war ans Bett gefesselt wie Prometheus an seinen Felsen im Kaukasus. Draußen am freien Himmel kreisten die Adler, oder waren es Raben, die nächtens meine Leber fraßen. Ich hatte es im Gedächtnis, dass die Leber des Prometheus immer wieder nachwuchs. Aber ich war nicht Prometheus. Und wessen gehütetes Feuer hatte ich wem entwendet? Wer rächte sich an mir? Am Tage lauschte ich, ob meine Leber nachwuchs. Vielleicht würde mein Befreier durch das Fenster kommen, mein Herakles, oder ich würde mich durch das Fenster selbst befreien.

Aber an mein Ohr drangen nur die in regelmäßigen Abständen an- und abschwellenden rhythmischen Geräusche von Zügen. Bald konnte ich ICE, Intercity, Regional- und Güterzüge identifizieren und ihre Musik den Wolkenbewegungen als Szenenmusik unterlegen. Mit dieser Dramaturgie begann ich, meinen angstvollen Tag zu leben, starrte auf die Türe, auf Lippen – lauschte auf Worte, die nicht gesagt wurden, wie: „Es geht aufwärts mit Ihnen." Die Gesichter der morgendlichen Visite meiner Ärztin Charier mit ihrem Team blieben geheimnisvoll verschlossen. Waren es besorgte, wissende, ohnmächtige Mienen?

Mir blieb der Blick zum Fenster, das eingerahmte Bild des Himmels, Minute für Minute, Tag für Tag, Abend für Abend, der fokussierte Blick zum Fenster, zur Türe. Draußen, unter dem Fenster war der tiefe Abgrund, ähnlich dem unverhofften Meeresdunkel nach einem seichten Korallenriff. Dieser Schlund in die Tiefe lockte, machte Versprechungen. Es wäre der befreiende Ausstieg, das Fenster. Niemand würde sich darum kümmern. Eva-Marielle hatte mich vergessen. Ich hatte sie nicht mehr gesehen seit jenem furchtbaren Ereignis, als ich sie in meinen optischen Halluzinationen töten wollte. Nur die Adler würden bedauern, ihr nächtliches Mahl nicht mehr so genießen zu können. Sie waren meine einzigen Besucher, kamen regelmäßig des Nachts, fraßen an meiner Leber, waren zu gefräßig. Sie fraßen die ganze lange Nacht an meiner Leber. Bei Sonnenaufgang war ich davon so erschöpft, dass ich in tiefen Schlaf fiel. So auch an diesem Morgen, als Dr. Charier mich weckte.

„Sie haben Besuch." „Also hat sie sich doch an mich erinnert." Ich richtete mich mühsam auf. „Ich wusste, Eva-Marielle würde kommen."

„Sie haben sehr tief geschlafen und sind noch ganz benommen. Es ist leider nicht Eva-Marielle, es ist Ihr Bruder." Dr. Charier wandte sich zur Tür. „Bitte kommen Sie."

Mein Bruder kam auf mich zu.

„Du machst Sachen, mein lieber Bruder. Erst in himmlischen Höhen, von aller Welt gefeiert, dann zu Tode betrübt, nein fast zu Tode gekommen … aber jetzt bist du hier in den besten Händen." Er nickte Dr. Charier zu.

In seinem Gesichtsausdruck glaubte ich diesen Satz zu lesen: „Siehst du, das kommt davon, ich hab schon immer gesagt, es wird noch einmal schlimm enden. Künstler arbeiten kaum richtig, aber umjubelt."

Ich wurde lebendig, bäumte mich auf.

„Was weißt du von mir? Aber das ist jetzt nebensächlich. Ich bin es, der Nacht für Nacht aufgefressen wird. Aufgefressen nicht nur von den Adlern, ich selbst werde von den Gedanken der Hoffnungslosigkeit zersetzt, spüre, dass mein Leben zerrinnt. Es wäre ja so schön gewesen, es hat nicht sollen sein." Ich stand auf. „Sieh mich Krüppel an, kann mich kaum zum Fenster schleppen!"

Dr. Charier war an der Tür stehengeblieben, beobachtete, mit welcher Verzweiflung und doch verbissener Energie ich mich dem Fenster näherte.

„Wie lange soll ich so weiterleben? Nein, ich kann nicht mehr."

Ich war am Fenster angekommen und umklammerte den Metallgriff.

„Unsinn, was du da redest. Du hast gar keine andere Wahl als weiterzuleben!"

Dr. Charier hielt erschrocken beide Hände vor den Mund.

Die Sonne strahlte unverschämt durchs Fenster. Ihre Kraft durchflutete den Raum. Es schien, als wollte sie mich durchleuchten, mich aufnehmen. „Komm, ich führe dich zu den Schlössern deiner Träume, die du schon kennst. Was willst du noch hier?"

Ich rührte mich nicht, schaute der Sonne entgegen, sah die kreisenden Vögel, die nach meiner Leber trachteten. Ein halbes Jahr hatte ich noch zu leben. Kaum hörbar redete ich nach einer Weile vor mich hin.

„Ich werde es tun!"

Spannungsgeladene Stille. Mein Bruder trat neben mir ans Fenster und öffnete einen Flügel.

„Dann tu es, spring!"

Er wandte sich zu Dr. Charier, die noch immer kreidebleich an der Tür stand. Ging auf sie zu, nahm ihre Hände und drückte sie. Ich sprang nicht. Ich fiel auf die Knie, sackte in mich zusammen und begann hemmungslos zu schluchzen und zu weinen.

Dr. Charier kam und hielt mich.

„Kommen Sie weg vom Fenster, stehen Sie auf, kommen Sie, es wird aufwärts gehen, Schritt für Schritt. Schauen Sie nicht zurück, die Füße sind nach vorne gewachsen. Sehen Sie, dort steht Ihr Bruder, Ihnen beizustehen und auch ich werde Sie stützen und halten. Jetzt brauchen Sie erst einmal Ruhe für Ihren Weg – es wird ein langer Weg werden."

29

In der siebten Woche, an einem stürmischen Vormittag, als ich die Hoffnung fast schon aufgegeben hatte, je wieder unbeschwert Sonne, Wind, Regen genießen zu können, mit Leichtigkeit durch die Straßen zu schlendern, bat Dr. Charier mich zu sich in ihr Büro. Das war umso ungewöhnlicher, als sie bisher immer zu mir kam, um mich zu betreuen.

„Sie sind jetzt sieben Wochen bei uns. Mein kleiner Traum, Ihnen ein Klavier in den Raum neben Ihrem Zimmer zu stellen, Ihre Musik in diesen Räumen zu hören, hat sich nicht erfüllt. Inzwischen ist Ihr Zustand soweit gefestigt, dass Sie uns bald verlassen werden." Bei dieser Eröffnung wirkte sie auf mich zerfahren, nervös, schob auf ihrem Tisch immer wieder imaginäre Akten hin und her. Wie sie so voller Energie und doch zerbrechlich vor mir saß, fiel mir auf, wie jung sie war.

„Ich freue mich natürlich sehr darüber, muss Ihnen aber zu Ihrem Zustand sagen: Sie sind gerade am allerersten Anfang Ihres Weges. Wir hier konnten medizinisch vorläufig nur Ihr physisches Leben retten."

„Sagen Sie mir die Wahrheit! Wie steht es um mich? Was heißt: vorläufig gerettet?"

Sie zögerte mit der Antwort.

„Mein Team und ich gaben Ihnen ein halbes Jahr, mehr nicht. Wir haben buchstäblich einen Tag um den anderen, Nacht für Nacht um Ihr Leben gekämpft. In den ersten Tagen, Wochen hing Ihr Leben am seidenen Faden, an Ihrer Natur. Nun haben Sie die ersten sieben Wochen überstanden. Ehrlich gesagt, wir alle halten es für ein Wunder, dass Sie bis hierher durchgekommen sind. Jetzt aber brauchen Sie totale Isolation …"

„Was sagen Sie da? Isolation? Noch mehr Isolation als jetzt? Ich habe in der Nacht einzig allein meine Adler, die mir dazu noch den Schlaf rauben. Die eine, auf die ich gehofft habe, dass sie käme, Eva-Marielle, hat mich seit dem schrecklichen Erlebnis, sie töten zu wollen, ein einziges Mal besucht. Es war nicht der Rede wert. Sie sah mich im erbärmlichen Zustand. Jetzt wollen Sie mir sagen, dass ich isoliert gesund werde?"

„Ich meine damit: Sie müssen auf den Grund des Meeres gehen, dahin, wo alles angefangen hat. Nur dort werden Sie sich wieder finden. Aber Sie müssen erst wieder lernen, zu gehen. Wenn du ganz unten bist, dann geh ins Nichts, aber geh, beweg dich. Das ist das Geheimnis."

Ich traute meinen Ohren nicht. Sie hatte ,du' zu mir gesagt und gleichzeitig schickte sie mich ins Nichts.

„Gehen Sie ins Dunkel, aber gehen Sie", wiederholte sie.

„Dr. Charier, wollen Sie mich zerstören? Ich bin bereits am tiefsten Punkt. Tiefer geht es nicht mehr. Sie wissen es doch am besten."

Ohne auf meine Empörung einzugehen, änderte sie ihren Ton, wurde sachlich.

„In drei Wochen wird ein Pflegeplatz frei in einer Anstalt. Ein Glücksfall, denn diese Pflegeplätze sind begehrt. Ich empfehle Ihnen, die Gelegenheit wahrzunehmen, obwohl Sie noch nicht therapiefähig sind. Natürlich würde ich mich dafür einsetzen." Sie öffnete eine Schublade, holte endlich ein Papier hervor. „Es ist die Landespflegeanstalt Hadamar."

Bei dem Namen Hadamar zuckte ich zusammen: Hadamar! Plötzlich sah ich die Todesmärsche bei Kriegsende vor mir, die Viehwaggons, sah mich an die Wand gestellt, hörte Mutter schreien: „Nun schießt doch endlich!", fühlte die Armbinde an meinem Arm: „Němec". Ich sah den Hass in den Augen meiner Jäger: „Spiel endlich das Deutschlandlied, du Hurensohn!" Hadamar! Bei diesem Namen sah ich Männer, Menschen, zusammengepfercht zum Tode verurteilt, nur weil es Deutsche waren.

„Ist Ihnen nicht gut?", fragte Dr. Charier besorgt.

„Haben Sie gerade Hadamar gesagt, Dr. Charier? Es ist kein Irrtum?"

„Nein, kein Irrtum! Warum? Ich verstehe Sie nicht!"

„Was wissen Sie über Hadamar?"

Sie war erstaunt. „Sagen Sie mir: Was ist so besonders an Hadamar, das Sie so erregt? Ich bin froh, Ihnen ein Angebot machen zu können, und Sie sind entsetzt. Warum?"

Ich sah in ihre lebensfrohen Augen und begriff, dass sie zu jung war, um Genaueres über die schreckliche Geschichte Hadamars und dieser Zeit zu wissen. Sie schien wirklich überglücklich zu sein, mir diesen Freiplatz besorgt zu haben. Und jetzt die unverständliche Reaktion von mir.

„Hadamar? Eine Heil- und Pflegeanstalt? Ich danke Ihnen, Dr. Charier. Es stimmt, die Pflegeplätze dieser Anstalt waren einst auf besondere Art sehr begehrt. Hadamar war eine Vernichtungsanstalt für Medizin im Nationalsozialismus – sicher kein Unterrichtsstoff in Ihrer Schulzeit. Es gibt erschreckende historische Zusammenhänge. Ausmerzung der ‚Minderwertigen'. 1941 nahm die Vernichtungsanstalt Hadamar ihren Vergasungsbetrieb auf. Bald darauf konnte das Jubiläum der 10.000sten Leiche mit einer Flasche Bier für jede Leiche gefeiert werden.

In Hadamar wurden sie vergast, ausgeschlachtet von besonders der Humanität verpflichteten leitenden Ärzten: sowjetische, polnische Zivilisten, lebensunwerte Geschöpfe, Krüppel, arme Sünder. Dr. Charier, sie, die Verwirrten, wurden für medizinische Versuche benutzt. Euthanasie. Die Geisteskranken von Hadamar. In Viehwaggons wurden sie gebracht, zusammengepfercht, als lebensunwert gebrandmarkt, entsorgt. In Hadamar. Dr. Charier, ist Ihnen bewusst, wo Sie mich hinschicken wollen? In dieselben Gemäuer des Schreckens. In jeder Ritze dieser Mauern steckt unsägliches, unausgesprochenes, nicht erkanntes Leid. Mord. Irrsinn. Aus jeder Spalte grinst der Satan, das Ungeheuer Mensch, denn der Mensch ist ein Ungeheuer, weil er es immer wieder werden kann."

„Was sagen Sie mir da, Alois? Glauben Sie mir, ich wollte mit Ihrer Einweisung in die Landespflegeanstalt nur Ihr Bestes."

„Hat man Ihnen davon nichts erzählt? Nur so kann ich verstehen, dass Sie mich in diese Gemäuer schicken wollen, in der jetzt wieder Geisteskranke hausen und an denen noch das Blut Tausender klebt. Ist das nicht so?"

„Nein, Hadamar ist für mich ein idyllisches Städtchen, Alois."

„Hadamar war eine Tötungsanstalt für psychisch Kranke und geistig Behinderte, ausgestattet mit Vergasungsräumen und Krematorium."

„Ich wusste es nicht."

„Daneben wurden diese Kranken und Behinderten in „Eigenregie" gewaltsam zu Tode gebracht."

„Ich bin erschüttert, möchte mich bei Ihnen entschuldigen. Es ist mein Unwissen ..."

„1945 im Oktober war der erste Euthanasie-Prozess eines amerikanischen Militärgerichts in Wiesbaden. Sieben Ärzte und Angestellte von Hadamar wurden wegen Mitwirkung bei der Ermordung sowjetischer und polnischer Juden zum Tode verurteilt. Die verhängten Todesurteile wurden vollstreckt."

„Sie erzählen mir schreckliche Dinge, von denen ich nichts wusste. Ich hätte Ihnen sonst diesen Ort niemals empfohlen." Die schmale Falte auf ihrer Stirn war messerscharf geworden.

„Was nun? Sie sind dort angenommen. Der Platz in Hadamar ist für Sie auf unbestimmte Zeit reserviert. Ich habe in so kurzer Zeit keine Alternative. Und für Sie ist eine Zeit der Isolation notwendig, noch bevor Sie anschließend in Therapie gehen können! Was nun?"

„Im Mai 1947", ließ ich mich nicht aufhalten, „wurden zwei weitere Hadamar-Ärzte – diesmal von einer Strafkammer in Frankfurt am Main – zum Tode verurteilt, neun Schwestern und Pfleger erhielten Zuchthausstrafen." Ich holte tief Luft, als wolle ich in dunkle Tiefen abtauchen.

„Bei der Befreiung Hadamars durch amerikanische Truppen im Frühjahr 1945 wurden Leichen von nur wenige Stunden zuvor getöteten Menschen gefunden. Ist das die Isolation, der Ort meiner Gesundung, den Sie für mich bewusst ausgesucht haben?"

Dr. Charier, sichtlich betroffen von diesen historischen Fakten, schwieg. Die imaginären Papiere auf ihrem Tisch waren immer noch in Unordnung.

Nach einer Weile sagte sie leise: „Gehen Sie an diesen Ort der vergangenen Schrecken, der totalen Isolation und Abgeschlossenheit von der Welt, in die Sie ja zurückkehren wollen. Sie werden keine Möglichkeiten haben, Kontakt zu den Menschen von außen aufzunehmen. Nehmen Sie diese Gelegenheit wahr als einmalige große Chance, zu sich zu kommen. Ihr einziger Kontakt zur Außenwelt werden meine Briefe an Sie sein, verbotene Briefe. Verzeihen Sie mir meine Unbedachtsamkeit! Ich werde mit meinen Gedanken, meinen Briefen bei Ihnen sein."

Die letzten Worte Dr. Chariers trafen mich. Mein fast aggressiver historischer Rückblick kam mir nun deplaziert vor. Es waren für lange Zeit meine letzten zusammenhängenden Wortausbrüche.

„Ich werde nach Hadamar gehen, wenn Sie es für gut befinden. Sie sind der Meister, dem ich mich anvertraue, der den Weg weiß. Ich danke Ihnen für Ihre Fürsorge." Von nun an schwieg ich.

„Hier ist Ihr Einweisungsschein. Noch haben wir beide Zeit, bis es soweit ist. Ich werde Sie mit Sorge gehen lassen."

30

1982

Nach drei weiteren Wochen in der Universitätsklinik war es soweit. Ein Taxi brachte mich in das 80 km entfernte psychiatrische Landeskrankenhaus Hadamar. Und wieder hörte ich dieses „Klack" hinter mir. Die eisenbeschlagene Tür fiel ins Schloss, ein schmaler Flur, ein winziges Zimmer mit Bett, Tisch, Stuhl, einem Fenster, das mehr einem Oberlicht ähnelte. Dann Stille, höher als der höchste Berg, tiefer als das tiefste Meer, länger als der längste Fluss. Nun war ich angekommen bei den lebensunwerten, lebensuntüchtigen Geschöpfen, in der totalen Isolation.

Die Stille begann mich anzuschreien. Ich wollte dagegen schreien. Mein Schrei blieb stumm. Die Implosion des Alleinseins zerdrückte mich fast. Endlich, wie ein Dammbruch: Tränen, wolkenbruchähnlich, hemmungslos. Tränen, die meinen Körper erschütterten. In die Tränen flossen Bilder meiner Konzerte aus der Carnegie Hall, prunkvolle Kronleuchter, glänzendes Licht, Musiker, Publikum, aufbrausender, betäubender Applaus nach Tschaikowskys vierter Symphonie. Dann Szenenwechsel: „Tod und Verklärung" von Richard Strauss in der New York Philharmonie, eine Gala-Vorstellung für mich, mit mir, den 1. Preisträger des internationalen Mitropoulos-Wettbewerbs: Standing Ovation. Neben mir der große Leonard Bernstein, mich umarmend. Ineinanderfließende Bilder – Berlin: Ravels „La Valse", danach der anschließende Empfang bei Wolfgang Stresemann, diesem mächtigen Intendanten der Berliner Philharmoniker. Noch klingen seine mahnenden Worte in meinem Ohr: „Junger Mann, Sie werden jetzt Chefdirigent eines der bedeutensten

Symphonieorchester. Ein schwieriges Orchester. Wenn Sie dieses Orchester schaffen, dann kommen Sie noch einmal zu mir." Darauf Zeitungs-Rezensionen: „Deutsche Dirigentenhoffnung – seine Schlagtechnick ist verblüffend." Welch ein herrliches Leben!

Und jetzt? In meinem Schädel hämmerten aus dem *Pianissimo crescendierend* die dumpfen Paukenschläge von „Tod und Verklärung" ins unerträgliche *Fortissimo* bis zur erlösenden Explosion. Dann Stille. Die Nacht war hereingebrochen.

Wo immer die Angst und die Stille herrscht, erschrecken die unerlösten Geister, werden wach, versuchen sich irrlichternd zu befreien. Jetzt, in der Dämmerung, kamen sie aus allen Ritzen dieser blutgetränkten Gemäuer, griffen nach mir, dem noch Lebendigen. Mit ihnen kamen je dunkler es wurde, die Adler durch die Gitterstäbe des Fensters. Sie hatten mich wiedergefunden. Sechs Monate hatte ich noch zu leben, davon waren zwei schon gelebt. Wie konnte ich ihnen entfliehen? Nie mehr würde ich aus dieser Todesgruft herauskommen. Die Türen waren fester verschlossen als die Tresore der Banken. Kein Geld der Welt würde sie öffnen können, mir die gesunde Leber zurückgeben.

Alle Versuche, die unsagbaren Gefühle zu Papier zu bringen, scheiterten allein schon an der Unfähigkeit, die Buchstaben leserlich auf Papier zu bringen. Ich erinnerte mich an die Aufforderung Dr. Chariers: „Malen Sie ein startendes Flugzeug" und meinen diagonalen Strich nach oben. Jetzt begann ich wie ein Erstklässler mit Schreibübungen.

Mittwoch, 23. 03. 82
„In H. (Hadamar) höre ich keine Vögel mehr … ich werde morgen für sie sorgen, wenn es in H. Vögel gibt. Ich höre auch keine Stimmen …

Herr,
ich habe mich selber geschlagen, zerbrich meine Angst. Meine Kammer ist kalt, die Wände sind gut zu mir, der kleine Tisch ist bereit für das tägliche Brot. Drei Zitronen, meine Pfeife und Sandelholz schauen mich an.

Herr,
der mir die Siege geben kann, gib sie mir, vor dem Fenster ist die Nacht. Irisch Moos wird der Decke, die mich warm hält, einen angenehmen Duft geben.

H. ist hart. Du hast es gegeben. Aber alle in H. haben Angst. Ich bitte dich auch für sie. Die Ängste waren in diesen Räumen der Juden. Jetzt sind es keine Juden mehr. In H. gibt es wieder Türen und Schlüssel und Ärzte, die ihre Familien zu Hause haben.

Erschöpft fiel ich schließlich in den Schlaf der ersten Nacht. Kaum von den fiebrigen Fantasien der Nacht erwacht, schleppte ich mich wieder zum speckigen Blatt Papier und kritzelte weiter:

Herr,
ich danke dir, dass du mir die Kraft gegeben hast, diese Nacht durchzuhalten. Gib mir weiter die Kraft, den kommenden Tag gut zu leben in deinem und meinem Sinn. Nimm dieses Morgengebet entgegen von einem, der nicht würdig ist, einzugehen unter deinem Dach. Ich bitte dich, lass mich weiter deine Kargheit in dieser meiner jetzigen Umgebung sehen und nimm mir die Trägheit des Geistes und des Körpers. Amen.

Es war eine schlimme Nacht ohne Hilfsmittel. Ich habe vom Tod geträumt, von leeren Fluren und von einem leidenden, nicht gerade kranken Mann und von wichtigen Dingen, die namenlos sind, unsagbar. Paracelsus Bombastus von Hohenheim erschien mir aus dem Dunkel seiner Legende. Er, der aus den Hexenküchen der Ärzte und Alchimisten kam oder ihnen die innere Medizin brachte, Labors, Hexenjagden, Hexensalben des rabiaten Anti, verfeinert zu Gedankenverbrechen.

Ist nicht Opium aus Meconium gebraut? Laudanum est.

Die Angst, dass der nächste Sommer nicht kommt, vergeht. Meine Kammer ist voller Gold. Er kommt doch. Demut und Geduld ist alles, das Warten auf die Klarheit. Die Tage nicht zählen.

Am Morgen darauf wurde ich, der Totenähnliche, von einer Pflegerin geweckt.

„Hier ist ein Brief für Sie.“

Ein Brief für mich vom Ende der Welt. Wer wusste von meiner Situation, dachte an mich? Zitternd öffnete ich ihn und las:

„Lieber Alois,

ich hatte Angst um Sie, als ich Sie letzten Montag gehen ließ und zwar wusste wohin, jedoch die Umstände, die dort herrschten, nicht kannte. Es hat mich ein wenig traurig gemacht, wegen der Situation, in der Sie sich befinden und an der ich nicht unwesentlich beteiligt bin durch die Tatsache, dass ich Ihnen zu dieser Rosskur geraten habe. Ich war sehr froh, zu hören, dass Sie in einem Einzelzimmer untergebracht sind. Das bedeutet Isolation, doch haben Sie so die Möglichkeit, sich ungestört Ihren Gedanken und Beschäftigungen zu widmen.

Der gezähmte Fuchs sagt zum kleinen Prinzen: ,Du bist zeitlebens dafür verantwortlich, was du dir vertraut gemacht hast. Du bist für deine Rose verantwortlich ...' So hat jeder wohl so eine oder mehrere Rosen, für die er verantwortlich ist, die er sich vertraut gemacht hat. Lieber Alois, jedem Anfang wohnt ein Zauber inne, der uns beschützt und hilft zu leben. Mit zunehmender Vertrautheit, oder wie Sie es nennen wollen, verliert sich die Distanz zwischen Arzt und Patient und irgendwann ist es eine ganz normale menschliche, freundschaftliche oder irgendwie anders geartete Beziehung.

Ihre Dr. Charier"

Diese Zeilen versetzten mich in einen Zustand heißer Dankbarkeit gegenüber meinem Schicksal. Zunächst begriff ich den Sinn der Worte nicht, ahnte nur: Die Worte, wenn ich sie nur begriff, würden Balsam für meine Seele sein. Konnte es sein, dass sie an mich dachte? Warum sollte sie das tun? Trotzdem: Ich jubilierte, fiel in Zweifel, las immer wieder Zeile für Zeile, Wort für Wort, untersuchte Punkt und Komma nach ihrer Platzierung, entdeckte Neues beim Rezitieren des ach so wertvollen Textes, war am Ende hilflos. War dieser Brief ernst gemeint? Aber sie schrieb doch: „Mit zunehmender Vertrautheit ..." Was meinte sie damit? Konnte ich auf einen weiteren Brief hoffen? Wie sollte ich darauf antworten? Sie war meine Ärztin.

Die Tage vergingen, ohne dass ich meine Umgebung wirklich wahrnahm. Hin und wieder, wenn ich zu den bestimmten Zeiten meine Medizin-Ration abholte, huschten Schatten von Gestalten an mir vorbei. Meist lächelnde, freundliche Wesen, gekrümmte, gebückte, verängstigte Kreaturen, die mich mit Staunen anstarrten, dann schnell wieder irgendwohin verschwanden. Ich hatte mich in meiner engen Klause eingerichtet, regelmäßige tägliche Zeremonien entwickelt, fühlte mich wie in einem Kokon eingehüllt, seltsam glücklich eingebettet in ein unerklärliches Vertrauen auf das Kommende. Weder wusste ich, welche Behandlung mir zuteil werden sollte, noch etwas über Zeitraum und Ende meines Aufenthalts an diesem Ort. Niemand sagte mir: „Nur noch eine Weile, noch einen

Monat, vielleicht schon morgen." Ich hatte nicht danach gefragt. Neugeborene fragen nicht, warum, sie sind einfach.

Ich lauschte in den Tag hinein, in die Nacht, führte Regie zu meinem Schauspiel, erschuf die Figuren dazu, belebte ihre Charaktere nach meinem Willen, glaubte, Anfang und Ende des Spiels zu bestimmen, irrte mich darin. Meine Schöpfungen machten sich zuweilen recht selbstständig und lustig über Creator Spiritus, ihren Regisseur. So arrangierte ich ein Rendezvous mit Beethoven. Der sagte zu meinem Erstaunen prompt zu, erbat sich aber noch etwas Zeit und genauere Angaben über das Thema des Zusammentreffens.

„Es geht mir um die ‚Ode an die Freude', Meister, um Ihre Vision. ‚Seid umschlungen, Millionen, eilet zum Sternenzelt.' Bald werden wir Mittel haben, das mit unseren Raumschiffen zu verwirklichen. Es wäre also notwendig, den Chor Ihrer Neunten zu visionalisieren." Der Meister nickte und sagte zu.

Auf diese Art in der Schweigsamkeit mit meinen Figuren umgeben, verbrachte ich die ersten Tage und war zufrieden, endlich mein ureigenstes Schauspiel zu haben. Ich war privilegiert auf einer einsamen Höhe angekommen.

Nur eins hatte ich mit Nachdruck verlangt: Papier und Stift. Der Brief Dr. Chariers lag offen an einem besonderen Platz. Er war meine Epistel, die ich zu bestimmten Stunden las in Erwartung des nächsten Briefes, der doch nie kommen würde. Die Worte zitterten in meiner Seele. Wie sollte ich darauf reagieren? Alle Versuche, die unsagbaren Gefühle zu Papier zu bringen, scheiterten allein schon an der Unfähigkeit, die Buchstaben leserlich auf Papier zu bringen. Wieder Schreibübungen. Buchstabe für Buchstabe, Wort für Wort zog ich Linien, konnte dabei kaum den Stift halten. Ich begann, mich gesund zu schreiben. Das Schreiben waren die ersten Schritte in mein bewusstes Leben.

H. 24. 03. 82
4:10 nachts

Wie komme ich auf den Gedanken, Musik sei Opium? Ich habe diesen Gedanken Ihnen gegenüber, liebe A. (Angelica) geäußert in schwierigster Situation. Wenn dem so ist auf irgendeine Art und Weise – und es liegt nahe, dass der seltsame Rausch der Komponisten Klänge, gleich einem teuflischen Rezept gebraut, wohl durchdacht auf Wirkung, dann ist Musik des Teufels. War nicht Luzifer, der Größte unter den Engeln auch Musikant unter ihnen? Wurde er laut Text nicht deswegen von dem Großen verbannt, weil er, nicht demütig, dem Größten an Schönheit zu nahe kam?

Ist es bei solchen Überlegungen noch unbegreiflich, wenn gewisse religiöse Sekten in Amerika Musik bekämpfen mit der Begründung, sie käme von Luzifer, dem großen Verführer der Verführten? Wenn die katholische Kirche und ihre Liturgie zur möglichst absoluten Gregorianik zurückkehrt und die großen Musiker aus ihrem Haus verbannt, eine h-moll Messe von Bach, Mozarts Krönungsmesse.

Habe ich nicht als Vierjähriger, mit verdrehtem Gesicht zur Orgel gewandt, auf ihre Klänge gehört? Mich kümmerte nicht der Teufel vor dem Altar.

Schließlich, nach vielen Niederlagen, wagte ich einen Brief an Dr. Charier, unsicher, mit zittriger Schrift: ein Osterspaziergang in Prosa.

Es war Frühling. Durch das schmale Oberlichtfenster roch ich das Erwachen. Auf dem Tablett neben der Tagesration Tabletten lag eine Blume – eine Osterglockenblume, ein Kärtchen: „Frohe Ostern!" Seit Tagen hatte ich zwischen Tür und Angel nur kurz das freundliche

Gesicht einer Schwester gesehen, ihr Nicken dankbar erwidert. An diesem Morgen wagte sie sich in meine Klause.

„Frohe Ostern, Schwester." Schon diese wenigen Worte kosteten mich Kraft. „Heute kommen Sie bitte doch herein." Fast ängstlich wartete ich auf ihre Reaktion, fuhr dann mutig fort: „Später werden Sie bestimmt mit den anderen im Grünen bunte Ostereier suchen. Herz, was begehrst du mehr? Neuer Frühling gibt zurück, was der Winter dir genommen. Sie Glückliche! Gibt es einen Garten hier in dieser Trostlosigkeit?" Erschrocken über meine Worte sah ich sie an.

„Ja, es ist ein kleiner Garten, nur für das Personal." Sie schüttelte bedauernd den Kopf. „Aber Sie haben in Ihrem Zitat etwas unterschlagen."

„Sagen Sie es mir!"

„Ertrage dein Geschick. Und wie viel ist dir geblieben! Und wie schön ist noch die Welt! Mein Herz, was dir gefällt, alles, alles darfst du lieben!"

„Wenn Sie mir schon so etwas Tröstliches sagen in meiner Einsiedelei, würden Sie dann auch etwas für mich tun? Hier dieser Brief: Schicken Sie ihn für mich ab. Da steht es geschrieben, was Sie soeben sagten. Nur, wird sie antworten?" Ich hatte Selbstsicherheit gezeigt.

Sie lachte, nahm den Brief, das Tablett, warf mir die Osterblume zu: „Frohe Ostern. Haben Sie Geduld. Sie wird antworten." Schnippisch fügte sie hinzu: „Ich würde es tun", und entschwand.

H. 26. 03. 1982
14:30

Einer sagt, es magnetisiert. Spazieren. Die Türen sind plötzlich klei-ner geworden. 1. Spaziergang. Es ist, als würden Bäche sich ins Tal wälzen. Diese harten Burschen! Mit ihren Falten. Den Birken entlang, den Hexenschluchtweg zwischen den Felsen ins Tal hinab, Krokusse und Männer, die hüpfend das Gras am Bach waschen. Männer, jung und alt, sie haben Paracelsus gesehen, sind ihm begegnet. Seine Krallen zeichnen Körper und Gesichter. Es sieht aus wie Frankreich, sagt ein junger Mann.

Ein unsagbarer – unsagbar wunderbarer Tag für die Natur, für mich, ein Austragen einer Frucht des Unbewussten. Glück, ich zittere daran! Ein Bekenntnis, das Ausgetragene weitergeben. Briefe. Schreiben, sorglos. Der Schlaf kommt.

Ja, Krokusse und Bauern und meine Lerchen. Es blüht. So erwarte ich den Abend, glücklich, dass ich Dr. Charier geschrieben habe. Von Geduld, nicht von Paracelsus. Vor mir in meiner Kammer die Bibel und Rilke.

Das Unsagbare kommt zu mir in die Kammer, es ist mehr als Gold. Es ist das Unerreichbare, die Spätnachmittag-Sonne strahlt.

Gute Nacht! Gute Nacht!
Danke. A.

Ich hatte in Prosa meinen Osterspaziergang unternommen. Nun wartete ich ungeduldig auf eine Reaktion darauf, an mir, dem Inhalt, meinem Stil zweifelnd, längst bereuend, ihn abgeschickt zu haben. Einige Tage später kam die ersehnte Antwort:

„Lieber Alois,
Ihr Brief hat mich gefreut und etwas ruhiger gemacht. Ich habe Zuversicht für die Zukunft. Auch wenn Sie traurig sind, auch wenn Sie weinen, so werden Sie vielleicht gerade dadurch sich selbst gewinnen. Dass Sie angefangen haben, zu schreiben, ist gut, wobei es nicht so sehr darauf ankommt, ein ‚Kunstwerk‘ zu gebären, als vielmehr einen Weg für sich selbst zu gewinnen.

Ihr ‚Osterspaziergang‘, der Frühling, das Erwachen, das alles gehört Ihnen mit der ganzen Hoffnung, die darin liegt. Man kann gar nicht ermessen, wie reich man ist, wenn man nicht auch durch die Dunkelheit geht. Sie sollten wirklich schreiben, schreiben Sie doch ein Buch.

Wer seine Einsamkeit nicht zu bevölkern vermag, vermag es auch nicht, einsam in einer wogenden Menge zu bleiben. Sie können es.

Ihre Angelika Charier."

Bald darauf begann ich mit Stetigkeit weiterzuschreiben. Ich schrieb Tag und Nacht, bewegte mich kaum aus meiner Klause. Es wurde ein Buch von 120 Seiten, der erste Versuch einer Autobiographie in Ich-Form. Mein Abgehobensein, verständlich aus meiner Lebensgeschichte, bedeutete noch mehr Isolation, erzeugte leicht den Unmut und die Aggressionen meiner Mitpatienten auf der einen Seite. Ich legte keinen Wert darauf, meine Gefühle, Phantasien und Erlebnisse in einer Art und Weise darzustellen, die auch einfacher strukturierten Mitpatienten zugänglich gewesen wäre. Andererseits schien mir diese Art gewisse Privilegien von seiten des therapeutischen Teams einzubringen.

Ich schien über den Dingen zu schweben.

Der leitende Chefarzt begann sich für mich zu interessieren. Auf die Frage: „Was um Himmels willen schreiben Sie da Tag und Nacht?", gab ich die Antwort: „Ich schreibe über Beethoven, über mich, unsere gemeinsame Vision einer visuell dreidimensionalen Erweiterung seiner 9. Symphonie."

„Eine Vision mit Beethoven?"

„Ja! Ich hatte gerade ein Rendezvous mit dem Meister und musste es gleich niederschreiben. Es war sehr aufregend. Obwohl ich mich auf dieses Treffen intensiv vorbereitet habe, bin ich doch von der Intensität seiner Persönlichkeit überwältigt. Sie müssen wissen, seit ich hier bin, in Ihrer wunderbaren Anstalt, habe ich mein digitales Bewusstsein um Welten verändert, kann ich Verbindungen zu Außerirdischen aufnehmen."

„Aha! Sie haben Kontakt zu Außerirdischen? Erzählen Sie mir davon!"

„Stellen Sie sich vor, er sagte zu mir: ‚Die Gnade der späten Geburt, junger Mann, ist es wohl, dass Sie mir diesen Vorschlag machen können. Und was für ein Vorschlag, den Sie mir da unterbreiten! Damals, als ich am Chorsatz der Neunten arbeitete, an ‚Freude, schöner Götterfunken‘, hatte ich noch keine Ahnung, dass der Mensch eines Tages die Schwerkraft überwinden und ins Weltall vorstoßen würde.‘"

„Das sagte Beethoven zu Ihnen?"

„Ja! Weiter sagte er: ‚Mein Freund Schiller schrieb: ‚… ahnest du den Schöpfer dieser Welt? Such ihn überm Sternenzelt. Seid umschlungen, Millionen, Brüder, überm Sternenzelt muss ein lieber Vater wohnen.‘ Sehen Sie, bald wird eine Raumstation um die Erde kreisen. Von ihr aus werden Missionen ins Weltall zu den Sternen starten. Sie, junger Freund, können meinen Gesang an die Freude mit Bildern aus dem Weltall visuell erweitern.‘"

Der leitende Arzt lachte irritiert. Ich fuhr fort:

„Und ich sagte ihm, wie ich seine 9. Symphonie dirigieren würde. Sehen Sie, hier …" Ich zeigte auf den Stuhl, auf dem Dr. Chariers Brief lag: „Der Chor, da, die Stimmen, die aus diesem Brief kommen … sie singen bereits Freude, schöner Götterfunken …"

„Dirigieren? Was meinen Sie damit?"

„Sie wissen es nicht? Ich bin Dirigent!"

„Aha, Sie sind Dirigent. Noch etwas?"

„Ja! Auch Geiger und Pianist. Haben Sie einen Flügel? Ich meine, ein Klavier?“

„Wenn Sie jetzt sagen, Sie seien Franz Liszt, dann muss ich in Ihren Unterlagen nachschauen, warum Sie bei uns sind.“

„Ich könnte Ihnen Einiges beweisen.“

Ich hatte erkannt: Meine Umgebung verstand mich nicht und ich verstand sie nicht. Nur die wenigen Stummen und „Verrückten“ erkannten mich, so glaubte ich.

Dies schrieb ich Dr. Charier und legte eine Kostprobe des Manuskripts bei in der Überzeugung, einen Verleger zu finden.

„Sie werden es nicht glauben, ich bevölkere die Einsamkeit mit meinen Figuren. Ich dachte, die Regie zu führen, habe aber den Verdacht, dass meine Geschöpfe die eigentlichen Regisseure meiner Phantasie sind. Es ist ein aufregendes Wechselspiel. Der leitende Arzt versteht nichts von all dem, was ich ihm erzähle. Dafür tun es meine ‚verrückten‘ Mitbewohner umso mehr. Sie scharen sich um mich, wenn ich nur ein wenig meinen Kopf aus der Türe stecke. Dann lauschen sie neugierig meinen Geschichten vom Sternenhimmel, einer Weltraumstation und den Flug zu den Sternen, wenn ich ihnen sage: ‚Brüder, überm Sternenzelt muss ein lieber Vater wohnen – sucht ihn überm Sternenzelt.‘ Dann glänzen recht seltsam ihre Augen. Verzeihen Sie mir meinen Schreibstil. Sie wissen, ich bin kein Schriftsteller, bin Musiker.

Ihr Alois.“

Sie antwortete:

„… es gibt kein größeres Hindernis zur Wahrheit zu gelangen, als schreiben zu können. ‚Vergiss deinen Stil, überlass dich dem Rhythmus der inneren Stimme, überlass alle Kunst denen, die mehr Künstler sind als Wahrheitsfinder.‘ Das ist wie für Sie geschrieben.

Einige Tage später kam der Leitende Arzt wieder in meine Klause.

„Wie geht es vorwärts mit Ihrem Manuskript? Ich sehe, Sie sind gewaltig am Schreiben. Lassen Sie sich Zeit, Sie werden uns lange erhalten bleiben. Sagten Sie nicht, Sie könnten auch Klavier spielen? Ich habe es meiner Frau erzählt. Darauf meinte sie allen Ernstes: „Nein, nein, er ist nicht verrückt, im Gegenteil: Ihr seid die Verrückten. Ich möchte ihn kennen lernen." Sie ist neugierig, was soll ich machen? In einer Woche hat sie Geburtstag und lädt Sie ein, ein wenig auf unserem Flügel zu spielen, sie auf ihrer Geige zu begleiten. So sind sie halt, die Frauen. Würden Sie es tun?"

Das hatte ich nicht erwartet.

„Ihre Frau spielt Geige? Das ist wunderbar. Aber würden Sie es wagen, mich in Ihr Haus zu nehmen? Ich bin hier Patient, eingeschlossen, isoliert, nicht zurechnungsfähig, unterhalte mich mit Außerirdischen!"

„Es ist der Geburtstagswunsch meiner Frau. Ein wirklich ausgefallener, das muss ich zugeben. Einen Patienten aus meiner Anstalt, der Bücher schreibt und sich mit Beethoven trifft, in mein Haus einzuladen, ist ungewöhnlich, gegen jede Vernunft, ein Abenteuer."

„Dann sagen Sie Ihrer Frau, sie solle die Kreutzer-Sonate von Beethoven vorbereiten."

Der Chefarzt schaute mich zweifelnd an.

„Sie wollen sicher auch noch ein großes Orchester dazu haben?“

„Leider geht es nicht. Aber eines Tages werde ich wieder die New York Philharmoniker, die Berliner Philharmoniker dirigieren.“

„Ja, ja“, meinte der Chefarzt nur und machte sich seine eigenen Gedanken darüber.

Nun war ich gefordert, mich mit meinen Händen zu beschäftigen. Auf dem schmalen Nachttisch an meinem Bett bewegte ich langsam meine inzwischen ungelenk gewordenen Finger, übte trocken Etüden, Tonleiter, Arpeggien, Johann Sebastian Bachs Inventionen, schließlich Liszts Liebestraum und, soweit ich mich erinnern konnte, den Klavierpart der Kreutzer-Sonate. Hin und wieder ging die Türe leise auf, schlichen sich die einen und anderen Verwirrten in meine Einsiedelei, setzten sich still auf den Fußboden, an die Wand gelehnt, schauten mir zu, lauschten Tönen, die nicht hörbar waren. In ihren Gesichtern zeigten sich dann unergründliche Bewegungen, stilles Vor-Sich-Hinlächeln, sich im imaginären Rhythmus wiegend.

„Du spielst schön. Es ist wie das Meer – so still.“

„Du kannst es hören?“

Auf solche Fragen antworteten sie nicht, fingen selber an, ihre Finger, Hände, Arme zu bewegen, nach ihren Melodien. Ab und zu unterbrach ich meine Übungen und malte ihnen mit meinen Worten Bilder einer Raumstation vor.

„Sie wird in 400 km Abstand um unsere Erde kreisen, und die Erde wird so klein sein wie ein blauer Luftballon.“

„Und es wird Menschen geben in dieser Raumstation?“

„Natürlich. Ein reges Leben wird es geben mit Kindern, die zur Schule gehen, einen prächtigen Garten mit Obst, Gemüse, Palmen und Orangen, mit Tieren und einem freien Blick zu den Sternen. Und die Menschen können schweben, hin und her schweben.“

Mein Tag war ausgefüllt mit Üben, Schreiben, Üben. Ich hatte auf Dr. Chariers letzten Brief noch nicht reagiert. Prompt kam ein weiterer Brief von ihr:

„Ich bin ein wenig in Sorge um Sie, da Sie auf meinen letzten Brief nicht geantwortet haben. Ich weiß nicht, ob Sie ihn bekommen haben! Geht es Ihnen schlecht?

Ihr letzter Brief war schön und doch traurig. Ich habe Angst, dass es Ihnen nicht gut geht. So lassen Sie mich nicht allzu lange auf eine Antwort warten …“

Meine letzten Eintragungen voller Hoffen und Bangen in H.:

H. 29.-30. 03. 82

*Ansatz von Therapeuten über die Sucht. Über nichts Wesentliches.
Trotzdem tut es gut.*

31. 03. 82

*Mir bleibt der Atem stehen. Ein zweiter Befund, anscheinend eine
Hoffnung. Aber ich kann mich nicht freuen. Schwere Entscheidungen kann ich alleine nicht mehr treffen. Es geht um eine Therapie,
sechs Monate. Ist es nicht zu lang und umsonst?*
*Ein Test: Ich bin entsetzt, alles Krüppel und junge oder alte Leute,
die Teppiche knüpfen, 24 Stunden am Tag.*

H. 01. 04. 82

*Da ist sie, die Depression. Ich weine und weine. Wasser. Weine.
Mein Gott. Ziehe mich schnell an. Nur raus. Auf den Gängen niemand, kein Mensch. Ich höre auch keine Stimmen. Mein Gott, wo
sind sie?*
*Mir bleibt der Atem stehen. In H. höre ich keine Vögel mehr. Ich
würde für sie sorgen, wenn es in H. Vögel gäbe.*

Dann war es soweit. Der erste Schritt aus der Anstalt machte mich
schwindelig. Es war früher Nachmittag. Ein Chauffeur brachte mich
ins Haus des leitenden Arztes. Ein abgedunkelter Salon. Schwere
Brokatvorhänge. Durch die dicken Teppiche und schweren Vorhänge wurde jedes Geräusch gedämpft.

Der weite hohe Raum wirkte in dem Dämmerlicht mit seiner fast heiligen Stille auf mich wie eine mit Weihrauch durchzogene Kirche. Und da stand es wieder, mir gegenüber, mitten im Raum, das schwarze Ungeheuer.

„Damals in Wien, als kleiner Junge, warst du sehr zärtlich zu mir. Ich habe es dir mit meinen wunderbaren Tönen gedankt", redete es zu mir. „Damals hast du dich mir behutsam genähert, wie du dich mir jetzt wieder näherst. Willst du mich nicht streicheln? Umarme mich. Obwohl jetzt ein Mann, zwischendurch auch ein mächtiger Vampir mit Spitzohren und wehendem Mantel, der das Liebste töten wollte, bist du nun wieder das Kind mit seinen ersten Schritten. Komm, umarme mich."

Hatte ich mich als Knabe damals verkleidet mit einem Talar zur heiligen Handlung, stand ich jetzt in Sandalen und einem einfachen Anstaltskittel vor dem Ungeheuer. Und wieder spürte ich, dass etwas Außergewöhnliches in diesem Augenblick geschah. Aus dem Halbdunkel kam eine hochgewachsene junge Frau auf mich zu, ihr blondes Haar zu einem Pferdeschwanz gezähmt. Im Dämmerlicht glaubte ich, Julia zu erkennen.

Beim Näherkommen veränderte sich ihre Gestalt. Es war nicht Julia, die mich empfangen wollte, es war Eva-Marielle, die endlich gekommen war, mich zu umarmen, mir zu verzeihen. Erst, als die Frau vor mir stand und mich begrüßte, bemerkte ich die Täuschung.

„Willkommen in meinem Haus. Es freut mich, Sie kennen zu lernen. Ich habe gehört, Sie stehen mit Beethoven in Kontakt. Wie aufregend. Dann können Sie sicher aus der ersten Quelle werkgetreu etwas über die Kreutzer-Sonate sagen. Kommen Sie, ich bin wahnsinnig neugierig." Sie nahm ihre Geige aus dem bereitgelegten Kasten, glitt mit den Fingern über die Saiten, setzte sie an ihren langen hohen Hals, nahm den Bogen auf und begann, das Thema *Andante con variatione* der Kreutzer-Sonate anzuspielen. Damit zog sie mich wie magisch an den Flügel. Ehrfurchtsvoll zaghaft berührte ich das mattschimmernde Elfenbeinweiß der Tasten und stieg langsam mit ihr in die unaussprechliche Bewegtheit der Töne.

Der Hausherr, die für ihn ungewöhnliche Szene beobachtend, es könne Unvorhersehbares passieren, hatte sich zunächst ruhig in eine Sitzecke zurückgezogen. Je länger die Zeit dahinging, desto unruhiger wurde er, versuchte sogar, mit Aufmerksamkeiten wie: „Eine kleine Erfrischung" oder „Wie wunderbar diese Musik doch ist" oder „Das hätte ich von Ihnen nicht gedacht" zwischen uns beide zu kommen. Jedoch schien er überflüssig zu sein, einfach nicht vorhanden, schlimmer noch, nur geduldet. Er war ohnmächtig, musste zusehen, wie wir beide am Klavier und der Geige uns ohne Worte unterhielten, verstanden, eins waren im Augenblick, ohne Verabredung, ohne Vorbereitung. Er war außen vor. Eine brutale Erkenntnis: Wir beide, in unsere Musik Vertieften bemerkten es nicht. Wir spielten Liebesleid – Liebesfreud, Einsamkeit, Eroticum, Tarantella, Humoreske, Legende, *un poco triste* und immer wieder das *Andante con variatione* der Kreutzer-Sonate – bis in den späten Abend hinein. Dann wurde ich wieder in meine Klause gebracht. „Sie, mein Guter, sind sicher sehr erschöpft und brauchen jetzt Ruhe. Das habe ich, ehrlich gesagt, von Ihnen nicht erwartet", sagte der Chefarzt, schaute mich dabei seltsam stechend an und bedankte sich. Wie hatte er das gemeint, nicht von mir erwartet?

Schon am nächsten Morgen wurde ich zum Chefarzt gerufen.

„Das gestrige Ereignis – im Übrigen, ich bin beeindruckt – hat mir zu denken gegeben. Ich habe über Ihren Aufenthalt hier nachgedacht. Von Ihrer Fähigkeit konnte ich natürlich nichts ahnen: Jetzt glaube ich fast, dass Sie nicht nur ein Rendezvous mit Beethoven hatten, sondern auch mit meiner Frau." Er lachte laut und klopfte sich auf seinen Schenkel. „War nur ein Scherz. Sie müssen so schnell wie möglich weg – ich meine, wieder zu Ihrem Leben zurückkommen. Meine Frau sagt, Sie seien ein großer Künstler und möchte Sie unbedingt wiedersehen. Dies wird allerdings vorläufig nicht möglich sein, denn …" Er stockte, fuhr dann fort: „Ja, in den nächsten Tagen können Sie die Anstalt verlassen. Nach fast zwei Monaten hier sind Sie nun absolut therapiefähig. Ich habe bereits alles veranlasst, Ihre Entgiftung ist abgeschlossen. Ein sechsmonatiger Therapieplatz in einer Entzugsanstalt für Sie ist schon reserviert."

Diese plötzliche Entscheidung des Leitenden Arztes traf mich unvorbereitet. Ich hatte mir in meiner Klause mit den liebenswerten verrückten Freunden eine eigene schweigende Welt geschaffen, ein kleines Universum, eine Bühne von Träumen, grandiosen Schauspielern und Figuren, Visionen, unhörbaren Tönen, denen ich lauschen konnte, Tränen, Inseln meiner Einsamkeiten und – Gedanken an meine ferne unerreichbare Geliebte: Dr. Angela Charier. Über den letzten verbliebenen Tagen dieser Welt lag ein sich auflösender, melancholischer Schleier, der sich suchend in den Briefen niederschlug. Sie schrieb, auf meine Unruhe eingehend:

„Lieber Alois,
entschuldigen Sie bitte, aber Sie sind ein Dummerle. Wie sollte ich
auf die Idee kommen, Ihnen nicht mehr zu schreiben? Es war ledig-
lich die Unruhe der letzten Tage. Und die Briefe, die ich Ihnen
schreibe, brauchen Ruhe … genug, Sie wissen ganz genau, wie sehr
Sie mir am Herzen liegen – und der kleine Prinz, der sich für seine
Rose verantwortlich fühlt, ist wirklich treu. "

Noch einmal sammelte ich meine geliebten Stimmen, Verrückten, die vertrauten Steine, alles, was mich bisher umgeben hatte und zu mir gehörte um mich, gedachte der Gespenster meiner Nächte zwischen den Gemäuern des damaligen Schreckens. In der letzten Nacht schlich ich mich, jetzt privilegiert, in den Garten, in dem vielleicht das Jubiläum der 10.000sten Leiche mit einer Flasche Bier für jede Leiche gefeiert worden war und verabschiedete mich von den lebensunwerten Geschöpfen, Krüppeln, armen Sündern, die hier irgendwo vergast und entsorgt wurden. Dann schrieb ich einen letzten Brief an Dr. Charier.

Am Morgen danach ging alles schnell. Hinter den Ecken, Mauervorsprüngen versteckte hervorlugende Gesichter, Kopfnicken, Stammeln: „Du hast so wunderschön gespielt, so sanft und leise. Wir sehen uns wieder in der Raumstation, werden schweben und schweben." Andere, rauhere Stimmen, wissend um die Schrecken der Welt da draußen: „Junge, komm nie wieder." Dann das Lachen der österlichen jungen Schwester: „Sagte ich es Ihnen nicht? Sie würde schreiben und sie hat geschrieben. Es müssen wunderbare Briefe sein. Sie schweben ja. Es heißt doch in diesem Lied: ‚Wie schön ist noch die Welt! Mein Herz, was dir gefällt, alles, alles darfst du lieben!' Adieu, Sie Entrückter!"

Ein Taxi brachte mich ins 80 km entfernte Friedrichsdorf, zum Schauplatz der Zertrümmerung meines Selbstbildnisses. Adieu Hadamar, du Ort einer seltsam bewegten, stillen Welt, des einsamen Höhenflugs. Hinein in das unentdeckte Labyrinth des eigenen Ichs, ins Gebirge der Einbildung, an die Arbeit, Berge von angefallenem Schutt wegzuräumen, den Boden zu bereiten für das Pflanzen eines ersten eigenen Pflänzchen.

Die Fachklinik Landgraf Friedrich, das Gegenteil von Hadamar: Eine großzügige, fast herrschaftliche Anlage, eingebunden in den städtischen Lebensbereich der kleinen Stadt Friedrichsdorf. Schon die Ankunft in der Klinik mit dem Empfang im Foyer war beeindruckend und glich eher der Portierloge eines Drei Sterne-Hotels. Ein paradiesischer Garten erstreckte sich unmerklich fast bis an den Rand der Taunuswälder, die rings um an die Stadtgrenze reichten. Hunderte von Menschen, Ärzten, Therapeuten, Werkstätten der verschiedensten Handwerke bewegten sich in diesem Areal. Da gab es die Schreinerei, Schlosserei, Schneiderei, die Schmiede, den Speisesaal, die Gemeinschaftsküche mit ihren Köchen, die Putzkolonne. Es war eine selbstversorgende Organisation mit dem Motto: Start in das Arbeitsleben und in die Autonomie. Man konnte sich innerhalb des Areals frei bewegen. Und nach sechs Monaten würde sich das elektronisch abgesicherte niedere Schiebegitter in die Freiheit öffnen, die man bis dahin nur sehen konnte.

Von der Terrasse des Speisesaals konnte man sie in der Ferne sehen, scherenschnittartig scharf in den Himmel geschnitten und doch nur andeutungsweise verheißungsvoll: die Skyline von Frankfurt. Bei diesem Anblick kam die Angst hoch. Angst mit ihren tausend Namen! Die Skyline von Frankfurt war so nah und unerreichbar.

Vor dem Tor flanierten die Bürger, tätigten ihre Einkäufe, lachten, scherzten, hielten sich umschlungen, winkten den Eingeschlossenen zu. Die da draußen waren beneidenswert, konnten wie selbstverständlich umgehen mit den alltäglichen banalen Dingen des Lebens. Die hinter dem Eisengitter mussten es erst wieder lernen. Drinnen im geschlossenen Areal gab es den geregelten Tagesablauf, Gesellschaftsspiele, medizinische Vorträge, einen Fitnessraum, Schwimmbad, das Café Salut, und für Fortgeschrittene sogar Fahr-

radtouren zur nahen Saalburg. Nur eines gab es nicht: Musik, Gesang, einen Flügel, ein Orchester und – Alkohol.

4. 29.-30.3.
       ...satz des Gespräches über die Sucht.
       Aber nichts Wesentliches. Trotzdem hat
       es gut.

H. 31.3.82
       Mir bleibt das alten Staben

Ein zweiter Befund, anscheinend
eine Hoffnung. Aber ich kann mich
nicht freuen. Schwere Entscheidungen
kann ich alleine nicht mehr treffen.
Es geht um eine Therapie sechs Monate.
Ist es nicht zu lang und umsonst.
Ein Teil: ich bin entsetzt, alles
Krüppel und junge oder alte Leute
die Teppiche knüpfen, 24 Stunden am
Tag.

H. 1.4.82
       Da ist sie, die Depression. Ich weine und
weine. Wasser, weine. Mein Gott,
ziehe mich schnell an, nur fang.
Auf den Gängen niemand, kein Mensch,
mein Gott, was sind sie?
Trauer, Klumpen, es geht besser.

Auszug: Hadamar-Tagebuch

32

Aus meiner Exklusivität und Einmaligkeit der Klause von Hadamar herausgerissen, geriet ich beim Angebot dieses sichtbaren Luxus einerseits und den vielen gebrochenen, gewöhnlichen Gestalten andererseits in Schwierigkeiten. Ich musste mich neu positionieren. Hier sah man mich wohl als einen unter vielen, Penner, Alkoholiker, Gestrandeter, Plattemacher, Obdachloser. Mit dem Luxus würde ich umgehen können. Aber was hatte ich mit den Hunderten von Menschen zu tun, die nicht „verrückt" waren wie in Hadamar, die vielleicht irgendwann einmal nur ganz normale Postbeamte, Verkäuferinnen, wenn es hoch kommt, Lehrer von nebenan waren? Vor nicht langer Zeit war mir gar nicht so recht bewusst, dass es Berufe gab, die sich nicht mit Musik beschäftigten. Julia hatte schon damals zu mir gesagt:

„Siehst du überhaupt, was um dich herum geschieht? Hörst du nur in dich hinein? Alois, du hast doch immer wieder zu mir gesagt: ‚Wer nicht sieht, geht zugrunde.' Aber du siehst nicht den Brunnen vor dem Haus und nicht den Bäcker von nebenan, nicht den Schneider, der die Knöpfe annäht, geschweige denn die Schmetterlinge und dass die Leute den Hut vor dir ziehen. Du bist besessen, ohne es zu wissen! Das ist Blasphemie, Alois."

Sie hatte wohl das gemeint, was jetzt auf mich zukam und ich nicht wahrhaben wollte: Die Konfrontation mit dem Gewöhnlichen, den banalen Problemen des Lebens.

Bereits bei meinem ersten Gespräch mit einem Therapeuten gab es hochgezogene Augenbrauen.

„Sie wollen also Dirigent sein."

„Ich bin Dirigent!"

Der Therapeut studierte intensiv meine Akte.

„Und Sie glauben selbstverständlich, ich müsste Sie verstehen? Nun", er machte eine verneinende Bewegung, „sehen Sie, ich weiß gar nicht, was ein Dirigent ist, oder, wozu er da ist. Kann er zum Beispiel Kartoffeln schälen oder einen Salat putzen? Können Sie so etwas? Wissen Sie etwas über die Bedeutung einer Toilettenfrau?"

Ohne eine Antwort abzuwarten, fuhr er fort: „Hier lese ich ‚Er schien über den Dingen zu schweben. So hatte er in den ersten Wochen große Mühe, Äußerungen seiner Umgebung zu verstehen. Umgekehrt gelang es dieser kaum, seinen Reden zu folgen, da er fast nur auf künstlerischen und philosophischen Höheflügen zu sein schien.'" Er legte die Akte beiseite, lehnte sich zurück. „Sie haben es gehört: Höhenflüge! Das schrieb mir ein Kollege aus Hadamar über Sie. Höhenflüge? Meinen Sie nicht, es wird wohl Zeit, Sie davon herunterzuholen?" Er griff wieder zur Akte. „Hier steht, während der Entgiftung hätten Sie auch ein Buch geschrieben! Und dafür auch schon einen Verleger gefunden! Schau, schau." Er schmiss die Akte auf den Tisch, stand auf. „Sagen Sie mal, Herr Dirigent, wie hoch wollen Sie eigentlich noch fliegen?"

Stotternd, kaum vernehmbar, antwortete ich: „Sie wollen es wirklich wissen? Also gut: Eines Tages werde ich wieder an der Spitze sein, wieder große Orchester dirigieren, so wahr mir Gott helfe."

„Bravo, Herr Generalmusikdirektor, weiter so im Höhenflug. So wahr Ihnen Gott helfe, Sie haben es ab jetzt mit mir zu tun! Nur eine Frage vorneweg: Können Sie eigentlich Deutsch? Ich empfehle Ihnen: Lernen Sie erst einmal richtig Deutsch, dann reden wir weiter. Weiß Gott, Sie werden genug Zeit haben, mich kennen zu lernen. Und ich werde Sie herunterholen bis zu dem Punkt, wo Sie nicht mehr wissen, wer Sie sind, Männchen oder Weibchen. Bis Sie das

Scheitern Ihrer Berufsträume endgültig eingestehen! Ich bin Ihr Therapeut für die nächsten sechs Monate. Mein Name ist Schinkel. Sie sind in eine Zwölfer-Gruppe eingeteilt. In dieser Gruppe sehe ich Sie morgen wieder." Damit verabschiedete er sich.

Das war der erste Angriff eines vernichtenden Dauerbombardements auf meine Persönlichkeit: Ich konnte es nicht fassen. Da sagte ein Niemand zu mir: Lernen Sie erst einmal Deutsch! Zutiefst getroffen bewegte ich mich nicht von meinem Platz. Der Therapeut hatte längst schon den Raum verlassen, als eine Betreuerin mich ansprach.

„Kommen Sie, ich zeige Ihnen Ihr Zimmer. Sie werden es mit zwei anderen teilen müssen."

„Wie bitte? Kein Einzelzimmer? Teilen mit zwei anderen? Nein!"

„Die Suchtabteilung hat im Gegensatz zu der psychosomatischen Abteilung nur Doppelzimmer. So ist das halt hier. Sie werden sich daran gewöhnen."

Von da an wusste ich: Die kleine Klause in Hadamar war das Privileg eines Begnadeten. Die Betreuerin sah mein bestürztes Gesicht.

„Hier – kaum sind Sie bei uns, schon ist ein Brief für Sie da. Ungeliebt scheinen Sie nicht zu sein."

Fast riss ich ihr den Brief aus der Hand und las:

„Lieber Alois,
ich bin gerade nach Hause gekommen, muss gleich wieder wegge-
hen, deswegen jetzt nur ein paar kurze Zeilen. Ihre letzten beiden
Briefe haben mich beunruhigt und ich wartete auf eine Nachricht
von Ihrem neuen Aufenthaltsort, um Ihnen antworten zu können.
Was ist geschehen? Warum sind Sie aus Hadamar weggegangen? Ich
bin in Sorge um Sie!
Ihre Angela Charier. "

Ich konnte nicht ahnen, dass es für lange Zeit die letzten Zeilen von ihr sein würden.

Die erste zweistündige Sitzung meiner Therapiegruppe verlief in Schweigen. Zwölf Täter, kreisförmig um ihren Meister geschart, jeder von ihnen sich als erbarmungswürdiges Opfer fühlend, lauerten ihrerseits auf ein Opfer, um es beim ersten unbedachten Wort zu zerfleischen. Einer von ihnen würde das Schweigen irgendwann nicht mehr ertragen können, so hofften alle. An sich selbst alles verbergend, was Anlass zur Freigabe der Jagd geben könnte, kreisten unsere Augen wie Aasgeier in die Runde, bereit, über die armseligen Reste des erlegten Wildes herzufallen. Aus einem der Fenster konnte ich die gegenüberliegende Spitze des Kirchturms mit der großen Uhr sehen. Mit meinen Augen verfolgte ich das Rucken des Uhrzeigers, hielt meinen Blick daran fest, um von dem Schweigen um mich herum nicht getroffen zu werden. Mir gegenüber am Fenster glaubte ich, wenn ich meinen Blick einen Augenblick von der Uhr löste, ein bekanntes Gesicht zu erkennen. Es konnte nicht sein! Aber er war es, jener kleine Metzger aus Eichberg mit der Großmutter, der mir in einer Nacht freudig gestand: „Ja, ich habe es getan, ich habe sie vergewaltigt. Und du? Hast du auch?“ Und noch ein Gesicht grinste mir zu. Der Cognac-Klaus aus Ernos Bistro.

Einer sollte den Reigen der Hetzjagd eröffnen, just als es halb zwölf schlug. „Warum bin ich eigentlich hier?“, hatte er nur gesagt, der kleine Metzger, der sich an seine Großmutter herangemacht hatte. Das Opfer war gefunden, der Bann gebrochen. Von nun an stürzten sie sich auf ihn, in dem irrtümlichen Glauben, damit selbst davongekommen zu sein.

Am nächsten Morgen begann der arbeitstherapeutische Prozess. Der Therapeut begann, am Schraubstock seiner therapeutischen Presse zu drehen.

„Sie werden für die nächste Zeit die Toiletten sowie die Treppenhäuser des Blocks A und B reinigen. Bis zur Gärtnerei, der Gemüseküche und dem klinikeigenen Bauernhof ist es noch ein langer Weg. An die Arbeit, mein Freund!"

Spätestens von diesem Augenblick an war Schinkel nicht nur mein Feind, sondern mehr noch, ein kleiner, miserabler, gescheiterter Hilfsarbeiter einer Entzugsanstalt. Der aber steigerte seine Boshaftigkeit, indem er jede einzelne Toilettenbrille selbst auf Sauberkeit zu kontrollieren schien.

„Können Sie nicht lesen? Steht da nicht: Verlassen Sie die Toilette so, wie Sie sie vorfinden wollen? Das nennen Sie saubere Arbeit? Noch einmal das Ganze. Im Übrigen, Ihre Zimmerkollegen beschweren sich. Sie würden keine Ordnung halten, sich nur selten waschen und die Kleider wechseln. Da muss wohl etwas dran sein."

„Ich werde also auch von denen kontrolliert, die es selber nötig haben?"

„Kein Wunder! Sie ignorieren ja die banalen Probleme des Lebens. Dazu kommt Ihr elitäres Verhalten allen anderen gegenüber. Es ist die soziale Kontrolle des Gemeinwesens, der Sie unterliegen, und das ist gut so. Begreifen Sie das endlich."

Hadamar, welch ein Paradies, dachte ich. Dort konnte ich mir meine Welt aufbauen. An diesem neuen Ort hier hatte ich tatsächlich erhebliche Schwierigkeiten, war auch nicht willens, mich auf einen für mich unverständlichen therapeutischen Prozess einzulassen. So versuchte ich mich jeglicher Kontrolle zu entziehen, entdeckte neben dem Gemeinschaftsraum ein leerstehendes Zimmer, kam auf irgendeine Weise zu einer Schreibmaschine und zog mich nächtens darin zurück. Während ich tagsüber die Toiletten reinigte, tippte ich nächtelang an meiner Schreibmaschine – einen neuen Roman. Nicht nur das nächtliche Geklapper meiner alten Schreibmaschine war ein Anlass, sich auf mich einzuschießen.

Noch wurde ich in den täglichen zweistündigen Sitzungen vom gnadenlosen brutalen Sezieren der Gruppengemeinschaft verschont. Andere lagen auf dem Seziertisch. Doch spürte ich zunehmend unangenehm, wie sich die Bataillone von allen Seiten gegen mich zum Angriff sammelten. Um dem zuvorzukommen, trat ich den Rückzug an.

„Herr Schinkel, ich habe eingesehen, meine Beschäftigung mit dem Schreiben lenkt mich zu sehr ab vom Eigentlichen", meinte ich scheinheilig zu dem Therapeuten, „ich werde damit aufhören und mich aufs Töpfern konzentrieren."

„Da bin ich aber neugierig, ob Sie eine Schale zuwege bringen, aus der jemand tatsächlich trinken kann. Im Übrigen: Ab heute können Sie in der Gärtnerei arbeiten, das Gemüse putzen für die Küche, Kartoffeln schälen, Geschirr spülen."

So geschah es. Von da an verbrachte ich neben der Küchenarbeit sechs Wochen jede Minute in der Töpferwerkstatt. Meine Toilettentätigkeit, auf die ich eigentlich stolz war, hatte mir nur spöttische Anerkennung eingebracht.

Auch meine Werke der Töpferei gerieten zu misslungenen Lehmarbeiten. Ich arbeitete mehrere Wochen an einer Schale, die schlussendlich ein jämmerlicher Torso blieb. Eine freundschaftliche Beziehung, die sich mit einer ebenso Betroffenen zu entwickeln begann, wurde mir fast zum Verhängnis. Man drohte mir mit dem Hinauswurf, sollte ich diese Vertrautheit nicht beenden. Ich begann, an mir zu zweifeln, wurde unsicher, besonders, da ich merkte, wie mich alle mieden, niemand mich verstand. Sie nahmen Abstand von mir. Kein Wunder. Ich redete von Gastdirigaten, die ich in Aussicht hätte, von Werktreue und Interpretation Beethoven'scher Metronom-Angaben. Was wussten sie schon von „Also sprach Zarathustra" oder von Brahms 1. Symphonie?

Eine Niederlage folgte der anderen: Das Salatwaschen und Kartoffelschälen in der Küche, Vorstufe des späteren Küchendienstes, war eine Katastrophe. Dann, als kaum einer mit mir redete, ich fast meine Sprache verloren hatte, keinen Fuß mehr vor den anderen setzen konnte, ohne mir sicher zu sein, dass das Gehen funktionierte, als ich von allen geschnitten wurde, setzte Herr Schinkel die Daumenschrauben an.

In dieser meiner schwächsten Situation, als ich glaubte, von Gott und der Welt verlassen worden zu sein, schraubte Schinkel den Schraubstock fest an und ging zum Angriff über.

33

Die von allen gefürchtete nächtliche Marathon-Therapiesitzung meiner Gruppe mit einer Dauer von zwölf Stunden wurde anberaumt. Weiche, warme Decken für das Sitzen am Boden und die Kälte der Nacht sowie Verpflegung waren für den Zeitraum von 19 Uhr bis 7 Uhr in der Frühe vorsorglich mitzubringen.

Eine unvergessliche, unbeschreibliche Nacht. Stunden vergingen, ohne dass ein Wort gefallen war. Nur die Konturen der Gestalten wurden im Halbdunkel immer schärfer, die kleinsten ihrer Bewegungen zu Ereignissen. Das Rücken eines Stuhls zu einer individuellen Willensäußerung, zu einer Explosion. Wenn sich Köpfe senkten, hatte es Bedeutung, nur was für eine? Welche Gedanken brodelten hinter den Stirnen wie Magma vor dem Vulkanausbruch? Warum saß der Meister Therapeut wortlos vor uns, grinste still in sich hinein, aß unverschämt offen und aufreibend langsam einen Apfel, ließ seine Jünger unter ihm im Schweigen braten? Wir konnten regelrecht das Knirschen der harten Schale des grünen Apfels zwischen seinen Zähnen hören, registrierten minuziös die quälende Dauer jedes Bissens. Wir verfolgten geradezu den Werdegang eines therapeutischen Apfels während der ganzen Nacht, seinen Anfang, Höhepunkt, Apotheose und sein Ende.

So verging Stunde um Stunde, ohne dass ein Wort gefallen war. Das Schweigen wurde immer beredter, unerträglicher. Aus den Pokergesichtern konnte man nur Abwehr erkennen. Mienen und Bewegungen, sonst Darstellung einer Persönlichkeit, waren reduziert auf ein Mindestmaß an Preisgabe. Nur Harald, mein Zimmerkollege, ehemaliger Geschäftsführer eines großen Kaufhauses, fixierte mich schon seit einiger Zeit. Wartete er auf den Augenblick, endlich zustechen zu können?

Ausgerechnet der kleine Metzger neben mir, der Schwächste, bot ihm diese Gelegenheit nach sechs Stunden zermürbenden Schweigens. Er verlor als erster die Nerven mit der Frage, die ihn nicht los ließ: „Warum bin ich eigentlich hier? Was tun wir hier nur?" Aber Harald hatte nicht ihn gemeint.

Ein Aufatmen ging durch die Runde, Bewegung kam auf wie Wind vor dem Sturm. Die Arena war freigegeben. Und wieder stürzten sie sich zunächst auf ihn, den Schwächsten. Von nun an zerfleischte jeder jeden, wurde dabei selbst ein Opfer. Unser Meistertherapeut, bis jetzt geschwiegen, wurde lebendig, griff endlich ein, peitschte die aufgewühlten Wogen der gegenseitigen Verletzungen, Verwundbarkeiten noch weiter auf, ermunterte Angreifer wie Angegriffene.

„Weiter so! Brüllt es heraus! Begreift es endlich. Das ist eure Chance. Hier in diesem geschützten Raum könnt ihr frei eure Wahrheit herausbrüllen, so brutal sie auch sein mag. Klagt euch, euren Nachbarn an! Nehmt keine Rücksicht mehr! Draußen könnt ihr nicht mehr brüllen. Da seid ihr angreifbar und ungeschützt. Sagt endlich, wer euch vergewaltigt hat, wem ihr Gewalt angetan habt. Also: Warum hast du deine Großmutter vergewaltigt, du kleiner, mieser Metzger?"

Mit dieser Frage stachen sie alle auf ihn, den Schwächsten, ein. Nach einer weiteren Stunde brach er endlich unter Tränen zusammen. Sie ließen von ihm ab, jammerten vor sich hin. Es war vier Uhr morgens. Haralds Augenblick war gekommen.

„Ihr zeigt alle auf den heulenden armen Teufel, wie er da am Boden liegt. Ihr selber, ihr Elenden, kriecht am Boden. Aber da ist einer, der sich nicht rührt", Harald stand auf, stand nun als Einziger im Raum aufrecht. „… der anscheinend von all dem unberührt ist, der über den Dingen schwebt, nichts mit euch zu tun haben will. Schaut ihn euch an: Nein, nein, er ist etwas Besseres. Er kriecht nicht am Boden und jammert wie ihr armen Würstchen."

Der Therapeut auf seinem Thron stachelte ihn noch an, biss dabei genüsslich in seinen Apfel.

„Wen meinen Sie, Harald? Wir wollen ihn sehen, den Sie meinen. Zeigen Sie ihn uns, los, zeigen Sie ihn uns!"

„Wen meine ich wohl? Nicht unseren kleinen Metzger, meine ich, nicht den Schreiner hier, der seine beiden schwulen Söhne verstoßen hat, weil sie ihm nicht Manns genug sind, Nachkommen ins Haus zu bringen, der die Söhne für seinen Suff verantwortlich macht. Ich meine nicht die da drüben, die Wirtin, deren Mann das ganze bare Vermögen an einem heimlichen Ort vergrub, bevor er sich vor ihren Augen erschoss, – und das nur, weil sie ihn mit ihrem Ehrgeiz überfordert hat. Sie alle hier haben sich hier vor uns ausgekotzt. Nein, ich meine unser Genie – ihn, den großen Schweiger, den Geheimnisvollen." Er zeigte auf mich, wandte sich direkt an mich.

„Sag mal, was meinst du eigentlich, wenn du so daher redest, so dass dich keiner versteht? Du sagst, du hättest schließlich die Toiletten gereinigt? Das bildest du dir aber nur ein! Einen Dreck hast du gemacht. Frag sie hier alle. Wir mussten nach dir deine Drecksarbeit machen. Warst wohl bei der Arbeit gar nicht dabei, hast die Wolken geputzt anstatt die Treppen und Toiletten? Wozu bist du eigentlich nützlich? Kannst du mir das sagen?"

Ich schwieg.

„Ihr alle sagt, der Metzger hat seine Großmutter vergewaltigt, welch eine Schande. Ich frage euch: Sitzt nicht hier auch ein Vergewaltiger seiner Mitmenschen? Nun denkt einmal nach: Ist er nicht ein Täter, nur raffinierter als ihr Armseligen im Geiste; denn genau genommen lässt er euch die Toiletten putzen, die Kartoffeln schälen, damit er auf seinem Teppich durch die Lüfte schweben kann, von Luftschloss zu Luftschloss?"

Die Meute nickte zustimmend.

„Ihr nickt dazu noch: ,Ja, ja, er hat eben Höheres im Kopf.'" Murren in der Runde.

Harald ließ nicht locker, wurde zum Ankläger. „Hast du nicht deine Frau vergewaltigt? Warum hat sie dich denn verlassen? Sprich! Hast du mir nicht stundenlang, tagelang vorgejammert, wie du von einer Konzertreise zurückgekehrt, am nächsten Morgen diesen entscheidenden Brief auf deinem Schreibtisch vorfandst? Ihr ,Adieu' schlug wie eine Bombe ein, sagtest du. Von da an konntest du nicht mehr dirigieren, wurdest zum Invaliden! Seltsam! Warum wohl?"

Ich wollte aufbegehren, erwiderte aber nichts.

„Sie war doch das Opferlamm auf dem Altar deiner Kunst, deiner Höhenflüge. Nur so kann ich es mir vorstellen. Sie war blutjung, hat ihre eigene Karriere geopfert um deinetwillen? Bist du nicht über ihre Leiche gegangen, nur, weil sie deine Begabung erkannt und geglaubt hat, deiner Karriere durch die allzu frühe Verantwortung über eine Familie zu schaden?"

„Genug, Harald, kümmere dich um deinen Dreck", versuchte ich, mich zu wehren.

„Nein, nein, so kommst du mir nicht davon. Wie ein Priester seinen Rock, so hast du die holde Kunst vor dir hergetragen, unberührbar, tust es immer noch! Und sie fühlte sich schuldig, weil sie glaubte, deine Karriere zerstört zu haben mit einem unerwartet frühen Kind. So war es doch."

Ich sackte immer mehr in mich zusammen, schwieg.

„Also hat sie ein Gelübde abgelegt, sich mit ihrer ganzen Kraft aufgeopfert, dich soweit zu bringen, bis du an deiner Bestimmung angekommen seiest. Sie hat sich damit selbst verleugnet. Und als sie glaubte, du seiest angekommen, hatte sie ihr Gelübde erfüllt und sagte ‚Adieu‘, um sich selbst zu retten."

Ich, kaum hörbar: „So einer bist du also, Harald. Ich habe mich dir offenbart. Du hast bei unseren Spaziergängen im Garten geschwiegen, während ich mit dir geredet habe. Jetzt fällst du mir in den Rücken."

Harald setzte seinen Angriff fort: „Nicht genug damit. Als er am Ende war, verstoßen aus dem Paradies, am Anfang einer Säuferkarriere, suchte er sich ein neues Opfer, blutjung, naiv, voller Glaube an die Zukunft: eine 18-jährige Musikstudentin. Er vergewaltigte dieses junge Geschöpf in mehrfacher Hinsicht, formte es nach seinem Willen zum Ebenbild seiner Frau. Ein ganzes Jahrzehnt hindurch. Er klärte sie über seinen Zustand nicht auf, nein! Er ließ sie in ihrem Glauben an sein Genie. Verantwortungslos. Liebe nannte er es. Schlussendlich wollte er sie, Eva-Marielle hieß sie, töten."

„Ja, Harald, es war in einem Anfall von Delirium, einem symptomatischen Grand mal, einem Prädelir", versuchte ich mich zu rechtfertigen. Harald ließ sich nicht beirren.

„Merkt ihr nicht? Er ist verwirrt: Und ihr redet über unseren kleinen Metzger und seine Großmutter. Hier sitzt der Vergewaltiger, der ein junges Mädchen auf dem Gewissen hat."

„Hör auf, hör auf!", jammerte ich. „Aufhören!", heulte ich in mich hinein.

„Hast du dich jemals gekümmert um die banalen Dinge, die den Alltag ausmachen? Du tust es sogar jetzt nicht in unserer kleinen Dreiergemeinschaft. Sie, deine Frau, hat alles gemacht, Hausputz, Geldgeschäfte, Management, Seelentrost, hat dich gestützt wie deine Mutter." Harald wandte sich demagogisch an die Runde.

„Wisst ihr, was für ein Mensch er ist? Ich sage es euch: Er lässt unser Zimmer verdrecken, hält keine Ordnung, wäscht sich selten, wechselt kaum seine Kleidung, geht aber stolzen Hauptes im Garten wie Goethe selbst auf und ab, sitzt in einer lauschigen Ecke, schreibt ein Buch und zitiert dabei Sigmund Freud oder Zarathustra: ‚Alle Lust will Ewigkeit.‘ Ich frage euch: Wer kann das von euch?"

„Du hast recht! Man muss erst Chaos in sich tragen, um einen Stern gebären zu können. Du aber verreckst in deinem Chaos, Harald", ließ ich mich mitreißen.

„Ein Dreckskerl bist du! Ein dreckiger. Da ist unser kleiner Metzger schon ein Kerl. Ein Buch will er schreiben? Dabei verstehen wir keinen Satz von ihm, wenn er redet." Harald steigerte sich in die Lust, sich reden zu hören, als wollte er ewig reden.

„Aber nicht genug damit. Neulich kam er doch zu mir und eröffnete mir stolz, er könne nun bald wieder an seine alte Karriere als Dirigent großer Orchester anknüpfen. Was sagt ihr dazu?"

Ich sprang auf.

„Du Dreckskerl warst Geschäftsführer eines großen Kaufhauses. Dachtest, es ginge so weiter mit rotem Ferrari, schönen Frauen und dem Geld deines Vaters." Meine Erregung zwang mich, eine Pause zu machen.

Mit schwacher Stimme fuhr ich fort, glaubte, zu brüllen: „Ich lebe in meinem eigenen Licht, ich trinke die Flammen in mich zurück, die aus mir brechen. Aber dich wird kein Kaufhaus oder kleiner

Laden mehr nehmen. Kleine Leute haben kleine Türen! Deine Gier nach Geld, deine Unterschlagungen werden dir teuer zu stehen kommen." Ich griff mir an die Brust, holte tief Atem. „Ich aber werde wieder große Orchester dirigieren und große Musik machen. Ihr wollt mich hier fertig machen. Wer seid ihr? Schlappschwänze seid ihr, wurdet Metzger, Schreiner, Lehrer, nur, weil eure Väter es waren. Das bringt ihr, sonst nichts!" Erschöpft sank ich wieder auf meine Decke am Boden.

„Große Orchester dirigieren? Du träumst immer noch. Seht ihn euch an, den Spinner." Und zu mir gewandt: „Psychisch und physisch bist du nicht einmal mehr in der Lage, deine Schuhe zu schnüren, geschweige denn fähig zu einem kräftigen Händedruck." Dies war wahrhaftig Haralds Stunde.

Ich war zu einem menschlichen Knäuel zusammengesunken, nahm meine Umwelt kaum mehr wahr. Nur in die Farben der aufkommenden Morgendämmerung hinein glaubte ich leise den hohen langgezogenen Flageolett-Klang der Geigen mit dem Intervall fallender Quarten am Anfang von Gustav Mahlers 1. Symphonie zu hören, aus der Ferne wieder die Trompeten der Kasernen von Leitmeritz als seien es die ankündigenden Signale seiner Auferstehung. Diesem Klang würde ich nicht widerstehen können. Ich würde ihm folgen mein Leben lang. War es Besessenheit? Konnten sie reden, was sie wollten, es war mein Leben.

„Dieses Wrack von Mensch", hörte ich von weitem die provozierende Stimme des Therapeuten, „weigerte sich, mit einem Orchester von Amateuren zu arbeiten. Seine Begründung: Es würde ihn stören, dass er mit denen nicht unter gewohnten professionellen Bedingungen würde arbeiten können!" Er wandte sich direkt zu mir: „Ich sage dir, du bist nicht einmal mehr fähig, bewusst eine Tür zu öffnen, geschweige denn vernünftig mit Leuten wie diesen hier zu reden. Du musst erst einmal Deutsch lernen, um dich mit uns verständlich unterhalten zu können."

„So ist es, Herr Therapeut, genau so", fiel die Meute von allen Seiten über mich her.

„Hey, dirigier uns doch einmal, wenn du ein so großer Meister bist", forderte mich einer auf. „Los, wir sind dein Orchester und ich bin dein Kontrabass."

„Und ich das Waldhorn. Komm hier in die Mitte, damit wir dich besser sehen können." Die zwei lösten sich aus dem Dämmerlicht des nahenden Morgens, kamen auf mich zu, hoben mich vom Boden auf, setzten mich in die Mitte des Saales auf einen Stuhl. „So. Und jetzt kannst du bestimmen, wer von uns sein Maul aufmachen oder halten soll, wie laut er den anderen anbrüllen darf. Wir sind alle professionelle Säufer. Unter uns und vor Gott sind wir alle gleich. Versuch doch, diesen Haufen von elend Gescheiterten in einem einzigen Augenblick auf eine gemeinsame Linie zu bringen. Dirigiere uns doch einmal."

Ich saß daraufhin lange regungslos auf dem Stuhl. „Wenn nun aber der Gott tot ist, vor dem sie alle gleich sind ...", dachte ich und lachte in mich hinein. Dann richtete ich mich langsam auf, so, als würde ich mich aus einem Kokon befreien, stellte mich auf den Stuhl, hob die Hände zu einer Achtungsstellung, gab den Auftakt zu einer imaginären Musik. Die Meute unter mir beruhigte sich, das Gelächter verstummte für diesen Moment.

Dank des Trainings meiner musikalischen Vorstellung glaubte ich, ein Orchester vor mir zu haben und begann es zu dirigieren: Zuerst den hohen langgezogenen *Flageolett*-Klang der Geigen mit den fallenden Quarten aus Gustav Mahlers 1. Symphonie, dann die Fanfaren meiner nahen Auferstehung. Es waren aber zunächst nur leblose Marionetten, die da am Boden vor mir saßen. Zaghaft begann ich, an ihren Fäden zu ziehen, erweckte jene Marionette nach meinem Willen zum Leben, verbannte die andere zum Schweigen, ließ alle tanzen nach einer unhörbaren Musik oder auf ihren Instrumenten bitterlich weinen. Dazu sang ich leise: „Frère Jacques, frère Jacques, Bruder Jakob, Bruder Jakob, schläfst du noch?" Ich beugte mich zu meinem Mitbruder, zu jenem, der sich als Kontrabass angeboten hatte: „Das machst du gut, Bruder Jakob. Es ist dein Thema aus dem 3. Satz der 1. von Mahler, die Stelle, bevor die Klarinetten zum Tanz auffordern." Vor mir sah ich den Binderplatz, den Dorfplatz von Olkowitz, sah meine Zigeuner und böhmische Musikanten, mit denen ich als Knabe übers Land zog. Sie spielten immer wieder auf ihre unvergleichliche Weise den Refrain einer seltsamen böhmischen Weise: „Olkowitz liegt doch am Meer." Dabei nickten und lachten sie verschmitzt.

So wurden die Marionetten, eine nach der anderen, für mich lebendig, folgten meinen Anweisungen. Tatsächlich aber wurden sie laut und lärmend, spotteten, lästerten über mich. Und ich stand in Wirklichkeit bewegungslos auf meinem Stuhl, dem Gespött der Gruppe preisgegeben. Meine Adler kamen allmählich durch die Fenster, setzten sich auf mich, pickten an meiner Leber. Zusammengekrümmt vor Schmerz verlor ich das Bewusstsein und sackte vom Stuhl.

34

Als ich erwachte, spürte ich mich nicht. Es dauerte, bis das Leben in mir zurückkam. Behutsam begann ich, meine Finger zu bewegen, jeden einzelnen, auf und ab. Erstaunt beobachtete ich, wie sie auf meine Befehle reagierten. Wie ein Baby spielte ich damit. So war ich, auf mich allein gestellt, den ganzen Tag damit beschäftigt. Nach und nach erkundete ich neu meine Umgebung. Auf diese Weise vergingen die ersten Tage nach jener Marathonnacht, meiner Ohnmacht, meiner Zerstörung.

Eines Morgens wagte ich, aufzustehen, machte den Versuch, die Tür meines Zimmers nach draußen zu öffnen. Ängstlich hörte ich auf leiseste Geräusche, auf das Knarren der Türe. Erstaunt stellte ich fest: es funktionierte. Sie ließ sich tatsächlich öffnen. Ich trat ins Freie und sah zum ersten Mal seit langem wirklich die Sonne aufgehen. Wie betäubt roch ich den frischen Morgen. Ein unglaubliches Gefühl von Unberührtheit, Freiheit, Klarheit durchströmte mich. Barfuß setzte ich Schritt vor Schritt, ging ich über das taufrische Gras, kniete nieder, benetzte mein Gesicht mit der Kühle des Morgens, jubilierte. Ich lebte! Und ich hatte, nachdem ich in meine Einzelteile zerlegt worden war, so dass von mir nichts mehr übrig blieb, bewusst mit eigenem Willen die Türe geöffnet. Noch konnte ich es nicht in Worte fassen, war ich doch sprachlos geworden. Jetzt musste ich erst einen Schritt vor den nächsten Schritt setzen, gehen, bevor ich meine Worte wiederfand. Ich lebte. In dieses unbeschreibliche Gefühl, meine eigene Auferstehung zu erleben, beim Anblick der unwiderstehlich aufgehenden Sonne und des sich strahlend ankündigenden Tages, in diese Stimmung hinein kroch die Angst. Mit ihr Verzweiflung und Ohnmacht. Nichts konnte ich gegen meinen Untergang tun, ich war gefangen in meinem kranken Körper, konnte die Adler um mich herum nicht verscheuchen, die unaufhaltsame Zersetzung meiner Leber nicht aufhalten. Nur noch einige Monate hatte ich zu leben, so sagten sie, die es wissen mussten. Die Sonne würde sich darum nicht kümmern. Sie würde wie eh und je auf- und untergehen, unberührt von meinem Schicksal.

Bei diesen Gedanken warf ich mich auf den Boden, presste mein Gesicht ins nasse Gras. Meine Tränen mischten sich mit kühlem Morgentau. „Warum nur, warum?", ballte ich meine Fäuste, schlug immer wieder auf die Erde. „Was gäbe ich darum, wenn ich die Zersetzung, die mich Tag für Tag mehr und mehr auffrisst, gierig, hungrig, unaufhaltsam wie ein gefräßiges Tier, aufhalten könnte!"

Die Kirchturmuhr schlug sechs. Ich hatte mich in die Erde gekrallt, lag da wie ein sich kasteiender Büßer, die Arme weit zum Kreuzzeichen ausgebreitet, mich selbst anklagend:

„Gott, du hast mich verlassen!"

„Nein, nein, so ist das nicht, mein Lieber. Du machst dir das zu einfach: Hilf dir selbst, dann helfe ich dir. So wird ein Schuh draus."

„Aber ist es nicht so: Julia hat mich im Stich gelassen – Eva-Marielle hat mich verlassen – meine Kinder wollen von mir nichts wissen – was bleibt mir noch? Ich habe nichts mehr, auch die Musik ist mir abhanden gekommen. Wann um Himmels willen habe ich zuletzt meine Nicolas Aine gespielt? Es ist Jahrtausende her. Als ich das letzte Mal Musik hörte, war ich für die anderen ein Clown, zu dem Gelächter für alle. Sie alle haben sich über mein Dirigieren lustig gemacht. Als wäre ich nicht von dieser Welt, ein Verrückter. Ich bin nicht einmal mehr ein Verrückter, ich bin nichts mehr als ein zum Tode Verurteilter, am Boden Zerstörter. Wie sollte ich aufstehen können, von was werde ich leben? Ich habe weder Geld noch Freunde, vielleicht kein Dach über dem Kopf. Unter den Brücken wird mein Quartier sein."

„Warum denkst du an die Zukunft? Es lähmt dich nur. Denke an die Vögel: Sie säen nicht, sie ernten nicht, und doch leben sie."

Die Angst vor meiner hoffnungslosen Zukunft lähmte mich. „Der Mensch lebt in größter Not – der Mensch lebt in größter Pein." Mit diesen Gedanken blieb ich lange liegen, bis ein Gesicht sich über mich beugte.

„Stehen Sie auf, um Gottes willen! Was machen Sie denn da? Sind Sie gefallen?"

Ich unterbrach meine Erzählung. Bis hierher war ich wie in Trance, einem Rausch gleich, auf den Grund zurückgekehrt und doch auch nicht. Die Hitze des Tages war der Kühle der Nacht gewichen. Unter uns im Dorf brannten nur noch wenige Lichter. Über der Ebene fahles Licht des zunehmenden Mondes. Ein fast südlicher sternenklarer Himmel wölbte sich über die Landschaft. Glühwürmchen flimmerten durch die immer noch warme Nacht. Grillen zirpten. Eine verklärte Nacht an der Seite meines Sohnes, der bis hierher viel geschwiegen hatte. Nun meldete er sich.

„Mir scheint, deine Erzählung ist wie eine Neueroberung. So empfinde ich es. Sie schließt die Schluchten deines Weges, das Scheitern, mit ein."

„In meiner Rückschau kommt mir noch einmal vieles nahe. Auf den Grund des Meeres gehen, sich zu erinnern, heißt wohl, etwas bei uns, in sich selbst zu behalten und – es sich anzueignen."

„Du erzählst mir deine Lebensgeschichte. Auch in deiner Musik höre ich sie, mit ihren Tiefen und Höhen, dem Auf und Ab zwischen hell und dunkel, Zartheit und heftigen Stürmen, in großer Klarheit.“

„Es ist gut, zurückzukehren zum Holunderbaum seiner Kindheit.“

„Aber sag, Vater, wie ging es weiter? Wie hast du damals die Tage und Nächte verbracht – mit der hoffnungslosen Aussicht, mit der Leberzirrhose nur noch wenige Monate zu leben? Was hat dich getrieben, aufzustehen, weiterzugehen? Sag: Wie ging es weiter?“

„Der stärkste Trieb des Menschen zum ‚ja‘ ist das Leben selbst … Erinnerst du dich an die Knollennase? ‚Bis zur nächsten Stadt werdet ihr wohl kommen.‘ Lass uns noch einmal über den Friedhof gehen, hinüber zu den Weinkellern.“

„Damals, als ich nach der langen Nacht ohne Hoffnung am Boden lag, dachte ich an diesen Ort“, begann ich wieder zu erzählen.

35

Die Angst vor meinem unaufhaltsamen Ende, gleichzeitig das überwältigende Erlebnis der aufgehenden Sonne hatte mich an diesem frühen Morgen zu Boden geworfen. Ich lag im Gras und weinte.

„So stehen Sie doch auf!"

Schinkel, der Therapeut musste schon längere Zeit neben mir gestanden haben, meine Selbstanklage anhörend, als er sich jetzt zu mir herunterbeugte.

„Stehen Sie auf und gehen Sie! Längst schon müssten Sie auf unserem Bauernhof sein, zur Zuckerrübenernte. Sie sind doch eingeteilt am Bauernhof. Oder täusche ich mich? Es ist Ihre, die letzte Station", hier machte er eine lange Pause, fuhr dann fort: „… vor Ihrer Entlassung ins Leben da draußen." War das seine sarkastische Lust am Untergang des anderen? Schinkel wusste doch, wie es um mich stand. Dazu glaubte ich, bei dem Ausdruck „letzte Station" lästiges Mitgefühl herauszuhören.

„Die letzte Station vor dem Nichts." Ich biss ins Gras. „Sollte ich wider Erwarten zurückkommen, von was werde ich leben? Und wenn mir die Mansarde in der Wiesenau nicht mehr bleibt? Da redet dieser Mensch von einem Bauernhof und Rübenernte!" Dann wandte ich mich zu dem Therapeuten.

„Am Bauernhof eingeteilt. Habe ich das übersehen oder gar vergessen?"

„Das wird es wohl sein. Na dann, machen Sie sich auf den Weg. Die anderen warten bereits auf Sie."

So wurde ich in den letzten verbleibenden Wochen konfrontiert mit der harten Arbeit auf den Feldern eines Bauernhofs. Die Skyline von Frankfurt rückte immer näher, bedrohlicher, begehrenswerter und blieb doch unerreichbar. Ich hatte alles mit mehr oder weniger Erfolg hinter mich gebracht: Toilettenputzen, die Tellerwäscherei, das Gemüse- und Kartoffelschälen, den Küchen- und Frühstücksdienst, das Töpfern, schließlich auch die harte Konfrontation mit meiner Gruppe. Nun gehörte ich zu den Renovierten mit der Aussicht auf baldige Entlassung in die Freiheit. Jetzt war ich bei den Beneidenswerten. Wenn die andern wüssten, welch angstvolle Gedanken mich plagten!

Im abendlichen Dunst der Skyline von Frankfurt lockte das Laster, lag die Versuchung. Sollte ich trotz meiner Aussichtslosigkeit auf eine Zukunft je wieder durch die Straßen schlendern können, so lauerte an jeder Ecke, jedem Wasserhäuschen die Gefahr. Es würde am Anfang nur ein Lächeln brauchen, vielleicht ein Wort: „Komm, nur eins, im Vorübergehen!" Da gab es immer noch Ernos Bistro, den Cognac-Klaus, den Pelz-Heinz, Kurti den Fensterputzer, das lebendige Westend-Blättchen.

In diese Höhle des Löwen, den Ort meines Niedergangs, würde ich gehen, um es mir und jenen zu beweisen, dass es möglich ist, kontrolliert zu trinken! In der Arena ihres dumpfen Alltags wäre ich als Gladiator vielleicht ihr willkommenes Opfer oder ein Held, sie dagegen, die ehemaligen Kumpane, gierige Voyeure eines Schauspiels, meines Rückfalls. Genüsslich, mit List und Tücke würden sie mir die Brocken servieren, die zu schlucken sie von mir gewohnt waren.

Ich konnte sie schon hören: „Ein ganzes Leben ohne den Genuss eines köstlichen Glases Weins oder kühlen Biers? Unvorstellbar. Erinnere dich doch: Du hast leidenschaftlich gekocht! Es war dein großes Hobby. Und jetzt? Deine begehrten Saucen ohne einen

Schuss Weißwein oder … Alkohol? Nein! Nicht zu reden von den wunderbaren italienischen Eissorten im Sommer! Pralinen: aus! Und was willst du auf Partys, in Gesellschaft, unter Freunden trinken?

Das zu beweisen, würde ich wohl keine Gelegenheit mehr haben.

„Aber du hast einen freien, starken Willen! Vor Jahren hast du das Rauchen aufgegeben. Und du warst ein starker Raucher, bist nachts kilometerweit gegangen, um an eine Zigarette zu gelangen. Damals in Luxemburg. Es wäre ja gelacht, jetzt, in deiner Freiheit, dieses Laster nicht in den Griff zu bekommen! Du wirst alle, die sagen, es gäbe kein kontrolliertes Trinken, widerlegen. Die Behauptung der Therapeuten ist geradezu lächerlich. Du bist stark, das hast du bewiesen.“

Bei einem dionysischen Essen ein Glas Rotwein zu zweit oder in Gesellschaft bewusst genießen zu können, davon war ich überzeugt. Dagegen hatte ich Zweifel, trocken, total nüchtern, ohne die Stimulanz durch Alkohol jemals wieder kreativ sein zu können, noch einmal, jetzt nüchtern, den Rausch der Musik zu erleben, sie hörbar zu machen in einem einzigen vielstimmigen Klang.

Im Augenblick war ich reduziert auf das Wesentliche, das Überleben, konnte mir kaum mehr eine Melodie, geschweige denn ihre Gestaltung vorstellen. Mit höchster Aufmerksamkeit lauschte ich geradezu auf die Erneuerung meiner zersetzten Leber. In dieser Stille fiel mir auf, dass ich bereits weiter dachte als an mein angekündigtes Ende. Noch war ich geschützt, eingebettet in eine gleichgesinnte Gemeinschaft. Bald aber würde sich das Tor nach draußen öffnen, in den Dschungel der Freiheit.

„Jeder große Marsch hat mit einem kleinen Schritt angefangen. Wenn ihr jetzt durch dieses Tor geht, macht ihr den ersten Schritt zu eurem steinigen Marsch ins Ungewisse. Jetzt gilt es! Adieu! Viel

Glück. Und vielleicht denkt ihr daran: Jedem Anfang wohnt ein Zauber inne!"

Mit tastenden Schritten, jede Stufe prüfend, ob sie halten würde, stieg ich langsam das elegant gewundene Treppenhaus der Wiesenau 44 hinauf zu der Mansarde, die ich vor zehn Monaten als menschliches Wrack und Todgeweihter verlassen hatte. Zurück an den Ort meiner glücklichen, dramatischen, schrecklichen zehn vergangenen Jahre – Höhepunkte meines tiefsten Niedergangs.

Zuerst würde ich mich behutsam an das alte Klavier setzen und, wie damals in Wien, mit den Fingerspitzen die verführerisch schimmernde Oberfläche der Tasten berühren, um dann, wenn es mir gelänge, vor mich hin zu improvisieren.

Aber in der Mansarde stand kein Klavier mehr, nur ein Tisch mit Stuhl und Telefon. Auf dem schmalen Feldbett lag im aufgeschlagenen Geigenkasten, wie zum Empfang bereitgelegt – die Nicolas, meine Geige. Daneben eine frisch geschnittene dunkelrote Rose und, wie zurückgelassen, vergessen – ein Notenblatt: für Gesang und Klavier: „Roses of Picardy".

Fast bewegungslos vergingen Stunden, bis ich endlich die Saiten meiner Nicola berührte, eine nach der anderen anzupfte, den Bogen in die Hand nahm, ihn spannte, wieder weglegte. Immer wieder starrte ich auf das Telefon. Es blieb stumm. Wer sollte mich schon anrufen? Nur die nötigsten Dinge verrichtend, verstrichen Tage, als ich endlich die Geige an meinen Körper nahm, beide Arme den verschiedenen Saitenebenen angewöhnte – und es wagte, mit dem Bogen die Saiten in Schwingung zu bringen. Das Wiegenlied von Schubert kam mir in den Sinn. Dieses einfache Lied, das meine Mutter mir sang, war mein erstes Übungsstück, an dem ich mich probierte. Aber ich war kaum fähig, die Geige zu halten, den linken Arm nur

für einige Minuten in die unnatürlichste Griffstellung der Welt zu
bringen, den Daumen locker an den Geigenhals zu legen, geschweige denn die Finger an die vier Saiten. Immer wieder rutschte mir die
Geige vom Schulterblatt. Schon wenige Minuten dieser Beschäftigung überforderten mich. Erschöpft sank ich dann auf die Pritsche,
starrte auf das Telefon, als würde ich es zum Sprechen bringen wollen.

36

Das Telefon, meine vorläufig einzige Verbindung zur Außenwelt, blieb stumm – bis zu jenem Spätnachmittag, als ich gerade dabei war, ein neues Stück auf der Geige einzuüben. Eine aufgeregte Frauenstimme meldete sich.

„Verzeihen Sie, wenn ich Sie störe. Sind Sie derjenige, den ich suche? Ich habe inzwischen alle Musikaliengeschäfte vergeblich abgefragt nach dem Interpreten einer bestimmten Aufnahme."

„Sie sind sicher falsch verbunden. Hier ist ein Privatanschluss. Sie müssen sich verwählt haben." In meiner Isolation ertappt, legte ich hastig den Hörer auf, um es im selben Moment zu bereuen.

Das Telefon klingelte wieder.

„Wir wurden wohl unterbrochen. Ich bin es noch einmal. Verzeihen Sie meine Aufdringlichkeit, aber es ist seltsam: Nachdem ich Ihre Stimme gehört habe, glaube ich, wir sind uns schon einmal begegnet."

War die hartnäckige Anruferin etwa eine der vielen Verehrerinnen von damals, als ich noch am Pult meines Orchesters stand ...? Nein, das konnte nicht sein, ich war längst vergessen! Aber diese Stimme am Telefon kam auch mir bekannt vor. Ich musste sie irgendwann schon einmal gehört haben.

„Ich glaube nicht, dass ich der von Ihnen Gesuchte bin! Wer sind Sie?"

„Ich bin Anna-Maria, Tänzerin und auf der Suche nach meiner Musik – für meinen Tanz – und nach Ihnen", hörte ich sie reden.

War die Unbekannte am Telefon etwa die Gestalt, die damals verschwand, wie sie gekommen war – als ich, am Klavier improvisierend, in meinem Blut versank, mit wirren Träumen, zermürbt, schweißgebadet: jene Stimme, die wie ein Engel erschien, und zu mir redete? Eine zarte Frauengestalt in meiner Mansarde, die ich nicht beachtete?

„Wen suchen Sie denn?", wurde ich ungeduldig.

„Ich suche den Interpreten einer bestimmten Plattenaufnahme des G-Dur Klavierkonzerts von Maurice Ravel mit den Hamburger Symphonikern."

Ich erinnerte mich: Tatsächlich hatte ich damals, in meinem anderen Leben, das Klavierkonzert von Ravel aufgenommen.

„Es gibt hunderte von hervorragenden Aufnahmen dieses Konzertes. Warum muss es gerade diese Interpretation sein? Außerdem denke ich wirklich: Sie sind falsch verbunden. Ich kann Ihnen da nicht weiterhelfen", antwortete ich scheinbar unwirsch.

„Das glaube ich schon", gab die Anruferin nicht auf. „Ich habe alle mir verfügbaren Aufnahmen angehört und verglichen. Dabei habe ich festgestellt: Es gibt für mich nur eine Aufnahme, die ich für meinen Tanz verwenden möchte. Und jetzt muss ich den Dirigenten dieser einen Interpretation kennen lernen, so einfach ist das. Wenn Sie also 1970 das Klavierkonzert G-Dur von Ravel mit den Hamburger Symphonikern aufgenommen haben, dann sind Sie es, den ich suche."

„Es stimmt. Diese Aufnahme habe ich 1970 gemacht. Wie haben Sie mich bloß gefunden?"

„Ohne zu wissen, dass Sie derjenige sind, der diese Aufnahme gemacht hat, habe ich Sie einmal kurz in Ihrer Kammer am Klavier improvisierend erlebt. Sie werden sich kaum daran erinnern. Damals war ich sehr beeindruckt von Ihrem Spiel, war erschrocken zugleich über Ihren Zustand. Besorgt habe ich mich danach gleich mit einer

Psychologin in Verbindung gesetzt, glaubte, Ihnen helfen zu müssen. Sie sagte mir, man könne nichts tun, den Kelch müssten Sie bis zur Neige trinken und auf Gnade hoffen. Als ich Sie in Ihrer Kammer wieder besuchen wollte, waren Sie verschwunden, für mich nicht mehr auffindbar. Seither suche ich Sie. Und nun diese Überraschung. Es wäre mir eine große Freude, mit Ihnen den 2. Satz dieses Konzertes als Tanz zu erarbeiten. Ich möchte den Tanz ‚Überschreiten des Rubikon‘ nennen, da ich glaube, Sie haben den Rubikon überschritten. Ist es Ihnen möglich? Wenn ja, wann können wir damit anfangen?“

War es wieder eines der unbegreiflichen Wunder in meinem Leben, das sich da ereignete? Eine weibliche Stimme von irgendwoher, eine Balletttänzerin lud mich, den Todkranken, ein, mit ihr den Tanz „Überschreiten des Rubikon“ zu tanzen, noch dazu nach Ravels Musik und meiner Interpretation. Und ich griff nach diesem Lebensfaden. Nur, wie sollte das gehen? Bis jetzt hatte ich keinen Schritt vor die Türe gesetzt, mich nicht nach draußen gewagt, geschweige denn einen einzigen zusammenhängenden Satz mit einem Menschen gesprochen.

„Wie soll das gehen? Sie wissen nicht, dass ich …“ Ich vollendete den Satz nicht.

„Kommen Sie in mein Tanzstudio“, half sie mir. „Es liegt in der Stadtmitte. Sie werden meine Adresse leicht finden.“

Sie beschrieb den Weg, nannte mir eine Zeit und verabschiedete sich.

„Auf bald. An den Ufern des Rubikon.“

Da entsann ich mich an Schillers „Ode an die Freude“: „Laufet Brüder eure Bahn, laufet …“, vergaß meine Adler, die allgegenwärtige Zirrhose … bewegte mich auf die Straße …

Der Weg zu ihrem Studio erschien mir endlos, voller Gefahren. Im Gegensatz zu dem hektischen Treiben um mich herum, bewegte ich mich im Zeitlupentempo vorwärts, immer auf der Hut, nicht verletzt zu werden, ähnlich einer Knospe, die langsam ihre zur Sonne strebenden Blätter entfaltet. Der Treppenaufgang zum fünften Stock ihres Studios glich einem mühsamen Aufstieg zu einer Kathedrale.

Dann sah ich sie, ein Etwas, mitten in einem abgedunkelten Ballettsaal auf dem Boden zu einem Bündel kaum erkennbar zusammengekauert, ohne Hände, ohne Gesicht, ein lebloses Wesen. Stille. Dann, aus dem Nichts kommend, dem Dunkel angepasst, eine rhythmisch irritierende Gegensätzlichkeit von Melodie im langsamen Dreivierteltakt und dem dazu verschachtelten Dreiachtel-Walzerrhythmus der mechanischen Spieluhrbegleitung, zwei Walzer in einem. Ich erinnerte mich: Es waren die ersten Töne des 2. Satzes von Ravels Klavierkonzert G-Dur.

Gebannt schaute ich auf das Bündel vor mir, wie es sich allmählich aus der Bewegungslosigkeit Glied für Glied, Millimeter um Millimeter löste, ins Leben reckte, menschliche Gestalt annahm. Unabhängig von diesem Geschehen, die Musik mit ihrer eigenen dahinfließenden Bewegung zu Höhepunkten, bis hin zum klagenden Englisch-Horn-Solo und der aushauchenden Schluss-Apotheose ins *Pianissimo.*

Mit diesem Abklingen war das Bündel zu einer menschlichen Gestalt aufgewachsen. Die Gestalt stand aufrecht im halbdunklen, fast leeren Raum, drehte sich zu mir.

„Wie finden Sie meine Kreation? Es ist die Darstellung der Geburt zu neuen Ufern. Und Sie kommen mir zur rechten Zeit, sind der kongeniale musikalische Interpret für meinen Tanz. Haben Sie nicht den Rubikon überschritten?“

Die Tänzerin ging auf mich zu. „Wollen Sie mit mir arbeiten? Glauben Sie, dass meine Bewegungen in Zeitlupentempo verstanden werden?“

Ich, ohne ihr zu antworten, setzte mich an den Flügel, begann den Dreiachteltakt des langsamen Satzes mit der Zweivierteltakt-Melodie zu intonieren. Und während die Melodie aufblühte, sank die Gestalt, die eben noch zu mir gesprochen hatte, wieder zu einem Bündel zusammen.

„Wer das Tiefste gedacht, liebt das Lebendigste“, sagte sie leise. „Es ist das Problem der Schönheit, dass der Geist das Leben, das Leben aber den Geist als Schönheit empfindet. In meinem Tanz versuche ich, diese Gegensätzlichkeiten schwerelos aufzuheben.“

37

Aus der Arbeit am Tanz des 2. Satzes wurden zehn aufregende Jahre der Hingabe und Konfrontation mit Anna-Maria, der grenzüberschreitenden Tänzerin, eine Verbindung von Musik und Tanz in einer Lebensgemeinschaft besonderer Art. Ich nannte sie voller Dankbarkeit und Bewunderung „die Göttliche". Für mich war sie aus einer anderen Welt.

Sie begleitete meine ersten Schritte ins neue Leben, ohne wirklich zu wissen, was mit mir geschehen war, wie sehr ich am Anfang stand. Voller Glauben an mich und eine Musik, von zukunftsweisender Vitalität, wollte sie mich mitreißen in ihre Höhen, ohne zu begreifen, warum ich noch so schwach auf meinen Füßen stand. Es entwickelten sich zwei Geschwindigkeiten. Ich lernte gerade gehen, setzte jeden Schritt behutsam vor den anderen, sie tanzte jubilierend ihren Tanz, konnte dabei meine Langsamkeit nicht begreifen, ich nicht ihre vorwärts drängende, sprühende Kreativität. Während ich mich Schritt für Schritt vortastete, überschritt sie Grenzen, betrat, da wo noch keiner war, mit weiten Schritten unentdecktes Land.

„Geh, Alois, zeige dich, sag allen, dass du wieder da bist. Sie wissen nicht, dass du auferstanden bist, glauben, dass du tot bist. Viele werden dankbar sein, dich wiederzusehen. Du hast den Rubikon überschritten."

„Niemand wird sich an mich erinnern. Und wenn, dann werden sie mit den Fingern auf mich zeigen."

Meine Zweifel beachtete sie nicht. Sie sah nur meine Traurigkeit.

„Was bedrückt dich so sehr, dass du dich nicht bewegen kannst? Warum gehst du nicht, trittst auf der Stelle?", fragte sie immer wieder.

„Ich habe meine älteste Tochter Melanie seit 10 Jahren nicht mehr gesehen."

„Ist es das, was dich bedrückt?"

„Ich habe Roxana, meine jüngste Tochter, seit 19 Jahren weder gesehen noch gesprochen. Es ist das große Schweigen, das auf mir lastet. Soll ich etwa bestraft werden durch Schweigen? Das lastet schwer auf mir. Ich werde von dem Liebsten verbannt in die Hölle des Schweigens ohne die geringste Möglichkeit einer Antwort auf meine Fragen."

„Hast du versucht, das Schweigen zu brechen?"

„Meine Fragen wurden nie angenommen. Es wurde immer aufgehängt, Briefe wurden nicht beantwortet – Schweigen, als wäre ich gestorben. Schweigen als immerwährende Strafe!"

„Was wirst du dagegen tun?"

„Eines Tages werde ich das Schweigen auf meine Art brechen und mein Orchester sprechen lassen von den Gefühlen der Menschen, von den Abenteuern dieser Welt, von der visionären Kraft."

„Deine Zeit wird kommen!"

Ich, in einer Ecke sitzend, quetschte bei solchen Szenen mühsam meine Gedanken in Worte.

„Es ist das Schöne und das Schreckliche, eine enge Beziehung, beide ergänzen sich wie das lachende Leben und der nahe Tod."

„Du denkst an den Tod, dem du doch schon einmal nahe warst? Denke nicht daran, geh ins Nichts, geh ins Dunkel, aber geh, beweg dich – das ist das Geheimnis."

„Was für ein Glück, dass die Leber das einzige Organ ist, das sich regenerieren kann. Ich bin auf dem Wege zum vollen Leben."

„Ich möchte den Kosmos zum Klingen bringen. Aber wenn ich seine Klänge in all ihren Dimensionen erfahren will, muss ich erst lernen, Stille zu erfahren."

In einem solchen Augenblick der Düsternis schob ich ihr wortlos einen Zettel hin, da ich all diese Gedanken nicht in Worte fassen konnte. So hatte ich sie aufgeschrieben:

„Ich denke angstvoll an die Liebe, die Lust und Qual, die mich schon einmal total aus der Fassung brachte. Ich hüte mich vor der Schönheit und ihrer zerstörerischen Wirkung auf mich. So werde ich, wie du empfiehlst, noch einmal ins Dunkel gehen, ins Nichts, um herauszufinden, was ich bin und finde Gott in der Musik und die Musik in Gott!"

„Du wirst beide Kräfte wiederfinden, ich weiß es!"

„Aber", erwiderte ich, „mein Gefühl von Schuld wächst und wächst. Ich werde sie nie wiedersehen Melanie, Roxana und Julia."

„Wo lebt Melanie, deine älteste Tochter jetzt?"

„In Paris, das ist alles, was ich von ihr weiß."

„Wie lange werden deine Kinder brauchen, Fragen zu stellen, um dich zu erkennen und mit dir reden?"

„Wenn sie nichts wissen, werden sie auch nicht verstehen."

„Wundere dich nicht, wenn ich für eine Weile verschwunden bin. Ich werde deine Tochter in Paris suchen gehen."

Mit diesen Worten verließ mich Anna-Maria, ohne Adieu zu sagen. Sie war lange Zeit für niemanden mehr aufzufinden.

Ich begann, Tage und Nächte lang hin und her zu wandern.

Auf meinen ziellosen Wegen durch die Straßen der Stadt musste ich immer wieder gefährlichen Klippen ausweichen. An den Wasserhäuschen standen meine ehemaligen Kumpane, die Verdammten der Tage von damals, winkten mir gesellig zu: „Da bist du ja wieder, Puffmusiker", luden mich ein: „Nur auf einen Schluck!" Warum auch nicht nur einen Schluck? Dieser eine Schluck kann nicht schaden! Ich fühlte mich schmerzhaft ausgedörrt. Warum auch nicht nur einen Schluck? Nur einen, bitte! Was würde ich dafür geben, um unbeschadet nur den einen Schluck nehmen zu können. Sollte ich mir ein Leben lang keinen Schluck mehr gönnen können? Und ohne Stimulans Alkohol war das Schöne unerreichbar. So schlich ich mich von einem Wasserhäuschen zum nächsten vorbei durch die Untiefen der Nacht, ohne Lotsen, der mir sichere Fahrt durch die Klippen der Nacht wies. Auf solchen von Qual und Kampf mit dem Begehren getriebenen Weg fiel mir immer wieder eine Gestalt auf, die eine unerklärliche Wirkung auf mich ausübte, der ich mich nicht entziehen konnte. Träumte ich? War es etwa Micha? Hatte ich schon wieder Halluzinationen wie damals, als plötzlich die Stühle um mich herum aus heiterem Himmel zu Bestien wurden, der schwarze Flügel zum feuerspeienden, zähnefletschenden Drachen? Damals, als ich glaubte, im *Delirium Tremens* Eva-Marielle töten zu müssen? Als ich mich in Panik auf die vierbeinigen hölzernen Bestien um mich herum stürzte, sie in wilder Panik zertrümmerte? Und jetzt diese Erscheinung, so, als sei sie die Fleischwerdung einer russischen Ikone, die da gerade an mir vorübergeht. Nichts, aber auch gar nichts wollte ich mit diesem Geheimnisvollen zu tun haben. Und doch zog mich die Gestalt in ihren Bann. Ich ahnte nicht, dass dieser Geheimnisvolle eine Wende in meinem Leben herbeiführen würde.

38

Als ich eines frühen Abends von solch einer Begegnung irritiert in meine Mansarde kam – Anna-Maria war immer noch verschwunden – läutete das Telefon. Freudig hob ich den Hörer ab. „Endlich", dachte ich, „die Göttliche!" – und traute meinen Ohren nicht: Ich hörte eine erregend erotische Stimme.

Beim Klang dieser Stimme vergaß ich alles, sah vor mir lockende, verheißende Augen, versank in ihnen, lauschte dem Nachklang dieser tiefen Stimme, stammelte schließlich:

„Meister, bist du es?"

Dann hörte ich die Worte:„Hast du dich erdreistet, um einiges kühner zu sein, um die Stunde deines vollen Mittags zu erleben? Es ist lange her. Wenn du der bist, den ich suche, dann komm zu mir – heute Abend. Du hast lang genug geschwiegen."

Ich vernahm das tiefe, ruhige Lachen, das mich schon einmal betört hatte, konnte nicht antworten, lauschte dem Nachklang dieser sonoren Stimme.

„Bist du der, den ich lange gesucht habe, der verschwunden ist, als wäre er gestorben und von dem man hier immer noch redet?", begann die verführerische Stimme wieder.

„Ja, ich bin es", stammelte ich in die Muschel, verstand mich nicht und war im selben Augenblick bereit, mich willenlos hinzugeben.

„Dann komm zu mir. Ich möchte wieder in deine Augen schauen, deinen Klang hören. Weißt du noch … die 4. Sinfonie von Gustaf Mahler: ‚Wir genießen die himmlischen Freuden, drum tun wir das Irdische meiden, und … Sankt Peter im Himmel schaut zu'? Unsere Kanada-Tournee mit der New York Philharmonie, erinnerst du dich? Heute Abend bin ich in der Alten Oper mit Gustaf Mahlers 5. Symphonie und den New York Philharmonikern."

Er war es also, Leonard Bernstein, der lang Ersehnte. Wie von Sinnen außer mir, ohne Rücksicht auf meine schwache Kondition stürzte ich aus dem Haus. Auf der regennassen Straße blieb ich für Sekunden stehen, zögerte, weiterzugehen, sah an mir herunter. Meine Kleidung war miserabel, mein Seelenzustand ebenso. Und wo war „die Göttliche" in diesem so bewegenden Augenblick? Gerade jetzt brauchte ich Unterstützung. Sie musste es doch fühlen! Bei diesem Gedanken hetzte ich zurück in meine Mansarde, es war immer noch die Wiesenau 44, der Tempel meiner wirren Phantasien, dieselbe Mansarde, kritzelte fast unleserliche Zeichen an die Wand. „Wo bist du? Bin in der Alten Oper – bei Lennie."

Dann hastete ich durch die noch geschäftigen Straßen. Wie sollte ich ihm gegenüber treten? Als Gescheiteter? Konnte ich es wagen, mich so vor ihm zu zeigen? Das letzte Mal war es in der New York Philharmonie mit ‚Tod und Verklärung' von Richard Strauss. Und jetzt? Mein Zustand war für alle besorgniserregend. Ich achtete nicht darauf. Es war bereits zu spät, den Beginn des Konzertes in der Alten Oper zu erleben. So blieb mir nur der westliche Künstler-Seiteneingang der Alten Oper, um zu ihm zu gelangen, sei es in der Pause oder gar erst nach dem Konzert, kostete es, was es wolle. Alle Zugänge waren abgesperrt. Ein Heer von Journalisten lagerte in den Gängen zum oberen Stockwerk, der Etage des Meisters. Trotz meiner Versicherung, ein langjähriger enger Mitarbeiter des Maestros gewesen zu sein, gab es für mich kein Durchkommen. Ich wurde belächelt, als wollte man sagen: „Meine Großmutter geht mit Elvis." Der Sekretär des Meisters eilte an mir vorbei, für mich unerreichbar, von mir getrennt durch eine Glaswand. Ich pochte an die gläserne

Wand, rüttelte daran, als seien es Gitterstäbe eines Gefängnisses. Zwei Uniformierte packten mich, rissen mich von der Wand zurück. Der Sekretär des Maestros wurde gerufen. Wir beide schauten uns durch die gläserne Wand an, Sekunden, dann erkannten wir uns.

„Mein Gott", vermeinte ich zu hören. „Sie, der lang Verschollene! Sie hier? Mein Gott, was wollen Sie denn hier, Sie Heruntergekommener?" Der Sekretär schlug die Hände vors Gesicht. Dann gab er wild gestikulierend den Türstehern Befehl:„Einlassen! Einlassen!" Er schob die Wächter unwirsch zur Seite. Damit öffneten sich die Pforten. Der Weg war frei nach oben. Die letzten Klänge der Sinfonie waren schon lange verklungen. In der Garderobe des Meisters drängten sich die Fotografen und Journalisten. Der Meister selbst saß erschöpft in einem schweren Sessel, umhüllt vom seidenen Cape, jenes Cape, das auch ich erringen wollte, innen purpurrot und außen schwarz. Ich beachtete niemanden mehr um mich herum, schob alle Welt zur Seite, war plötzlich allein mit ihm, fiel auf die Knie vor ihm. Wir sahen uns an. Lennie beugte sich zu mir, nahm meine Hände, sagte nur: „Ich habe alles gegeben", schaute mich dabei unentwegt an, wiederholte die Worte: „Ich habe alles gegeben." Es klang, als würde er es für mich gegeben haben. Nun konnte er gehen, so klang es. Mein Gott, war es etwa ein Adieu, das gefürchtete Adieu?

„Alois, ich habe dem Herrn mein Lied gesungen, meine ‚Mass'", redete er langsam weiter. „Hast du mein größtes Werk ‚The Mass' schon gehört?" Gespannt schaute er mich an, horchte auf eine Antwort.

„Dein Bekenntnis. Meister? Ja! Es ist überwältigend!"

„Und? Ist es Blasphemie, wenn ich darin sage, ich liebe, anstatt es liebt in mir?"

Bevor ich antworten konnte, drängten Reporter, ihre Fragen stellen zu können. Der Maestro wandte sich zu ihnen, antwortete ihnen bereitwillig mit jenem müden Ton, als würde er die Last der ganzen Welt auf seinen Schultern tragen:

„Ja, ich werde nach Berlin gehen – mit Beethovens 9. Sinfonie und der Ode an die Freude – denn in diesem Jahr 1989 hat sich bisher Undenkbares in Deutschland ereignet: Die Mauer ist gefallen. Ich werde Schillers Text ändern in ‚Freiheit, schöner Götter Funken‘ anstatt ‚Freude schöner Gotterfunken‘!“

Schon überschlugen sich gleich mehrere Journalisten, um zu fragen und notierten bereits: „Freiheit, Freiheit …“ Ich kniete immer noch vor dem Meister. Der schaute mich wieder unentwegt an, als wollte er sagen: „Wo warst du? Warum hast du mich damals verlassen?“

Nach einer Weile sagte er, ohne die Journalisten zu beachten: „Alois, entsinnst du dich? Nach dem Tod der Könige war mein Zukunftsglaube nicht groß, nun aber diese Befreiung …“ Dabei fasste er meine Hände.

„Wo warst du solange? Ich habe alles gegeben, mein Leben lang – und den Herrn gepriesen! Und du? Do you believe? Glaubst du jetzt, nach all dem, was hinter dir und noch vor dir liegt? Du bist doch ein Gottessucher, wenn du Musik machst!“

„Ja, ich glaube, Gott ist in der Musik!“, sagte ich endlich, nach so vielen Jahren und war erlöst.

„Und Musik ist in Gott! Vielleicht doch Freude schöner Götter Funken“, antwortete er lächelnd.

Unsere Augen verloren sich wieder in der Ewigkeit des Augenblicks ineinander.

Dann sank er langsam erschöpft in den breiten Ledersessel, als plötzlich ein Raunen durch die Schar der Reporter ging, die vor etwas Unvorhersehbarem beiseite wichen. Eine zierliche, kleine Frau hatte sich rücksichtslos durch die Reihen nach vorne gedrängt, kniete nun neben mir nieder und flüsterte mir atemlos vor den Augen aller Umherstehenden ins Ohr:

„Ich habe sie gefunden! Melanie, deine Tochter!" Ich begriff nicht, nahm die Botschaft, die ich gerade hörte, nicht wahr. Alles um mich herum versank.

Nur langsam nahm ich wahr: Es war Anna-Maria, die Tänzerin, die da neben mir kniete. Natürlich, diesen Aufsehen erregenden Auftritt konnte nur sie, die Grenzüberschreitende, vollbringen. Spürte sie es, dass ich sie in diesem Augenblick brauchte? Sicher hatte sie die Kritzelei an der Wand meiner Mansarde gelesen, war ohne zu Zögern zu mir geeilt, um mir in diesem bewegenden Augenblick die Botschaft zu überbringen: „Ich habe sie gefunden!"

Der Maestro schien dieses unerwartete Schauspiel vor seinen Füßen zu genießen. Er beugte sich zur Knienden hinab, strich über ihr langes, fallendes Haar.

„Auch sie, Alois, hat alles gegeben", dann lehnte er sich wieder zurück in den schweren Sessel, wurde klein, seine Schultern wieder zusammengesackt, das Gesicht aschgrau.

„Ich habe alles gegeben, Alois", wiederholte er leiser, schwächer. „Ich möchte wieder Tanglewood umarmen, den Hort meiner Jugendjahre."

Bei diesen Worten erinnerte ich mich an den vor Lebensgier, Begehren, aber auch Lebensangst getriebenen jungen Maestro, wie sie mit ihm singend durch die Straßen gezogen waren, ihn fast auf Händen tragend, von Jazzklub zu Jazzklub, bis 3 Uhr, 5 Uhr morgens.

Es waren die Stunden seines vollen Mittags. „Sie belagern mich, liegen mir in den Armen“, sagte er damals zu mir. Und nach einer dieser Nächte am frühen Morgen: „Ich will nicht noch weitere tausend Küsse.“ Und doch begehrte er mehr Küsse! Jetzt sagte er: „Wie die Zeit vergeht! Seit jener glücklichen Zeit sind 17 Jahre vergangen.“

„Meister, du brennst noch und ich bin schon ausgebrannt!“

Als hätten die Umstehenden seine Worte gehört, applaudierten die Journalisten. Der bisher in sich Zusammengesunkene reckte sich fast sprunghaft wieder hoch, sein müdes, aschgraues Gesicht belebte sich energiegeladen. Vital wandte er sich zu den Journalisten, rief mir dabei zu:

„Und nun, auf zu neuen Ufern! Wir sehen uns in Berlin wieder! Freiheit, Freude, schöner Götterfunken! Die Berliner Mauer ist gefallen! Und du, Alois, werde, was du bist!“

Es waren seine letzten Worte zu mir. Sollte es ein Abschied für immer sein?

„Wann wird für mich die Mauer des Schweigens fallen, die mich umgibt?“, fragte ich mich.

39

Auf dem Rückweg des Abschieds von Lennie, Leonard Bernstein, denn ich sollte ihn nie mehr wiedersehen, begann ich, Anna-Maria Fragen zu stellen. Wie war es ihr denn möglich, Melanie in Paris zu finden? Sie erzählte mir die unglaubliche Geschichte ihrer Suche nach Melanie, meiner Tochter.

Danach machte ich mich selbst auf den Weg nach Paris, ihr zu begegnen. Das Wiedersehen mit ihr nach so langer Zeit war frostig. Melanie schob mich in ein dunkles Zimmer, legte mir eine Matratze hin, sagte nur: „Bis später vielleicht, hoffentlich schläfst du gut darauf", und ging ihrer Wege. Es klang so, als würde sie sagen wollen: „Diese Matratze ist noch zu gut für dich! Vielleicht bist du ein angenehmer Mensch, vielleicht kann man nette Sachen mit dir machen, aber was hast du schon getan für mich? Also lass mich in Ruhe! Warum bist du nicht dageblieben, wo du warst?"

Ich hatte darauf nichts erwidert. Warum hatte ich nichts erwidert, mich nur hingelegt auf die schmutzige Matratze und die halbe Nacht im Dunkeln an die Decke gestarrt? Warum bin ich nicht auf die Straße gegangen, ins nächtliche Paris hinaus? Am Morgen setzte ich mich in den Zug, verabschiedete mich mit den Worten: „Na dann, bis später."

Kaum war ich wieder in meiner Mansarde in der Wiesenau, klopfte es eines Morgens an meiner Türe. Ich traute meinen Augen nicht: Ein fröhliches Trio meiner wilden Westend-Zeit aus Ernos Bistro, der Pelz-Heinz und Kurti der Fensterputzer, sogar der Cognac-Klaus grinsten mich an.

„Wir haben gehört, du hast kein Klavier. Jetzt hast du eins! Hier, ein ‚Schimmel‘, wenn es gefällt?“ Im Treppenhaus stand ein Klavier, ein honigfarbenes Klavier der Marke ‚Schimmel‘. Die drei schoben das Instrument ins Zimmer und machten sich fast tänzelnd verlegen davon. Warum konnte ich mit ihnen nicht mehr würfeln?

Es war eine weitere Unglaublichkeit, die mir widerfuhr. Was hatten die Saufkumpane meiner durchzechten Tage und Nächte mit mir zu tun, dass sie es für notwendig hielten, mir ein Klavier vor meine Tür zu stellen?

Dieses Klavier steht noch heute in meinem Arbeitsraum.

Eines Tages sagte Anna-Maria zu mir, als wüsste sie von der Anziehungskraft jener nächtlichen geheimnisvollen Gestalt, die eine unerklärliche Wirkung auf mich ausübte:

„Mein Freund möchte dich kennen lernen.“

„Wer ist er?“

„Michail Abisk ist ein genialer Regisseur, Musiker, Choreograph. Ein Sehender. Er hat mich als Tänzerin entdeckt. Wir haben zusammen wunderbare Tanz-Performances aufgeführt. Schließlich wurde er mein Geliebter.“

„So so. Und was habe ich mit ihm zu tun?“

„Ich glaube, er sieht dich und …“ Sie hielt inne, bevor sie dann, mich auf meine Reaktion beobachtend, bekannte: „Du kannst es nicht wissen: Ich habe ihn verlassen, als ich dich kennen lernte.“

Als er mir ein wenig später gegenüberstand, glaubte ich, Jesus Christus, der Auferstandene stünde leibhaftig vor mir. Die mächtige, beeindruckende Erscheinung, die immer wieder meine Aufmerksamkeit erregt hatte, war also Michail Abisk. Sein voller Bart nach Art der orthodoxen Popen, die hypnotisierend dunklen Augen und feingliedrigen, beschwörend gestikulierenden Hände erweckten den Eindruck eines Guru, der die mächtigste Sekte der Welt beherrscht.

So sprach er auch zu mir, als sei es die selbstverständlichste Sache der Welt:

„Sie können mich Micha nennen.“ Dabei reichte er mir die Hand. „In den nächsten Tagen werden die Solisten der Mailänder Scala eintreffen. Sie sind der Einzige, der die musikalische Autorität hat, mit diesen hochkarätigen Sängern zu arbeiten.“ Er beugte sich zu mir, flüsterte mir ins Ohr: „Es sind im Grunde genommen Dummköpfe, glauben Sie mir, aber Dummköpfe mit den unglaublichsten Stimmen, nur verliebt in ihre Stimmen, nicht so sehr in die Musik. Eine Fermate halten sie nur für die Aufforderung, noch lauter zu singen.“

„Es sind aber doch hochbezahlte Stars von Weltklasse!“

Abisk zog Anna-Maria zu sich. „Es ist wie bei euch Tänzern, nicht wahr? Je höher ihre Sprünge, desto verliebter sind sie in sich selbst. Auch sie nehmen keine Notiz von der Musik. Sie aber, Maestro“, wandte er sich zu mir, „Sie werden das bei den Stars der Scala ändern, wenigstens für unsere Produktion.“

„Produktion?“

„Nun. Ich plane eine Opernaufführung mit Sängern der Mailänder Scala und rechne mit Ihnen bei der Einstudierung der Partien.“

Ohne meine Zustimmung abzuwarten, wechselte er das Thema und fuhr fort: „Sie müssen zu mir nach Bulgarien kommen. Dort, nur dort finden Sie ein ebenbürtiges großes Orchester vor. Es sind die besten Musiker der Welt, Sie werden sehen. Wenn Sie mir folgen, steht Ihnen jedes Orchester offen: die Sofia Philharmonie, die Sofia Solisten, die Philharmonie Plovdiv, die Philharmonie Rousse! Sie müssen zu mir nach Bulgarien kommen", wiederholte er eindringlich.

Ich glaubte diesem Geheimnisvollen kein einziges Wort. Nein, ich konnte ihn, den Mysteriösen, nicht ernst nehmen und lehnte diese für mich hochstaplerischen Angebote ab.

Was die Produktion mit den Sängern der Mailänder Scala betraf, so glaubte ich, kaum eine Stunde am Klavier zusammenhängend spielen zu können, geschweige denn, fähig zu sein, mit den Stars angemessen zu arbeiten. Ich tat es trotzdem. Dabei ging ich mit jedem der Großen von ihnen so sehr in die kammermusikalischen Details, dass sie glaubten, von mir wie unmündige Kinder behandelt zu werden. An ihrer Eitelkeit scheiterte schließlich die Produktion.

Jetzt musste ich zunächst irgendwie mein Leben bestreiten. Das Deutsche Rundfunkarchiv suchte zur Katalogisierung seines gesamten Schellack-Archivs in das EDV-Netz einen hochqualifizierten Musikkenner. Diese Tätigkeit schien mir geeignet zu sein, mich im ungewohnten acht Stunden Büroalltag zu bewähren.

Ich lebte immer noch in der Mansarde, Wiesenau 44. Zwei lange Jahre ging ich den Weg ins Büro, katalogisierte die Großen der Zwanziger, Dreißiger, Vierziger Jahre der Schellack-Zeit von Josephine Baker bis hin zu Elvis Presley.

Abisk blieb in dieser Zeit penetrant dabei, mich aufzufordern, nach Bulgarien zu kommen, um die Sofia Philharmonie zu dirigieren. „Was für eine Sünde gegen sich selbst", erregte er sich über mich. „Alte Schellack-Platten katalogisieren, während er die einzigartige Fähigkeit besitzt, den Menschen mit Musik Freude zu bringen."

„Dieser Scharlatan!", erboste ich mich dagegen immer wieder aufs Neue über Abisk. „Er behauptet, ein Regisseur zu sein, ein Choreo-

graph, ja sogar Maler und Sänger. Was ist er? Ein heruntergekom-
mener Landstreicher, von dem ich noch keinen Ton gehört habe.
Und du, Anna-Maria, behauptest auch noch, er sei ein Geiger, würde
Unterricht geben."

„Du und Michail Abisk, welch kongeniale Verbindung, vom selben Geist zur Musik und Kunst beseelt. Willst du es nicht begreifen?"

Nein, ich begriff nicht. Ich war weiter weg von meiner Tendenz
als je zuvor. Der ungewohnte Achtstundentag im Büro des Deutschen Rundfunkarchivs zermürbte mich. Und doch glaubte ich auf
unerklärliche Weise an meine Bestimmung. Doch es gab kein Zeichen einer Hoffnung.

Eines Tages kam ein junger Mann zu mir und bat um Violinunter-
richt, er hätte bei einem Michail Abisk Geigenunterricht. Nun wolle
er den Lehrer wechseln.

„Ich selbst kann kaum eine Geige halten, wie soll ich es dann Ihnen beibringen", sagte ich zu diesem jungen Mann und nahm ihn
achselzuckend als meinen Schüler auf. Diese scheinbar belanglose
Entscheidung sollte der erste Schritt zur Wiedergeburt des Dirigenten Alois sein.

Sind es die Zufälle, welche die Veränderungen herbeiführen?
Mein neuer und einziger Schüler konnte, nachdem er das Curricu-
lum Vitae von mir gelesen hatte, einfach nicht begreifen, wieso sein
neuer Lehrer als mehrfacher erster Preisträger und Chefdirigent nun
Tag für Tag am Computer des Deutschen Rundfunkarchivs Schellack-Platten archivierte.

„Sie haben alle Fähigkeiten, um gute Musik zu machen. Warum
tun Sie es nicht, archivieren anstatt dessen Schallplatten? Das soll ein

Mensch verstehen! Ich werde Ihnen ein Orchester zusammenstellen", wiederholte er geradezu penetrant immer wieder.

„Es wäre doch gelacht, wenn mir das nicht gelingen sollte. Ich bin Bhagwan-Anhänger, kenne von daher den Grafen von Berlepsch auf Schloss Berlepsch, Spross eines alten Adelsgeschlechts. Der Graf hat sein Schloss der Bhagwan-Gemeinde zur Verfügung gestellt. Er selbst spielt Geige. Wir beide bitten Sie nun, in den Räumen seines Schlosses eine Orchester-Werkstatt zu geben. Ingeborg Bachmann, die Dichterin, und Hans-Werner Henze, der Komponist, waren bereits mit ihren Werken als Gäste auf seinem Schloss."

Nach langem Zögern willigte ich ein. Und so bildete sich auf Initiative meines Schülers und des Grafen für ein verlängertes Wochenende die Keimzelle des Kommenden, ein kleines Liebhaber-Orchester, bestehend aus einem Rechtsanwalt, einer Krankenschwester, einer Hausfrau, einigen Rentnern und dem Grafen selbst, eine Gemeinschaft von etwa elf begeistert sich abmühenden Musikliebhabern, ein kammermusikalischer Mikrokosmos, eine wehmütige Erinnerung an das hochqualifizierte Zürcher Kammerorchester.

Krönung des dreitägigen Musizierens war das Konzert im Rittersaal des Schlosses mit dem Grafen und mir selbst als Solisten im Doppelkonzert d-moll von Johann Sebastian Bach.

40

Selbst die Preisnominierung zum ersten Preisträger des Mitropoulos-Wettbewerbes in der Carnegie Hall mit dem darauffolgenden Gala-Konzert in der New York Philharmonie war für mich nicht beglückender, aufregender, erfolgreicher als dieses kleine Konzert im Rittersaal des Schlosses. Spürte ich doch seit langem wieder die Kraft, einen Klang zu formen, Assoziationen zu wecken. Mit diesen elf technisch unbedarften Laienmusikern war es mir gelungen, die Herzen höher schlagen zu lassen. Um wie viel besser würde es mir mit hochqualifizierten Musikern gelingen! War dies ein erster Schritt auf dem Weg zu meinem Orchester und jenem Augenblick, als ich die Probe jäh abbrach mit den Worten: „Entscheidet euch!?"

„Wie ist es nur möglich, aus diesem unscheinbaren Häuflein bescheidener Laienmusiker solch einen unverwechselbaren einheitlichen Klang zu bilden? Und das in so kurzer Zeit!", staunte Anna-Maria, die alle Proben miterlebt hatte. „Es klang so, als hätten 60 professionelle Musiker eines großen Orchesters gespielt." Mit einem Anflug von Stolz fügte sie hinzu: „Aber eigentlich ist es nichts Neues für mich: Ich wusste es, seit ich dich in der Wiesenau am Klavier erlebte, spürte schon damals in wenigen Augenblicken diese Kraft!"

Einige Tage später kam Michail Abisk auf mich zu.

„Ich hörte von Ihrem Erfolg. Es ist nur die Bestätigung von dem, was ich über Sie schon lange weiß. Der Einzige, der darüber noch nichts weiß, scheinen Sie selbst zu sein. Ich glaube, es ist an der Zeit. Deshalb mache Ihnen noch einmal das Angebot, gebe Ihnen den Rat: Kommen Sie mit mir nach Sofia. Die Sofia-Solisten warten auf Sie.

Ein Programmvorschlag liegt bereits vor, sogar der Termin eines Konzertes steht schon fest."

Woran lag es nur, wunderte ich mich, dass wieder der wesentliche Anstoß eines Fortschritts von außen auf mich zukam?

„Also gut, Sie haben es geschafft. Ich wage es und komme!"

Über diese Zusage erschrak ich. Nein, ich war noch zu schwach, um vor hochqualifizierten Musikern bestehen zu können. Vor noch gar nicht langer Zeit erst wagte ich, aufzustehen, machte ich den ängstlichen Versuch, die Tür meines Zimmers nach draußen zu öffnen. Befreit stellte ich damals fest: Sie ließ sich tatsächlich öffnen. Und nun sollte ich anderen die Türe zur Musik öffnen?

Nun waren es 14 tatsächlich hochqualifizierte Musiker, die ich im nationalen Palast der Kultur vor mir hatte, jeder von ihnen ein Solist, hochsensibel motiviert, virtuos, mit blutvoller Musikalität und Spielfreude.

Michail Abisk war nicht mehr wiederzuerkennen, wie verwandelt. Aus dem unheimlichen Guru war ein brillanter, allen Genüssen dieser Welt offener, spendabler Grandseigneur geworden.

Zwischen den Proben schützte er mich vor der Außenwelt. In der probefreien Zeit legte er mir Sofia zu Füßen: So führte er mich in die durch ihre Goldhauben weit sichtbare Alexander-Nevski-Kathedrale mit ihrem italienischen Marmor, ägyptischen Alabaster, brasilianischen Onyx, ihren Goldmosaiken und meisterlichen Ikonen. Er öffnete mir den Zugang zu den beeindruckenden orthodoxen Gesängen, zeigte mir dort die Frömmigkeit der östlichen Menschen. Überhaupt, er war der großzügigste, einfallsreichste Gastgeber in den Restaurants. Schließlich zeigte er mir den Weg in die Sofia Philharmonie.

„Hier, im Salle Bulgaria, bist du in einem der akustisch wunderbarsten Konzertsäle Europas“, sagte er stolz. „Du wirst bald dort oben auf der Bühne stehen, vor der Sofia Philharmonie und die große C-Dur Sinfonie von Schubert dirigieren, so wahr mir Gott helfe.“

Er scheute keine Mittel und Mühen mir zu Diensten zu sein, holte sogar meine Tochter Melanie aus Paris. Proben und Konzert wurden ein großer Erfolg für alle Beteiligten. Abisk bereitete bereits das nächste Konzert mit der großen staatlichen Sofia Philharmonie vor.

Die Sofia Philharmonie? Wenn ich daran dachte, stockte mir der Atem. Stand ich je vor solch einem großen Orchester? War es ein Traum, den ich geträumt hatte? Ich musste es mir immer wieder vorsagen: Ja, ich hatte tatsächlich die Hamburger Symphoniker dirigiert, mit ihnen Plattenaufnahmen gemacht, vor unendlich langer Zeit, hatte „Tod und Verklärung“ von Richard Strauss mit der New York Philharmonie aufgeführt, war Chefdirigent der Philharmonia Hungarica. Bei diesen Gedanken musste ich mich kneifen. So war es doch? Aber ich war auch Nacht für Nacht König unter den Nachtwächtern – und auch das hatte ich nicht geträumt: dass ich einst König war unter den Irren und Verwirrten, den wenigen Stummen und „Verrückten“. Damals bevölkerte ich die Einsamkeit mit meinen Figuren, führte Regie und glaubte, die Geschöpfe meiner Phantasie seien die eigentlichen Regisseure, lauschten nur neugierig meinen Geschichten vom Sternenhimmel. „Brüder, überm Sternenzelt muss ein lieber Vater wohnen … sucht ihn überm Sternenzelt.“ Dabei glänzten recht seltsam ihre Augen.

Unter ihnen, den nicht zurechnungsfähigen Verrückten war ich damals König! Jetzt sollte tatsächlich der lang erwartete Augenblick gekommen sein, nach meinem Fall wieder vor einem großen Orchester zu stehen, ich, der Armselige von der Wiesenau. Sie, die

Musiker würden es mir ansehen, meine Vergangenheit. Tuscheln würden sie untereinander: „Seht ihn euch an, den Nachtwächter, Säufer. Der aus der Irrenanstalt will uns jetzt Schuberts große C-Dur dirigieren, dieses Riesenwerk."

„Schuberts große C-Dur Symphonie mit der Sofia Philharmonie und Mendelssohns Hebriden-Ouvertüre werden Sie auf CD aufnehmen. Einverstanden?"

Abisk redete eindringlich auf mich ein.

41

Auf einem der nächtlichen Wege durch die mit gelben Ziegelsteinen gepflasterte, spärlich beleuchtete Prachtstrasse Tsar Osvoboditel hinüber zur russischen Kirche St. Nicholas mit ihren vergoldeten Hauben und ihrem smaragdgrünen Schimmern, am Parlament angekommen, wurde der sonst schweigsame Abisk beredt.

Wir hatten die Kathedrale erreicht. Die zunehmende Mondsichel stand zwischen ihren Goldkuppeln.

„Was um Himmels willen ist passiert? Sag, warum du immerwährend so traurig bist!"

„Ich existiere nicht für die Menschen, die ich liebe."

„Du Wahnsinniger, deshalb hast du deine Weltkarriere aufgegeben? Ich kann es nicht glauben. Vielen Menschen passiert es, verlassen zu werden. Aber du hast vergessen, was für ein Talent dir Gott gegeben hat und damit auch eine Verantwortung, es für andere leuchten zu lassen, damit es für die Menschen wirkt. Diese Gabe gehört nicht nur dir allein. Du gehörst der Welt! Ich werde alles tun, damit du dich immer daran erinnerst. Und was machst du? Du lässt dein Leben von der Entscheidung deiner ehemaligen Frau bestimmen, die längst schon, ohne dass du es erkannt hast, andere Wege ging und der Religion in Gestalt eines Priester der Magie des Taktstocks eines Dirigenten eindeutig den Vorzug gab."

Ohne auf seine Rede zu reagieren, lenkte ich schnell ab.

„Du holst meine Tochter Melanie aus Paris zu meinem Konzert. Das ist großartig. Aber da ist noch jemand: meine jüngste Tochter Roxana! Ich kenne sie nicht. Seit ihrem vierten Lebensjahr gibt es sie nicht mehr für mich. Aber meine Gedanken sind immer bei ihr."

„Vielleicht gibt es dich nicht mehr für sie und du bist tot für sie, nicht mehr vorhanden?"

„Warum stellt sie keine Fragen, nicht einmal die, ob ihr Vater noch lebt?"

Inzwischen hatten wir mein Hotel gegenüber der St. Sofia-Kirche, eine Basilika des 4. Jahrhunderts aus der Zeit des Justinian, erreicht. Eine Anzahl Hunde war uns gefolgt, ausgehungert winselten sie vor sich hin. Ich kramte in meinen Taschen auf der Suche nach Fressbarem für die Hunde, fand nichts.

„Morgen werde ich in die Kathedrale gehen, mich dem Schönen der orthodoxen Gesänge hingeben und Gott danken. Gute Nacht, Michail."

Wieder zurück aus Bulgarien, zurück in meiner Mansarde, stellte ich mir ein imaginäres Orchester zusammen, übte den Auftakt zum großen Geschehen. Wird es mir gelingen, die verschiedenenen Stimmungen, Strömungen von 90 individuellen Gemütern zu synchronisieren, so, dass sie mit mir atmen?

Freudige Erwartung, Spannung und Anspannung steht den imaginären Teilnehmern ins Gesicht geschrieben. Sie verpflichteten sich jetzt zu einer Gemeinsamkeit. Ich hob den Taktstock, eine gewaltige Woge an Musik, Energie und Lautstärke erfüllte den Raum und schien alles mitzureißen.

„Mit meinen Händen und dem Taktstock kann ich im Augenblick der Musik eine Veränderung vornehmen", erkannte ich, während ich meine musikalischen Visionen im Nichts darzustellen versuchte. Es war eine Qual in der Stille meiner Kammer. Irgendwann warf mich die Wirklichkeit in meine kahlen Wände zurück. Danach sank ich oft erschöpft auf meine harte Pritsche und war verzweifelt, am

Ende meiner Kräfte Und doch bewegte ich mich, ging ins Dunkel, ohne ein Licht zu sehen.

Ein halbes Jahr später kniete ich wieder in der Alexander-Nevsky-Kathedrale und bat Gott um das richtige Tempo, rang um hundertstel Sekunden des Pulsschlags der Schubert'schen Symphonie, der Grossen C-Dur, fühlte mich verlassen wie Christus am Ölberg, nur schwitzte ich kein Blut. Der Kelch möge doch an mir vorübergehen, flehte ich vor mich hin.

Eine Stunde danach stand ich im Salle Bulgaria hinter der Bühne. Der Augenblick der Konfrontation, ein weiter Weg, vom Nachtwächter über die Psychiatrie und dem Deutschen Rundfunkarchiv bis hierher, war gekommen. Die Musiker der Sofia Philharmonie zogen an mir vorbei auf die Bühne, mich neugierig betrachtend, spielten sich ein. Wenn sie wüssten, dachte ich. Dann wurde es still. Der Kammerton der Oboe ertönte, das Einstimmen des Orchesters, ein letztes Anschwellen des großen Klangkörpers, lärmendes Durcheinander von Stimmen, dann, wie von unsichtbarer Hand geführt, allmähliches Abschwellen, ein unaufhaltsames Diminuendo bis zur absoluten erwartungsvollen Stille. Ich war allein. Unbeschreibliche Sekunden äußerster Reduktion auf mich selbst. Kein Fluchtweg öffnete sich. Ein Winken des Cerberus, dem Höllenhund am Eingang der Unterwelt, dann:

„Es ist soweit, Maestro!"

In diesem Moment lag der Ozean vor mir, den ich durchschwimmen sollte. Nun musste ich mich dem gewaltigen Unikum da draußen auf der Bühne stellen, es beherrschen, aus ihm Freude entlocken, ein Vergessen des Alltags beschwören, Visionen vermitteln, Informationen austauschen, zuordnen, die Vielfalt von 90 Schicksalen und Launen zu einer Einheit verschmelzen. „Franzl, hilf!", bekreuzigte ich mich – ging durch die schmale Gasse zwischen den ersten und zweiten Geigen der Musiker hindurch zum Dirigentenpult, stand vor dem Orchester, schaute jedem in die Augen, wie es mich Leonard Bernstein gelehrt hatte, sammelte sie zu mir, hob die Arme zum Auftakt und atmete mit den Hörnern, überließ sie ohne sie anzuschauen dem Anfangsthema des ersten Satzes der Sinfonie. Der Klang kam aus dem Nichts, blühte auf und begann zu schwingen. Der Bann war gebrochen. Wir schwammen auf den Wogen der Schubert'schen Musik dahin, den Alltag vergessend, 90 Menschen ohne Worte vereint in einem einzigen Klang.

Von nun an, in den folgenden drei Jahren wurden die Orchester Bulgariens zu meiner musikalischen Heimat: die staatliche Philharmonie Plovdiv ebenso wie die an der Donau gelegene Philharmonie Rousse und Varna. Mein Ruhepunkt zwischen den Konzerten aber war ein kleines Wiener Café neben der Alexander-Nevsky-Kathedrale in Sofia. Hierher zog es mich immer wieder. Es gab eine verblüffend große Auswahl köstlichster Wiener Leckereien. Unter den kleinen Tischen ein Angebot internationaler Presse, darunter deutsche Zeitungen, Zeitschriften, obwohl noch das kommunistische Regime herrschte. Das kleine Wiener Café bot jedoch eine Atmosphäre alter österreichischer Kaffeehauskultur. Dort war ich bereits eine bekannte Persönlichkeit und wurde dementsprechend respektvoll von reizvollen Serviererinnen bedient. Trotzdem fühlte ich mich gerade nach großen Erfolgen im Konzertsaal allein. Es war wieder dieses bekannte Würgen, das mir die Brust zuschnürte. Anna-Maria, die Grenzüberschreitende, hatte mich nach zehn aufregenden, aufbauenden Jahren verlassen. Es war nach einem Konzertbesuch in der Prager Philharmonie, beim letzten Versuch, ihre Hand zu halten. Auf der letzten Reise mit ihr, als sie es mir ganz einfach sagte.

„Ich liebe ihn!“ Das waren ihre Worte. Ich hatte diese Worte jahrelang verhindern wollen, deshalb war ich mit ihr auf die Malediven geflogen – eine Insel mit nur achtzig Metern im Durchmesser. Nur wir zwei allein mit einigen Eingeborenen, kein Beethoven, Mozart, Johann Sebastian Bach, nur Sonnenaufgänge und Sonnenuntergänge. Ich hatte nicht ihre Hand gehalten. Nun ist wohl er gekommen, der ihre Hand genommen und gehalten hat.

„Ich liebe ihn.“

„Wenn es so ist, dann passt nichts mehr dazwischen“, hatte ich geantwortet, flog nach Sofia und ging ins Wiener Café.

Abisk, der mir in dieser Zeit alle Unannehmlichkeiten vom Leibe hielt, war bei mir.

„Es lohnt sich nicht, einer Frau nachzuweinen. Fünf Tage vielleicht, dann aber ist es genug. Jetzt ist die Zeit, Neues zu machen, etwas mit Wort und Musik, vielleicht sogar mit Malerei. Nein, mit Wort und Musik! Bewegen wir uns.“

„Was meinst du damit?“

„Werde, was du bist … hat das nicht Zarathustra gesagt?“

„Nein Nietzsche, in seinem ‚Also sprach Zarathustra‘.“

„Und Goethe sagte: ‚Entdecke, wer du bist.‘ Also machen wir uns auf den Weg! Hast du nicht einmal Tschaikowskys sechste Symphonie dirigiert, mit dem RTL Radio-Symphonieorchester?“

„Ja, und? Es ist 30 Jahre her, seit ich von der Bühne abgetreten bin, damals im Gürzenich, als ich beim letzten öffentlichen Auftritt in der Philharmonie das Publikum in beißender Konfrontation provokativ zwang, sich zu entscheiden. ‚Wollt ihr die Probe, oder das Konzert?‘ Zuvor hatte ich noch eine Differenz mit dem Solopauker, ich erinnere mich genau: Es war das Paukensolo am Anfang von ‚Also sprach Zarathustra‘ von Richard Strauss. Ich verlangte einen härteren Schlegel mehr am Rand geschlagen. Er weigerte sich und schlug weiter in der Mitte des Fells. Ich zischte ihm bei meinem Abgang zu: ‚Wir sehen uns wieder.‘ Wann, Michail, werde ich an die Stelle zurückkommen, an der ich mein Orchester verlassen habe, an das Paukensolo am Anfang des Zarathustra?“

„Wenn dir so viel liegt an Nietzsches Zarathustra, warum verbinden wir seine Texte nicht mit Tschaikowskys sechster Symphonie?“

So geschah es. Ein Jahr später sprachen drei Schauspielerinnen inmitten des Orchesterklangs der Sofia Philharmonie die Texte zu Tschaikowskies „Pathetique“. In das absterbende letzte tiefe *Pianissimo* der Bässe hinein fallen die Worte: „Gott ist tot.“

42

Im Saale Bulgaria kein Applaus. Totenstille. Verunsicherung. Schock. Konfrontation mit einer unglaublichen Aussage. Erst nach einer Weile vereinzelt verlegener Applaus. Mit diesen Worten ging das Publikum irritiert auseinander. „Gott ist tot?"

Glücklich erschöpft, aber erschrocken über die Wirkung von Wort und Musik, flüchtete ich vor den Menschen ins Wiener Café. Leer und ausgebrannt starrte ich lange vor mich hin. Ich hatte alle Werke auswendig dirigiert, Wagners Ouvertüre zu Lohengrin, Griegs Klavierkonzert und das Riesenwerk der Tschaikowsky-Symphonie. Dazu kam, dass ich den in Bulgarisch gesprochenen Texten zwischen den Musiksequenzen nur rhythmisch folgen konnte, nicht inhaltlich. Die letzten Worte „Gott ist tot", gesprochen in das ausklingende *Pianissimo*-morendo des tiefen e der Bässe hinein schwangen noch nach, die Totenstille im Saal, der nicht eintretenwollende Applaus. War es die Betroffenheit der Menschen über die unerhörte Aussage „Gott ist tot", oder hatte man damit meine Leistung gemeint?

Ohne es bemerkt zu haben, war ich schließlich der letzte Gast im Wiener Café. Seltsam, vor mir lag ein abgegriffenes Exemplar der Frankfurter Allgemeinen. Ohne darin zu lesen, blätterte ich eine Seite nach der anderen um. Unter den vielen Buchstaben fiel mein Blick auf eine kleine Annonce: *Ein Geheimnis erwartet Sie. Nur zu erreichen mit einem Codewort unter Chiffre. Vielleicht haben Sie das Codewort?* Ich notierte mir die Chiffre Nummer, ging in mein Hotel. Es war der Reiz, hinter den Berg zu schauen, der mich dazu antrieb, zu antworten. Und so schrieb ich:

„Wer Sie auch sind: Seien Sie bedacht auf Ihr Geheimnis, denn ich könnte es entschlüsseln. Ich habe das Zaubermittel dazu. Es geht direkt in die Vene. Sie können mich trotzdem erreichen unter …“

Dann legte ich mich nieder und vergaß die kleine Spielerei.

Ich konnte nicht ahnen, dass diese unscheinbare Annonce der Wegweiser zurück und gleichzeitig vorwärts war. Später fragte ich mich oft, was geworden wäre, wenn ich diese Zeilen im Wiener Café liegen gelassen hätte, ohne darauf zu reagieren.

Die Monate vergingen. Eines Abends klingelte das Telefon. „Erinnern Sie sich an das Geheimnis?“, hörte ich eine Frauenstimme. „Sie hatten das Codewort: Cubito. Nun ist es an der Zeit, uns zu begegnen. Ich werde in Frankfurt am Main im Arabella Hotel in der Nähe des Flügels sitzen, in drei Tagen, um drei, um 15 Uhr. Sie werden mich sicher erkennen und ich hoffe, Sie kommen dem Geheimnis dann näher. Auf bald also.“ Ohne eine Antwort abzuwarten oder auf Details dieses Rendezvous einzugehen, wurde aufgehängt.

Drei Tage später: Nach dem ich eine Stunde lang vergeblich am telefonisch erwähnten Ort gewartet hatte, hörte ich auf meinem Anrufbeantworter eine böse Anklage: „Dreimal pfui, pfui, pfui. Das Geheimnis werden Sie so nicht lüften. Wo waren Sie?“

Überrumpelt von so viel Dreistigkeit drehte ich mich wütend auf der Stelle um, eilte zurück zum Ort der unverschämten Anklage. Da saß sie, die Klägerin, neben dem Flügel, wie vereinbart, ja, sie musste es sein, energiegeladen, zornig, stolz, schön.

„Wie können Sie zu mir nur drei Mal pfui sagen?“ Ich setzte mich ohne zu fragen zu ihr und musste es mir eingestehen: Dieser wütende Ausbruch des unbekannten Wesens hatte mir imponiert.

„Und Sie heißen Nicole? Einfach Nicole?“

„Nein, nicht einfach Nicole, sondern Nicole Regine!"

„Nicole Regine? Meine Geige heißt Nicolas. Welch ein Zufall. Meine Geige klingt wunderbar. Und auch Sie beginnen in mir zu klingen. Wo sind Sie geboren?"

„Ich komme aus dem Ruhrgebiet und bin aufgewachsen in Herne in Westfalen."

„Oh, ich kenne es gut, liegt es doch nur 20 km weit entfernt von dem Ort, in dem ich prägende Jahre meines Lebens verbracht habe. Kennen Sie Marl?"

„Nein, ich kenne es nicht. Aber ich weiß, dass es in Marl ein berühmtes Orchester gibt mit einem völlig untypischen Namen für das Ruhrgebiet: Philharmonia Hungarica."

An diesem Abend begann für mich meine vierte Liebe. Es wird meine glücklichste werden. Es ist die erste Frau an meiner Seite, die keine künstlerischen Ambitionen hat, dafür aber eine geniale Verkäuferin ist. Ihr Leitspruch sollte sich bewahrheiten: „Der beste Verkäufer ist einer, der von seiner Ware nichts versteht." So wusste sie nichts von der Welt der großen Dirigenten, der Magie des Taktstocks, der Konzerte und Orchester, von Musikern und ihrer Musik. Aber sie hat eine begnadete, seltene Gabe: ihr einmaliges Talent, mit Menschen umgehen zu können.

Oft musste sie sich meine Traurigkeit mit ansehen und schwieg dazu. Meine Reden wiederholten sich.

„Ich habe mit dem Solopauker von damals noch eine Rechnung zu begleichen. Er hatte es gewagt, mir zu widersprechen, schlimmer noch: mich zu ignorieren", jammerte ich immer wieder.

„Nun kenne ich dich schon vier Jahre und immer wieder, tausendmal, höre ich, wie du von der Bühne abgegangen bist damals im Gürzenich, als wärest du gestorben. Wie oft muss ich mir dein Gejammer noch anhören? Es war ein Komplott gegen dich damals, ich weiß. Das Publikum war absichtlich falsch informiert. Aber das ist jetzt 30 Jahre her, vorbei."

In stetigem Wiederholen von Gewesenem wurden die Tage länger und trostloser. Ich ahnte nicht, dass Nicole bereits mit der Intendanz der Philharmonia Hungarica verhandelte.

An einem düsteren, regnerischen Spätnachmittag, auf einer Fahrt nach Norddeutschland in ihr Domizil fuhr Nicole auf einen Autobahnparkplatz und hielt an.

„Warum bleibst du stehen? Hast du dich verfahren?"

„Was machst du am 16. Dezember, also heute in zwei Monaten, abends?", fragte sie unverhofft.

„Wie um Gottes willen kommst du jetzt darauf? Wie soll ich wissen, was ich am 16. Dezember abends mache?"

„Dann eben nicht", antwortete sie schnippisch und fuhr wieder auf die Autobahn. Verwundert und ein wenig verärgert sah ich sie von der Seite an. Ein seltsam überlegenes Lächeln lag in ihrem Ausdruck.

„Was bedeutet deine merkwürdige Frage, sag es mir?"

„Du hast jetzt fünf bulgarische Orchester dirigiert und tust so, als hättest du keines dirigiert, nur weil du deinem Orchester vor 30 Jahren nachtrauerst. Jetzt ist es soweit."

„Was ist soweit?"

„Am 16. Dezember wirst du zurückkommen ans Pult deines Orchesters. Am 16. Dezember hast du ein Konzert mit der Philharmonia Hungarica."

Es war ein Glück, dass ich in diesem Augenblick kein Gaspedal oder das Bremspedal unter meinen Füßen hatte.

„Wie bitte? Was sagst du da? Tut sich die Erde auf, will sie mich verschlingen? Nicole, du bist von Sinnen!"

„Ja, am 16. Dezember wirst du endlich zurückkehren zu deinem Solopauker und ihm die Leviten lesen können."

Die Autobahn vor mir verschwand im regendurchpeitschten Dunkel. Mein Atem, das Blut, der Puls, die Gefühle, alles in mir geriet unkontrolliert durcheinander, unbeschreibliche Fassungslosigkeit, vielleicht Glücksgefühle, Angst, Verwunderung, einfach Unaussprechliches, Unbegreifliches und eine erschreckende Gewissheit: Ich habe es gewusst, es wird passieren, machte mich stumm.

Sie, das Geheimnis, hatte zuwege gebracht, was andere und ich selbst nicht vermochten: den Graben, die Kluft von 30 Jahren zu überwinden und die Rückkehr an den in Panik verlassenen Platz zu ermöglichen. Sie, die von außen kam, von nowhere, Nirgendwo, die mich noch nie gesehen hatte als Musiker und Dirigent. Können Glaube und Liebe Berge versetzen?

„Und es wird ein wunderbares Konzert sein am 16. Dezember, deine Auferstehung. Ich weiß es! Und das Ende des Schweigens!"

„Rafael, meine Reise mit dir auf den Grund des Meeres, an meinen Ursprung und Geburtsort Olkowitz, wo meine Wiege stand, ist nun beendet. Deine Behauptung zu Beginn unserer Reise, Olkowitz würde nicht am Meer liegen, stimmt nur bedingt. Wie das Meer Ursprung allen Lebens ist, so ist Olkowitz der Beginn meines Lebensweges. Die Zeit meiner Sprachlosigkeit ist beendet. Nun gehen wir beide wieder unserer Bestimmung nach, sind wir doch beide Maler von Bildern – du malst mit Farben, ich male mit Klangfarben. Das Leben mit Nicole und das Konzert mit der Philharmonia Hungarica, meinem alten Orchester am 16. Dezember 2000 wird der Beginn meines neuen Lebens und es ist auch das Ende meiner Erzählung, Rafael. Von nun an werde ich wieder in meiner Sprache erzählen, mit Musik."

„Es ist das, was ich mir immer gewünscht habe, seit ich dich da liegen sah."

„Du meinst …?"

„Ja, am Sterbebett!"

„Sag, was hat dich am meisten berührt in meiner Erzählung? Was hast du in diesem Augenblick gefühlt?"

„Ich habe dafür keine Worte. Nein, es war der tiefste Punkt in einem Leben, meinen Vater, den großen, starken Vater, auf dem Sterbebett zu sehen, klein, elend, so, als würde ich selber da liegen, nein, schlimmer, als würden wir alle, unsere ganze Familie da liegen. Jetzt aber lebe auch ich wieder, weil ich dich sehe, meinen Vater, wie du wieder aufstehst und beginnst, mit deinen Farbtönen Klangbilder zu malen. Und auch ich fange wieder an, in kräftigen Farben das Leben zu malen, wie ich es sehe. In diesem Sinne – Max und ich, wir freuen uns auf den 16. Dezember, auf deine Auferstehung wie Phönix aus der Asche. Danke für die Fahrt an dein Meer!"

43

Drei Monate später war der Augenblick gekommen. Der magische Augenblick! Wird er mir gelingen? Werde ich die Geister sammeln können auf das Unwirkliche der Musik?

Das a der Oboe sammelte die vielfältigen Stimmen des Orchesters auf einen Mittelpunkt. Ich hatte beim Herauskommen vor das Orchester das Gefühl, über das Wasser des Sees Genezareth zu gehen. Der hautnahe Weg durch die enge Gasse der Musiker schien nicht enden zu wollen. Ich spürte ihren Atem, ihre abwartende Skepsis, ihr Staunen über das Ungewöhnliche. 80 ungläubige aufgerissene Augenpaare, so glaubte ich, hingen an jeder meiner Bewegungen, als würden sie gerade Augenzeuge einer Auferstehung sein. So erreichte ich das Dirigentenpult, stand leibhaftig vor ihnen, der schon lange Totgesagte.

Meine ersten Worte kamen nicht improvisiert, würden entscheidend sein. Sie sollten den Willen ausdrücken, da anzuknüpfen, wo ich vor Jahrzehnten aufgehört hatte.

„Der Täter kommt immer wieder zum Ort seiner Tat zurück", begann ich, wartete auf eine Reaktion, während die atemlose Stille vor mir zu explodieren schien. Ich ließ meinen Blick von Pult zu Pult streifen, nahm mir Zeit, bis meine Augen in denen des Solopaukers haften blieben. Sekunden vergingen.

Dann sagte ich zu ihm: „Ich freue mich, Sie nach 30 Jahren wiederzusehen. Wir beide waren damals noch sehr jung. Die Stelle in ‚Also sprach Zarathustra', die wir jetzt spielen werden, Sie wissen schon, Takt 19 mit den donnernden Paukenschlägen, hat mir keine Ruhe gelassen. Benutzen Sie lieber einen härteren Schlegel als damals und das *Crescendo* zum FF etwas später ansetzen, dafür umso heftiger, bitte."

Ich wandte mich zu den Hörnern: „Und zu Ihnen, meine Herren, bei Takt 33, im Choral-Thema ‚Credo in unum deum', hatten Sie damals vergessen, den Dämpfer wegzunehmen. Sie dachten wohl, ich würde es nicht merken."

Endlich – im Orchester kam Bewegung auf, so, als würde eine leichte Brise das Wasser eines Sees auffrischen.

„Und nun zu den zwei Tutti-Einsätzen, Takt 9-10 und 13-14, dieser Anfang ist eine Ansprache an die Sonne. Die Musik beginnt mit der ganzen Prachtentfaltung eines theatralischen Sonnenaufgangs. Die Sechzehntelauftakte bitte nicht, wie man es oft hört, als 32stel Auftakte nehmen, sondern wie notiert als 16tel, der Wechsel von Dur und Moll ist die Darstellung des Schwankens, das dem Menschen eigen ist. Und nun lassen Sie uns beginnen."

Ich hob meine Arme zum Auftakt.

Fast unhörbar begannen die Bässe. Aus ihrem urhaften tiefen C gleich dem Ursprung allen Lebens entfaltete sich in Tönen ein prachtvoll strahlender musikalischer Sonnenaufgang. Im Augenblick höchsten Erlebens der Musik Straussens mit ihren programmatischen Szenen von Sehnsucht, Grabeslied, dem Genesenden, der Wissenschaft und der Apotheose des trunkenen Liedes von der himmlischen Schönheit tauchten schemenhaft, verschleiert wieder die Bilder meines Lebens in mir auf – nach einer Katastrophe, die mein Leben sprengte.

Ich hatte es erreicht, das Schweigen auf meine „unvergleichliche" Art zu brechen und, wie es ein Rezensent ausdrückte:

„Wie Phönix aus der Asche auferstanden, versteht er es, sein Orchester sprechen zu lassen von den Gefühlen der Menschen, von den

Abenteuern dieser Welt, von der visionären Kraft. Durch kristallkla-
re Transparenz, Lebendigkeit und Frische seiner Interpretationen
begeistert er sein Publikum. Mit schier virtuoser, außergewöhnli-
cher Gestik und Mimik entfesselt er die Magie der Musik, erspürt
ihre Impulse und wird so zu einem Medium, durch das Dirigent,
Orchester und Publikum zu einer klanglich-musikalischen Einheit
verschmelzen."
Aus: GVZ 11.11.2003

Im Konzert saßen der Cognac-Klaus, La Paloma, Kurti der Fenster-
putzer, der Stotterer, der Fernseh-Hans, der Pelz-Heinz und Anna-
Maria, „die Göttliche", Michail Abisk – und Rafael mit seinem Sohn
Max.

Der kleine Max kletterte mit einem Rosenstrauß zu mir, seinem
Opa, auf die Bühne. „Danke, Opa!" Er hatte mich zum ersten Mal als
Dirigent erlebt.

Oben im Rang, erste Reihe Platz 23 wischte sich Nicole, die „Gräfin von Olkowitz", den kostbarsten Schmuck der Seele aus ihren
Augen: Tränen!

Und Olkowitz liegt doch am Meer!

ENDE

Im Jahr 2001 wurde das Orchester der Philharmonie Hungarica aufgelöst. Das Orchester war 1956 von ungarischen Musikern gegründet worden, die ihr Heimatland verlassen hatten, als sowjetische Truppen in Ungarn einmarschierten. Zum Gedenken an den 50. Jahrestag des Ungarnaufstands und der Gründung der Philharmonia Hungarica dirigierte ich am 23. Oktober 2006 das Jubiläumskonzert in Marl. Das Konzert wurde am 12.11.2006 vom Deutschlandfunk in der Reihe „Konzertdokument der Woche" übertragen. Kurz davor, im Juni, hatte ich das erste Konzert des „Europäischen Klassik-Festival Ruhr 2006" dirigiert. „Wie Phönix aus der Asche ... verjüngt hervorgegangen ... die ‚Neue Philharmonia Hungarica'." (WAZ 2006)

Julia heiratete nach 30 Jahren ihren katholischen Priester. Folgte sie etwa dem Rat des Alois von damals: „Da kommt der Mann deines Lebens"?

Melanie lebt und arbeitet erfolgreich in ihrer Wahlheimatstadt Paris.

Rafael schreibt den Schrei seiner Seele in die Öffentlichkeit: „Alarm!", „Die Wurst. Das Ende. Der Welt". Er lebt in Luxemburg und ist ein gefragter Maler, Bildhauer und Schriftsteller.

Roxana ist nach 37 Jahren glücklich, ihrem Vater endlich begegnet zu sein. Nach einem schweren Autounfall im Alter von fünf Jahren ist sie ihrem damals gefassten Entschluss, Chirurgin zu werden, treu geblieben. Sie arbeitet als Plastische Chirurgin mit eigener Praxis in Luxemburg.

Lara hat sich nach fruchtbarer pädagogischer Tätigkeit als Pianistin vollkommen mit ihrer Musik in ihre eigene Welt zurückgezogen.

Eva-Marielle pflegt als Studienrätin für Musik ihren Gesang und die Chorleitung ihrer Schule mit großer Hingabe und breiter Resonanz.

Anna-Maria leitet seit über 20 Jahren ein Tanzstudio. Mit ihrer grenzüberschreitenden kreativen Art ist sie in jeder Spalte des Balletts wegweisend für unzählige junge Menschen.

Nicole gab ihre gut dotierte Position auf, gründete eine Konzertagentur, ein Orchester und veranstaltet zusammen mit mir, namhaften Solisten und weltweit anerkannten Dirigenten Konzerte in ganz Europa.

Ich, Alois Springer, schaue auf mein Leben zurück und weiß: „Wenn du ganz unten bist, dann geh ins Nichts, geh ins Dunkel, aber geh, beweg dich – das ist das Geheimnis."

Der Autor

Ein Leben zwischen Ruhm und Wahn – höchste Höhen und höllische Abgründe: „Die Schönheit ist des Teufels." Der Dirigent Alois Springer hat seit seiner Geburt 1935 in Olkowitz in Böhmen-Mähren, im heutigen Tschechien gelegen, alles erlebt, was zwischen diesen beiden Polen liegt. Mit 21 Jahren war er gleichzeitig junger Familienvater von zwei Kindern und gefeierter Violinist und Dirigent bis seine durch Überforderung und Trennung von Frau und Kindern entstandene Alkoholsucht ihn in einen Abgrund und in den Wahn stürzte.

Was ihm blieb, war die Musik: Ob er als kleiner Junge mit einer böhmischen Zigeunerkapelle über's Land zog, als Dirigent Weltruhm erlangte oder als alkoholkranker Unbekannter in der Oper Stühle rückte, sich im Delirium mit Beethoven, Mozart und Paganini traf, verrückt komponierte, schrieb und malte – immer machte er Musik und die Musik machte ihn.

In seiner tiefsten Katastrophe, vom Bann seiner hochsensiblen, eruptiven, künstlerischen Schaffenskraft und seiner Leidenschaft zu

Schönheit angezogen, waren es nicht nur große Frauengestalten, die an ihn glaubten und durch ihre Liebe zu ihm und seiner Musik großen Einfluss nahmen. Der Jesuiten-Prediger Pater Leppich erkennt in ihm die Kraft, Menschen durch Musik zu Gott zu bewegen. „Du bist mit deiner Musik näher bei Gott als ich. Glaubst du?" Ist Schönheit des Teufels? Ein Zwiespalt. Und eine Frage, die ihm später Leonard Bernstein ebenfalls stellt: „Do you believe?"

In seiner schonungslos offenen Autobiografie begibt sich Alois Springer mit seinem Sohn auf Spurensuche. Er kehrt auf den tiefen Meeresgrund zurück – den Ursprung von Vertreibung, Aufstieg, Sturz und Erfolg – zurück an seinen Geburtstort und in seine Familiengeschichte, und forscht nach den Quellen der Zerrissenheit, die sein Leben bestimmte.

Fazit seiner Reise auf den Grund seiner Vergangenheit ist das berauschende Glück der Heilung! Wie ein Phönix aus der Asche feiert Alois Springer – nach Jahrzehnten im Abseits – erneut als Dirigent Erfolge und wird für seine lebendigen und frischen Interpretationen von den Kritikern geliebt.

Diese mitreißende Künstlerbiografie ist ein Wegweiser für unendliche viele Menschen in ähnlichen Gefahrenzonen.